타벨의 마술교실 7
Tarbell Course in Magic, Vol. 7

타벨의 마술교실 7
Tarbell Course in Magic, Vol. 7

시그마북스
Sigma Books

타벨의 마술교실 7

발행일 2009년 9월 23일 초판 1쇄 발행

지은이 해리 로레인 | **옮긴이** 한수영 | **감수** 김준오

발행인 강학경 | **발행처** 시그마북스

마케팅 정제용, 김효정 | **에디터** 권경자, 김진주, 이정윤

편집디자인 참디자인 | **표지디자인** 성덕

등록번호 제10-965호

주소 서울특별시 마포구 성산동 210-13 한성빌딩 5층

전자우편 sigma@spress.co.kr | **홈페이지** http://www.sigmapress.co.kr

전화 (02)323-4845~7(영업부), (02)323-0658~9(편집부) | **팩시밀리** (02)323-4197

인쇄 백산인쇄 | **제본** 신안제책

가격 50,000원

ISBN 978-89-8445-296-1(94690)

Tarbell Course in Magic, Vol. 7

* 시그마북스는 (주)시그마프레스의 자매회사로 일반 단행본 전문 출판사입니다.

마술을 더 높은 경지로 끌어올리고자
최선을 다한 사람에게 바친다.

할란 타벨(1890~1960)

I JUST FOUND OUT SOMETHING I didn't know. Dr. Harlan Tarbell started to write the original Tarbell Course almost to the day—during the month and year that I was born.

It gave me a momentarily eerie feeling. I met Doc Tarbell only once or twice I my life and saw him perform a few times. We were not contemporaries, so I know him best through his teachings, writings, illustrations, etc. Because of these, I've always felt as if he was an old friend. The Tarbell books were companions all through my "growing up" year. They still sit familiarly on my office shelf.

It must be, perhaps, four or five years ago that Lou Tannen first asked me to write Tarbell # 7. For many reasons, we didn't get together. We each became too busy with other projects. Lou tells me now that he always had it in mind that he would eventually catch me at the "just right" moment. I guess he did—because here I am, knee-deep in magic again and not being able to stand the sight of my piled-to-eye-level desk, trying to decipher notes I made on playing cards, backs of envelopes, matchbook covers, napkins, tablecloths, dollar bills, trying to make an impossible trick work because the contributor never told me that one card was double-faced, thrilled when an effect I liked "fooled the boys," en happy when one I liked was obvious to everyone, and so on— ad nauseum.

This is probably my most difficult undertaking, so far as writing magic is concerned. (The index goes without saying!) I doubt if there is a magician alive (or ever was) who is interested in, or well-versed in, or understands, or performs— every type of magic. This tome consists of all kinds of magic, as did all the other Tarbell volumes.

If you feel, as you read, that I seemed more enthusiastic over some effects than others—I'm sure you'll understand; although I honestly think I'm capable of "waxing enthusiastic" over the thing that is occupying me at the moment.

For those of you who will disagree with some of the selections, please keep in mind that the Tarbell books are read by people at all levels of magic. Some pleasure has to be given to all. A happy medium must be strived for. I didn't expect everybody to like, or perform, every effect in the book. But certainly, I feel there's something for everybody.

I've written the entire book to hold with the format of the preceding six volumes. That is, starting

almost every trick with "Effect, Paraphernalia," etc. Although I don't ordinarily write magic that way, I don't see where it really matters much one way or the other.

I don't really relish the position I find myself in. Tarbell was a marvelous teacher of magic. It is inevitable that comparisons will be made. I'm afraid I'm doomed before I start typing. All I can really do about it is the best I can, and hope you will like it. I think that, in this case, I would have preferred to be on the reading end rather than on the writing end.

HARRY LORAYNE

머리말

이제까지 내가 몰랐던 사실을 알아냈다. 할란 타벨 박사가 《타벨 코스》의 원본을 집필하기 시작했던 시기와 내가 이 세상에 태어난 시기가 거의 일치한다는 사실이다.

이 사실을 알았을 때 기분이 묘했다. 이제까지 타벨 박사를 만난 것은 한두 번뿐이고, 그의 공연도 자주 보지 못했다. 나와 타벨 박사는 같은 시대 사람이 아니다. 그래서 나는 그의 글, 그림 등을 통해서만 그를 알아갈 수 있었다. 그래서인지 그는 마치 내 오랜 친구처럼 느껴졌다. 타벨의 책은 항상 내 곁에 있었고, 지금도 내 사무실 책장에 꽂혀 있다.

루 탄넨(Lou Tannen)이 처음 내게 《타벨의 마술교실》 7권을 집필해보지 않겠냐고 제안한 지 어느덧 4~5년이 지났다. 당시에는 각자 맡은 프로젝트로 바빴기 때문에 결론을 내릴 수가 없었다. 하지만 《타벨의 마술교실 7》의 집필자로 나 외에 다른 사람을 생각한 적이 없다는 이야기를 후에 들려줬다. 그리고 마침내 내가 《타벨의 마술교실 7》을 집필하게 되었다. 아마도 루 탄넨의 노력 덕분이었던 것 같다. 당시 나는 마술에 조예가 깊지도 않았고, 내 키보다 높이 쌓여 있는 책을 보는 것이 몹시도 어려웠다. 하지만 포기하지 않고 그동안 카드, 봉투, 성냥갑, 냅킨, 식탁보, 지폐 등에 적어두었던 메모를 정리했다. 다만, 더블 페이스 카드를 사용하는 방법은 알려준 사람이 없었기에 아무리 노력해도 알아낼 수가 없었다. 그리고 내가 펼친 마술을 보고 아이들이 속으면 온몸에 전율이 흘렀고, 반대로 사람들이 전혀 속지 않으면 기분이 씁쓸했다.

마술 관련 서적을 여러 번 집필해보았지만, 그중에서 이 책이 가장 어려웠다. 과연 모든 종류의 마술에 관심 있고, 각각에 어울리는 대사를 알고, 직접 할 수 있는 마술사가 있을까? 하지만 이 두꺼운 마술 책은 이제까지 《타벨의 마술교실》이 그랬듯이 모든 종류의 마술을 담고 있다.

이 책을 읽다보면 저자가 일부 마술에 더 애착을 느끼며 집필했다는 생각이 들 수도 있다. 하지만 너그러이 이해해주길 바란다. 솔직히 집필하면서 더 애착이 가고 심혈을 기울인 부분이 전혀 없었다고는 할 수 없다.

또한 내가 선택한 마술이 마음에 들지 않는 독자도 있을 수 있지만, 타벨 박사는 이 책을 모든 수준의 독자가 읽기를 원했다는 점을 염두에 두고 이해해주길 바란다. 모든 사람이 좋아하는 마술도 있고, 몇몇 사람만 좋아하는 마술도 있을 것이다. 하지만 이 책 어딘가에 분명 당신이 좋아하는 마술도 있을 것이라고 장담할 수 있다.

이 책은 이제까지 출간된 《타벨의 마술교실》과 같은 형식으로 구성되었다. 즉, 각각의 마술을 소개할 때 먼저 이펙트, 준비물 등을 소개했다. 이런 순서로 마술을 소개하는 것이 내 스타일은 아니지만, 형식은 중요하지 않다고 생각해 기존의 형식을 따르기로 했다.

마술에서 현재 나의 위치는 아무것도 아니다. 하지만 타벨은 진정한 선생님이었다. 분명히 나와 타벨을 비교하는 사람이 있을 것이다. 그런 비교 때문에 집필을 시작하기도 전에 미리 우울해지지는 않을지 걱정이다. 이제 내가 할 수 있는 것은 최선을 다해 집필하고, 당신이 좋아해주길 기도하는 것뿐이다. 지금은 작가의 입장보다는 독자의 입장이 더 좋다는 생각이 든다.

해리 로레인 Harry Lorayne

 할란 타벨에 대한 **인사**

《타벨의 마술교실》에 관한 이야기

타벨의 마술 책은 월터 조던(Walter Jordan)이라는 광고업자가 만들어낸 작품이다. 조던의 고객 중에는 시카고에서 응용과학 기관(Institute of Applied Science)이라는 통신 교육 학교를 운영하는 T. G 쿠크(T. G. Cooke)도 있었다. 조던이 쿠크에게 학교에 마술 과정 설립을 제안하자 쿠크는 기꺼이 그 제안을 받아들였다. 그리고 곧바로 〈포퓰러 미캐닉스(Popular Mechanics)〉에 광고를 싣기로 했다. (당시 250달러를 투자한) 반 페이지의 광고였지만 3천 명이 넘는 사람이 관심을 보였다.

조던의 직원이었던 리드 랜디스(Reed Landis)가 시카고의 제임스 C. 셔먼(James C. Sherman)을 찾아가 필요한 자료를 부탁하고 잠정적인 아웃라인을 받아왔다. 그러나 셔먼이 집필의 대가로 요구한 금액은 너무 컸고, 쿠크는 다른 마술사를 찾을 수밖에 없었다. 그때가 1926년 봄이었다.

작가를 찾고 있을 당시 월터 베이커(Walter Baker)는 시카고에서 공연을 하고 있었다. 그는 홍보 사진 촬영에 관한 제안을 받아들이고, 마술 책을 집필해보고 싶다는 의사를 밝혔다. 이렇게 두 번째 아웃라인이 잡혔다. 이번에는 '베이커 마술 시스템(Baker System of Magic)'이라는 제목이 붙었다.

베이커는 우선 세 챕터를 집필해 제출했다. 비록 원고가 마음에 들지는 않았지만, 우선 '누가 삽화를 그릴 건가요?'라고 물었다. 당시 베이커는 데니슨(Dennison) 사에서 예술팀장으로 활동하던 할란 타벨(Harlan Tarbell)이라고 답했다.

월터 조던은 훗날 타벨에 대해 이렇게 회상했다. "타벨 그 친구 아주 재밌게 생겼어. 소매는 더러웠지만 마술과 그림의 조합에 관해서는 베이커보다 훨씬 많은 것을 알고 있다는 느낌이 들었네. 그래서 쿠크가 베이커에게 이제까지의 고료를 지불하고 정리했지. 그리고 나서 우리는 또 다른 마술사를 찾아 나섰어."

쿠크는 당시 프린세스 극장(Princess Theater)에서 공연 중이던 해리 후디니(Harry Houdini)를 찾아가 자초지정을 설명하며 《후디니의 마술교실》 집필을 제안했다. 후디니는 좋은 생각이라고 대답했지만 직접 책을 집필할 시간은 없다고 덧붙였다. 그리고는 할란 타벨이 자신을 대신해 《후디니의 마술 교실》을 집필하고 직접 삽화를 그리면 어떻겠느냐고 제안했다.

할란 타벨이 책을 집필하기에 적격이라는 사실은 짐 셔먼(Jim Sherman)도 공감했다. 월터 조던과 쿠크는 1926년 6월 타벨에 대해 확신하고 '타벨의 시스템 매직(Tarbell System of Magic)' 집필 계획을 구체화하기 시작했다.

출판자는 총 50개의 레슨에 사업자를 위한 마술 50개를 소개하자는 뜻을 밝혔으나 타벨은 다른 생각이 있었다. 1926년 여름에 타벨의 고료가 결정되었다. 현금은 50달러, 할부는 60달러가 책정되었다. 그리고 가을쯤에 《타벨의 마술교실》 집필이 시작되었다. 하나의 레슨을 집필하는 데만 약 열흘이 소요되었고, 집필이 끝나는 대로 인쇄에 들어갔다. 책이 거의 마무리될 당시에는 고료가 크게 올라서 현금은 69.50달러, 할부는 79.50달러가 되었다.

할란 타벨 박사는 매주 지불되는 임금과 더불어 이익의 일부를 받았다. 집에서, 기차에서, 시카고 이스트 콩그레스 스트리트 56번가(56 East Congress Street, Chicago)에 있는 오디토리움 타워 빌딩(Auditorium Tower Building) 작업실에서…, 어디서든 작업을 이어갔다. 1년 반이 지난 1928년 초, 삽화 3,000여 개가 삽입된 60개의 레슨에 엄청난 양이 담긴 《타벨 코스》가 완성되었다. 이 책은 지금껏 적어도 5판을 거듭했고, 그 밖에도 수많은 개정판이 출판되었다. 이제까지의 판매 부수가 1만 권이 훌쩍 넘는 것으로 추정된다.

1929년 10월 경제 대공황이 일어났다. 그래서 난항을 극복하고자 처음에 5달러로 잡혀 있던 고료를 잠시 1달러로 낮춰야 했다. 그리고 1930년 《식사 후 테이블에서 할 수 있는 10가지 마술(Ten Magical After-Dinner Stunts)》이라는 제목의 얇은 책이 발행되었고, 같은 해 32페이지 분량의 《타벨, 졸업 후 서비스(Tarbell Post-Graduate Service)》라는 소책자가 발행되었다.

'타벨 시스템' 을 진심으로 아꼈던 학생들이 두 가지 마술을 공개했다. 하나는 프랭크 카이사르(Frank Caesar)가 만든 '타벨 소사이어티 테이블(Tarbell Society Table)' 이고, 다른 하나는 당시 8.5달러에 판매된 세이어(Thayer)의 '타벨 오렌지 베이스 콤비네이션(Tarbell Orange Vase Combination)' 이다.

1931년, 법적 분쟁이 발생했다. 하나의 컬렉션을 만들기에는 마술이 부족한 마술사들과 관련된 문제였다. 마술을 배우는 학생들은 나이 든 알마 마스터(Alma Master)를 비난했다. 그들은 심지어 '앨투나(Altoona)에 더 이상 돈을 지불하지 말자(Send Fare Stop Stranded In Altoona)' 등의 구호를 외쳤다. '타벨 시스템' 의 도움을 받은 졸업생 수는 많지 않았다. 통신 교육 학교는 슬럼프에 빠졌고, 79.5달러이던 코스의 수업료는 할부 21.75달러, 현금 18달러로 급락했다. 더 이상 광고를 낼 여력도 없었다.

타벨 코스는 집필을 시작한 지 5년 만에 거의 버려지다시피 했다. 여전히 입학생은 있었지만 광고가 없어 그 수는 눈에 띄게 줄어들었다. 결국 그동안 쌓인 채무를 모두 지급하고 나서 코스는 폐강되었다. 타벨은 "대공황이 코스를 폐강시켰다" 라고 말했다.

이후 타벨 시스템(Tarbell System Inc.)이라는 기업이 생겼고, 코스가 진행되는 동안에는 학생들의 모든 질문에 성실하게 답변해주던 플로만(Mr. Ploman) 씨가 회계 업무를 맡았다. 그러나 회사는 1932년에 문을 닫았다. 거래개선협회(Better Business Bureau)는 광고에 '마술(Magic)' 이라는 단어를 사용하지 못하게 했고, 이에 대한 재판을 진행하느라 지출이 컸다.

《타벨 코스》는 단순한 책이 아니다. 18.75×27.5cm 크기의 종이에 집필된 수많은 레슨을 충분히 넣을 수 있을 정도로 큰 22.5cm×30cm 크기의 튼튼한 상자를 포함한다. 또한 겹쳐진 지팡이 하나, 파밍코인(palming coin) 12개, 섬 팁 하나, 지팡이 하나, 지팡이 셸(shell) 12개, 바우티어 풀(Bautier pull) 하나, 작은 유리잔 하나, 유리 원반 하나, 핑거 팁 하나, 페이퍼 링, 메탈 링, 마술용 왁스, 행커치프 볼(handkerchief ball) 하나, 티슈페이퍼도 함께 들어 있었다. 그리고 몇몇 판에서 나타난 삽화 오류를 바로 잡기 위해 그림 60장이 첨부되었다.

1940년 루이스 탄넨과 랠프 리드는 할란 타벨 박사를 찾아가 개정판 작업을 해보지 않겠냐고 제안했다. 1928년 출간된 예전 코스에 대해 1927년에 부여된 저작권을 사려고 탄넨이 5,000달러를 주었다는 소문도 있었다. 그들은 과감하게 예전 코스의 많은 부분을 버리고 새롭게 시작했다. 그러나 수많은 새로운 마술과 삽화로 구성하면서도 과거의 성공적인 구성은 버리지 않았다.

　　그 이후로 이제까지 여섯 권이 출판되었고, 그때마다 전 세계 마술사들의 사랑을 받았다. 오늘날 이 책 집필의 최적격자로 꼽히는 해리 로레인(Harry Lorayne)이 펜을 들었다.

　　신기하게도, 할란 타벨이 처음 《타벨 코스》를 쓰기 시작한 때와 해리 로레인이 세상에 태어난 시기는 거의 일치한다. 우연의 일치일까? 우리는 그것이 해리 로레인이 이 중요한 임무의 적격자라는 증거라고 생각한다. 타벨의 구성과 해리 로레인의 지식, 글 솜씨의 조합을 이제 만나보라.

　　아주 오래 오래전에 시작된 이 소중한 프로젝트의 마지막 책을 선사할 수 있게 되어 매우 기쁘다.

 Tarbell course in Magic

최고의 마술 선생님에 대한 찬사

1956년 11월 24일, 시카고의 해군 무기고에서 마술에 가장 큰 영향을 미친 사람에게 감사패가 전해졌다. 미숙한 마술사를 갈고 다듬는 데는 할란 타벨 박사에 견줄 자가 없다.

어느 마술 모임에 가도 타벨 박사의 가르침을 받지 않은 사람이 없다. 수많은 마술사들이 방대한 양의 마술 지식이 담겨 있고, 세밀한 그림과 명료한 글로 구성된《타벨의 마술교실》에 큰 도움을 얻었다고 말한다. 마술하는 사람 대부분은《타벨의 마술교실》을 읽었다. 타벨 박사는 마술적 재능과 더불어 두 가지 천부적인 재능을 갖추었다. 그는 천사와 같이 멋지게 그림을 그리며, 게다가 아주 명료하게 글을 쓴다.

방대한 양의 마술을 전문 마술사는 물론 초보 마술사도 빠르고 쉽게 이해할 수 있도록 설명한 사람은 오직 타벨 박사뿐이다. 그 양이 너무 방대해서 타벨 박사조차 정확한 수를 알지 못한다. 동전을 사라지게 하는 마술부터 공중 부양 마술까지 모든 영역을 망라했다. 공을 다루는 방법에서 체인지 백을 사용하는 방법에 이르기까지 다양한 내용이 담겨 있다. 작은 머리에 그 많은 내용이 들어 있다는 사실에 실로 놀라지 않을 수 없다.

《타벨의 마술교실》을 읽은 적이 없다고 해서 타벨의 영향을 받지 않았다고는 말할 수 없다. 그는 수많은 마술 책, 팸플릿, 여러 회사의 설명서 등을 그렸으며, 다른 사람의 집필을 돕기도 했고, 곳곳에서 강의도 했다. '더 뉴 월드 앤드 더 올드(the New World and the Old)'에서는 마술 광고를 준비했으며, 잡지에도 그의 글이 실렸다. 다시 말해, 현대 마술에 몸담은 사람이라면 그 누구도 타벨의 영향력을 피할 수 없다.

하지만 그가 비록 다른 마술사들과 우애가 깊고 전국 혹은 지역 회의와 모임에 거의 모두 참석했어도 그를 직접 보지는 못했을 것이다. 아마 그를 처음 보면 분명히 윌 로저스(Will Rogers)와 닮았다고 생각할 것이다. 키 176cm, 몸무게 59kg의 호리호리한 체격에 눈매가 날카롭고 말솜씨가 유창하며 약간은 긴장한 듯한 모습이다. 또한 모든 사람에게 친절하고 누구에게나 쉽게 다가가는 성격의 소유자이다.

타벨은 의지가 매우 강한 사람이었다. 그래서 채식주의를 철저히 고집했고, 이에 대해서는 자신의 뜻을 굽히지 않았다. 그리고 세상 모든 사람들 사이에, 또 자신의 주변 사람들 사이에 사랑이 있다고 믿었다. 그 믿음에 대해 그는 본보기가 되었다. 음식, 습관, 대인관계, 마술 등에서 자신이 말한 그대로 행동했다. 그는 아내 마사 벡 타벨(Martha Beck Tarbell)이 세상을 떠나기 전까지 행복한 결혼 생활을 했으며, 모든 《타벨의 마술교실》을 아내에게 바쳤다. 그의 자녀 유진(Eugene)과 마리온(Marion, 줄리우스 율베르크Julius Eulberg)은 결혼한 후에도 아버지 타벨 박사와 가까이 지냈다. 그리고 가정 밖에서는 항상 타벨을 최고라고 생각하는 세계 곳곳에서 모인 사람들에게 둘러싸여 있었다. 그는 모든 사람을 사랑했고, 그들도 그를 사랑했다.

타벨 박사는 1890년 2월 23일 일리노이 주의 델라반(Delavan)에 있는 미드웨스터너(Midwesterner)에서 태어났다. 천부적으로 예술에 소질이 있던 그는 12세 때 「모튼 뉴스(Morton News)」라는 지역 신문에 만화를 게재했다. 18세가 되던 1902년에는 트윈 브레이스 펜스 컴퍼니(Twin Brace Fence Company)의 광고를 맡기도 했다. 또한 그는 벌링 헐(Burling hull), 페인 카탈로그(Paine Catalogue) 등 마술 회사에서 의뢰를 받아 삽화를 그렸다.

타벨은 선데이 신문에 소개되는 마술을 통해 어릴 적부터 마술을 접했다. 혼자 마술을 배우고 연습해 사람들을 감쪽같이 속이기도 했다. 어쩌면 타벨은 마술을 좋아하면 글을 통해서도 마술을 배울 수 있다는 사실을 그때 깨달았는지도 모른다. 타벨이 처음 만난 마술사는 화이트 교수(Professor White)였으며, 텐트를 치고 공연하던 때 만났다. 또 젊을 때 에드 리노(Ed Reno), 얀센(Jansen, 단테Dante), 로란트(Laurant)를 만났다. 그는 로터베르크(Roterberg)와 거래를 했으며, 로터베르크는 곧 시카고 마술용품점의 선두주자가 되었다. 로터베르크는 타벨의 생각에 칭찬을 아끼지 않았다. 그 또한 용기 있는 사람이었음이 틀림없다. 당시 로터베르크는 젊은 고객들에게 화를 잘 냈고, 그러면 젊은 고객들은 필요한 것만 겨우 말하고 물건을 사자마자 곧바로 가게를 빠져나갔다. 하지만 타벨은 그렇지 않았다.

할란 타벨은 삽화를 그리고, 글을 쓰고, 마술을 하면서 조용한 삶을 살았다. 그러던

중에 그의 회사가 다양한 주제의 교본을 제작하기 시작했고, 그중에는 마술 교본도 있었다. 마술 지식이 풍부했던 타벨은 미술 작업을 도왔고, 1926년 당시 왕성하게 활동하던 마술사 월터 베이커(Walter Baker)의 이름으로 책을 기획하였다. 책에 들어갈 마술을 선택하고 레슨을 정하는 등 책의 구성이 마무리되었다. 베이커의 이름으로 된 책을 홍보하는 팸플릿도 제작되었지만, 작업이 본격적으로 시작되기 전에 베이커와 경영진 사이에 마찰이 빚어져 모든 것이 무산되었다. 회사는 그때서야 내부에 있는 보석을 발견했다. 할란 타벨은 《타벨 코스》라는 제목으로 집필을 시작했다. 그리고 마술사로서 사진 촬영, 내용 구성, 집필, 삽화 작업을 진행했다. 나머지는 마술의 역사를 통해서 알 수 있다. 《타벨 코스》는 세계 곳곳에서 팔렸다. 회색 겉표지로 싸인 10cm 두께의 책은 마술의 바이블이 되었다. 타벨 외에 어떤 사람이 이와 같은 엄청난 일을 해낼 수 있을까?

몇 해가 지나자 《타벨 코스》의 작업은 점차 느슨해졌고, 아직 출판되지 않은 원고에는 먼지가 쌓여갔다. 이때 타벨은 전문 마술사, 마술 강사, 삽화가로 왕성하게 활동했다. 그는 〈그레이터 매직(Greater Magic)〉 등의 삽화를 그렸고, 데니슨(Dennison)에서 소책자 작업을 했다. 그 밖에도 몇 가지 버라이어티 쇼(〈민스트럴(Minstrel Show)〉)에 대해 글을 썼다. 또 랜돌프 스톤 박사(Dr. Randolph Stone)를 위해 의학 서적에 그림을 그리기도 했다.

시간이 지나면서 루 탄넨(Lou Tannen)은 마술에도 새로운 무언가가 필요하다는 사실을 깨달았고, 모든 세대에게 《타벨 코스》가 필요하다고 생각했다. 그래서 타벨 박사는 새로운 '타벨 코스'를 집필하기 시작했다. 과거 내용을 토대로 하면서도 새로운 언어와 새로운 그림, 새로운 마술, 새로운 아이디어를 담았다. 그 후로 일은 점점 커졌다. 결국 한 권의 책이 여섯 권이 되었고, 지금 일곱 번째 책이 마무리되었다.

타벨 박사는 이 세대만의 스승이 아니다. 그는 앞으로도 마술의 위대한 스승으로 길이길이 남을 것이다. 그는 마술의 규칙을 정립하고 그 규칙에 따라 마술을 했다.

프랜시스 마셜Frances Marshall

Tarbell course in Magic

추천사

세상을 살다보면 무언가에 빠져드는 것이 있다. 마술도 그런 것 중 하나인 것 같다. 한국 마술은 도제식으로 발전되어 왔다. 2004년 우리나라에서는 학문을 추구하는 대학에 마술학과가 개설되었다. 내 인생에 있어 새로운 도전인 동아인재대학 마술학과 학과장을 맡게 되어, 마술이라는 새로운 분야에 대해 학문적 체계를 구축해야겠다는 사명감을 가지게 되었다. 그런데 안타까운 것은 학문의 전당이라는 대학에서 교재로 사용할 만한 서적이 국내에는 없다는 현실이었다. 대부분의 교수님들은 개인이 지니고 있는 경륜에 의존하여 강의를 하였다. 2005년에 접어들면서 만나는 마술관련 종사자분들에게 마술 전문 서적과 관련하여 많은 조언을 들었다. 알렉산더매직패밀리 김준오 감독, 안양마술극장 황휘 대표, 매직W 최병락 대표, 헬로우매직 김세전 대표 등등의 분들이 주저 없이 《타벨의 마술교실》을 추천하였다. 그러나 막상 이 책을 출판할 출판사를 선정하지 못했었다. 그러던 차에 2006년 겨울 엔터스매직 양원곤 대표의 소개로 시그마북스에서 《타벨의 마술교실》의 완역작업이 이루어졌다.

《타벨의 마술교실》은 1927년에 출간되어 무려 80년 만에 우리나라에 소개된 것이다. 타벨이 머리말에서 밝혔듯이 "마술사가 만들어지기까지의 과정은 다른 직업과 별반 다르지 않다. 마술사가 되려면 기본적인 기술은 물론 예상하지 못한 상황에 대처하기 위한 기술까지 익혀야 한다. 배경도 상당히 중요하다. 신기한 마술을 보여주려면 자신이 선보이려는 마술을 완전히 꿰고 있어야 함은 물론 유쾌한 성격과 쇼맨십도 필요하다"라는 주장에 심히 공감한다. 내가 만났던 대다수의 마술사들은 《타벨의 마술교실》을 마술의 바이블이라고 말한다. 이러한 평가를 이 책을 읽는 독자들도 동감할 것으로 생각한다. 또한 타벨은 "어떤 직업의 파워는 그 분야에 종사하는 개개인의 파워에 달려 있다. (중략) 전문성이라고는 하나도 없이 단순한 속임수를 부리면서 스스로 '마술사'라고 칭하는 아마추어는 마술계의 암적인 존재이기 때문이다"라고 일침을 놓고 있다. 80년 전에 이러한 주장을 했다는 것에 감탄할 따름이다.

　우리나라에서 마술은 철저한 도제식 방법으로 시작되었고, 오늘날에도 그 명맥을 유지하고 있다. 서구에서 도입된 학문적인 토양도 없이 유입된 마술은 폐쇄적인 틀에서 발전하였다. 이러한 발전은 결국 한계에 도달할 것으로 예견된다. 타벨이 마술사를 양성하기 위한 교재를 쓰고 싶어 기획하면서 체계적으로 정리한 것이 이 책이다. 이 책의 발간에 대해 타벨은 출간을 해준 출판사에 깊은 감사를 표하고 있다. 나도 마찬가지로 한국어 번역 출판을 맡아준 시그마북스 강학경 대표께 깊은 감사를 표하고 싶다. 총 8권으로 구성된 《타벨의 마술교실》이 우리나라 마술사들에게도 값진 교재로 간직되길 바란다. 끝으로 타벨이 마지막으로 강조한 "모든 기술은 신기한 원리로 이루어진다. 기본을 탄탄하게 닦는 것이 중요하다는 사실을 명심하기 바란다"를 진정한 마술사를 꿈꾸는 우리나라 예비마술사들의 가슴에도 새겨져 세계적인 마술사로 거듭나길 기대한다.

한국마술산업진흥학회 회장
동아인재대학 마술학과 학과장
강 형 동

차례

멘탈 매직

Tarbell
course in MAGIC

Tarbell Course in MAGIC

텔레파시 상자
The Telepathic Pillboxes

수많은 가능성이 있음에도 마술사가 정확한 예언을 하는 마술의 기본 원리는 대부분 비슷하다. 그중에서도 프랑스의 심령 마술사 에릭 로빈(Eric Robin)의 방법이 가장 흥미롭다.

★ 이펙트

원통형 상자 세 개를 열어 테이블에 내려놓는다. 각 상자의 뚜껑에는 서로 다른 색깔의 스티커가 붙어 있다(**그림 1**). 상자를 일렬로 나란히 놓은 뒤, 관객이 상자 하나를 자유롭게 선택한다. 선택된 상자를 열어보니 그 색깔의 상자를 선택할 것이라는 내용의 예언이 담겨 있다.

★ 준비물

1. 서로 포갤 수 있는 상자 세 개. 나는 플라스틱 상자를 사용했지만 꼭 플라스틱이 아니어도 된다. 내가 사용하는 가장 큰 상자의 지름은 3.5cm, 중간 상자의 지름은 3.1cm, 가장 작은 상자의 지름은 2.8cm이다. (하지만 이것은 내가 사용하는 상자의 크기일 뿐이므로 꼭 이 크기여야 하는 것은 아니다.)

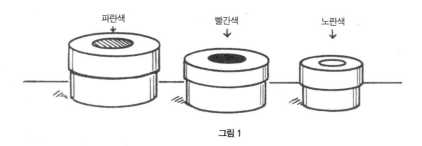

파란색 빨간색 노란색

그림 1

2. 가장 큰 상자의 뚜껑 바깥쪽에 파란색 동그란 스티커를 붙인다. (색깔 스티커는 문구

점에서 구입하거나 흰색 스티커를 구입한 뒤 크레파스로 칠해도 된다.) 그리고 흰색 동그란 스티커에 (파란색 잉크로) "당신은 파란색을 선택할 것입니다"라고 예언을 적은 뒤 뚜껑 안쪽에 붙인다(**그림 2**).

3. 중간 상자의 뚜껑 바깥쪽에 빨간색 동그란 스티커를 붙인다. 그리고 흰색 동그란 스티커에 (빨간색 잉크로) "당신은 빨간색을 선택할 것입니다"라고 예언을 적은 뒤 상자의 바닥 안쪽에 붙인다(**그림 2**).

4. 가장 작은 상자의 뚜껑 바깥쪽에 노란색 동그란 스티커를 붙인다. (물론 원하는 다른 색을 이용해도 된다. 다시 말하지만, 내가 사용한 도구를 기준으로 설명할 뿐이므로 꼭 이것을 따를 필요는 없다.) 그리고 흰색 동그란 스티커에 (노란색 잉크로) "당신은 노란색을 선택할 것입니다"라고 예언을 적은 뒤 상자의 바닥 바깥쪽에 붙인다(**그림 2**).

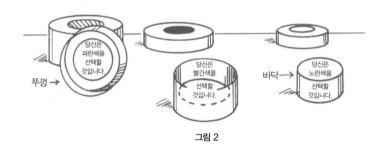

그림 2

준비

가장 작은 상자의 뚜껑을 닫고 (뚜껑이 아래로 가도록) 뒤집어서 중간 상자 안에 넣는다. 그리고 중간 상자의 뚜껑을 닫은 후 뒤집어서 가장 큰 상자 안에 넣는다. 마지막으로 가장 큰 상자의 뚜껑을 닫는다.

시연

왼손 손가락 끝으로 포개진 상자를 잡는다.

"여기에 상자 세 개가 있습니다. 지극히 평범해 보이지만 그렇지 않습니다. 이 상자들은 바로 텔레파시 상자입니다. 각각 다른 색깔의 스티커가 붙어 있습니다. 보십시오!"

오른손 엄지손가락과 집게손가락으로 뚜껑을 연다.

"이 상자는 파란색입니다."

뚜껑을 열 때 오른손으로 뚜껑을 위로 올리고, 왼손으로 상자의 본체를 아래로 내리는 동작을 함께 진행한다. 왼손에 있는 상자 본체를 뒤집어 안에 있는 상자를 뒤집은 뒤, 오른손 집게손가락과 가운뎃손가락으로 상자의 옆면을 잡는다(**그림 3**, **그림 4**는 객석에서 본 모습이다).

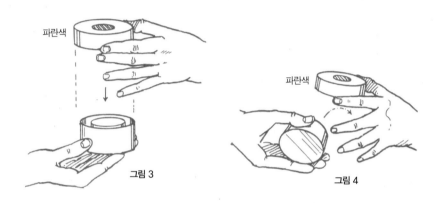

그림 3

그림 4

이때 오른손 엄지손가락과 집게손가락에는 파란색 상자의 뚜껑, 집게손가락과 가운뎃손가락 사이에는 파란색 상자의 본체가 들려 있다. 당구공 셸에서 당구공을 빼내는 동작과 비슷하다.

오른손을 아래로 뒤집어서 파란색 상자 본체 안에 있는 빨간색 상자를 왼손 손가락 위에 놓는다(**그림 5**). 그러고 나서 빨간색 상자를 테이블 위에 올려놓은 뒤 양손을 이용해 파란색 상자의 본체를 뒤집고 뚜껑을 닫는다. 상자를 열 때 했던 동작을 거꾸로 하면 상자를 쉽게 닫을 수 있다.

이제 파란색 상자 안에 있는 메시지는 감쪽같이 숨겨졌다. 파란색 상자를 테이블에 내려놓고, 이번에는 빨간색 상자를 집는다. (연습하다보면 나중에는 빨간색 상자를 테이블에 내려놓지 않고도 왼손 손가락의 도움으로 파란색 상자의 뚜껑을 닫을 수 있다.)

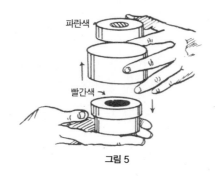

파란색

빨간색

그림 5

　이번에는 빨간색 상자로, 이제까지의 과정을 반복한다. 빨간색 상자를 열면 뒤집힌 노란색 상자의 바닥에 적힌 메시지가 보인다. 이때 관객이 메시지를 보지 못하도록 주의한다. 그리고 노란색 상자를 왼손 손가락 위에 놓은 뒤 테이블에 내려놓는다. 다음으로 빨간색 상자의 뚜껑을 닫은 뒤 파란색과 노란색 상자 사이에 놓는다(**그림 1**). 다른 색 상자를 사용했다면 그에 맞게 나란히 내려놓는다.

　이제 관객에게 자유롭게 선택할 수 있는 기회를 준다. 관객이 상자의 색깔을 말해도 되고, 아니면 손가락으로 상자를 가리켜도 된다. 관객이 결정을 하고 난 뒤에 바꿀 기회를 줘도 된다.

　관객이 (뚜껑 안쪽에 예언이 적혀 있는) 파란색 상자를 선택했다고 하자. 그러면 노란색 상자의 뚜껑을 열어서 안쪽이 보이게 테이블에 내려놓는다. (그리고 손가락으로 뚜껑 안을 가리키며 말한다. "여기에는 아무것도 없습니다.")

　또 빨간색 상자를 집어 들고 뚜껑을 연다. 이때 상자의 본체를 무대 뒤쪽으로 기울여 관객이 안을 보지 못하게 한다. 그리고 노란색 상자 뚜껑 옆에 빨간색 상자의 뚜껑을 뒤집어 놓는다. (다시 손가락으로 뚜껑을 가리키며 말한다. "여기에도 역시 아무것도 없습니다.") 그리고 나서 노란색 상자의 본체를 빨간색 상자의 본체 안에 넣고, 자연스럽게 빨간색 상자 안에 있는 노란색 상자에 뚜껑을 씌우고, 빨간색 상자에 뚜껑을 씌운다. 상자를 선택한 관객에게 파란색 상자의 뚜껑 안쪽을 확인해보라고 시킨다. 관객이 뚜껑을 확인하는 동안 빨간색과 노란색 상자는 주머니에 넣는다.

　관객이 (상자 바닥 안쪽에 예언이 적혀 있는) 빨간색 상자를 선택했다고 하자. 그러면 자연스럽게 파란색 상자 뚜껑을 열고 노란색 상자 뚜껑을 열어서 파란색 상자의 뚜껑과 포갠다. 그리고 자연스럽게 테이블에 내려놓는다. 그런 다음 관객에게 빨간색 상자를 열어보라고 한다. 그러면 관객은 상자를 열자마자 바닥에 적혀 있는 메시지를 보게 된다. 그동안 마술사는 테이블에 놓인 노란색 상자를 파란색 상자 안에 넣고 뚜껑을 닫아 주머니에 넣는다.

관객이 (상자의 바닥 바깥쪽에 예언이 적혀 있는) 노란색 상자를 선택했다고 하자. 관객이 직접 파란색 상자와 빨간색 상자를 뒤집어 바닥에 아무것도 없다는 것을 확인하게 한다. 그리고 마지막으로 노란색 상자를 뒤집어 바닥에 적힌 예언을 확인하게 한다.

★ 참고
예언의 위치에 익숙해지면 모든 과정과 동작이 훨씬 단순하고 깔끔해진다. 그리고 물론 아무 생각 없이 하는 것처럼 보일 정도로 연습해야 한다. 그뿐만 아니라 상자를 다루는 손길이 편하고 자연스럽게 보여야만 한다는 사실을 잊지 마라!

파벨의 프레디카-로프
Pavel's Predica-Rope

한동안 파벨(Pavel)이 자주 사용하던 방법이다. 아주 단순하고 유치한 방법처럼 보이지만 제대로 하면 당신도 놀랄 것이다.

★ 이펙트
속이 훤히 보이는 봉지 안에 다른 색의 로프 세 가닥이 서로 묶여서 하나의 원이 되어 있다. 그리고 봉지 안에 있는 로프와 같은 색의 로프 세 가닥을 관객에게 건넨다. 그럼 관객이 로프를 묶어서 길게 한 가닥으로 만든다. 이때 로프를 묶는 순서는 관객이 자유롭게 선택할 수 있다.

길게 묶은 로프의 한쪽 끝을 잡고 아래로 늘어뜨려, 모두에게 로프를 보여준다. 이제 마술사는 비닐봉지에서 서로 묶여 있는 로프를 꺼낸다. 관객이 들고 있는 로프와 동일한 순서로 일렬로 묶여 있다.

★ 준비물
1. 길이 0.6~0.9m의 서로 다른 색깔 로프 세 쌍. 물론 로프 여섯 가닥의 길이는 모두 동일해야 한다. 여기에서는 빨간색 로프 한 쌍, 파란색 로프 한 쌍, 흰색 로프 한 쌍을 가지고 있다고 하자.
2. 투명한 비닐봉지 하나. 로프 세 가닥을 넣었을 때 넉넉한 크기여야 한다.

준비
로프 한 세트의 양끝을 서로 묶어서 하나의 원을 만든다. 로프를 묶을 때 반드시 '푸시 아웃(push out)' 혹은 보우(bow) 매듭을 이용해야 한다.

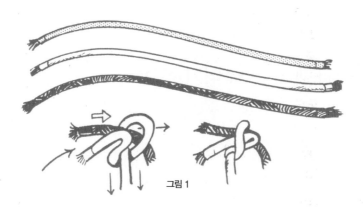

그림 1

적당한 위치를 누르면 쉽게 풀리는 매듭이다. 먼저 여느 매듭을 묶을 때처럼 먼저 로프 한 가닥에 다른 로프를 감는다. 그러고 나서 감은 로프의 끝으로 같은 로프를 감는다. (즉, 같은 로프끼리 교차시킨다.) 그리고 로프의 끝을 구부려서 '킹크(kink)'를 만든다(그림 1). 다른 로프를 감은 부분에 킹크를 넣고 로프의 가운데 부분을 당긴다. 이때 너무 세게 당겨서는 안 된다. 몇 번 연습해보면 어느 정도 세게 당겨야 나중에 쉽게 매듭을 풀 수 있는지 알게 될 것이다.

시연

묶지 않은 로프 세 가닥을 관객에게 보여준다. 그리고 관객 한 명을 무대로 불러서 로프를 건넨다. 그럼 관객이 서로 다른 색깔의 로프 세 가닥을 건네받는다. 다음으로 비닐봉지를 보여주며 관객이 들고 있는 로프와 같은 색깔의 로프 세 가닥이 서로 묶여서 원이 되었음을 보여준다. 그러고 나서 봉지는 관객에게 맡겨둬도 되고, 혹은 모두가 볼 수 있는 곳에 두어도 된다. **그림 2**는 봉지 안에 있는 로프가 원이 되어 있음을 확인시켜주는 모습이다. 물론 평상시에는 로프가 봉지 바닥에 뭉쳐 있게 마련이다.

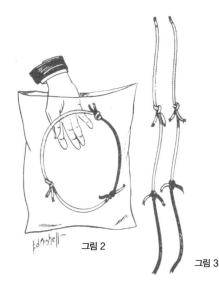

그림 2

그림 3

이제 관객에게 로프 세 가닥을 묶어서 길게 한 가닥으로 만들도록 한다. 로프 색깔의 순서는 관객이 자유롭게 선택할 수 있다. 그리고 로프의 한쪽 끝을 잡고 나머지를 아래로 늘어뜨린다. 관객이 로프 묶는 동작을 모두 마치면 곧바로 봉지에 손을 넣어서 관객이 들고 있는 로프와 같은 순서로 묶인 로프를 꺼내야 한다.

이때 관객이 묶은 로프의 맨 위와 아래에 있는 로프의 색깔을 확인한 뒤, 봉지에서 그 두 색이 연결된 부분의 매듭을 없앤다. (킹크를 매듭 밖으로 밀어내기만 하면 된다.) 예를 들어, 관객이 빨간색, 흰색, 파란색 순서로 로프를 묶었다고 하자. 그럼 빨간색과 파란색이 묶여 있는 부분의 매듭을 없앤다.

마지막으로 로프를 봉지 밖으로 꺼낸다. 이때 관객이 들고 있는 로프와 같은 순서가 되도록 주의한다(**그림 3**).

★ 참고

잠시 뇌리에 스쳐간 생각이 있다. 만약 체인지 백(changing bag)을 이용한다면, 우선 한쪽 공간에 묶어서 원으로 만든 로프를 숨겨두고 반대쪽에는 묶지 않은 로프 세 가닥을 넣는다. 그리고 관객이 로프를 묶으면 주머니에 손을 넣어 적절한 매듭 하나를 없앤 뒤 주머니 밖으로 꺼낸다. 이렇게 하면 '예언' 마술이 아닌 서로 닮아가는 로프에 대한 마술로 바뀐다.

베르그송의 논-센터 테어
Bergson's Non-Center Tear

센터 테어(center-tear, 혹은 센터 스틸)는 수많은 마술사가 사용하는 방법으로 우선 관객이 종이의 가운데에 생각하고 있는 내용을 적은 뒤 종이를 접는다. 그러면 마술사는 종이를 찢은 뒤 종잇조각을 태우고, 마지막에 종이에 적힌 내용을 맞힌다.

시드 베르그송(Syd Bergson)은 새로운 방법을 알아냈다. 그의 새로운 방법에서는 종이를 찢을 필요도 없이 그대로 태운다. 물론 베르그송의 방법을 따를 필요성을 느끼지 못하는 사람도 있겠지만 나는 이 방법이 마음에 든다. 종이를 찢지 않고 곧바로 불에 태운다.

★ 이펙트

센터 테어와 같이 관객에게 죽은 사람의 이름을 떠올리게 한다. 그리고 관객이 종이에 이름을 적음으로써 마술사는 필요한 정보를 얻을 수 있다.

★ 준비물

1. 7.5cm×12.5cm 크기의 카드 한 장. 카드에 선이 있어서는 안 된다.

준비

미리 카드를 접어서 대략 삼등분을 해둔다. 이때 맨 위와 맨 아래 부분이 완전히 겹쳐서는 안 된다. 즉 접었을 때 맨 위와 맨 아래 부분이 약간 겹치는 게 좋다. 그럼 가운데 부분이 위, 아래보다 더 넓다. **그림 1**을 보면 더욱 이해하기 쉬울 것이다. 10cm×15cm 카드를 이용할 때의 수치이다. 물론 이 수치를 정확하게 따라야 하는 것은 아니며, 카드가 없을 때는 일반 종이를 이용해도 된다.

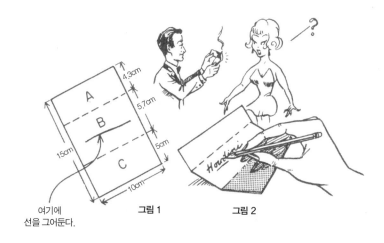

그림 1 그림 2

여기에
선을 그어둔다.

나중에 어느 방향으로건 쉽게 접을 수 있도록 종이를 앞뒤로 접어둔다.

시연

원하는 방식대로 마인드 리딩이나 텔레파시에 관한 대사를 한다. 그리고 관객에게 종이를 건넨다. 이때 위와 아랫부분이 포개진 부분이 위로 가게 한다. 종이를 펴서 가운데 부분에 선을 하나 그리며, 그 위에 죽은 사람의 이름을 적게 한다. 이름을 적는 동안 그 이름에 집중해야만 한다고 덧붙인다(**그림 2**). 그동안 마술사는 뒤돌아 서 있다.

관객이 마치면 종이를 처음처럼 접으라고 한다. 물론 이름이 적힌 면이 안으로 가게 접는다.

> "제가 뒤돌아 서 있는 동안 종이를 주십시오. 이 상태에서 종이를 받으면 저는 아무것도 볼수 없습니다."

팔을 뻗어서 종이를 받는다.

동시에 관객을 향해 돌아선다. 손은 여전히 마술사의 등 뒤에 위치한다. 이때 카드를 다시 접어야 한다. 양 날개를 반대쪽으로 접어서 이름이 적힌 면이 밖으로 나오게 만든다(**그림 3**, **그림 4**). 그리고 카드를 뒤집어서 이름이 적힌 면이 바닥을 향하게 한다.

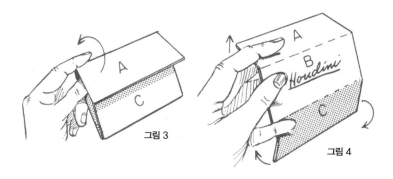

그림 3

그림 4

카드를 반대로 접는 과정은 순식간에 이루어져야 한다. "저는 당신이 무슨 생각을 하고 계신지 전혀 모릅니다. 알 수 있을까요? 또한 종이에 누구의 이름을 적었는지도 모릅니다"와 같이 한두 마디의 대사를 하는 동안 카드를 반대로 접는다. 조금만 연습하면 순식간에 카드를 반대로 접을 수 있을 것이다.

반대로 접은 카드를 이름이 적힌 면이 바닥을 향하게 앞으로 가져온다. 그리고 성냥에 불을 붙인다(**그림 5**). 이때까지도 마술사는 카드에 누구의 이름이 적혀 있는지 알지 못한다.

이제 카드를 반대 손으로 옮겨 잡으면서 카드의 끝에 불을 붙인다. 이때 카드를 기울이지 않으면 손에 화상을 입게 된다(**그림 6**). 동시에 카드에 적힌 이름을 확인할 수 있다. 이름을 확인한 뒤, 재떨이에 카드를 떨어뜨린다.

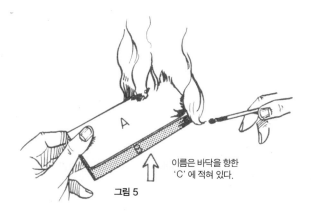

이름은 바닥을 향한
‘C’에 적혀 있다.

그림 5

마지막으로 신들린 것처럼 연기를 하며 불꽃을 쳐다본다. 그리고 관객의 마음을 읽는다.

그림 6

★ 참고

카드가 거의 탔을 때 재떨이에 내려놓는 것이 좋다. 그래야 관객이 재떨이에 있는 카드를 집더라도 카드가 뒤집혀 있다는 사실을 확인할 수 없다.

가운데에 원을 그린 종이를 사용했던 ‘센터 테어를 하면서(가운데를 찢으며)’ 이렇게 말했다.

"이쪽에 있는 원은 당신의 잠재의식을 상징합니다."

그리고 원을 하나 더 그리며 이렇게 말했다.

"그리고 이 원은 저의 잠재의식을 상징하고요. 당신의 잠재의식에서 나오는 생각이 때로는 제 잠재의식으로 전해집니다. 특히 당신의 잠재의식과 제 잠재의식이 교차하고 있을 때 말이죠. 이제 뭔가 중요한 것을 생각하십시오. 제가 모르는 것을 떠올리셔야 합니다. 그리고 여기에, 당신의 잠재의식 원 안에 적어주세요. 그리고 제 잠재의식 원과 마주보도록 접어주십시오."

물론 이것은 관객이 종이 가운데에 내용을 적게 하기 위한 과정이다. 원한다면 논-센터 테어 마술에서도 이와 같은 방법을 이용할 수 있다. 종이를 삼등분하여 접더라도 가운데 공간에 글씨를 쓸 수 있는 공간이 넓기 때문에 이를 이용하면 더욱 효과적으로 마술을 진행할 수 있다.

그리고 나는 카드를 태울 때 이런 말을 한다.

"종이에 적는 것은 중요하지 않습니다. 제가 종이에 내용을 적도록 한 것은 거기에 집중하게 하려는 뜻이었습니다. 더 이상 종이는 필요 없습니다. 집중하십시오!"

이 과정에서 손에 화상을 입어 흉터가 한두 개 생긴다면 흉터에 대한 이야기를 꾸며 새로운 레퍼토리를 만들 수 있을 것이다.

스피릿 트랜스포지션
Spirit Transposition

오빌 메이어(Orville Meyer)의 방법으로 칠판이 필요하다. 이제까지 다른 책에 소개된 비슷한 방법은 다양하지만 그중에서도 이 방법이 깔끔하고 명료하다.

★ 이펙트
작은 칠판 두 개에 각각 다른 모양을 그린다. 신기하게도 전혀 불가능할 것 같은 일이 일어난다. 칠판 두 개에 있는 모양의 자리가 바뀐다.

관객의 시선에서

마술사가 작은 칠판 두 개를 보여준다. 칠판 두 개의 앞뒤는 모두 깨끗하다. 그중 하나를 관객에게 건네고, 그에게 단순한 모양 하나를 생각해서 칠판에 그리라고 한다. 먼저 시범을 보이며 마술사는 분필로 자신의 칠판에 모양 하나를 그린다. 그럼 관객은 마술사가 보지 못하도록 몰래 칠판에 모양 하나를 그린다. 다음으로 마술사와 관객 모두 자신의 칠판 뒤에 이니셜을 적는다. 그리고 칠판을 뒤집어 잡는다. 다시 칠판을 뒤집어 보니 그림이 바뀌어 있다. 관객의 그림은 마술사의 칠판에, 마술사의 그림은 관객의 칠판에 있다. 마지막으로 관객이 직접 칠판을 확인한다.

★ 준비물

1. 작은 칠판 두 개와 플랩(flap) 하나. 이 도구들은 마술용품점에서 쉽게 구할 수 있다.

준비

칠판 하나에 간단한 모양(여기에서는 작은 원이라고 하자)을 그리고, 플랩의 한쪽에도 같은 모양을 그린다(**그림 1**). 그리고 모양을 그린 칠판 위에 플랩을 놓되, 이때 플랩의 그림 그린 면이 아래를 향하게 한다. 그럼 관객은 그저 깨끗한 칠판이라고 생각한다. 다른 칠판 하나는 아무런 준비 없이 그대로 둔다.

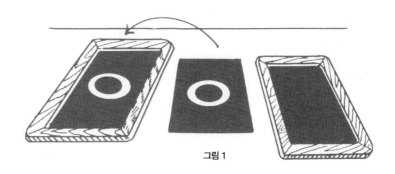

그림 1

시연

사이에 테이블을 두고 관객과 마주보면 가장 좋다.

양손에 칠판을 하나씩 들고, 엄지손가락으로 플랩이 움직이지 않게 잘 고정시킨다. 그리고 자연스럽게 칠판의 앞뒤를 보여준다. 단순한 기하학 모형 하나를 생각하라고 관객에게 부탁한다.

"모양을 하나 결정하셨으면 이제 칠판에 그리십시오. 이렇게 말입니다."

이렇게 말하면서 칠판 위에 놓인 플랩에 칠판에 있는 그림과 같은 모양을 그린다. (여기에서는 작은 원을 그린다.) 그럼 플랩의 앞면과 뒷면, 칠판의 앞면, 총 세 곳에 같은 모양이 존재한다. 그리고 칠판의 앞면을 보여주며 계속해서 대사를 한다.

"저는 이 모양을 생각했습니다. 만약 지금 원을 생각하고 계셨다면 다른 모양으로 바꾸십시오."

그리고 분필을 건네어 칠판에 모양을 그리게 한다. 이때 관객은 칠판을 기울여서 마술사가 모양을 보지 못하게 한다. 그러고 나서 모양이 아래로 가게 칠판을 뒤집어서 들라고 부탁한다. 마술사는 모양이 보이게 플랩이 있는 면이 위를 향하게 칠판을 잡는다.

그 상태로 관객의 칠판을 받아서 마술사의 칠판 위에 놓고 포갠다. 그럼 칠판 두 개가 마주보게 된다. 그 상태로 칠판 두 개를 꼭 잡고, 세 번 뒤집는다. 그럼 관객의 칠판이 아래로, 마술사의 칠판이 위로 가게 된다. 이때 마술사의 칠판 위에 있던 플랩이 관객의 칠판 위로 떨어져서 관객의 모양을 가린다. 이제 정말로 중요한 부분이다.

위에 있는 칠판을 (그림이 보이지 않게 뒤집힌 상태 그대로) 옆으로 밀어서 아래 칠판의 원 모양을 보여준다. 실제로 아래 칠판은 관객의 칠판이고, 위에 보이는 것은 플랩에 있는 그림이다. 그럼 관객은 나머지 칠판이 원래 자신의 칠판이라고 생각한다. 머뭇거림 없이 곧바로 뒤집혀 있는 칠판을 관객에게 밀어준다. 만약 관객이 미리 칠판을 뒤집을 수도 있기 때문에 손가락으로 칠판을 계속 누르며 말한다.

"아, 칠판 뒤에 이니셜 적는 걸 깜빡했네요."

관객이 칠판 뒤에 이니셜을 적으면 이렇게 말한다.

"그럼 이제 제 칠판에도 이니셜을 적겠습니다."

칠판을 테이블 모서리 가까이로 당겨온 뒤 세워서 플랩을 무릎 위로 떨어뜨린다 (**그림 2**). 그리고 곧바로 칠판을 뒤집어서 뒷면에 이니셜을 적는다.

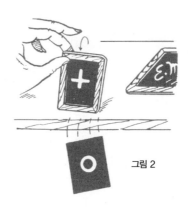

그림 2

이제 필요한 동작은 모두 끝났다. 마치 칠판 위의 모양을 바꾸려는 듯 손을 흔든다. 그리고 칠판을 뒤집어서 모양을 보여준다. 플랩을 치운 상태이기 때문에 관객에게 직접 칠판을 확인할 수 있는 시간을 줘도 된다.

★ 참고
상당히 '명료한' 방법이기 때문에 다른 멘탈 마술이나 텔레파시 마술과도 잘 어울린다.

칠판 뒷면에 이니셜을 적을 때 관객이 다 적을 때까지 기다리지 말고 함께 이니셜을 적어도 된다. 그럼 마술사가 들고 있는 칠판에 대한 관객의 관심을 분산시킬 수 있다.

직접 이 마술을 하면서 알아낸 비법이 있다. 관객의 칠판을 가리키며 이니셜을 적으라고 부탁하는 동안, 동시에 반대쪽 손으로 칠판을 앞으로 당겨서 뒤집으면 관객의 주의를 분산시킬 수 있다. 관객이 칠판에 이니셜을 다 적은 뒤 고개를 들었을 때는 이미 플랩을 처리한 상태이기 때문에 전혀 문제될 게 없다.

오버 드론
Overdrawn

독 보스턴(Doc Boston)은 지폐를 이용한 마인드 리딩 마술로 수많은 마술사들을 감쪽같이 속였다. 단순히 책에 있는 내용으로는 믿기 어렵겠지만 실제로 있었던 일이다.

★ 이펙트

마술사가 지폐 한 뭉치를 보여준다. 그리고 부채모양으로 펼쳐서 모자 안에 넣는다. 모자 안에 있는 지폐를 손으로 휘젓고, 모자를 흔든다. 관객이 모자 안에서 지폐 묶음의 일부를 꺼낸다. 본인도 자신의 손에 몇 장의 지폐가 있는지 알지 못한다. 하지만 마술사는 곧바로 지폐의 수를 알아맞힌다.

★ 준비물

1. 빌린 모자 하나
2. 1달러 지폐 약 100장

준비

일련번호가 연속되는 1달러 지폐 100장을 구한다. 은행에 가면 쉽게 구할 수 있다. 그리고 지폐를 살짝 구겼다 펴서 헌 지폐처럼 보이게 만든다. 몇 번 사용하면 자연스러워 보일 것이다. 일련번호에 맞춰 나란히 정리한다. 이때 낮은 숫자의 앞면이 맨 위로 오게 한다. (물론 반대로 높은 숫자의 앞면이 맨 위로 와도 된다. 어떤 순서이든 그 순서만 잘 기억하면 된다.)

시연

지폐를 리플한 뒤, 부채모양으로 펼친다. 일련번호가 가장 낮은 지폐는 여전히 맨 위에 위치해 있다. 관객에게 빌린 모자 안에 일련번호가 보이도록 지폐 전체를 넣는다.

모자 안에 손을 넣고 지폐를 섞는 척한다. 하지만 물론 이때도 지폐의 순서는 바뀌지 않는다. 모자 안의 공간이 좁아서 지폐가 제대로 움직일 수 없기 때문에 순서는 쉽게 바뀌지 않는다. 그리고 모자를 앞뒤로 흔든 뒤, 다시 손을 넣어 지폐를 만져서 바스락거리는 소리를 낸다. 겉으로 보기에는 요란해 보이지만 실제로 지폐는 처음 넣은 순서 그대로이다. 한두 번 연습하다보면 더욱 멋진 장면을 연출할 수 있다.

관객 한 명을 무대로 불러서 모자 앞에 서게 한다. 그리고 지폐의 일부를 꺼내게 한다. 관객의 뜻에 따라 적은 수의 혹은 많은 수의 지폐가 모자 밖으로 나온다.

이제 남은 과정은 간단하다. 자연스럽게 모자 안에 있는 지폐 묶음의 맨 위에 놓인 지폐의 일련번호 끝부분을 확인한다. 대사를 하면서 모자를 테이블에 내려놓는 동안 확인해야 한다.

처음 시작할 때 맨 위에 있던 지폐의 일련번호 끝 세 자리가 018이라고 하자. 그리고 관객이 지폐를 꺼낸 후 맨 위에 있던 지폐의 일련번호는 050으로 끝났다고 하자. 그럼 50에서 18을 빼면 32가 된다.

> "던&브래드스트리트를 통해서 사업을 하는 것도 이제 지겹네요. 다년간 일하면서 약간의 초능력을 사용할 수 있게 되었습니다. 집중만 하면 당신의 자산을 알 수 있습니다. 잠이 안 올 때면 누워서 양을 세지 않고 돈을 셌거든요. 이렇게 얻은 초능력 덕분에 새로운 능력을 얻게 되었습니다. 지금 한 번 보여드리죠."

집중하는 척 연기한 뒤, 관객이 들고 있는 지폐의 장수를 맞춘다. 물론 다양한 방법을 이용할 수 있다.

> "보십시오. 이렇게만 하면 던&브래드스트리트는 할 일이 없어지겠죠?"

★ 참고

상대를 쉽게 속일 수 있는 방법이다. 연속된 일련번호를 사용하는 것은 어쩌면 너무도 간단한 트릭이지만 이를 생각해 낼 수 있는 사람은 거의 없다.

또한 일련번호의 가장 낮은 숫자와 가장 높은 숫자를 모두 알고 있다면, 지폐를 모자 안에 넣기 전에 실제로 커트를 하더라도 관객이 집은 지폐의 숫자를 맞힐 수 있다. 이때는 지폐를 모자에서 꺼내 부채모양으로 펼치면 훨씬 편하다. 관객은 그저 마술사가 지폐를 다시 섞는다고 생각할 것이다.

또한 당신이 지폐의 일련번호 두 개를 확인하고 기억할 수 있다면 두 명의 관객을 불러도 된다. 관객이 지폐를 가져가기 전의 가장 낮은 숫자에서 관객이 지폐를 가져간 뒤 가장 낮은 숫자를 뺀다. 관객이 지폐를 꺼낸 뒤, 모자를 테이블에 내려놓으면서 숫자를 확인하고 뺄셈을 하면 된다. 그리고 그 숫자를 기억했다가 두 번째 관객이 지폐를 꺼낸 뒤 가장 낮은 숫자를 뺀다.

이 마술을 하면서 새로운 아이디어가 떠올랐다. 대부분은 '큰 망치로 파리 잡기 (killing a fly with a sledge hammer)'와 같은 생각이지만 아주 단순하고 명료한 방법이다. 그 중 하나를 소개하고자 한다. 내가 지폐를 뒤집어서 들고 있으면 워싱턴의 얼굴이 바닥을 향하게 된다. 그리고 지폐를 부채모양으로 펼친 뒤 커트를 한다. 다음으로 모자에 넣기 전에 지폐를 뒤집는다. 이때도 절대 일련번호에 대해서는 언급하지 않는다. 어떤 상황에서도 일련번호에 대해 관객이 주의를 끌 필요는 없다. 그리고 마술사는 아무것도 볼 수 없다는 메시지를 관객의 잠재의식에 심어둔다.

마지막으로 공연 중에 유용할 수도 있는 아이디어이다. 모자 안에 있는 지폐를 힐끗 보는 대신에, 모자 안 깊은 곳에 있는 지폐 한 장을 꺼내는 척 연기하며 실제로는 맨 위에 놓인 지폐를 꺼낸다. 그리고 관객에게 건네면서 말한다.

"이렇게 당신에게 지폐 한 장을 더 주면, 당신 손에 있는 지폐는 서른세 장이 됩니다!"

관객에게 지폐를 건네면서 일련번호를 쉽게 확인할 수 있다.

루이스 필립스의 캘커타
Louis Phillips' Calcutta

약간의 상상력과 정교함의 조합으로 탄생한 멋진 마술의 좋은 예이다. 한 번만 준비하면 여러 번 다시 이용할 수 있다.

★ 이펙트

세계 곳곳의 나라, 호수, 사막 등의 지명이 적혀 있는 카드 앞면을 보여준다. 그리고 카드를 뒤집어서 관객에게 아무 카드나 한 장 선택하게 한다. 나머지 카드는 한쪽에 치워두고, 세계지도를 펼친다. 관객이 마술사의 손목을 잡고, 선택한 카드에 적힌 장소를 떠올리게 한다.

그러자 보이지 않는 힘에 이끌리듯 마술사의 손이 움직여서 지도의 한곳을 가리킨다. 그의 손가락이 놓인 곳은 바로 관객이 생각하고 있는 바로 그곳이다! 마지막으로 장소의 이름을 크게 읽고, 관객이 선택한 카드를 확인한다.

★ 준비물

세계지도 한 장이 필요하다. 서점이나 문구점에서 구할 수 있다. 아니면 지리 관련 학회나 기관에 부탁하여 구할 수도 있다. 준비한 지도는 접어서 한쪽에 둬도 되고, 아니면 걸어둬도 된다. 혹은 지구본을 이용해도 된다.

앞면이 빈 카드 52장이 필요하다. 카드의 빈 면에 지명을 적는다. 카드에 적을 지명은 다음과 같고, 다음 순서대로 카드를 정리해야 한다.

캘커타(Calcutta, 인도의 도시 - 옮긴이), 루체른(Lucerne, 스위스의 도시), 실론(Ceylon, 스리랑카의 섬), 요코하마(Yokohama, 일본 도시), 한국(Korea), 레겐스부르크(Regensburg, 독일 도시), 노르웨이(Norway), 라탁(Ratak, 마셜공화국의 지역), 태즈메이니아(Tasmania, 호주의 도시), 사모아(Samoa), 모로코(Morocco), 로스토프(Rostov, 러시아의 도시), 솔로몬제도(Solomon Islands), 로리

앙(Lorient, 프랑스의 도시), 리비에라(Riviera, 프랑스와 이탈리아를 걸쳐 위치한 해안지방), 빅토리아 호수(Lake Victoria, 호주 빅토리아 주에 위치한 호수), 콜롬비아(Columbia), 루손(Luzon, 필리핀 군도의 주도), 종굴다크(Zonguldak, 터키 북서부 항구 도시), 누비아 사막(Nubian Desert, 아프리카 수단의 북동부를 차지하는 사막), 비미니 제도(Bimini Islands, 대서양 바하마 북서쪽에 위치한 일련의 섬), 미시시피 강(Mississippi River, 미국 중부를 관통하는 강), 시에라리온(Sierra Leone, 서아프리카 남쪽에 위치한 나라), 이스터 섬(Easter Island, 남태평양의 섬), 세네갈(Senegal), 네그로스(Negros, 필리핀의 섬), 고다바리 강(Godavari River, 인도에 위치한 강), 다뉴브 강(Danube, 독일 남서부에서 시작하여 동으로 흘러가는 강, 도나우 강), 누쿠알로파(Nukualofa, 남태평양에 위치한 통가왕국의 수도), 쿠팡(Kupang, 인도네시아 티모르 섬의 도시), 파르마(Parma, 이탈리아의 도시), 랍티 강(Rapti River, 네팔에 위치한 강), 파이크 봉(Pike' s Peak, 콜로라도의 산봉우리), 케메로보(Kemerovo, 러시아 중남부의 도시), 지중해(Mediterranean Sea), 디굴 강(Digul River, 인도네시아의 강), 구자라트(Gujarat, 인도 서부에 있는 주), 자카르타(Jakarta, 인도네시아 자바 섬 북서안에 있는 수도), 캘러머주(Kalamazoo, 미국 미시간 주에 위치한 도시), 란자로테(Lanzarote, 대서양 카나리제도에 있는 섬), 나가사키(Nagasaki, 일본 규슈의 현), 가툰(Gatun, 남아메리카의 파나마 지대에 있는 호수), 투쿠만(Tucuman, 아르헨티나의 주), 쿠바(Cuba), 바하마(Bahamas, 서인도제도 북부에 있는 나라), 하와이(Hawaii), 웨일즈(Wales, 영국 서부 지역), 레이테 걸프(Leyte Gulf, 필리핀 레이테 섬 동쪽의 해수), 예시엔(Yehsien, 중국 상동에 있는 도시), 히말라야(Hymalayas), 마카오(Macao).

준비

'캘커타' 카드는 무작위로 만들어진 것처럼 보이지만 다음 카드를 예상할 수 있는 단서가 담겨 있다. 예를 들어서 CALCUTTA의 세 번째 알파벳을 보고, 그 뒤에 나오는 첫 번째 모음(a, e, i, o, u)을 확인해보자(LU). 그러면 다음 카드 내용(Lucerne)의 첫 번째 두 글자가 나온다. LUCERNE의 세 번째 알파벳은 C, 그리고 그 다음에 나오는 모음은 E이다. 그럼 다음 카드(Ceylon)가 CE로 시작한다는 사실을 알 수 있다. CEYLON의 세 번째 알파벳은 Y, 다음에 나오는 모음은 O이기 때문에 그 다음 카드(Yokohama)가 YO로 시작한다는 사실을 알 수 있다.

이렇게 52장에 적힌 지명을 익혀둬라. 각각의 지역에 대해서도 잘 알고 있으면 더욱 효과적이다.

처음 알파벳 두 글자가 일치하는 카드는 세 쌍뿐이다. 랍티 강(Rapti River)과 라탁 (Ratak), 루체른(Lucerne)과 루손(Luzon), 누비아 사막(Nubian Desert)과 누쿠알로파(Nukualofa) 이다. 그 밖에는 첫 알파벳 두 글자가 일치하는 카드는 없다. 그러므로 여섯 장의 카 드만 잘 기억해두면 된다. 루체른은 캘커타 다음에, 루손은 콜롬비아 다음에 온다는 사실을 기억해 두면 편리하다.

시연

마인드 리딩 마술을 위한 분위기를 만든 뒤, 관객에게 카드 한 장을 선택하게 한다. (그 전에 가짜 서플을 통해 카드를 섞는 척해도 된다.)

관객이 카드를 뺀 부분을 커트한 뒤, 맨 위에 있는 카드의 내용을 확인한다. 그리고 지도를 펴는 동안 관객에게 뽑은 카드에 적힌 지명을 생각하라고 한다.

이제 남은 것은 쇼맨십을 발휘하는 일뿐이다. 지명을 너무 빨리 말해서는 안 된다. 손가락으로 지도 곳곳을 훑은 후, 마지막에 선택된 장소를 가리킨다. 집중하는 연기 를 하며 장소에 대한 대사를 한다. (만약 빅토리아 호수를 선택했다면 물이 보인다고 하고, 누비아 사 막을 선택했다면 모래가 보인다고 하면 좋다.)

미리 카드에 적힌 장소를 지도 위에 동그라미로 표시해두면, 훨씬 쉽게 장소를 찾 을 수 있다. (또한 카드가 52장이라는 사실을 관객에게 다시 확인시켜줄 수도 있다.) 지도가 크면 미리 표시해두지 않아도 쉽게 장소를 찾을 수 있다. 물론 공연 전에 위치를 미리 확인해둬 야 한다.

★ 참고

선택된 카드를 쉽게 예측할 수 있도록 연습해야 한다. 그래서 아래 있는 카드를 보 았을 때 곧바로 선택된 카드의 지명을 떠올릴 수 있어야 한다.

관객이 직접 카드를 시험해 봐도 된다. 하지만 굳이 마술사가 먼저 그렇게 제안하 여 의심을 살 필요는 없다. 쇼맨십을 제대로 발휘하면 관객은 카드의 존재에 대해 잊 게 될 것이다.

선택된 카드 아래에 있는 카드의 내용을 몰래 확인하지 않아도 되는 방법이 있다. 마술사가 뒤돌아선 상태에서 관객이 카드를 커트하게 한다. 그리고 맨 위에 있는 카드를 관객이 가져가게 한다. 그러고 나서 돌아서며 이렇게 말한다.

"이 중 한 장을 가져가셨군요."

카드를 테이블에 내려놓고 빠르게 일렬로 펼쳐놓는다. 이때 선택된 카드 다음 장의 내용을 확인한다.

마인드 리딩 마술에 관심이 있다면 캘커타 카드는 상당히 유용할 것이다. 관객에게 세계지도에서 한 곳을 생각하라고 시킬 때 이용해도 좋다.

만약 숙제도 마다하지 않는다면, 미국 지도를 펴고 더 익숙한 이름으로 새로운 캘커타 카드를 만들어보라. 훨씬 더 강렬한 효과를 낼 수 있을 것이다.

덧셈 예언
Addition Prediction

미키 맥두걸(Mickey MacDougall)은 (마술사들 사이에서) 유명한 이 마술을 애용했다. 말하자면 '9' 원리('9' principle)를 살짝 변형시킨 마술이다. 미키는 작은 무대에서 이 마술을 자주 선보였다. 나는 공연을 마무리 할 때 이 마술을 몇 번 해봤다. 단, 주위에 관객이 너무 적다면 피하는 것이 좋다. (그 이유는 앞으로 알게 될 것이다.)

★ 이펙트

칠판이나 종이에 가로와 세로가 모두 다섯 칸인 격자를 그린다. 그리고 맨 윗줄에 숫자를 채워보자고 말한다. 관객이 0에서 9 사이 숫자를 부르게 한다. 그리고 숫자를 들으면, 숫자를 말한 사람에게 맨 윗줄 중 어느 칸에 그 숫자를 쓰면 좋겠냐고 묻는다. 그리고 그 칸에 그 숫자를 적는다. 즉, 관객이 직접 숫자와 숫자를 적을 칸을 선택할 수 있다. 맨 윗줄이 (다섯 개의 숫자로) 다 채워지면 마술사는 예언을 적는다.

관객은 계속해서 숫자를 말하고, 칸을 선택하여 칸을 모두 채운다. (같은 줄에 적힌 다섯 자의 숫자를 다섯 자리 숫자로 보고) 모든 숫자를 더한다. 그럼 마술사의 예언과 정확히 일치하는 답이 나온다.

시연

마술의 비법은 다음과 같다. '9' 원리를 응용했다고 말했다시피 오래된 원리가 숨겨져 있으며 거기에 새로운 옷을 입혔을 뿐이다. 원래 방법에서는 관객이 다섯 자리 숫자를 적은 상태에서 마술사가 '예언'을 한다. 그리고 관객이 그 아래에 또 다른 다섯 자리 숫자를 적는다. 다음으로 마술사가 그 아래에 다섯 자리 숫자를 적는다. 이때 각 숫자의 합이 9가 되게 한다. 관객이 두 번째로 적은 숫자가 23964라면 마술사는 76035를 적는다. 계속해서 관객이 또 다른 다섯 자리 숫자를 적고, 마술사가 마지막 숫자를 적는다. 이번에도 역시 각 자리의 합이 9가 되도록 숫자를 선택한다. 모든 숫자를 합치면 마술사가 예언한 숫자와 일치한다.

원래는 이런 식으로 '9' 원리를 숨기지만, 여기에서는 다른 방법을 사용한다. 내가 아는 방법 중에서는 이 방법이 단연 최고다. 우선 첫 번째 줄에 있는 숫자의 마지막 자리에서 2를 뺀 뒤, 맨 앞에 2를 붙이면 예언할 숫자가 된다. 예를 들어 맨 윗줄에 적힌 숫자가 32567이라면 232565라고 예언하면 된다. 만약 첫 번째 숫자가 98752라면 293750이라고 예언하면 된다. 마지막 숫자가 1이면 마지막 두 자리 숫자를 함께 이용하여 2를 뺀다. 36481이라면 236479라고 예언한다.

원리를 이해했다면 이제 진짜 방법을 알아보자. 먼저 칠판에 가로와 세로가 모두 다섯 칸이 격자를 그린다. (나중에 합계를 적을 수 있도록 아래에 공간을 남겨둔다.) 그리고 관객에게 한 자리 숫자를 말하라고 한다. 관객에게 숫자 하나를 말하게 하고, 맨 윗줄에서 그 관객이 원하는 칸에 숫자를 적는다. 그렇게 첫 번째 줄을 채운다(**그림 1**). 여기에는 두 가지 목적이 있다. 첫째는 어떤 숫자가 어떤 칸에 가건 당신은 전혀 신경 쓰지 않는다는 사실을 증명하기 위함이다. 둘째는 숫자 부르는 데 관객을 익숙하게 만들기 위함이다. 이때 진행을 약간 빠르게 할 필요가 있다. 그래서 관객이 계속해서 숫자를 외치도록 만든다.

이제 잠시 쉬면서 예언을 적는다. 어떤 방법이든 상관없다. 종이에 적은 뒤 접어서 관객에게 맡겨도 되고, 칠판 뒷면에 적어도 된다. (**그림 1**의 경우, 예언지에는 282641이라고 적는다.)

이제 다시 계속해서 숫자를 묻는다. 그리고 관객이 원하는 칸에 그 숫자를 적는다. 이때 주의할 점은 각각의 열에 빈 칸을 하나씩 만들어둬야 한다. (맨 윗줄은 제외하고) 미리 적힌 숫자와 마지막에 적는 숫자, 네 숫자의 합이 18이 되도록 한다. **그림 2**의 상황이라고 생각해보자.

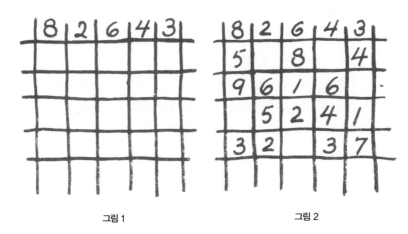

그림 1   그림 2

다섯 개의 숫자만 더 있으면 된다. 그렇기에 이제 빨리 생각하고, 약간의 조작을 해야 한다. 이제 한 칸만 더 채우면 각각의 열이 완성되기 때문에 합이 18이 되도록 주의해야 한다. 빨리 계산을 한 뒤, 마지막 칸을 채운다. (미리 적어 둔 세 숫자의 합을 18에서 뺀 뒤, 그 값을 빈 칸에 적는다.)

그림 2의 첫 번째 열에는 이미 5, 9, 3이 적혀 있다. (첫 번째 행은 계산에 포함시키지 않는다.) 이 세 숫자의 합은 17이므로, 빈 칸에 1을 적으면 된다. 다음 열에는 6, 5, 2가 적혀 있고, 그 합은 13이다. 그러므로 빈 칸에 5를 적으면 된다. 세 번째 열의 빈 칸에는 7, 네 번째 열의 빈 칸에는 5, 다섯 번째 열의 빈 칸에는 6을 적는다.

이렇게 빈 칸을 채울 때는 관객 중 누군가 그 숫자를 외쳐서 들은 것처럼 행동한다. 그렇기에 관객이 계속해서 숫자를 외치게 만들어야 한다. 즉, 관객이 많으면 많을수록 더욱 유리하다. 그럼 원하는 숫자를 골라서 쓸 수 있다.

관객이 많을 경우, 원하는 숫자가 들리면 그 숫자를 말한 관객에게 묻는다.

"죄송합니다. 저기 빨간색 넥타이 하신 분, 방금 어떤 숫자를 말씀하셨나요?"

침착하고 자연스럽게 물으면 주위에서 아무런 의심도 하지 않는다.

그리고 마지막 빈 칸을 채울 때는 관객에게 칸을 선택할 기회를 주지 않는다. 필요한 숫자가 들리면 곧바로 필요한 칸에 그 숫자를 적는다. 이미 관객이 원하는 칸에 원하는 숫자를 넣었기 때문에 관객은 마술사가 임의로 숫자를 적고 있다는 사실을 알아채지 못한다. 관객이 눈치 채기 전에 빨리 진행하는 것이 좋다.

원하는 숫자가 들리지 않으면 임의로 원하는 숫자를 적는다. 그리고 이렇게 말한다.

"자, 이제 제가 여러분을 도와드리겠습니다."

그리고 조용히 빈 칸에 필요한 숫자를 적는다. 이때 무작위로 숫자를 적는 것처럼 연기해야 한다. 몇 번 해 보면 노하우가 생길 것이다.

그럼 이제 필요한 과정은 거의 끝났다. 마지막으로 맨 아래에 선을 긋고, 관객을 시켜 합계를 구한다. (관객 중 회계사가 있다면 그에게 덧셈을 맡겨도 좋다.) 물론 미리 적어둔 예언과 합계는 정확히 일치한다!

★ 참고

한 가지 문제가 있을 수 있다. 이미 적혀 있는 세 숫자의 합이 18이 넘으면 어떻게 해야 하는가? (정확히 18이라면 빈 칸에 0을 적으면 된다.) 18이 넘으면 합이 28이 되도록 빈 칸을 채운다. 예를 들어서 이미 적혀 있는 숫자가 8, 7, 7이라면 합은 22이다. 그럼 빈 칸에 6을 넣어서 네 숫자의 합이 28이 되게 한다. 즉, 18이 넘으면 28을 만든다.

대신 왼쪽 열의 합은 18보다 1이 적은 17이 되어야 한다. 그래야만 예언이 빗나가지 않는다. 두 개 이상의 열의 합이 18이 넘을 수 있다. 예를 들어 세 번째와 다섯 번째 열이 모두 18이 넘어서 28로 만들었다고 하자. 그럼 두 번째와 네 번째 열의 합은 17이 되어야 한다. 만약 연속되는 두 개의 열(두 번째와 세 번째 열)의 합이 18이 넘는다고 하자. 그럼 세 번째 열의 합은 28, 두 번째 열의 합은 27이 되어야 한다. 그리고 첫 번째 열의 합은 17이 되어야 한다. 그렇게 되면 숫자의 합과 예언이 완벽하게 일치한다. 연습을 통해 이 과정에 익숙해져야만 실전에서 빠르게 진행할 수 있다.

가장 왼쪽에 있는 첫 번째 열의 합은 반드시 18이 되어야만 한다. 만약 28이 된다면 예언의 첫 번째 숫자가 틀리게 된다. (예언의 첫 번째 숫자는 2인데, 합계의 첫 번째 숫자는 3이 된다.) 그래도 예언이 비슷하기 때문에 관객이 이해할 것이다.

이 원리에 관심은 있으나 아직 이해하지 못한 분을 위해 약간의 추가 설명을 하고자 한다. 다섯 자리 숫자 중 마지막 숫자에서 2를 빼고, 첫 번째 숫자 앞에 2를 적을 때 마술사가 하는 것은 2×99,999(혹은 199,998)를 다섯 자리 숫자에 더하는 일이다. 이를 달리 표현하면 첫 번째 행을 제외한 각 열의 합이 18이 되게 하는 것이다.

에드 슈만의 무안 시각
Ed Schuman's Sightless Sight

이 마술에 이용된 원리는 전혀 새로운 것이 아니다. 에드(Ed)가 20년 전에 이미 사용했던 방법이다. 그리고 텔-어-컬러(Tel-A-Color)라는 이름으로 판매된 상품이 있다. 에드는 명함을 이용했다. 논리적인 진행을 위해서 명함을 사용하고 관객에게 명함을 건네길 원한다면 이 방법을 추천하고 싶다. 한 번 명함을 인쇄해 놓으면 (마술사를 포함하여) 어느 누구도 비법을 쉽게 알아내지 못한다.

★ 이펙트

여덟 장의 명함을 테이블에 나란히 놓는다. 그리고 명함이 양면으로 인쇄되었음을 보여준다. 즉, 명함을 뒤집으면 앞면과 같은 내용이 뒷면에도 인쇄되어 있다. 그러므로 어떤 명함을 뒤집었는지 구별할 방법이 없다.

마술사가 뒤돌아 있는 동안 관객은 명함 하나에 자신의 이니셜을 적은 뒤 명함을 뒤집어 놓는다. 그리고 나서 명함을 모아서 잘 섞고, 다시 일렬로 놓는다. 그럼 이니셜이 적힌 명함이 어떤 것인지 아무도 모른다. 하지만 마술사가 갑자기 이니셜이 적힌 명함을 뒤집는다. 혹은 선택된 명함을 가리키고, 관객이 직접 뒤집게 한다. 마지막으로 관객이 명함을 직접 확인할 시간을 준다.

★ 준비물과 준비

명함은 지극히 평범하고 똑같아 보이지만, 감각적인 측면에서 약간의 차이가 존재한다. 보통 명함은 종이의 결과 같은 방향으로 인쇄된다. 그렇기 때문에 명함의 어떤 모서리를 구부리건 느낌이 비슷하다. 그러나 여기에 비법이 있다. 큰 명함 종이를 45°로 기울여서 인쇄하는 것이다. 그럼 명함 모서리 두 곳은 부드럽고, 나머지 두 곳은 뻣뻣하게 된다.

그림 1은 명함 종이를 어떻게 이용해야 하는지 보여준다. 물론 이렇게 이용하면 모서리에 못 쓰는 부분이 많아지지만, 두 종류의 모서리가 생긴다. 만졌을 때 B 모서리는 A 모서리보다 더욱 뻣뻣하다(**그림 1**). 또한 명함의 앞면과 뒷면의 내용을 똑같이 인쇄해야 한다. 그럼 다른 명함과 구분되고, 관객에게 보여줄 이유가 생긴다. (귀여운 방법을 원한다면 이렇게 말하라. "저는 이제까지 수많은 명함을 잃어버렸습니다. 이는 모두 제가 똑똑하지 못한 사람에게 명함을 주었기 때문입니다. 그들은 아무것도 인쇄되지 않은 명함의 뒷면부터 보고는 절대 뒤집어 보지 않습니다. 제가 망했다고 생각했나봅니다. 드디어 문제의 해결책을 찾았습니다. 앞뒤를 모두 인쇄하는 겁니다!")

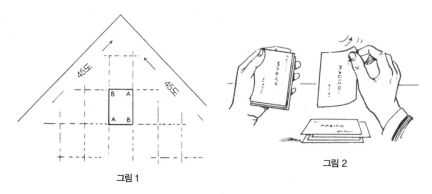

그림 1   그림 2

명함을 6~10장 꺼내 방향을 모두 맞춘다. 그리고 왼손으로 명함을 잡고, 마치 카드 패를 돌리듯이 딜(deal)할 준비를 한다. 명함의 오른쪽 위 모서리를 잡고 한 장씩 테이블 위에 내려놓는다(**그림 2**). 흔히 카드를 한 장씩 내려놓을 때 한쪽 모서리를 잡기 때문에 전혀 어색해할 이유가 없다. 명함의 부드러운 모서리와 뻣뻣한 모서리의 차이는 금방 구별할 수 있을 것이다. 명함을 한 장씩 내려놓으며 모서리를 살짝 구부리면 모서리가 부드럽게 구부러지는 것을 느낄 수 있을 것이다. 반면 뻣뻣한 모서리는 쉽게 구부러지지 않기 때문에 쉽게 느낄 수 있다. 10~15분 정도만 명함을 만지다보면 카드를 만지는 순간 차이를 느끼게 될 것이다. (절대 티가 나게 모서리를 구부려서는 안 되며, 자연스럽게 살짝 구부려야 한다.)

같은 방향으로 늘어놓은 명함 중 한 장만 뒤집은 뒤, 모아서 섞어도 뒤집힌 명함이 어떤 것인지 쉽게 알아낼 수 있다. (명함을 옆으로 뒤집으면 인쇄 내용은 변하지 않지만, 모서리 A와 B의 위치가 바뀐다.)

시연

공연 전에 마술사는 반드시 명함에 익숙해져야만 한다. 또한 마술을 위해서는 공간이 많이 필요하지도 않고, 다양한 효과를 만들 수 있다. 기본적으로 명함을 한 줄 혹은 두 줄로 놓는다. 그리고 명함의 앞뒤가 완벽하게 일치한다는 사실을 설명한다. 또한 명함 한 장을 뒤집어도 어떤 카드인지 구분할 방법이 없다고 덧붙인다.

초능력에 대해 이야기한 뒤, 뒤로 돌아서거나 밖으로 나간다. 그동안 관객에게 명함 한 장을 선택하여 거기에 이니셜을 적은 뒤, 그 명함을 뒤집어서 이니셜이 보이지 않게 만들라고 한다. 이 과정이 모두 끝나면 다시 돌아서서 카드를 모으고 섞는다. (이때 어느 카드도 뒤집혀서는 안 된다.) 그리고 테이블에 한 장씩 내려놓는다.

처음과 같은 방법으로 오른쪽 위 모서리를 잡고 내려놓는다. 그럼 느낌이 다른 카드, 바로 선택된 카드를 알 수 있다. 그 카드의 위치를 기억해둔다.

마무리는 원하는 방법으로 하면 된다. 관객과 눈을 마주치고 있다가 선택된 카드를 뒤집어도 되고, 혹은 관객에게 몇 번째 카드를 뒤집어 보라고 시켜도 된다. 혹은 관객의 이름 스펠링을 하나씩 말하며 카드를 한 장씩 건드리다가 선택된 카드를 집어도 된다. 관객이 연필을 들고 카드 위로 손을 움직이다 멈추면, 거기에서부터 몇 칸 움직이면 선택된 카드가 있다고 말하는 방법도 있다. (관객이 선택된 카드 위에서 멈추면 바로 그 카드를 뒤집어보라고 하면 된다.) 혹은 관객이 마술사의 손목을 잡은 상태에서 마술사가 힘을 주어 선택된 카드 위에 멈춰도 된다(카드 마술 중에 '움직이는 연필(The Moving Pencil)'을 참고하라). 이 외에도 다양한 마무리가 가능하다.

그 밖에도 쉽고 직접적인 방법이 있다. 카드를 모으면서 관객에게 좋아하는 숫자를 물어본다. 그리고 카드를 내려놓으면서 선택된 카드가 그 위치에 가게 한다. 이때 (먼저 손으로 선택된 카드를 확인한 뒤) 카드를 오른쪽에서 혹은 왼쪽에서부터 내려놓는다.

★ 참고
자세한 설명은 하지 않았다. 가능성이 무궁무진하고 응용이 가능하기 때문이다. 원리만 이해하고, 명함 모서리의 차이를 느끼면 자신만의 새로운 이펙트를 만들 수 있을 것이다.

촉각을 이용하기 때문에 어두운 곳에서도 할 수 있다. 혹은 명함을 봉투 안에 넣어도 된다. 명함 모서리의 휘는 느낌만 구분할 수 있다면 어떤 상황이건 상관없다.

관객이 선택된 명함을 뒤집은 뒤 명함을 모을 때, 절대 명함 뒷면을 보려한다는 의심을 사지 않도록 주의하여 행동하라.

마술이 끝나면 선택된 카드를 관객에게 준다.

켄 빌의 트리플 초능력 예언
Ken Beale's Triple ESP Prediction

알 베이커(Al Baker)가 자신의 카드 마술에서 사용했던 아이디어를 응용하여 켄 빌(Ken Beale)이 트리플 예언을 만들어냈다. 개인적으로 가장 좋아하는 마술 중 하나이다. 기본적인 초능력 카드를 사용해도 되고, 아니면 평범한 카드를 사용해도 된다. 앞으로 소개하는 내용은 켄의 아이디어를 내 방식으로 구성한 것이다. 켄의 방식과 내 방식 모두 마음에 들 것이다.

★ 이펙트
마술사가 초능력 카드를 가지고 나온다. (다섯 가지 디자인으로 되어 있다. 십자가, 원, 물결, 사각형, 별 모양이 다섯 번씩 반복된다.) 카드를 셔플하고 커트를 한 후, 뒷면이 다른 카드 세 장을 테이블에 뒤집어 놓는다. 이때 각각의 카드가 세 명의 관객 앞에 가게 한다. 이렇게 예언 카드를 놓는다.

세 명의 관객이 숫자 하나를 선택한다. 그럼 마술사는 그 숫자만큼 카드를 센 뒤 나온 카드를 첫 번째 관객 앞에 놓인 예언 카드 위에 놓는다. 다시 커트와 셔플을 통해 카드를 섞은 뒤, 방금과 같은 숫자를 센다. 그리고 나온 카드를 두 번째 예언 카드 위에 놓는다. 같은 과정을 반복하여 세 번째 관객에게도 카드를 준다. 그러고 나서 세 쌍의 카드를 뒤집는다. 마술사의 예언이 완벽하게 일치한다.

★ 준비물
1. (위에서 설명한) 초능력(ESP) 카드 한 벌. 마술용품점에서 쉽게 구할 수 있다.
2. 여분의 카드 세 장. 여기에서는 십자가, 원, 물결무늬를 이용하자. 1번 카드와 뒷면이 다르면 좋지만, 반드시 그럴 필요는 없다. (만약 여분의 카드가 없다면 그냥 종이나 명함 뒷면에 예언을 그려도 된다. 공연 전에 미리 준비해도 되고, 무대에 오른 뒤 그 자리에서 직접 그려도 된다.)

준비
초능력 카드를 다음과 같은 순서(위에서 아래)로 준비한다. 물결(맨 위 카드), 십자가, 원, 십자가, 원, 십자가, 원, 십자가, 원, 십자가, 원, 물결 순서로 놓고, 나머지 카드는 골고루 섞어서 놓는다. 여분의 카드는 원, 물결, 십자가 순서로 놓는다.

시연
케이스에서 카드를 꺼내어, 각각의 모양을 가리키며 초능력 상징에 대해 이야기한다. (마술용품점에서 판매하는 기본적인 초능력 카드를 사용한다면) 케이스 위에 카드를 놓고 관객에게 보여준다. 그리고 조그 셔플(jog shuffle)이나 가짜 커트를 실행한다. 카드를 섞는 것처럼 보이지만 실제로 맨 위에 놓인 카드 12장의 순서는 변하지 않는다. 그럼 이제 카드의 앞면이 보이게 뒤집는다. (이때 카드를 부채모양으로 펼쳐서 관객에게 카드의 앞면을 보여줘도 된다. 카드에 특별한 표시가 있는 것도 아니기 때문에 관객은 의심하지 않을 것이다.)

(순서를 바꾸지 않고) 카드를 펼쳐서 다섯 가지 모양을 보여준다. 마지막에 보여주는 카드 두 장은 반드시 첫 번째 원과 십자가(준비할 때 마지막에 놓은 원과 십자가이다)여야 한다. 다시 카드를 나란히 하고, 뒷면이 보이도록 테이블에 내려놓는다. 그리고 가짜 셔플과 커트를 한다. 이때 절대 과장된 행동을 보여서는 안 된다. 핸드 슬레이트가 아닌 멘탈 마술을 하고 있다는 사실을 절대 잊어서는 안 된다.

예언 카드 세 장을 꺼낸다. 아직은 카드의 앞면을 보여주지 않는다. 뒤집은 상태로 테이블 맞은편에 앉아 있는 세 명의 관객 앞에 한 장씩 내려놓는다. 이때 왼쪽에 있는 관객 앞에 제일 먼저 카드를 놓고, 오른쪽에 있는 관객 앞에 마지막으로 카드를 내려놓는다.

세 명의 관객에게 함께 숫자 하나를 선택하라고 한다. (마술을 금방 끝내기 위해서는) 작은 숫자이면 더욱 좋다. 1에서 12 사이의 숫자가 적당하다. 하지만 관객이 먼저 묻기 전에는 숫자의 범위에 대해서 전혀 언급하지 않는다. 관객이 물으면 이렇게 말한다.

"머, 그냥 아무 숫자나 고르세요. 1에서 12 사이에서 하나 고르는 걸로 하죠."

아니면 숫자의 범위를 정하지 않고 그냥 진행해도 상관없다.

11을 선택한 경우를 제외하고는 다음과 같이 진행하면 된다. 우선 숫자가 홀수일 때는 첫 번째 카드를 왼쪽 관객에게 주고, 왼쪽에서 오른쪽으로 진행한다. 반대로 짝수일 때는 첫 번째 카드를 오른쪽 관객에게 주고, 오른쪽에서 왼쪽으로 진행한다. (기억하기 어렵다면 이를 기억할 수 있도록 간단한 암기 방법을 사용하는 것이 좋다.)

자세한 과정은 다음과 같다. 우선 관객이 6을 선택했다고 하자. 카드를 한 장씩 테이블에 내려놓는다. (그러면 카드의 순서가 바뀐다.) 그리고 여섯 번째 카드를 오른쪽 관객 앞에 놓인 예언 카드 위에 놓는다. 이때 카드의 앞면이 보이지 않게 뒤집어 놓는다. 테이블에 내려놓은 카드 다섯 장을 다시 맨 위에 올린다. 그리고 위에 한 장의 카드를 더 올려야 하는데 이때 더블 커트를 이용하면 유용하다. (우선 왼손 새끼손가락으로 맨 아래 카드와 나머지 카드를 벌리고, 오른손 손가락 끝으로 맨 아래 카드를 잡는다. 곧바로 카드의 윗부분 1/2을 위로 올려서 엄지손가락 손아귀와 집게손가락으로 잡는다(그림 1). 맨 아래 카드는 그대로 둔다. 이제 왼손으로 카드를 반으로 커트하여 윗부분을 맨 아래로 가져간다. 그리고 이번에는 맨 아래 카드 바로 위를 커트해 맨 아래 카드와 원래 위에 놓였던 부분을 다시 위로 가져온다.) 혹은 조그 셔플을 이용하여 맨 아래 카드 한 장을 위로 보내도 된다.

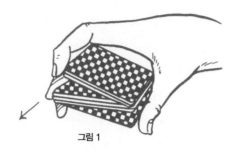

그림 1

　이제 전과 같이 카드 여섯을 세고, 여섯 번째 카드를 가운데에 놓인 예언 카드 위에 놓는다. 다시 더블 커트나 조그 셔플을 한다. 단, 이번에는 맨 위에 카드 한 장을 올리지 않는다. 그리고 세 번째 관객에게 카드를 건네고, 직접 카드 여섯 장을 세게 한다. 여섯 번째 카드는 관객이 자신 앞에 놓인 예언 카드 위에 뒤집어 놓는다.

　마지막에는 테이블에 놓인 카드 세 쌍을 뒤집어서 마술사의 예언이 완벽하게 일치함을 보여준다.

　만약 선택된 숫자가 홀수라면 위의 과정을 똑같이 반복하되, 먼저 왼쪽에 있는 관객에게 카드를 준다. 11을 선택했을 때는 다른 방법을 이용해야 한다. 11의 경우에는 첫 번째 관객에게 카드를 주고 맨 아래 카드를 위로 올리지 않는다. 대신 두 번째 관객에게 카드를 준 뒤, 맨 아래 카드 한 장을 위로 올린다. 이런 예외를 기억하기가 귀찮다면 1~11의 숫자(혹은 1~10, 이 경우에는 1이 선택되어서는 안 된다)를 사용하라. 그렇다면 처음 카드를 세팅할 때 12번째 카드를 없애도 된다.

　★ 참고

　남은 카드는 리플 셔플 등을 통해 섞은 뒤, 관객이 직접 확인할 수 있게 한다.

　켄 빌은 때때로 명함에 예언을 그리고 관객 앞에 뒤집어 놓았다. 그리고 관객이 선택한 숫자에 따라서 명함을 돌려놓았다(**그림 2**). 카드의 그림이 모두 상하 대칭이기 때문에 거꾸로 보면 순서만 변할 뿐 모양은 변하지 않는다. 마지막에 그림의 순서에 맞게 카드를 뒤집는다. 한두 번 연습하면 정확한 방법을 터득할 수 있을 것이다.

그림 2

해리 로레인의 방법

평범한 카드로 같은 효과를 내기 위한 방법을 연구한 끝에, 다른 카드 세 장을 예언 카드로 사용하기 시작했다. 그리고 비슷한 효과를 낼 수 있었지만, 예언 카드와 선택된 카드의 숫자만 일치시킬 뿐 그림까지 일치시키지는 못했다.

요즘 내가 사용하는 방법을 설명하고자 한다. 우선 카드를 다음과 같은 순서로 정렬한다. (아무 카드나) 5, 10, 1, 10, 1, 10, 1, 10, 1, 5, 그리고 나머지 카드를 놓는다. 이제 1펜스, 5펜스, 10펜스 동전이 필요하다. 동전은 관객에게 빌려서 사용해도 된다.

예언 카드 대신 동전을 사용한다. 세 명의 관객 앞에 각각 1, 5, 10펜스 동전을 순서대로 놓는다. 혹은 관객이 원하는 순서대로 동전을 나열하게 한다. (물론 동전의 1, 5, 10은 카드의 숫자를 의미한다.) 원한다면 가운데에 5펜스 동전을 놓고, 1펜스와 10펜스 동전은 관객이 원하는 곳(오른쪽이나 왼쪽)에 놓게 한다.

동전이 1, 5, 10의 순서나 10, 5, 1의 순서로 놓여 있다면 앞에서 설명한 초능력 카드와 같은 방법으로 진행하면 된다. 단, 1에서 10 사이의 숫자를 사용해야 하고, 9는 예외이다. 즉, 앞의 방법에서는 11이 예외였듯이 9의 경우 두 번째에 맨 아래 카드를 위로 올린다.

선택된 숫자가 짝수이면 첫 번째 카드를 10펜스 위에 놓는다. 그리고 동전의 위치에 따라서 오른쪽에서 왼쪽으로, 혹은 왼쪽에서 오른쪽으로 진행한다. 선택된 숫자가 홀수라면 첫 번째 카드는 에이스이므로 1펜스 위에 놓는다. 1펜스가 왼쪽에 놓여 있다면 왼쪽에서 오른쪽으로, 오른쪽에 놓여 있다면 오른쪽에서 왼쪽으로 진행한다. 짝수는 10펜스에서, 홀수는 1펜스에서 시작한다는 사실을 기억해야 한다.

마지막에는 관객이 직접 카드를 세도록 한다. (방법에 변화를 주기 위한 과정일 뿐 꼭 그럴 필요는 없다.) 각각의 카드를 뒤집어서 예언이 일치함을 보여준다.

이 마술을 하면서 '위원회' 멘트를 한 적이 있다.

"어느 사안에 대해 쉽게 동의하는 사람 두 명을 구하기란 어렵습니다. 그래서 회의가 성사되는 경우는 많지 않죠. 여기에 세 분의 신사들을 위해 동전 세 개가 있습니다. 각각 하나씩 집으시겠습니까?"

관객이 마음대로 동전을 나열하게 한다. 신기하게도 대부분 동전은 1, 5, 10 혹은 10, 5, 1 순서로 나열된다. 그렇지 않더라도 마술을 하는 데 지장은 없다. 보통 어떤 동전을 가질지 사람들은 고민하고 주저한다. 그럼 이렇게 말한다.

"보십시오. 제가 말씀드리지 않았습니까? 한 의견에 동의하기란 상당히 어렵습니다."

만약 관객이 동전을 빨리 결정한다면 이렇게 말한다.

"여러분은 정말 훌륭한 위원회를 꾸리시겠군요. 이번에는 의견을 모아서 작은 숫자 하나를 선택해 주십시오."

만약 동전이 오름차순이나 내림차순으로 놓여 있다면 앞에서 설명한 순서를 따르면 된다. 그렇지 않으면 다음과 같이 진행한다. 홀수를 선택하면 1펜스를 가지고 있는 관객에게 돌아서서 말한다.

"당신이 가장 낮은 사람이군요. 가장 작은 동전을 가지고 계시는군요. 그러므로 먼저 시작하는 특권을 얻게 됩니다."

첫 번째 카드를 1펜스 동전 아래에 놓는다. 그리고 5펜스 동전을 가진 사람에게 말한다.

"당신이 그 다음으로 작은 동전을 가지고 계시는군요. 이제 당신 차례입니다."

그리고 10펜스 동전을 가진 사람에게 마지막으로 말을 건다.
만약 짝수를 선택하면 10펜스 동전을 가진 사람에게 말한다.

"당신이 가장 큰 동전을 가지고 계시는군요. 그럼 당신부터 시작하겠습니다."

물론 일반 카드를 사용할 때도 종이나 명함 뒷면에 예언을 적어둬도 된다. 이때는

6, 8, 9를 적는다. 이때 거꾸로 보았을 때도 6, 8, 9처럼 보이게 적어야 한다(**그림 3**).

어떤 방법으로 무대에 올릴지는 당신의 선택에 달려 있다. 무엇을 선택하건, 분명 멋진 공연이 될 것이다.

그림 3

당신이 내 마음을 읽어요
You Read My Mind

네덜란드의 코벨로(Corvello)의 아이디어를 토대로 영국의 알란 알란(Alan Alan)이 선보인 루틴이다.

★ 이펙트

마술사가 봉투 하나를 잡고, 관객에게 그 안에 네 장의 6 카드가 있다고 말한다. 그러나 그중 한 장이 뒤집혀 있다고, 즉 앞면이 다른 카드와는 다른 방향을 향하고 있다고 설명한다. 관객이 하나의 모양을 선택한다. 그리고 나서 마술사가 봉투에서 카드를 꺼내 관객이 선택한 바로 그 모양의 카드가 뒤집혀 있음을 보여준다. 또한 선택된 카드의 뒷면은 다른 카드의 뒷면과는 다른 색으로 되어 있다.

주머니에서 또 다른 봉투를 꺼내서 같은 과정을 반복한다.

★ 준비물

1. 뒷면이 빨간색인 클럽 6, 스페이드 6

2. 뒷면이 파란색인 하트 6, 다이아몬드 6
3. 더블 백 카드(Double-backed card). 한쪽 면은 빨간색, 반대쪽은 파란색으로, 다른 카드의 뒷면과 같은 모양이다.
4. 편지봉투 서너 장. 카드보다 약간 커서 카드를 쉽게 넣을 수 있는 크기가 좋다.

준비

6 카드 네 장의 모서리를 모두 다듬어서 짧게 만든다. 그럼 상대적으로 더블 백 카드는 긴 카드가 된다.

하트 6과 다이아몬드 6의 앞면이 아래로 가도록 (파란색 면이 보이게 놓인) 더블 백 카드 위에 놓는다. 그리고 클럽 6과 다이아몬드 6은 앞면이 위로 가도록 방금 정리한 세 장의 카드 아래에 놓는다(**그림 1**). 이때 6 카드의 위치와 어떤 색깔이 위를 향하고 있는지 기억해야 한다. 이렇게 준비한 카드를 봉투 안에 넣는다.

그리고 봉투를 다른 빈 봉투와 함께 주머니에 넣는다.

시연

알란은 '당신이 제 마음을 읽도록 허락할게요(I'll let you read my mind)'를 이용했다. 내가 그의 공연에 갔을 때, 그는 주머니에서 봉투 서너 개를 꺼내며 말했다.

> "여기에 있는 봉투에는 각각 네 장의 카드가 들어 있습니다. 흠, 우선 이 봉투를 사용하겠습니다."

물론 그는 6 카드 네 장이 들어 있는 봉투를 꺼냈다. 그리고 남은 빈 봉투는 다시 주머니에 넣었다.

> "이 안에 6이 적힌 카드가 네 장 있습니다. 그중 한 장은 뒤집혀 있습니다. 다시 말해, 혼자 다른 방향을 보고 있죠. 아니면 나머지 세 장의 카드가 다른 방향을 보고 있습니다. 무슨 말인지 이해하셨으리라 생각합니다."

잠시 무언가에 홀린 듯한 연기를 한다.

"좋습니다. 그분이 오셨습니다. 제가 땡땡 6 카드라고 말하면 여러분이 곧바로 모양을 하나 선택하셔서 빈 칸을 채워주세요. 아셨죠? 그냥 클럽, 하트, 스페이드, 다이아몬드 중 하나를 선택해주시면 됩니다. 자, 이제 갑니다! 땡땡 6!"

관객이 어떤 모양을 선택하건, 그 카드가 뒤집혀 있음을, 또한 혼자 다른 색깔 뒷면을 가지고 있음을 곧바로 보여줄 수 있다. 우선 **그림 1**과 같이 카드를 정렬했다는 가정 하에, 각각의 상황에 대해 설명하기로 하자.

먼저 기억해야 할 사항이 있다. 만약 관객이 검은색 카드(스페이드, 클럽)를 선택하면 파란색 뒷면이 보이도록 카드를 꺼내야 한다. 반대로 관객이 빨간색 카드(하트, 다이아몬드)를 선택하면 빨간색 뒷면이 보이도록 카드를 꺼내야 한다. 빨간색은 빨간색 뒷면이기 때문에 쉽게 기억할 수 있다.

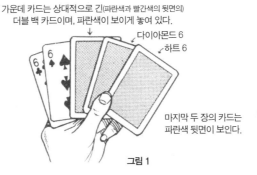

가운데 카드는 상대적으로 긴(파란색과 빨간색의 뒷면의) 더블 백 카드이며, 파란색이 보이게 놓여 있다.
다이아몬드 6
하트 6
마지막 두 장의 카드는 파란색 뒷면이 보인다.

그림 1

우선 관객이 스페이드 6을 선택했다고 하자. 봉투에서 파란색 뒷면이 보이도록 카드를 꺼낸다. 스페이드 6은 맨 아래에서 두 번째에 놓여 있으며, 앞면이 위를 향하고 있다. 그럼 이제 커트만 한 번 하면 된다. 더블 백 카드가 다른 카드보다 크기 때문에 위에 있는 세 장을 들어 올릴 수 있다(**그림 2**).

그럼 자동적으로 스페이드 6의 앞면이 드러난다. 클럽 6은 스페이드 6 아래에 나란히 놓여 있기 때문에 보이지 않는다.

"자, 여기 있습니다. 선생님께서 제 마음을 읽으셨군요. 스페이드 6만 앞면이 보이게 놓여 있네요."

이렇게 말하면서 나머지 카드를 부채모양으로 펼쳐서 보여준다. 앞면은 보여주지 말고, 파란색 뒷면만 보여준다.

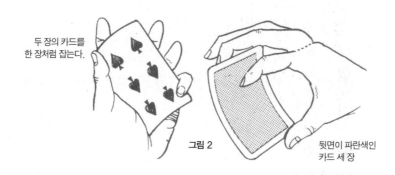

두 장의 카드를 한 장처럼 잡는다.

그림 2

뒷면이 파란색인 카드 세 장

맨 위에 있는 카드 두 장을 뒤집어서 앞면을 보여준다. (이때 선택된 카드를 들고 있는 반대쪽 손도 함께 이용해야 한다.) 물론 더블 백 카드를 뒤집어서는 안 된다.

"다른 모양을 선택하실 수도 있었습니다. 하지만 제가 뒤집어 놓은 카드를 정확하게 맞추셨습니다."

뒤집어서 앞면을 보여줬던 카드도 다시 원래대로 뒤집는다. 그리고 스페이드 6과 클럽 6을 나란히 뒤집어서 뒷면이 빨간색임을 보여주고, 동시에 뒷면이 파란색인 카드를 나란히 정리한다(그림 3). 그럼 관객은 마술사의 손에 총 네 장의 카드가 있다고 생각한다. 그리고 선택된 카드만 다른 방향을 향하고 있으며, 뒷면이 다른 색으로 되어 있다고 믿는다.

나란히 잡은 스페이드 6과 클럽 6을 다시 뒤집고, 그 위에 나머지 카드를 올려놓는다. 그럼 카드는 맨 처음과 동일한 순서가 된다. 마지막으로 카드를 나란히 정리하여 봉투 안에 넣는다.

이번에는 관객이 클럽 6을 선택했다고 하자. 파란색 뒷면이 보이게 카드를 꺼낸다. 그리고 손이 카드 위에 가도록 오른손으로 카드를 잡고, 왼손 손가락으로 맨 아래 카드를 옆으로 당긴다(그림 4). 그럼 클럽 6의 앞면이 모습을 드러낸다. 클럽 6 카드를 왼손 손바닥 위에 놓고, 오른손에 있는 카드를 부채모양으로 펼친다.

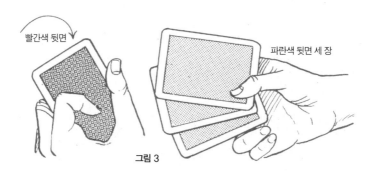

빨간색 뒷면

파란색 뒷면 세 장

그림 3

이때 (뒷면이 파란색인) 카드 세 장만 보이게 펼쳐야 한다. 마지막에 놓인 (스페이드 6) 카드는 보이지 않도록 세 번째 카드 뒤에 숨어 있어야 한다(**그림 5**). 양손을 이용하여 맨 위에 놓인 6 카드 두 장을 뒤집는다(**그림 6**). 그리고 다시 원래대로 뒤집어 놓는다. 그리고 나서 왼손에 있는 카드를 뒤집어서 클럽 6의 뒷면이 빨간색임을 보여준다. 다시 카드를 뒤집고, 처음처럼 정리한다.

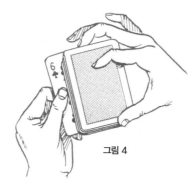

그림 4

빨간색 6 카드(다이아몬드, 하트)의 경우, 봉투에서 카드를 꺼낼 때 빨간색 뒷면이 보이게 꺼내야 한다는 점만 제외하면 나머지 과정은 동일하다. 다이아몬드 6이 선택되었으면(**그림 1** 참조) 스페이드 6이 선택되었을 때와 같은 방법을 이용한다. 그리고 하트 6이 선택되었다면 클럽 6과 같은 방법을 사용하면 된다.

항상 이 과정을 반복해야 한다. 그렇지 않으면 관객은 단순히 마술사가 25%의 확률로 우연히 그렇게 만들었다고 생각한다. 그렇기에 봉투를 잡은 손을 주머니에 넣고, 다시 모든 봉투를 꺼낸다.

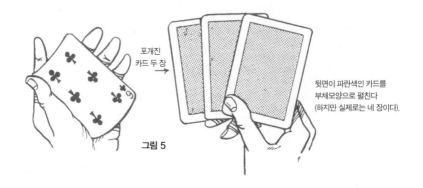

포개진
카드 두 장 →

뒷면이 파란색인 카드를
부채모양으로 펼친다
(하지만 실제로는 네 장이다).

그림 5

"여기에 또 다른 6 카드가 들어 있는 봉투가 있습니다. 아, 여기 있군요."

그리고 마치 다른 봉투를 꺼내는 것처럼 연기한다. 하지만 실제로는 같은 봉투를 꺼내고, 나머지 빈 봉투는 다시 주머니에 넣는다. 이런 과정을 위해서 빈 봉투가 필요한 것이다. 단, 반드시 다른 봉투를 사용하는 것처럼 연기해야 한다. 그래야만 다른 모양이 선택되더라도 선택된 카드의 뒷면만 다른 색깔임을 보여줄 수 있다.

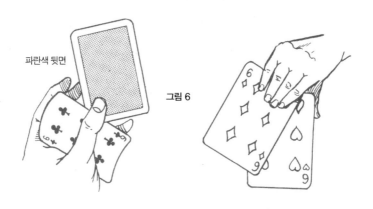

파란색 뒷면

그림 6

처음과 같은 과정을 반복한다. "땡땡 6!" 이라고 외치며, 관객에게 모양을 선택하게 한다. 그리고 마지막에 관객이 마술사의 마음을 읽었음을 보여준다.

★ 참고
물론 공통점이 있는 카드 네 장을 사용해도 된다. 그리고 뒷면의 색깔도 마음껏 선택할 수 있다. 중요한 것은 선택된 카드를 곧바로 보여줄 수 있도록 연습하는 것이다. 아무런 생각 없이 곧바로 보여주는 듯한 인상을 남겨야 하고, 봉투에서 카드를 꺼낼 때도 자연스러워야 한다.

카드를 다시 봉투에 넣을 때는 항상 같은 상태를 유지해야 한다. 예를 들어 빨간색 뒷면이 주소 쓰는 면을 향하고 있으면 다음에도 그래야 한다. 그래야만 다시 카드를 꺼낼 때 원하는 방향으로 꺼낼 수 있다.

숫자가 다르더라도 다른 카드 네 장을 이용해 처음과는 약간 다르게 반복해도 된다.

켄 크렌젤의 네버 세이 다이
Ken Krenzel's Never Say Die

켄 크렌젤(Ken Krenzel)은 이 마술을 철저하게 멘탈 실험으로 이용했고, 멘탈 액트 중에 선보였다. 다양하게 응용이 가능하지만 여기에서는 우선 가장 기본적인 아웃라인을 살펴보기로 하자. 그렇다고 단순한 '트릭' 으로 간주해서는 안 된다.

★ 이펙트
관객 한 명이 주사위(다이, Die) 하나를 굴리는 상상을 한다. 그리고 숫자 하나를 생각한 뒤 잊지 않기 위해서 종이에 적는다.

또 다른 관객이 실제로 주사위를 굴리고, 그 숫자를 기억한다. 잠시 후, 확인한 결과 두 관객의 숫자가 일치한다.

★ 준비물
1. 주사위 하나. 켄은 보통 공연 당일 관객이 직접 가져온 주사위를 사용했다. (마술사가 공연 전에 그 주사위를 만진 적도, 본 적도 없다는 사실을 강조하여 공연의 효과를 높이기 위함이다.)
2. 첫 번째 관객이 생각한 숫자를 몰래 알아낼 수 있는 도구. 켄은 보통 명함에 숫

자를 적어서 봉투에 넣게 했다.

준비

첫 번째 관객의 숫자를 알아내기 위해 명함과 봉투를 사용한다면 봉투의 주소 적는 면에 칼집을 낸다(제4권의 '정신을 통한 빠른 의사소통(Rapid Mental Transference)' 참조).

시연

'같은 생각(Sympathetic thought)' 혹은 다른 초능력 실험을 하겠다고 발표한다. 그리고 한 사람에게 자원 신청을 받고, (집중력으로 사물을 움직이게 하는) 염동 작용에 대해 간략히 설명한다.

"다이(die, 주사위) 하나를 들고 계신 모습을 상상해 보십시오. 다이(die, 죽는다)라는 말을 해서는 안 된다는 것은 알고 있습니다만 여기에서는 어쩔 수 없네요. 이것의 이름이 바로 다이이기 때문입니다. 이제 테이블에 다이를 굴리는 모습을 상상해 보세요. 곧 다이가 멈추겠죠? 그럼 숫자를 확인하세요."

이 모든 대사를 진지하게 해야 한다. 그리고 관객에게 그 숫자를 기억하라고 당부한다.

"숫자 하나 결정됐죠? 좋습니다. 자, 이제 마음의 눈으로 봅시다. 앞으로 무엇을 하건 그 숫자를 잊으시면 안 됩니다. 확실하게 하기 위해서 여기에서 숫자를 적는 게 좋겠군요."

이때 어떤 방법을 이용하건 관객이 생각한 숫자를 알아내기만 하면 된다. 만약 '펜슬 리딩(pencil reading)'을 할 수 있다면 가장 쉽고 빠른 방법이니, 그 방법을 이용하면 된다. 아니면 센터 티어나 카본지를 이용한 방법을 이용해도 되고, 봉투에 칼집을 내서 내용을 알아내도 된다. 관객이 명함 뒷면에 숫자를 적으면 받아서 잘 들고 있다가 봉투 안에 넣는다. 그럼 관객은 마술사가 숫자를 볼 수 없다고 생각한다. 하지만 칼집을 이용하여 명함을 꺼내 숫자를 확인한다(**그림 1**). 숫자를 확인한 뒤, 명함을 다시 원래대로 넣는다. 그리고 봉투를 봉인한 뒤, 테이블 위에 놓거나 관객의 주머니에 넣는다. 물론 봉투의 칼집이 보이지 않게 주의해야 한다. 이 방법은 알아서 터득하길 바란다. 이제 관객에게 염동 작용이 어디에서 오는지 설명한다. 그리고 다른 관객이 주사위를 굴렸을 때 같은 숫자가 나오도록 집중해 달라고 부탁한다.

　두 번째 자원자(가능하면 숙녀가 좋다)에게 평범한 주사위 하나를 건넨다. 만약 주사위를 가지고 있는 관객이 있다면 그 숙녀에게 주사위를 건네게 한다. 숙녀가 주사위를 굴린다. 자, 이제 주사위의 숫자가 뭐가 나오건 간에 약간의 손놀림을 이용하여 첫 번째 관객의 숫자를 작게 만들어야 한다. 특별한 손놀림 없이도 원하는 결과를 만들어낼 수 있다. 혹은 원하는 숫자가 위로 보이게 나올 수도 있고, 그 숫자가 바닥에 갈 수도 있다.

　만약 원하는 숫자가 나왔다면 더 없이 좋다. 하지만 원하는 숫자가 나오지 않을 수도 있다. 하지만 위에 보이는 숫자를 이용하겠다는 말을 한 적이 없지 않은가? 오른손 엄지손가락과 집게손가락으로 주사위를 집어서 원하는 숫자를 보여주면 된다(그림 2).

　만약 다른 숫자가 나왔다면 그래도 주사위를 집어서 원하는 숫자를 보여주면 된다. 주사위의 마주보는 면의 숫자 합이 7이라는 사실을 기억하면 훨씬 간단하다. 또한 주사위를 집으면서 약간 돌릴 수 있으면 원하는 숫자를 만들 수 있다.

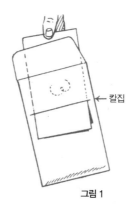

← 칼집

그림 1

　예를 들어서 원하는 숫자가 6이라고 하자. 주사위를 굴린 결과 위에 보이는 면의 숫자가 2, 왼쪽 면의 숫자는 1, 오른쪽 면의 숫자는 4라고 하자(그림 3). 어쨌든 항상 최소한 세 면은 볼 수 있다. 그럼 6은 1의 반대편에 있다는 사실을 유추할 수 있다.

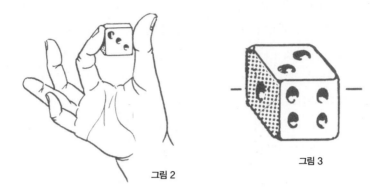

그림 2

그림 3

그럼 오른손 엄지손가락으로 1, 집게손가락으로 6을 잡는다. 그리고 관객의 눈높이로 손을 올리면서 팔을 밖으로 뻗는다. (이때 손바닥이 마술사를 향하게 한다.) 그리고 집게손가락으로 주사위를 1/4바퀴 돌린다. 주사위로 하는 평범한 행동이기 때문에 관객은 전혀 의심을 품지 않는다(**그림 4**). 그 결과 6이 관객을 향한다.

이번에는 3을 만들어야 한다고 하자. 관객이 주사위를 굴렸는데 **그림 3**과 같은 결과가 나왔다고 하자. 그럼 왼손 엄지손가락으로 4, 집게손가락으로 3을 잡는다. 그리고 올려서 주사위를 살짝 돌린다. 그럼 3이 관객을 향하게 된다. (즉, 집게손가락으로 잡은 숫자가 결국 관객에게 보여주는 숫자가 된다.)

6

그림 4

주사위를 시계 방향으로
1/4바퀴 돌린다.

만약 원하는 숫자가 마술사를 향하고 있다면 우선 같은 방법으로 동전을 집는다. 편한 손으로 주사위를 잡되, 집게손가락으로 원하는 숫자를 잡아야 한다. 같은 상황(**그림 3**)에서 생각해보자. 그리고 필요한 숫자가 1이라고 하자. 왼손의 집게손가락이

1 위에 가도록 주사위를 집으려면 몸을 오른쪽으로 살짝 틀어야 한다. 집게손가락으로 4를 집으려면 몸을 왼쪽으로 살짝 틀고, 오른손으로 주사위를 집으면 된다. (이건 내가 하는 방법이고, 켄은 약간 다른 방법을 이용했다. 어떤 방법이건 당신에게 맞는 방법을 선택하여 충분히 연습해야 한다.)

이제 필요한 설명은 거의 끝났다. 주사위의 세 면을 볼 수 있으므로 원하는 숫자의 위치가 어디인지 쉽게 알 수 있다. 만약 원하는 숫자가 위에 있으면 아무것도 할 필요가 없다. 바닥에 있으면 집어서 바닥을 보여주면 된다. (이 경우에 주사위가 멈추자마자 이렇게 말한다. "바닥에 있는 숫자를 사용합시다. 그래야 아무도 어떤 숫자인지 미리 알 수 없습니다." 그리고 고개를 돌리고 주사위를 천천히 집어서 바닥에 있는 숫자를 관객에게 보여준다.) 다른 위치에 있더라도 주사위를 들어서 살짝 돌리면 원하는 숫자를 얻을 수 있다. 주사위를 곧바로 집어서 원하는 숫자를 보여줄 수 있을 때까지 연습해야 한다.

이제 남은 것은 효과를 증대시키는 것이다. 만약 '큰' 효과를 원한다면 무대의 양쪽에 칠판을 준비해둔다. 그리고 관객 두 명을 각각 칠판 앞에 세운다. 그리고 각자의 숫자에 집중한 뒤, 칠판에 숫자를 적게 한다. 물론 두 사람이 적은 숫자는 일치한다. 관객이 많지 않다면 큰 도화지를 이용해도 된다. 셋을 세는 순간 각자의 숫자를 적고 모두가 볼 수 있도록 들라고 한다.

첫 번째 관객의 숫자를 알아내기 위해 봉투와 명함을 이용한 경우, 그대로 봉투를 버려도 되고, 첫 번째 관객의 숫자를 확인하기 위해 다시 열어봐도 된다.

★ 참고

앞에서 언급했다시피 나는 이 마술의 효과와 방법에 대한 아웃라인을 제공했을 뿐이다. 첫 번째 관객이 생각한 숫자를 알아내는 방법, 두 번째 관객의 주사위에서 원하는 결과를 얻어내는 방법, 마무리하는 방법, 모두 당신에게 달려 있다.

켄은 관객이 많을 때만 이 마술을 선보였다. 그리고 두 번째 자원자로는 항상 여성을 지목했다. 그 이유는 분명하다. 관객이 많으면 두 번째 자원자는 나머지 관객과 떨어진 곳에서 주사위를 굴리게 되고, 그러면 다른 사람들이 주사위의 숫자나 마술사가 주사위를 굴리는 모습을 볼 수 없기 때문이다. 또한 여성 관객을 지목하는 이유는 대부분의 여성이 주사위의 마주보는 면의 합이 7이라는 사실을 모르기 때문이다.

그래서 마술사가 주사위를 굴려 원하는 숫자를 만든다는 사실도 눈치 채지 못한다. 하지만 관객이 적어 관객과의 거리가 가까울 때는 다른 사람이 관여하지 못하도록 경계에 힘써야 한다.

이 마술이 멘탈 실험이라는 사실을 염두에 둬야 한다. 그리고 주사위의 결과를 조작하기 위한 손놀림은 즉석에서 이루어져야 한다. 그렇다고 심각한 중요성을 부여할 필요도 없다. 다른 마술보다 멘탈 마술을 할 때 상대적으로 동작의 정교함이 갖는 중요성이 감소한다.

두 번째 관객이 주사위를 굴렸을 때, 거의 항상 원하는 숫자가 위, 혹은 아래로 가게 할 수 있음을 알게 될 것이다. 그냥 관객에게 주사위를 굴리게 한다. 만약 원하는 숫자가 위나 아래에 있지 않다면 이런 말을 하며 다시 주사위를 굴리게 한다.

"다시 굴려 주세요. 그냥 평범한 주사위라는 사실을 느끼실 수 있으시죠?"

무심한 척 연기하며 부탁하면 관객은 두 번이고 세 번이고 주사위를 굴릴 것이다. 그리고 원하는 숫자가 위나 아래로 가면 거기서 멈추고 다음 과정을 진행하면 된다. 켄은 관객에게 세 번째로 나온 결과를 이용하겠다고 이야기했다. 나도 같은 방법을 이용해봤다. 그때 첫 번째나 두 번째에 원하는 결과가 나오면 나는 관객에게 이렇게 말했다.

"지금 이 주사위가 평범한 주사위라는 사실을 확인하셨다면 멈추셔도 좋습니다."

그럼 관객은 보통 거기에서 멈춘다.
관객에 의해 만들어지는 마술이라고도 볼 수 있다.

멘토-펜
Mento-Pen

일상에서 쉽게 접할 수 있는 물체를 이용한 마술이다. 지금 당신의 주머니에도 들어 있을 수 있다. 거의 완벽하게 만들어진 도구라고도 볼 수 있다. 젊은 마술사 데이비드 S. 코트킨(David S. Kotkin, 지금의 데이비스 카퍼필드 - 옮긴이)의 아이디어로 탄생했다. 데이비드가 했던 기본적인 방법을 설명한 뒤, 참고 부분에서 응용 방법을 살펴보고자 한다.

★ 이펙트

마술사가 펠트펜(펠트 등의 펜촉을 삽입하고 캡을 장착하여 잉크의 휘발을 방지한 펜 - 옮긴이)을 꺼내서 관객에게 보여준다. 그리고 캡 바로 아래, 몸체 위에는 로마자 Ⅰ, Ⅱ, Ⅲ이 적혀 있음을 보여준다(**그림 1**, **그림 2**, **그림 3**). 그리고 나서 관객에게 펜을 건네거나 혹은 펜의 캡 부분을 잡고 등 뒤로 가져간다. 다음으로 관객에게 Ⅰ, Ⅱ, Ⅲ 중 숫자 하나를 생각하라고 한다. 그리고 관객이 펜의 뚜껑(혹은 뚜껑을 잡고 몸체)을 돌려서 뚜껑의 클립이 생각한 숫자를 향하게 한다. **그림 1**, **그림 2**, **그림 3**을 참고하라.

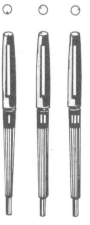

그림 1 그림 2 그림 3

관객이 클립을 숫자에 맞추면 뚜껑을 빼서 펜 뒤에 끼워 펜촉이 보이게 만들라고 한다. 잠시 후 마술사가 펜으로 관객이 생각한 숫자를 적는다.

★ 준비물과 준비

플레어(Flair) 펠트펜 하나만 있으면 된다. 같은 특징이 있는 다른 펜도 있지만, 직접 사용해보면 플레어가 왜 좋은지 알게 될 것이다. 뚜껑을 닫은 상태에서 몸체를 돌리면 뚜껑 아래에 있는 흰색 디스크가 돌아간다. 몸체를 잡은 상태에서 뚜껑을 돌리거나 뚜껑을 잡은 상태에서 몸체를 돌리면 흰색 디스크가 함께 돌아간다. (실제로는 몸통을 돌릴 때만 디스크가 돌아가고, 뚜껑을 돌릴 때는 클립이 돌아가는 것이다. 하지만 결과는 같다.) 간단한 비법임에도 이제까지 이 사실을 알고 있는 마술사나 관객은 거의 보지 못했다.

로마 숫자(혹은 아라비아 숫자)를 적는 가장 쉬운 방법은 그 부분에 폭 1.2cm 흰색 테이프를 붙이는 것이다. 그리고 다른 펠트펜을 이용하여 테이프 위에 숫자를 적는다. 이때 숫자의 간격이 동일해야 한다. 물론 원한다면 검은색 절연 테이프를 감은 뒤, 흰색 잉크나 페인트로 숫자를 써도 된다.

이제 뚜껑을 닫은 뒤, 뚜껑을 돌려서 클립이 I을 가리키게 한다. 그리고 클립 윗부분의 흰색 디스크 모서리에 점을 찍거나 아니면 살짝 흠집을 낸다(**그림 1**). 필요한 준비는 여기까지다.

뚜껑을 돌려서 클립이 II를 가리킬 때, 디스크 위의 점의 위치를 확인한다(**그림 2**). 그리고 클립이 III을 가리킬 때 점의 위치 역시 기억해 둔다(**그림 3**). 디스크를 시계라고 생각하면 더욱 쉽게 기억할 수 있다. I을 가리킬 때 점의 위치는 6시에 있다. 그렇게 나머지도 기억하면 모든 준비는 끝난다. 마지막으로 종이 한 장을 가까운 곳에 둔다.

시연

펜을 꺼내 숫자를 보여준다. 그리고 클립을 움직여서 각각의 숫자를 가리킬 수 있음을 보여준다. 그리고 나서 관객에게 숫자 하나를 생각하라고 한다.

"클립이 숫자를 가리킬 겁니다. 그럼 당신이 집중하는 데도 큰 도움이 될 겁니다."

어떻게 뚜껑(혹은 몸체)을 돌려야 하는지 알려주고, 관객이 뚜껑을 돌려서 클립을 원하는 숫자에 맞추게 한다. 이때 마술사는 뚜껑을 잡은 손을 등 뒤로 뺀거나 혹은 관객에게 펜을 완전히 건네고 뒤돌아 서 있어야 한다.

펜을 잡은 손을 등 뒤로 뺀 경우, 관객이 클립을 숫자에 맞추면 이번에는 펜을 뚜껑에서 빼내라고 지시한다. 그리고 펜을 돌려서 다시 뚜껑에 끼우라고 말한다(**그림 4**). 이제 뒤돌아서 종이를 꺼낸다. 쓸 준비를 하면서 뚜껑 위의 디스크를 슬쩍 본다. 그리고 곧바로 종이에 숫자를 적는다.

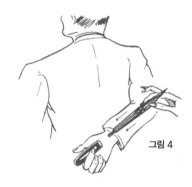

그림 4

관객이 펜을 가지고 있을 때도 그 다음 과정은 동일하다. 관객이 클립을 숫자에 맞춘 뒤, 뚜껑을 열었다가 닫아서 증거를 없앤다. 그럼 이제 펜을 돌려받아서 종이에 숫자를 적는다.

★ 참고

원래 방법에서 데이비드는 디스크가 돌아가지 않는 뚜껑을 하나 더 준비했다. 그리고 마지막에 뚜껑을 바꾸고, 관객에게 펜을 직접 확인할 수 있는 시간을 주었다. 디스크가 돌아가지 않게 하기 위해서는 (한가운데가 아닌) 뚜껑 안쪽에 물풀을 떨어뜨린다. 풀이 마르면 디스크가 고정된다. 하지만 꼭 이 과정이 필요한 것은 아니다. 앞에서 언급했다시피 펜 안의 디스크가 돌아간다는 사실을 아는 사람은 거의 없기에 관객이 펜 뚜껑을 의심하는 일은 거의 없다.

이제까지 나는 사람들에게 펜의 몸체를 확인하게 했다. 만약 디스크가 고정된 뚜껑을 이용하려 한다면, 종이와 함께 주머니에 넣어두는 것이 좋다. 그리고 관객에게

서 펜을 건네받으면서 점의 위치를 확인하고 뚜껑을 연다. 그러고 나서 자연스럽게 뚜껑 잡은 손을 주머니에 넣어 원래 뚜껑을 주머니에 넣고 미리 준비해둔 뚜껑을 꺼낸 뒤, 종이에 숫자를 적는다.

나는 1, 2, 3이 아닌 1, 2, 3, 4를 이용한다. 그럼 관객이 선택할 수 있는 숫자의 폭이 넓어진다. 또한 점의 위치를 기억할 때도 6, 9, 12, 3시라고 기억하면 되기 때문에 간편하다. (혹은 동, 서, 남, 북으로 기억해도 된다.)

혹은 숫자를 사용하지 않아도 된다. 네 가지 색깔을 이용해도 같은 효과를 낼 수 있다. 사실 개인적으로 숫자보다 색깔을 이용한 방법을 더 좋아한다. 테이프 위에 네 가지 색으로 원을 그린다. 그리고 '키' 색을 정한 뒤 디스크에 점을 찍은 다음 각 색깔에 맞는 점의 위치를 기억한다. 그러고 나서 관객에게 숫자 대신 색깔을 하나 선택하게 한다.

숫자를 이용하건 색을 이용하건 (종이에 결과를 적어도 되지만) 다양하게 마무리 할 수 있다. 예를 들어, 각각의 예언을 적은 종이 세(네) 장을 각기 다른 주머니에 넣어둔다. 그리고 펜을 받으면서 점의 위치를 확인한 뒤, 거기에 맞는 예언을 꺼내 테이블에 놓는다. 마지막으로 관객에게 숫자(혹은 색깔)를 물어본 뒤, 종이를 펴서 읽게 한다.

긴 미스리딩 루틴 중간에 멘토 펜을 이용할 수도 있다. 특히 '스텝-어해드(step-ahead)' 이펙트와 잘 어울린다. 한 예를 살펴보자. 작은 메모장과 네 가지 색이 표시되어 있는 플레어 펜을 준비한다. 그리고 관객은 세 명 이상이어야 한다.

3번 관객에게 펜을 건넨다. 그리고 펜에는 네 가지 색이 표시되어 있으며, 뚜껑이 돌아간다는 사실을 설명한 뒤, 한 가지 색을 선택하게 한다. 다음으로 1번과 2번 관객에게 돌아서서 말한다.

"저분께서 생각하시는 동안 (1번 관객에게) 선생님께서는 카드 한 장을 생각하시겠어요? 그리고 (2번 관객에게) 선생님은 세계에 있는 도시 한곳을 생각해 주세요."

3번 관객이 뚜껑을 열었다가 다시 닫는다. 그럼 펜을 건네받으며 점의 위치를 확인한 뒤, 메모지에 색깔을 적을 준비를 한다. 그리고 1번 관객에게는 선택한 카드에 집중하라고 말한다. 메모지의 아랫부분에 관객이 생각한 색깔을 적는다. 그리고 확인하려는 듯, 1번 관객에게 생각하고 있는 카드를 말하라고 한다. 관객이 "하트 6!"이라고 말했다고 하자. 그럼 고개를 끄덕이며, 2번 관객을 쳐다본다.

2번 관객에게는 더욱 집중해서 도시를 떠올리라고 한다. 그리고 고심하는 척 연기하다가 종이의 맨 위에 '6H'라고 적는다. 이제 2번 관객에게 도시의 이름을 묻는다. (관객이 파리라고 답했다고 하자.) 알고 있었다는 듯이 고개를 끄덕이며 3번 관객을 쳐다본다. 그리고 선택한 색깔에 집중하라고 요청한다. 관객이 집중하는 동안 종이의 중간에 '파리'라고 적는다. 메모장 묶음에서 그 페이지를 찢어 테이블 위에 놓는다. 그리고 나서 3번 관객에게 선택한 색깔을 말해달라고 한다. 마지막으로 한 명의 관객에게 종이에 적힌 내용을 크게 읽으라고 한다. 그럼 관객이 세 가지 내용을 차례대로 읽는다. 관객은 마술사가 자신의 마음을 완벽하게 읽었다고 생각한다!

한 페이지에 모든 내용을 적는 대신에, 다른 페이지에 내용을 적어도 된다. 그리고 세 페이지를 모두 뜯은 뒤, 접어서 테이블 위에 놓거나 유리잔 안에 넣는다. 그리고 나서 종이를 골고루 섞은 뒤 관객 종이를 펴서 내용을 확인하게 한다.

관객이 마음을 읽어요
A Spectator Reads a Mind

나의 절친한 친구인 스탠리 작스 박사(Dr. Stanley Jaks)가 반지를 이용해 실시했던 이 마술은 〈피닉스(The Phoenix)〉 1947년 5월 9일자에 소개되었다. '인 더 링(In The Ring)'이라는 이름이 붙여졌으며, 〈피닉스(The Phoenix)〉의 편집자인 브루스 엘리엇(Bruce Elliott)의 허락 하에 여기에 소개하게 되었다.

작스 박사는 신비한 디자인의 반지를 끼고 다녔다. 그리고 반지 안쪽에 카드 모양을 붙이고 다녔다. 관객에게 어떤 카드를 선택하게 만든 뒤, 반지를 빼서 뒤집어 놓은 카드 묶음 위에 내려놓았다. 반지의 앞면은 카드를 선택한 관객을 향하고, 뒷면은 또 다른 관객을 향한다. 그럼 또 다른 관객이 첫 번째 관객이 선택한 카드를 알아맞힌다(**그림 1**).

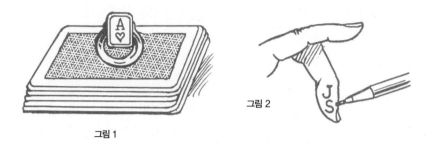

그림 1

그림 2

작스 박사의 멋진 쇼맨십과 연기는 이 마술을 더욱 멋지게 만들었고, 관객과의 거리가 가까운 상황에서도 선보일 수 있었다.

같은 이펙트를 위한 다른 방법을 소개하고자 한다. 이 방법에서는 준비된 반지는 필요 없다. 대신 준비된 손가락이 필요하다. 하지만 그 준비는 어디에서든 즉석에서 금방 할 수 있다.

★ 준비물

1. 카드 한 벌
2. 반지 하나. 관객에게 빌려서 사용해도 된다.

준비

펠트펜이나 볼펜으로 왼손 가운뎃손가락 안쪽에 글씨를 적는다. 내용은 카드의 모양을 상징하는 이니셜과 숫자(잭, 퀸, 킹의 경우에는 이니셜)이다(**그림 2**).

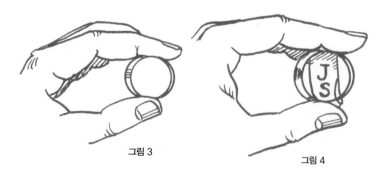

그림 3

그림 4

시연

포스를 통해 관객이 스페이드 잭(손가락에 적어둔 카드)을 선택하게 한다. 그리고 사람들이 옛날부터 수정 구슬을 사용했고, 거기에서 예언을 보았다는 내용으로 오프닝 멘트를 한다.

"집중력의 문제입니다. 열심히 집중하면 어느새 우리 자신이 최면 상태에 빠지게 됩니다. 예를 들어 봅시다. 이 신사분이 생각하고 있는 카드가 어떤 카드인지 알고 계십니까? 모르신다고요? 한 번 실험해 봅시다!"

반지를 빌린다. 혹은 손에 낀 반지를 빼서 사용한다.

"지금 여기에 수정 구슬이 없습니다. 하지만 그것은 중요하지 않습니다. 중요한 것은 선생님께서 한 물체에 집중하는 겁니다. 자, 이 반지 안을 쳐다보십시오. 이 반지가 수정 구슬이라고 생각하십시오. 그리고 집중하십시오!"

그림 3과 같이 반지를 들어서 보여준다. 그리고 관객이 반지를 쳐다보면 자연스럽게 가운뎃손가락을 구부려서 반지를 받친다(**그림 4**).

"어떤 카드인지 보입니까? 그렇다고요? 어떤 카드인가요? 스페이드 잭! (첫 번째 관객에게 돌아서서) 선생님, 스페이드 잭을 생각하고 계셨나요? 그렇다고요? 놀랍군요! (두 번째 관객에게 돌아서서) 선생님께 이런 능력이 있는지 전혀 모르고 계셨죠? 어떻게 이런 능력을 발휘하게 되었는지는 밝히지 말아주십시오!"

다른 관객들에게 마지막 한마디는 아무런 의미 없는 말처럼 들리겠지만, 두 번째 관객은 그 의미를 알 것이다. 그리고 비법은 마술사와 그 관객, 둘만의 비밀이 된다.

★ 참고

최근 내가 사용하는 포스 방법을 설명하고자 한다. 널리 알려진 크리스-크로스 포스(criss-cross force)를 응용한 것으로, 순간 이 아이디어가 뇌리를 스쳐갔다. 문외한뿐만 아니라 마술사들도 감쪽같이 속는 듯했다. 로레인 플립 포스(Lorayne Flip Force)라고 부르기로 하자.

포스할 카드를 맨 위에 놓는다. 왼손으로 카드 전체를 잡는다. 이때 맨 아래 카드가 왼쪽을 향해야 한다. 집게손가락을 구부려서 맨 아래 카드 앞면 위에 놓고, 엄지손가락을 세로 위 모서리에 놓는다. 카드의 아랫면 바깥 모서리가 관객을 향하고, 아랫면 안쪽 모서리는 테이블과 평행을 이룬다. 오른손을 카드 위에 놓는다(**그림 5**). 그러고 나서 카드의 앞면을 살짝 보여준다.

왼손 엄지손가락 끝으로 카드를 리플하고, 그 사이 관객이 멈추라고 하면 멈춘다. 그리고 왼손 엄지손가락으로 카드 사이를 벌리며 말한다.

"여기 맞나요? 확실하죠? 좋습니다. 이 부분을 표시해 둡시다!"

이렇게 말하면서 해야 할 일이 있다. 현재 양손에는 카드가 1/2 묶음씩 들려 있다. 오른손에 있는 카드를 돌려서 카드의 앞면이 테이블을 향하게 한다. 그리고 앞면이 보이게 왼손에 있는 카드를 그 위에 놓는다(**그림 6**). 이때 카드를 나란히 정리하지 말고, 그대로 테이블에 놓는다. 이 과정은 1초도 걸리지 않는다. 그리고 어찌 보면 상당히 논리적인 과정으로 보인다. 때로는 뒤집힌 카드 묶음 중 맨 위에 있는 카드가 포스 카드라는 사실에 당신도 놀랄 수 있다.

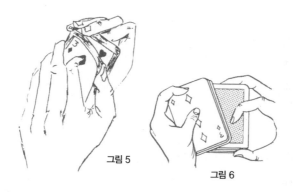

그림 5

그림 6

(아무 말 없이) 관객에게 포스 카드의 앞면을 보여준 뒤 말한다.

"이 지점을 표시해 둡시다."

이유는 잘 모르겠지만, 포스 후에 위 묶음에서 같은 앞면의 카드를 보면 사람들은 당연하게 생각한다. 모든 것은 자연스럽게, 부드럽게 진행해야 한다. 또한 카드 두 묶음을 테이블에 내려놓을 때 하나의 동작처럼 자연스럽게 연결해야 한다. 두 묶음을 튀기면서 왼손에 있는 카드를 앞면이 보이게 오른손 카드 위에 놓는다. 그리고 테이블에 내려놓는다. 이는 하나의 연속된 동작이어야 한다.

이쯤에서 대사를 몇 마디 한다. 그리고 아래 묶음의 맨 위 카드를 옆으로 반쯤 밀어낸다. 이때 이 카드의 앞면은 바닥을 향하고 있다.

"이게 바로 선생님께서 멈추신 카드입니다."

〈센시타이즈드 페이퍼(The Sensitized Paper)〉에 소개된 '언더 더 행커치프 포스(under-the-handkerchief force)'를 이용해도 된다.

반지를 통해 손가락에 적힌 내용을 보여줄 때, 꼭 상대 관객의 마음을 읽는 그 관객만 내용을 봐야만 한다고는 생각하지 않는다. 원한다면 여러 사람이 볼 수 있게 해도 된다.

앤티크 메달리온(글렌 그라바트)
The Antique Medallion(Glenn Gravatt)

알 코란(Al Koran)의 아이디어를 토대로 했다.

★ 이펙트

마술사가 관객에게 다음과 같이 말한다.

"고전학에 대해서 잘 모르실 겁니다. 고전학이란 동전과 메달의 역사를 연구하는 학문입니다. 역사가 기록된 이래로 수많은 종류의 동전이 사용되었다는 사실은 이미 알고 계실 겁니다. 저는 우연히 아주 희귀한 옛날 동전을 얻게 되었습니다. 동전이라기보다는 메달이라고 봐야겠네요. 아주 오래전에 발행된 메달입니다."

"전, 오늘 색다른 시도를 해보려 합니다. 제가 여러분의 마음을 읽는 대신에, 여러분이 제 마음을 읽게 만들어보겠습니다. 우선 여러분에게 마음의 진동을 보내겠습니다. 메달의 발행 연도를 여러분의 마음에 심어보겠습니다. 한 세 분이면 되겠네요. 그럼 의심의 여지가 없겠죠? 여러분의 마음에 보내는 내용은 종이에 적어두겠습니다."

"우선 네 자리 숫자입니다. 물론 첫 번째 숫자는 1이겠죠. 1부터 쓰기 시작하겠습니다."

관객 한 명에게 두 번째 숫자를 묻는다. 그럼 관객은 떠오르는 한 자리 숫자 하나를 말한다. 여기에서는 '6' 이라고 했다고 하자. 그럼 그 숫자를 적는다. 그리고 두 번째 관객에게도 숫자를 묻는다. 이번에는 '8' 이라고 했다고 하자. 그럼 그 숫자 역시 종이에 적는다.

세 번째 관객에게 마지막 숫자를 묻는다. '3' 이라는 대답이 나왔다고 하자. 숫자를 종이에 적으며 말한다.

"메달의 발행 연도는 1683년이군요. 아주 오래전입니다."

네 번째 관객을 무대로 부른다. 그리고 주머니에 손을 넣어서 작은 상자를 꺼낸 뒤, 관객에게 상자를 건네며 열어보라고 한다. 관객이 상자를 열면 메달 하나가 나온다. 그럼 이제 관객에게 메달의 발행 연도를 크게 읽으라고 부탁한다. 놀랍게도 관객은 "천육백팔십삼 년!' 이라고 말한다.

★ 준비물
1. 동전, 메달 혹은 작은 디스크 하나. 단순한 것보다는 뭔가 장식이 있는 메달이 더욱 강한 인상을 남길 수 있다. (문양 부분이 볼록하게 나온) 기념품 동전이나 메달을 구할 수 있는 곳은 다양하다.
   디스크를 이용한다면 별자리 등 신비한 모양이나 상징을 새겨 넣는다. 신기한 물품을 파는 가게나 기념품 가게에서 구할 수 있다. 마술용품점에서도 행운의 동전 비슷한 것을 판매하기도 한다. 단, 동전 한쪽에는 연도를 새겨 넣을 수 있는 평평한 공간이 있어야 한다.

2. 메달이 쏙 들어가는 크기의 작은 상자 하나. 뚜껑이 완전히 분리되는 상자보다
   는 뚜껑과 본체가 경첩으로 연결된 것이 좋다(**그림 1**).

3. 10cm×13.7cm 크기의 메모장 하나

4. 검은색 카본지. 3번 메모장의 첫 번째 장과 두 번째 장 사이에 카본지를 붙인다.
   이때 카본지의 방향을 잘 생각해야 한다.

준비

메모장의 첫 번째 페이지와 두 번째 페이지의 양옆과 아래 모서리를 붙인다(위쪽 모
서리는 이미 접착되어 있다). 이때 아래 모서리 중간에 동전을 넣을 수 있는 작은 공간을 남
겨둔다. 원할 때 동전을 쉽게 넣었다 뺐다 할 수 있는 크기여야 한다. **그림 2**를 통해
동전이 들어갈 공간의 위치를 확인한다. 몇 번 해보면 공간의 정확한 크기와 위치를
알게 될 것이다. 단, 이때 동전이 쉽게 밖으로 빠져나와서는 안 되며, 동시에 원할 때
는 쉽게 꺼낼 수 있어야 한다.

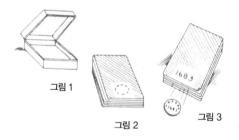

그림 1   그림 2   그림 3

시연

우선 외투 오른쪽 주머니에 상자를 넣고 상자 뚜껑을 열어둔다. 그리고 동전을 메
모장 첫 페이지 아래에 놓는다. 이때 카본지와 동전의 위치를 잘 맞춰야 한다. (오른손
으로 글씨를 쓴다면) 이렇게 준비한 메모장을 왼손으로 잡는다.

관객이 숫자를 부르는 대로 메모장에 숫자를 적는다. 그럼 카본지를 통해서 동전
에도 같은 내용이 나타난다. '이펙트'에서 설명한 대사를 한다. 그리고 마지막 숫자
를 적은 뒤에는 메모장을 기울여서 동전을 오른손 손바닥에 놓는다(**그림 3**).

그리고 주저함 없이 오른손을 곧바로 주머니에 넣고, 동전을 상자 안에 넣은 다음
뚜껑을 닫는다. 그리고 나서 상자를 꺼내 관객에게 건넬 준비를 한다.

관객에게 상자를 건네고, 관객이 뚜껑을 열기 전에 메모지에 적은 숫자를 상기시킨다. 그럼 관객은 연도를 정확하게 각인시킬 수 있을 뿐만 아니라 관객이 상자를 든 상태로 시간을 끌 수도 있다. 다음으로 관객이 직접 상자를 열어 동전을 꺼내게 한다. 그리고 동전에 적힌 발행 연도를 크게 읽어달라고 부탁한다. 마치 내용이 맞는지 확인하는 척 메모지를 쳐다본다. 물론 내용은 정확히 일치한다!

★ 참고
이 마술에서는 두 가지 사항에 주목할 필요가 있다. 첫째, 카본지를 이용하여 종이가 아닌 금속에 글씨를 쓴다. 금속에 새겨진 글씨는 전혀 카본지를 통해 새겨진 글씨처럼 보이지 않는다. 직접 해보면 실감할 수 있을 것이다. 둘째, 동전에 적힌 숫자를 보는 사람은 한 사람뿐이다. 그러므로 다른 사람들은 동전에 발행 연도가 올록볼록하게 새겨져 있으리라고 믿는다.

오래된 동전에 관한 대사를 하고, 메달을 사용할 때 네 자리가 연도가 아닌 다른 날짜를 이용해도 된다. 그럼 색다른 효과를 만들 수 있을 것이다.

카본지 대신 금박(gold leaf)을 이용해도 된다. 문구점에서 구할 수 있으며 무딘 구리 동전에 글씨를 쓰기에 안성맞춤이다.

선별된 광고 예언(조 화이트)
Classified AD Prediction(Joe White)

★ 이펙트
마술사가 봉인된 봉투(혹은 칠판)를 보여주며, 그 안에 예언이 적힌 종이가 들어 있다고 설명한다.

그리고 광고가 실린 지역 신문 몇 장을 보여준 뒤, 관객 한 명을 무대로 부른다. 관객이 신문 한 장을 선택하면 남은 신문지는 모두 버린다. 그리고 반으로 찢은 뒤, 관객에게 한 조각을 선택하게 한다. 선택받지 못한 조각은 역시 버린다.

다시 반으로 찢고, 관객의 선택에 따라 나머지를 버린다. 작은 조각이 남을 때까지 이 과정을 반복한다. 그리고 나서 남은 종이에 있는 광고 여섯 개를 찢는다. 찢은 조각을 부채모양으로 펼쳐서 관객에게 하나를 선택하게 한다. 그리고 나머지는 모두 버린다.

관객이 선택한 광고에 집중하면 마술사가 그의 마음을 읽는다. 그리고 다른 사람에게 봉인된 봉투를 열어서 안에 적힌 내용을 읽게 한다. 예언은 정확하게 일치한다!

★ 준비물

1. 광고가 실린 신문 몇 장
2. 광고가 실린 신문의 같은 페이지 여섯 장
3. 봉투와 예언을 적을 종이
4. 양면테이프

준비

같은 페이지 여섯 장에서 같은 광고를 찢는다. 이때 너무 반듯하게 잘라서는 안 된다. 그냥 찢는 게 좋다. 그리고 광고의 하이라이트 부분을 기억한다. (뒷면에도 광고가 있다면 함께 기억해야 한다. 가능하면 한쪽 면에만 광고가 있는 페이지를 이용하는 것이 좋다.)

광고의 내용을 예언지에 적는다. (내용을 그대로 베껴서는 안 된다. 중요한 내용만 간략하게 적어야 한다.) 봉투에 예언지를 넣고 봉인한다. 그리고 다시 더 큰 봉투에 봉인된 봉투를 넣거나 상자에 넣는다.

같은 광고 여섯 개를 나란히 쌓은 뒤, 얇은 테이프로 묶는다. 그리고 테이프 위에 양면테이프를 붙인 뒤, 테이블 위에 놓는다. 이때 신문 가까이에 두는 것이 좋으며, 양면테이프를 붙인 면이 위를 향해야 한다.

광고를 테이프로 묶을 때는 종이가 미리 빠지지 않도록 단단히 묶어야 하며, 동시에 원할 때 쉽게 풀 수 있게끔 만들어야 한다.

그림 1

시연

예언 마술을 위한 분위기를 조성한다. 그리고 봉인된 봉투를 관객 한 사람에게 맡긴다. 신문지를 잡기 위해 손을 뻗치면서 왼손 손바닥으로 미리 준비해둔 광고를 누른다. 그리고 양면테이프를 손바닥에 붙인다(**그림 1**).

신문지 한 장을 선택하고, 반으로 찢고, 선택하는 등의 과정을 진행한다. 왼손으로 신문을 잡으면 손바닥에 숨긴 광고를 자연스럽게 가릴 수 있다. 하지만 관객이 손에 있는 광고를 보지 못하도록 항상 주의해야 한다. 또한 관객이 선택을 할 때마다 100% 자유로운 선택임을 강조한다.

마지막에 광고 여섯 개를 찢고 (광고의 숫자는 언급하지 않는다. 여기에서는 설명을 위해 숫자를 언급할 뿐이다) 왼손 손바닥에 있는 광고 위에 올려놓는다. 그리고 광고를 모두 함께 잡은 뒤, 미리 준비해둔 광고만 부채모양으로 펼친다. 관객이 하나를 선택하면 나머지는 모두 구겨서 버린다. 이때 손에 있는 테이프도 함께 버린다.

관객에게 자유롭게(?) 선택한 광고를 크게 읽도록 한 뒤 집중하라고 부탁한다. 다음으로 관객의 마음을 읽는 척 연기한다. 마지막으로 봉투를 열어 예언지를 읽게 한다.

★ 참고

가장 기본적인 이펙트이다. 하지만 멋진 쇼맨십과 적절한 연기만 있으면 여느 멘탈 마술 못지않게 강력한 효과를 낼 수 있다.

처음부터 준비한 광고를 손에 들고 있는 게 마음에 들지 않는다면, 마지막 반쪽을 버릴 때 준비한 광고를 집으면 된다. 그러기 위해서는 관객이 선택을 할 때마다 선택받지 못한 부분을 테이블의 한쪽에 모아둔다. 그리고 마지막 조각을 내려놓으면서 손바닥에 준비한 광고를 붙인다. 그럼 신문을 찢는 등 일련의 과정 동안 더욱 자유롭게 손을 움직일 수 있다.

또한 준비한 광고 여섯 개를 묶을 때 테이프를 이용하기보다는 신문을 길게 잘라서 이용하는 것이 좋다. 광고 조각을 꺼낼 때 쉽게 찢을 수 있으며, 또한 버릴 때도 찢어진 신문지의 일부처럼 보이기 때문에 관객이 보더라도 전혀 문제가 되지 않는다.

맥스 리스터의 쉽게 메시지 읽기
Max Lister's Easy Message Reading

다른 사람의 생각을 읽을 수 있는 사람이라면, 예언가, 독심술사, 초능력자 등 뭐라고 불리든 간에 엄청난 돈을 벌 수 있다. 아마도 종이에 비밀리에 적힌 내용을 알아내는 방법을 터득하기까지 이들은 엄청난 돈과 시간을 쏟아 부었을 수도 있다.

그중에서 봉인된 봉투 안에 들어 있는 종이에 적힌 내용을 읽는 방법이 가장 유명하다. 또한 메시지를 읽는 방법과 은밀히 그 내용을 알아낸 후에 어떻게 대답해야 할 것인가를 소개하는 책은 무수히 많다.

한 번은 일할 때 항상 위스키를 마시는 영매에 대한 글을 읽었다. 그는 (메시지가 적힌 종이가 담긴) 봉투를 위스키가 가득 담긴 잔에 넣었다. 그러면 알코올이 봉투를 투명하게 만들었고, 영매는 봉투를 꺼내면서 안에 적힌 내용을 읽을 수 있었다.

이 방법은 다양하게 응용될 수 있다. 섬 팁에 알코올을 적신 스펀지를 숨겼다가 메시지를 읽는 데 사용할 수도 있다. 메시지가 있는 바로 윗부분을 알코올이 묻은 스펀지로 한두 번 두드리면 내용이 드러난다(제4권 레슨 52 참조).

타이밍을 맞춰서 잘 사용하면 다양한 마술에서 응용할 수 있다. 지금은 봉인된 봉투 안에 있는 메시지를 읽는 가장 쉽고 논리적이며 분명한 방법, 즉 최고의 방법을 소개하고자 한다.

★ 준비물

1. 질문이나 메시시를 적을 종이나 명함
2. 봉인할 수 있는 봉투 하나
3. 라이터 휘발유 한 캔
4. 금속 접시나 프라이팬

시연

연기와 루트는 선택할 수 있다. 봉투에 있는 메시시를 알아내는 방법은 단순 그 자체이다. 우선 관객에게 종이에 메시지를 적게 한다. 그리고 종이를 봉투 안에 넣고 봉인하게 한다.

봉인된 봉투를 금속 접시 위에 놓는다. 그리고 종이에 내용을 적는 과정은 중요하지 않으며, 단지 집중을 돕기 위한 과정이라는 등 대사를 하며 라이터 휘발유를 봉투 위에 붓는다.

이는 봉투를 쉽게 태우기 위한 과정처럼 보인다. 하지만 몇 초만 지나면 봉투가 투명해져서 안에 있는 메시지를 읽을 수 있게 된다(**그림 1**).

그림 1

계속해서 대사를 하다가 성냥에 불을 붙여 봉투 위에 떨어뜨리며 메시지를 읽는다. 봉투와 메시지가 타는 동안 내용을 관객에게 말한다!

★ 참고

너무 명확한 이펙트이다. 앞에서 언급했다시피 연기와 루틴은 당신에게 달려 있다.

어떤 종류의 봉투를 사용해야 할지는 몇 번 해보면 알게 될 것이다. 이제까지의 경험상 모든 봉투가 가능하다.

명함보다 약간 큰 봉투부터 일반 편지 봉투까지 모두 이용 가능하다. 단, 종이를 넣을 때 방향을 잘 기억해둬야 한다. 내용이 적힌 면이 어느 쪽을 향하는지 기억해둬야 한다. 그래야 그쪽 면에 휘발유를 붓고, 내용을 읽을 수 있다. (하지만 휘발유를 부었는데도 메시지가 보이지 않으면 봉투를 뒤집어서 반대편에도 휘발유를 부으면 된다. 그래도 의심하는 관객은 없을 것이다.)

또한 글씨가 어떤 방향으로 적혀 있는지 알아두면 훨씬 용이하다. 만약 그렇지 못하더라도 글씨를 거꾸로 읽으면 되기 때문에 별 문제가 되지 않는다.

투명하지 않은 봉투가 가장 좋다. 만약 봉투가 너무 얇다면 관객은 누구나 안에 있는 내용을 읽을 수 있다고 생각할 것이다.

어떤 필기도구를 이용해야 할지 궁금할 수도 있다. 검은색 펠트펜을 이용하면 가장 좋다. 하지만 연필이나 일반 펜을 이용해도 된다.

이 마술은 단순하기 때문에 더욱 높이 평가된다. 아무 때나 어느 곳에서나 관객에게서 빌린 물건으로 할 수 있다. 봉투가 투명해졌을 때 관객이 접시 안을 보지 못하도록 주의하기만 하면 된다.

참고로 봉투에 불을 붙이기 전에 메시지를 미리 읽어두는 게 좋다. 불이 붙으면 휘발유가 순식간에 증발하여 봉투가 다시 불투명해지기 때문이다. 그럼 접시를 들어서 불타는 봉투를 관객에게 보여줄 수 있다.

Tarbell
Course in MAGIC

Tarbell course in MAGIC

프레드 로우의 유리잔 속의 카드
Fred Lowe's Card in Glass

거의 즉석에서 할 수 있으며, 오랫동안 사람들에게 기억될 것이다.

★ 이펙트

관객이 카드 한 장을 선택한 뒤, 나머지 카드와 함께 둔다. 그 위에 유리잔을 엎어 놓는다. 그리고 유리잔과 카드를 손수건으로 덮는다. 유리잔과 손수건을 들어 올린 뒤, 손수건을 치우자 선택된 카드가 유리잔 안에서 모습을 드러낸다. 관객이 카드를 꺼내어 확인한다.

★ 준비물

1. 카드 한 벌
2. 불투명한 손수건 한 장. 유리잔과 카드를 모두 덮을 수 있는 크기여야 한다.
3. 유리잔 하나

준비

카드 한 장을 넣을 수 있을 정도로 유리잔의 입구가 커야 한다. (카드는 쉽게 구부러지기 때문에 유리잔 입구가 카드보다 약간 작아도 된다.) 유리잔 입구 한쪽에 매지션 왁스를 붙인다(그림 1). 매지션 왁스 대신 양면테이프를 이용해도 된다. 급할 때는 양초의 밀랍을 약간 떼어서 주물러 부드럽게 만든 뒤 사용해도 된다.

그림 1

시연

유리잔과 손수건을 테이블 위에 놓는다. 그리고 관객에게 카드 한 장을 선택하게 한다. (원한다면 선택된 카드에 이니셜이나 사인으로 표시를 남겨도 된다.) 선택된 카드는 다시 나머지 카드와 함께 둔다. 조그 셔플(jog shuffle)을 한두 번 실시하여 카드를 섞는 척하며, 실제로는 선택된 카드를 맨 위에 둔다.

카드를 테이블에 뒤집어 놓는다. 이때 카드의 바깥 모서리부터 내려놓는다. 다음으로 유리잔을 집어서 던졌다 받는다. 이는 유리잔에 실이 연결되지 않았다는 사실을 직접 보여주기 위함이다. 하지만 유리잔을 떨어뜨릴 것 같다면 생략하는 것이 좋다.

유리잔을 카드 위에 엎어 놓는다. 이때 (매지션 왁스를 붙인) 유리잔의 뒷면이 카드 중앙(한가운데보다는 약간 뒤)에 오게 한다. 그리고 유리잔의 앞면은 테이블 위에 놓는다(그림 2). 실제 공연에서는 유리잔을 더욱 조심하여 정교하게 내려놓아야 하지만, 여기에서는 간단한 설명으로 대체하고자 한다. 익숙해진 후에는 쳐다보지 않고도 자연스럽게 유리잔을 정확한 위치에 내려놓을 수 있다.

왁스

그림 2   그림 3

유리잔을 내려놓으며, 동시에 손수건을 집어서 관객에게 보여준다. 즉, 사람들의 관심을 손수건에 집중시키고, 마술사 역시 유리잔에 신경 쓰지 않는 척한다. 손수건으로 유리잔과 카드를 모두 덮는다(**그림 3**).

"선택한 카드를 생각하고 계시죠? 선생님을 제외하고는 아무도 모릅니다. 물론 저도 모릅니다. 하지만 믿든지 말든지 저는 그 카드를, 바로 선생님께서 선택하신 그 카드를 유리잔 안으로 날아 들어가게 만들 겁니다! 보십시오!"

손가락의 스냅을 이용하는 등 극적인 효과와 함께 손수건을 들어올린다. 하지만 아직 아무 일도 일어나지 않았다!

이는 몇 가지 목적을 달성하기 위한 속임수일 뿐이다. 첫째, 관객들은 마술사가 손수건을 들어 올리는 순간 카드가 유리잔 안으로 들어온다고 믿게 된다. 둘째, 유리잔을 눌러서 매지션 왁스에 카드를 단단하게 붙일 수 있다. 이에 대해서는 잠시 후에 다시 살펴보기로 하자. 셋째, 이펙트를 위한 연기의 일부이다.

이제 관객이 약간 혼란스러워할 것이다. 유리잔을 확인하며 무언가 잘못되었다는 듯 연기한다. 동시에 손으로 유리잔을 누른다. 나는 보통 관객의 관심을 손수건으로 집중시킨 뒤 유리잔을 누른다. 하지만 그렇지 못한 상태에서 유리잔을 누르더라도, 관객은 쉽게 눈치 채지 못한다. 어쨌든 손수건으로 관객의 관심을 사로잡을 수 있다면, 그 상태에서 유리잔을 누르는 것이 좋다. 손수건을 쳐다보며 말한다.

"음, 어떻게 된 영문인지 도무지 알 수 없군요. 다시 한 번 해보겠습니다."

손수건으로 다시 카드와 유리잔을 덮는다.

"그런데 선택된 카드가 어떤 카드인가요? 하트 3이요? 그럼 거기에 집중하십시오. 하나, 둘, 셋, 갑니다!"

손수건과 유리잔의 바닥(현재는 유리잔이 뒤집혀 있기 때문에 윗부분이라고 할 수 있다)을 잡고, 천천히 들어 올린다. 물론 선택된 카드는 유리잔에 붙어서 함께 올라간다. 하지만 손수건으로 가려졌기 때문에 보이지 않는다(**그림 4**). 카드와 테이블이 평행이 되게 한 상태로 말한다.

그림 4

"선택된 카드가 뭐였다고요? 아, 하트 30이요. 보십시오! 놀랍지 않습니까?"

마지막 말을 하면서 해야 할 일이 있다. 오른손으로 유리잔과 손수건을 잡고, 손수건을 걷으려는 듯 왼손으로 손수건을 잡는다. 왼손 손바닥이 위를 향하고, 손가락을 편 상태로 뒤에서 유리잔 아래로 뻗는다. 왼손이 유리잔 아래에 도착하면 손가락을 구부려서 카드를 유리잔 안으로 넣는다. 이 과정은 모두 손수건 아래에서 이루어진다(**그림 5**). 손수건을 사이에 두고 할 수도 있고, 손수건 아래로 직접 손을 넣고 해도 된다.

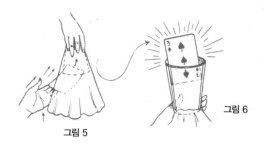

그림 6

그림 5

연속되는 동작으로 (유리잔 안에 손수건이 끼어 있지는 않은지 확인하며) 오른손으로 손수건을 빼낸다. 동시에 왼손으로 유리잔을 잡은 뒤, 뒤집어서 유리잔과 카드를 보여준다(**그림 6**).

직접 카드를 꺼내 관객에게 던져도 되고, 관객이 직접 카드를 꺼내게 해도 된다.

★ 참고

아름다운 효과를 낼 수 있다. 직접 해보면 알게 될 것이다. 나는 이 마술을 '거의'

즉석에서 할 수 있는 마술이라고 부른다. 근처에 초만 있다면 어디에서든 할 수 있기 때문이다. 초의 밀랍이 딱딱해도 주물러서 부드럽게 만들면 되기 때문에 전혀 문제가 되지 않는다. 그리고 유리잔은 어디서든 쉽게 빌릴 수 있다. 카드 또한 빌리는 데 별 어려움이 없을 것이다.

다른 방법으로 마무리를 할 수도 있다. 손수건 아래에 양손을 넣어서 카드를 유리잔 안에 넣는다. 그리고 오른손으로 손수건을 때려서 떨어뜨리면, 왼손에 있는 유리잔이 모습을 드러낸다. 마술사가 유리잔 안에 있는 카드를 잡고 있으면 식상해보일 수도 있다. 하지만 이제까지 이렇게 해서 문제가 된 적은 없다. 개인적으로는 나중에 설명한 방법을 더욱 좋아한다. 하지만 선택은 당신의 몫이다.

이쯤에서 설명을 마무리하고자 한다. 원한다면 유리잔에 있는 왁스나 테이프를 손톱으로 떼어낸 뒤, 관객이 직접 카드와 함께 유리잔을 확인하게 해도 좋다.

오들리 월시의 스리 카드 몬테
Audley Walsh's Three Card Monte

스리 카드 몬테(Three Card Monte)의 재미있는 버전이다. 오들리 월시(Audley Walsh)가 자주 선보였으며, 관객에게 큰 즐거움을 선사했다. 다른 스리 카드 몬테 루틴의 일부로 넣어도 좋다.

★ 이펙트

마술사가 세 장의 카드, 빨간색 두 장과 검은색 한 장을 보여준다. 검은색 카드는 빨간색 카드 두 장 사이에 위치한다. 도박꾼이 같은 패를 시켜서 검은색 카드를 알아 맞히는 방법을 설명한다. 검은색 카드를 쉽게 알아볼 수 있도록 성냥으로 표시를 해둔다. 하지만 그럼에도 관객은 검은색 카드를 맞히지 못한다.

★ 준비물

1. 카드 세 장. 빨간색 두 장, 검은색 한 장을 준비한다. 여기에서는 하트 4, 클럽 6, 다이아몬드 9를 이용하자. 물론 다른 카드를 이용해도 상관없다.

2. 매치북(한 개비씩 떼어 쓰게 되는 종이 성냥 - 옮긴이) 하나. 새것일수록 좋다.

시연

"스리 카드 몬테를 하는 사람은 관객에게 특정 카드를 선택하는 일이 별 것 아닌 것처럼 생각하게 만듭니다. 그래서 같은 패를 관객 사이에 숨겨 둡니다. 관객 사이에서 같은 패가 나와서 선택된 카드에 돈을 걸고, 돈을 땁니다. 그럼 다른 사람들도 선택된 카드에 돈을 걸지만, 오히려 돈을 잃게 됩니다. 어떻게 같은 패가 선택된 카드를 아는지 궁금해서 물어본 적이 있습니다. 게임을 진행하는 사람이 선택된 카드에 손톱자국을 내거나 카드를 살짝 구부린다고 합니다. 그럼 같은 패가 당연히 선택된 카드를 쉽게 찾을 수 있겠죠. 직접 보여드리겠습니다. 손톱자국을 내거나 카드를 구부리지 않고, 매치북을 이용하면 훨씬 쉽게 따라오실 수 있을 겁니다."

하트 4, 클럽 6, 다이아몬드 9의 앞면이 보이게 부채모양으로 펼쳐서 관객에게 보여준다. 이때 클럽 6이 중앙에 위치한다.

"여기에 카드 세 장이 있습니다. 하트 4, 클럽 6, 다이아몬드 9입니다. 두 장은 빨간색이고, 한 장은 검은색입니다. 중앙에는 클럽 6이 있습니다. 이 카드를 잘 보십시오. 매치북으로 표시해두겠습니다."

매치북을 클럽 6에 고정시킨다. 불을 붙일 때 성냥을 긋는 부분과 카드의 뒷면이 마주보게 한다(**그림 1**). 카드를 움직여도 빠지지 않을 정도로 단단히 고정시키되, 원할 때는 쉽게 뺄 수 있어야 한다. **그림 2**와 같이 왼손으로 카드를 잡는다. 엄지손가락으로 카드의 뒷면을, 나머지 손가락으로 앞면을 잡는다. 집게손가락을 다이아몬드 9 위에 놓고, 가운뎃손가락을 클럽 6 위에 놓고, 넷째 손가락과 새끼손가락을 하트 4 위에 놓는다. 엄지손가락으로 하트 4의 뒷면을 잡는다.

Tarbell course in Magic

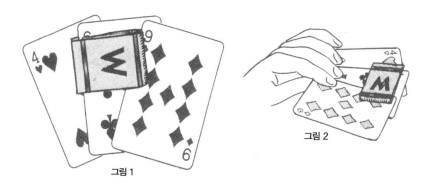

그림 1

그림 2

오른손 집게손가락으로 하트 4를 건드리며 말한다.

"빨간색 카드입니다."

손을 뒤집어서 카드의 앞면이 바닥을 향하게 한다(**그림 3**). 그리고 방금 손으로 건드린 카드를 빼서 테이블 위에 놓는다. 이제 손에 남은 카드는 두 장이며, 그중 한 장 (클럽 6)에는 매치북이 끼워져 있다(**그림 4**). 카드를 뒤집어서 오른손 집게손가락으로 클럽 6을 건드리며 말한다.

"여러분에 잘 보셔야 할 카드, 클럽 6입니다."

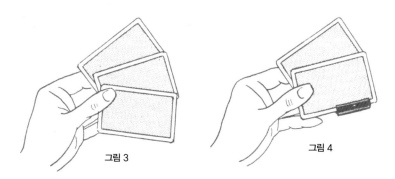

그림 3

그림 4

다시 **그림 4**와 같이 카드를 뒤집고, 매치북이 달려 있는 클럽 6을 빼서 하트 4 옆에 내려놓는다. 마지막 카드는 뒤집지 말고, 그 상태에서 다른 카드와 일렬이 되도록 테이블 위에 내려놓는다.

카드를 약간 움직이면서 말한다.

"당연히 검은색 카드에 표시가 되어 있으니까 제가 카드를 움직이더라도 별 문제가 없겠죠? 검은색 카드를 찾는 데 별 문제가 없을 겁니다. 나머지 카드 두 장이 모두 빨간색이라는 사실도 알고 있잖습니까?"

빨간색 카드 두 장을 뒤집는다. 그러고 나서

"물론 이게 검은색 카드입니다."

클럽 6을 뒤집는다. 그리고 **그림 1**, **그림 2**와 같이 다시 카드의 앞면을 보여준다. 이 모든 과정은 속임수에 불과하다.

"직접 해보시고 싶으신가요? 좋습니다. 돈을 걸 필요는 없습니다."

같은 과정을 반복한다. 하트 4를 손가락으로 가리킨 뒤 테이블에 놓는다. 그리고 (앞면이 위를 향하게 잡은 상태에서) 클럽 6을 가리키면서 카드에 고정된 매치북에 대해 이야기한다. 그리고 카드 두 장을 뒤집으며 해야 할 동작이 있다. 왼손 손가락으로 빨간색 카드를 매치북 쪽으로 밀고, 엄지손가락으로 검은색 카드를 반대 방향으로 움직인다(**그림 5**, **그림 6**). 왼손 한손으로 카드를 펼친다면 지극히 자연스러워 보인다. 그리고 성냥갑은 검은색 카드에서 빨간색 카드로 순식간에 옮겨진다. 능숙해질 때까지 연습이 필요하다. 그리고 반드시 관객이 카드의 앞면을 보지 못하는 상태에서 매치북을 옮겨야 한다. 쉬지 않고 성냥갑이 있는 카드를 하트 4 옆에 내려놓는다. 그리고 마지막 카드(클럽 6)를 그 옆에 내려놓는다.

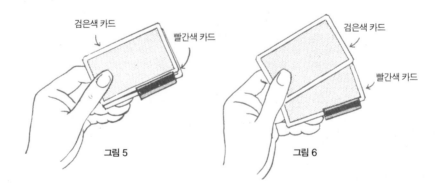

검은색 카드 빨간색 카드
그림 5

검은색 카드 빨간색 카드
그림 6

"검은색 카드를 잘 보십시오."

카드를 섞는다. 만약 다음에 클럽 6으로 다른 이펙트를 선보이고 싶다면 이때 클럽 6의 위치를 놓쳐서는 안 된다.

"이제 어떤 카드인지 맞히실 수 있으신가요?"

그럼 당연히 관객은 매치북이 달린 카드를 선택할 것이고, 뒤집어 보면 빨간색 카드이다.

"아, 깜빡하고 말씀드리지 않은 게 있습니다. 한 패라고 해서 항상 맞히는 것은 아니더군요."

★ 참고

오들리는 표시되지 않은 빨간색 카드와 표시되지 않은 검은색 카드가 마치 빨간색 카드 두 장인 것처럼 연기했다. 지금은 거의 정석이 되었지만 정해진 방법은 없다.

두 번째로 카드를 테이블에 내려놓을 때 표시되지 않은 카드 두 장을 길게 구부린다. 그럼 나중에 쉽게 집을 수 있다. 빨간색 카드와 검은색 카드를 마치 빨간색 카드 두 장인 것처럼 보여줄 준비가 되면, 검은색 카드를 빨간색 카드 뒤에 놓고 포갠다. 그리고 엄지손가락으로 안쪽 모서리를, 나머지 손가락으로 반대쪽 모서리를 잡는다. 집게손가락과 엄지손가락으로 위에 놓인 카드를 잡고, 가운뎃손가락과 엄지손가락으로 아래 카드를 잡는다. 이것이 기본적인 '몬테' 그립(grip)이다.

손을 뒤집어서 빨간색 카드의 앞면을 보여준 뒤 다시 손을 뒤집어서 위 카드를 테이블에 내려놓는다. 그리고 다시 손을 뒤집어서 똑같은 카드를 보여준 뒤 테이블에 내려놓는다. 카드를 보여줄 때마다 "빨간색 카드입니다!"라고 말한다.

같은 카드를 두 번 보여주기 위해서는 처음 빨간색 카드 두 장이 비슷할수록 좋다.

오들리 월시가 매치북과 카드를 이용하여 이 마술을 하는 모습을 몇 해 전에 봤다. 당시 관객의 의심을 전혀 받지 않고 멋지게 선보였다. 지금 소개한 내용은 타벨이 적어놓은 내용을 토대로 했다. 원한다면 더 확대해도 되고, 전체적으로 수정을 해도 된다. 자신의 스타일에 맞는 방법을 찾는 것이 좋다.

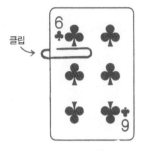

그림 7

마지막으로 매치북 대신에 종이 클립을 이용하여 가운데 카드를 표시해도 된다. 클립을 이용하더라도 방법을 변하지 않는다(**그림 7**).

배리 스티븐슨의 지갑 속의 카드
Barry Stevenson's Card in Wallet

마술사들은 지갑에서 무언가를 만들어내는 것을 좋아한다. 보통 카드를 만들어내고, 때로는 동전, 지팡이, 메시지, 지폐를 만들어낸다. 아마 비둘기가 작았다면 분명 비둘기도 지갑에서 만들어냈을 것이다. 지금 소개하려는 마술에서는 단순한 방법으로 관객을 속인다.

★ 이펙트
미리 확인한 지갑에서 선택된 카드가 나온다. 관객이 직접 지갑에서 카드를 꺼내 확인한다.

★ 준비물
1. 네모난 시크리터리 타입 지갑 하나(반으로 접게 되어 있는 장지갑 - 옮긴이). 바로 다음에 소개되는 '밥 건터의 리피트 카드 투 월렛(Bob Gunther's Repeat Card to Wallet)'에서

사용되는 지갑을 참고하라. 지갑에는 아무런 준비도 하지 않으니 관객의 지갑을 빌려서 사용해도 된다.

2. 카드 한 벌

3. 여분의 카드 한 장

준비

여분의 카드를 왼손 손목에 찬 시곗줄 아래에 넣는다(**그림 1**). 시계가 없다면 넓은 고무밴드를 이용해도 된다. 시험을 통해 시곗줄을 얼마나 헐렁하게 매야 하는지 알게 될 것이다.

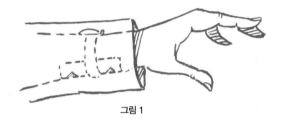

그림 1

시연

관객 중에 시크리터리 타입 지갑을 가지고 있는 사람이 보이면 그 지갑을 빌린다. 한눈에 보이지 않으면 물어봐도 된다. 관객 중에 시크리터리 타입 지갑을 가진 사람이 없다면 미리 준비해둔 지갑을 사용한다. 어떤 지갑을 사용하건 지갑을 비운 뒤, 관객이 직접 확인할 수 있는 시간을 줘야 한다.

지갑이 가죽에 비해 비싼 것 같다느니 싼 것 같다느니 이야기하면서 다음과 같은 동작을 한다. 지갑을 펼쳐서 안쪽이 앞을 향하게 한 상태에서 왼손으로 잡는다. 이때 엄지손가락으로 지갑의 안쪽, 나머지 손가락으로는 지갑의 바깥쪽, 특히 반으로 접히는 부분을 잡는다(**그림 2**).

오른손으로 멀리 있는 면을 잡고, 앞으로 뒤집는다. 그럼 지갑의 안쪽 면과 왼손 손바닥, 손목이 마주보게 된다. 혹은 왼손 손가락을 구부려서 스냅으로 지갑을 뒤집어도 된다. **그림 3**과 같이 지갑으로 왼손 손바닥과 손목을 가린다.

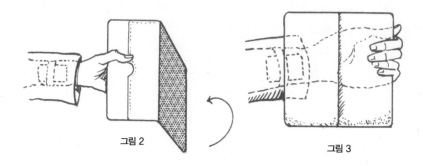

그림 2　　　　　　　　　　　그림 3

손바닥이 위를 향하도록 오른손을 펴서 지갑 아래에 손가락을 넣고, 엄지손가락으로 바깥을 잡는다. 엄지손가락으로 지갑을 건드리며, 지갑의 가죽에 대한 이야기를 계속한다. 이때 관객 몰래 해야 할 중요한 일이 있다.

오른손 집게손가락과 가운뎃손가락으로 시계 아래에 있는 카드를 잡는다. 왼손으로 지갑을 뒤집을 때 왼손 소매가 살짝 올라가기 때문에 쉽게 카드를 꺼낼 수 있다.

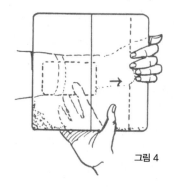

그림 4

두 손가락으로 카드를 잡은 상태에서 자연스럽게 카드를 뺀다(**그림 4**). 그럼 자동으로 카드는 수평 이동을 하고, 왼손으로 잡고 있는 면으로 들어간다.

여기까지 몇 초 걸리지 않는다. 카드가 지갑 안에 들어가자마자 오른손으로 지갑을 잡는다. (이때 카드가 지갑 안으로 완전히 들어가서 보이지 않아야 한다.) 왼손으로 잡고 있는 면 (카드가 들어 있는 면)을 오른손으로 잡되, 엄지손가락으로는 안쪽 면, 나머지 손가락으로는 바깥 면을 잡는다. 그럼 카드가 들어 있지 않은 면이 덜렁거린다(**그림 2**와 비슷하지만, 지금은 오른손으로 지갑을 잡는다). 이렇게 덜렁거리는 면을 위로 접어 지갑을 닫는다. 그러고 나서 자연스럽게 지갑을 테이블 위에 던진다.

"좋습니다. 이 지갑이면 될 것 같습니다."

그리고 더 이상 지갑에 관심을 보이지 않는다.

앞에서 읽은 설명은 실제 동작보다 훨씬 길다. 연습을 많이 하면 순식간에 이 동작을 능숙하고 자연스럽게 해낼 수 있다. 관객이 마술사가 카드 마술을 하려 한다는 사실을 눈치 채기도 전에 이미 필요한 동작은 마무리된다.

자, 이제 관객에게 (맨 위에 위치한, 혹은 카드 중간 어딘가에 위치한) 선택된 카드를 선택하게 한다. 다음 동작은 마술사의 선택에 달려 있다. 관객이 직접 선택된 카드를 나머지 카드 사이에 넣고 섞게 만든 뒤, 나중에 카드를 완전히 치우거나 다른 카드로 바꾼다. 아니면 카드 묶음을 직접 가지고 있다가 선택된 카드를 몰래 숨긴다. 이 부분은 관객이 크게 신경을 쓰지 않는 부분이기 때문에 선택된 카드를 쉽게 제거할 수 있다. 앞에서 언급했다시피 중요한 동작은 이미 끝났다.

나는 보통 관객이 직접 선택된 카드를 나머지 카드와 섞게 한다. 그리고 카드를 건네받은 뒤, 대사를 하면서 자연스럽게 카드를 훑어본다.

"보통, 마술사들은 이렇게 카드를 훑어봅니다. 관객이 선택한 카드를 찾기 위해서죠. 하지만 관객이 그 카드를 다른 카드와 완전히 섞어 버렸기 때문에 선택된 카드를 찾을 수 없습니다. 그렇기 때문에 진짜 마술이 필요합니다."

이쯤이면 선택된 카드를 찾을 수 있다. 그럼 커트를 통해서 선택된 카드를 맨 위로 보낸다. 그리고 자연스럽게 서플을 한두 차례 실시한다. 다음으로 신들린 듯한 연기를 하며, 관객에게 지갑에서 카드를 꺼내라고 한다. 이때 앉아 있다면 맨 위 카드를 뒤로 끌어 당겨 무릎 위에 숨긴다. 서 있다면 맨 위 카드를 팜으로 숨긴다.

그럼 이제 관객이 놀랄 일만 남았다.

★ 참고

열심히 연습하고 노력하라는 말밖에는 더 해줄 말이 없다. 지갑을 다룰 때는 마치 잠깐 지갑을 보여주며 설명하는 것처럼 보여야 한다. 물론 그 전에 관객이 직접 지갑을 확인하게 한다.

다음에 나오는 '리피트 카드 투 월렛(Repeat Card to Wallet)'을 확인해보는 것이 좋다. 이와 비슷한 마술로, 이 마술과 함께 선보여도 좋다.

만약 이 마술을 다음 마술과 비슷하게 하길 원한다면 선택된 카드를 맨 위에 보낸다. 그러고 나서 테이블 위에 놓인 지갑 위에 놓으며, 원 핸드 톱 팜(one-hand top-palm)으로 카드를 숨긴다.

밥-건터의 리피트 카드 투 월렛
Bob Gunther's Repeat Card to Wallet

즉석에서 하는 것처럼 보이는 지갑 속의 카드 마술 중 가장 훌륭한 방법이다. 요즘 남성들이 많이 가지고 다니는 한 번 접는 시크리터리 타입 지갑을 이용한다.

★ 이펙트

관객 두 명이 각각 카드 한 장씩 자유롭게 선택한다. 그리고 카드의 앞면에 자신의 이름을 적은 뒤, 나머지 카드 사이에 넣고 섞는다. 마술사가 주머니에서 지갑을 꺼내서 테이블 위에 던진다. 그리고 첫 번째 관객이 직접 선택하고 이름을 쓴 카드를 지갑에서 만들어낸다. 다음으로 두 번째 관객이 선택하고 이름을 쓴 카드를 지갑에서 나타나게 한다.

★ 준비물

1. 플라스틱, 비닐, 가죽 등으로 된 네모난 시크리터리 타입 지갑 하나. 두 면으로 되어 있으며, 양쪽에 긴 주머니가 각각 하나씩 있어야 한다(**그림 1**).
2. 펠트펜이나 볼펜 한 자루.
3. 카드 한 벌. 관객에게 빌려서 사용해도 된다.

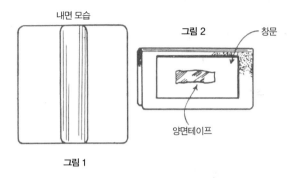

내면 모습

그림 2

창문

양면테이프

그림 1

준비

면도칼로 지갑의 뒷면에 네모난 창문을 만든다. 즉, 바깥에서 가죽을 한 겹만 자른다. 그럼 지갑을 펼쳤을 때 안쪽에 있는 한 겹의 가죽 때문에 평범한 지갑처럼 보인다. 이때 창문의 크기는 카드보다 커야 한다.

창문을 통해 보이는 한 겹의 가죽 가운데에 양면테이프를 붙인다. 지갑을 닫았을 때 **그림 2**와 같이 된다. (무대 뒤에서 본 모습이다.) 창문이 뚫려 있기 때문에 테이프는 노출되어 있으며, 밖을 향하고 있다. 즉, 창문을 통해 테이프를 안쪽 면에 붙이면 된다. 그 상태로 지갑을 외투 왼쪽 주머니에 넣는다. 이때 창문이 안쪽을 향하게 한다.

같은 주머니에 펜을 넣어둔다.

시연

카드를 섞은 뒤, 뒷면이 보이도록 일렬로 펼친다. 관객 두 명에게 각각 한 장씩 선택하게 한다. 이때 자유로운 선택임을 강조하고, 원한다면 카드를 바꿀 수 있는 기회도 허락한다.

테이블에 있는 카드를 모아서 나란히 정리한 뒤, 뒷면이 보이게 왼손으로 잡는다. 오른손으로 펜을 꺼내 첫 번째 관객에게 건네며, 카드에 이름을 적게 한다. 그동안 뒤로 돌아선다. 첫 번째 관객이 마치면 두 번째 관객에게 펜을 건네라고 한다. 두 번째 관객도 카드에 이름을 적는다.

선택된 카드 두 장을 나머지 카드 중간에 끼운다. 그리고 이 두 장의 카드가 맨 위로 가게 한다. 이때 힌두 셔플, 패스 어떤 방법을 이용하건 상관없다. 단, 마무리로 조그 셔플을 한두 차례 실시하는 것이 좋다.

카드를 나란히 정리하여 뒷면이 보이게 한 뒤, 왼손으로 딜할 위치를 잡고, 오른손으로 주머니에서 지갑을 꺼낸다. 두 번째 관객에게 펜을 돌려달라고 말한다.

"이제 펜을 돌려주시겠어요? 제게 중요한 물건이거든요."

관객이 펜을 건네면 지갑을 왼손에 있는 카드 위에 놓는다(**그림 3**). 이 행동에 대해서 의심할 사람은 아무도 없다.

오른손으로 펜을 받아서 주머니에 넣는다. 동시에 왼손 엄지손가락으로 지갑을 눌러서 양면테이프에 맨 위의 카드를 붙인다. 지갑의 무게로 카드가 테이프에 붙겠지만, 확실하게 하고자 지갑을 누르는 것이 좋다.

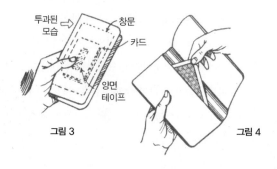

| 투과된 모습 → | 창문 |
| 카드 |
| 양면 테이프 |

그림 3   그림 4

자연스럽게 지갑을 테이블에 던진다. 이때 카드가 떨어질 것에 대해 염려할 필요가 없다. 웬만하면 떨어지지 않는다. 혹시 떨어진다 하더라도 위에 지갑이 있기 때문에 보이지 않는다. 또한 후에 지갑을 눌러서 카드를 다시 붙일 수 있는 기회가 있다.

첫 번째 관객에게, 선택된 카드가 사라졌다는 등의 말을 한다. 이렇게 지갑이 카드와 멀리 있는 상태로 시간을 끈다. (원한다면 시간 미스디렉션을 해도 된다.)

카드를 테이블 위에 놓인 지갑 위에 놓는다. 그리고 첫 번째 관객에게 선택한 카드의 이름을 말하라고 한다.

"좋습니다. 스페이드 7입니다. 보십시오!"

카드를 누른다. (혹은 관객에게 카드를 누르라고 시킨다. 어떻게든 카드를 눌러서 양면테이프에 선택된 카드를 붙인다.)

　　"좋습니다. 이제 된 것 같습니다. 보십시오!"

　카드를 집어서 옆에 치어둔다. 그리고 양손이 비어 있음을 보여준 뒤, 지갑을 집어서 연다. 이때 관객이 지갑의 뚫린 부분을 보지 못하도록 각도에 신경 써야 한다. 하지만 자연스럽게 다루더라도 구멍은 쉽게 보이지 않는다. 카드가 있는 주머니에 손을 넣어서 천천히 카드를 꺼낸다(**그림 4**). 엄지손가락으로 먼저 카드를 살짝 아래로 누르면, 카드가 테이프에서 떨어지기 때문에 쉽게 꺼낼 수 있다. 동시에 테이프가 지갑에서 떨어져서 카드에 붙는 것을 막을 수 있다.

　앞면이 보이게 카드를 뒤집은 뒤, 첫 번째 관객에게 건네 사인을 확인하게 한다. 동시에 지갑을 닫는다. 다시 카드 묶음을 집고, 그 위에 지갑을 놓는다. 그리고 두 번째 관객을 쳐다보며 말한다.

　　"아, 선생님도 카드를 선택하셨죠? 그렇죠?" (이로써 카드 위에 지갑을 놓을 수 있는 기회와 이유가 생긴다.)

　지갑을 테이블 위에 놓는다. (만약 호기심 많은 누군가가 지갑을 뒤집어 볼 것이 걱정된다면 손으로 잡고 있어도 된다.) 그리고 카드를 두 번째 관객에게 건네며, 셔플로 카드를 섞어달라고 부탁한다. 물론 이 과정은 생략해도 된다. 하지만 대부분의 사람들은 마지막에 일어난 일을 기억한다는 규칙이 있기 때문에 나는 보통 관객에게 셔플을 부탁한다. 또한 모든 관객은 카드를 선택한 관객 두 명이 직접 셔플을 했다고 믿고, 조금이라도 생긴 의심이 있다면 모두 잊는다.

　카드를 지갑 위에 놓고, 앞에서 설명한 과정을 반복한다.

★ 참고
　앞에서 언급했다시피, 내가 본 지갑 속 카드 마술 중 최고이다. 부드럽게 연기하면 정말로 아름다운 효과를 낼 수도 있다.

　지갑을 열 때는 창문이 마술사를 향하게 해야 하며, 도중에 지갑을 뒤집는 일이 없어야 한다. 또한 원한다면 한 사람에게만 카드를 선택할 기회를 줘도 된다.

마지막에 두 번째 관객이 사인을 확인하는 동안 지갑은 자연스럽게 치우고, 카드를 테이블 위에 일렬로 펼친다. 원한다면 자르지 않은 지갑을 준비해두었다가 마지막에 관객에게 지갑을 확인할 수 있는 시간을 줘도 된다. 이는 당신의 선택에 달려 있지만, 굳이 할 필요는 없다. 또한 하나의 양면테이프로 두 번 정도 공연할 수 있으며, 나처럼 매번 테이프를 교체해도 된다.

마지막으로 '배리 스티븐슨의 지갑 속의 카드(Barry Stevenson's Card in Wallet)'를 확인해 봐라. 아무런 조작도 없는 지갑(혹인 빌린 지갑)을 사용한다는 장점이 있지만, 똑같은 카드를 준비해야 한다는 단점도 있다. 그러나 관객이 사인을 한다는 점을 제외하면 거의 비슷한 이펙트이다. 두 방법을 연결하여 공연해도 된다.

에릭 피터슨의 카드 예언
Eric Peterson's Card Prediction

에릭 피터슨(Eric Peterson)은 대형 카드를 이용하여 카드 세 장을 예언하는 재미있는 마술을 선보였다. 토대가 된 아이디어가 새로운 것은 아니지만, 피터슨의 방법이 깔끔하고 명료하기 때문에 무대 마술로 적합하다. 그렇기에 여기에서 소개하고자 한다. 에릭의 기술과 준비는 뒤에서 다루기로 하자. 우선 나의 생각과 방법에 대해 설명하고자 한다.

★ 이펙트

마술사가 카드 세 장을 예언하겠다고 말하고, 대형 카드 중 세 장을 선택한다. 그리고 카드의 뒷면이 보이게 스탠드에 세운다. 또 다른 대형 카드에서 관객이 자유롭게 카드 세 장을 선택하게 한다. 그리고 예언 카드와 나란히 놓는다. 선택된 카드는 앞면이 관객을 향한다. 다음으로 예언 카드와 선택된 카드를 한 쌍씩 집어서 두 장이 동일함을 증명한다. 이렇게 카드 세 장을 예언한다.

★ 준비물

1. 카드 스탠드 하나(**그림 1**). 나무나 금속으로 제작하면 된다. 혹은 'ㄷ'자 알루미늄과 나무판자를 이용해도 된다. 카드 세 장을 세울 수 있어야 한다(**그림 2**).

2. 대형 카드 여러 장. 더블 페이스 카드, 즉 앞뒤가 똑같은 카드 12장, 그리고 골고루 섞인 대형 카드(싱글 카드) 15~20장.

3. 로핑 플루이드(roughing fluid)

그림 1   그림 2

준비

똑같이 생긴 카드 12쌍의 뒷면에 로핑 플루이드를 바른다. 그리고 뒷면을 맞대어 서로 붙인다. 그럼 더블 페이스 카드 12장이 생긴다. 즉, 카드의 앞과 뒤가 동일하다. 물론 원할 때 카드를 분리할 수도 있다.

뒤에 있는 카드의 왼쪽 아래 꼭짓점을 살짝 잘라낸다(**그림 3**). 그럼 스탠드에 세워놓은 상태에서도 더블 카드를 쉽게 분리할 수 있다.

이제 15~20장의 보통 카드 중 세 장의 앞면에 로핑 플루이드를 바른다. 이 세 장의 카드를 예언해야 한다. 잘 기억한 뒤, 다른 싱글 카드 사이에 끼워둔다.

카드는 모두 두 묶음으로 되어 있다. 하나는 더블 페이스 카드 12장, 나머지는 싱글 카드 15~20장이다. 그중 세 장의 앞면에는 로핑 플루이드가 발라져 있다.

테이블 위에 스탠드를 놓고, 두 묶음의 카드를 가까운 곳에 둔다.

시연

"저는 사람의 생각을 예언하는 데 꽤 소질이 있습니다. 오늘밤, 동시에 세 분의 생각을 읽어보겠습니다."

자원하는 관객 세 명을 선발한다. 만약 마술사가 임의로 지정하면 관객은 조수를 관객에 숨겨 두었다고 생각할 수도 있다. 싱글 카드 묶음을 집어 앞면이 마술사를 향하도록 부채모양으로 펼친다. 그리고 세 명의 관객에게 번갈아가며 집중한다. 한 사람에게 집중할 때마다 준비된 예언 카드를 꺼내 스탠드에 세운다. 이때 뒷면이 객석을 향하게 한다(**그림 4**).

"좋습니다. 예언을 모두 마쳤습니다. 여러분은 안 보이시겠지만, 저는 어떤 카드인지 볼 수 있습니다."

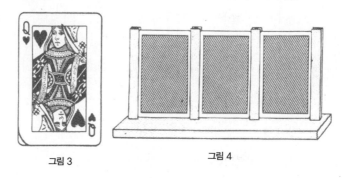

그림 3   그림 4

말하면서 한 장짜리 묶음을 내려놓고, 더블 카드 묶음을 집는다. 이때 뒷면에 또 다른 앞면이 있다는 사실을 들키지 않도록 주의한다.

"이 중에는 제가 예언한 카드 세 장과 똑같은 카드가 있습니다. 이제 저는 여러분이 그 카드를 선택하도록 마음을 움직여 보겠습니다. 물론 여러분이 원하신다면 거부하실 수도 있습니다. (첫 번째 관객에게) 선생님, 먼저 한 장을 선택해 주십시오. 제가 한 번에 한 장씩 보여드리겠습니다. 그럼 원하실 때 저를 멈춰주십시오. 그냥 '그 카드요!' 라고 외쳐주시면 됩니다."

관객에게 카드의 앞면을 보여주며, 한 번에 한 장씩 뒤로 보낸다. 천천히 카드를 넘기다, 관객이 멈추라고 하면 멈춘다. 그리고 그 카드의 이름(여기에서는 클럽 9라고 하자)을 말한 뒤, 카드 스탠드의 첫 번째 칸에 놓는다.

카드를 놓을 때, 이미 스탠드에 놓여 있는 예언 카드의 위 모서리로 오른쪽 아래 꼭 짓점(자른 부분)을 누른다(**그림 5**). 쉬지 않고 곧바로 카드를 아래로 밀어 넣으면 자동적으로 카드 두 장이 분리된다. 그리고 클럽 9 한 장은 예언 카드 앞에, 나머지 한 장은 예언 카드 뒤로 간다. 즉, 예언 카드는 클럽 9 카드 두 장 사이에 위치한다.

나머지 두 명의 관객과도 같은 과정을 반복한다. 자유롭게 카드를 선택하게 한 뒤, 두 번째와 세 번째 칸에 놓는다. 그럼 **그림 2**와 같이 된다.

다음으로 관객이 자유로운 선택을 했음을 강조한다. 첫 번째 칸에서 카드(클럽 9)를 모두 꼭 잡고 꺼낸다. 카드가 스탠드에서 완전히 빠져나오면 카드를 단단히 눌러서 로핑 플루이드가 발라져 있는 예언 카드의 앞면과 뒤에 있는 클럽 9의 뒷면을 붙인다.

마치 두 장의 카드인 것처럼 부채모양으로 펼친다. 그리고 뒤에 있는 카드 두 장을 한 장인 것처럼 뒤집는다. 다음으로 양손에 각각 한 장씩 잡고, 둘 다 클럽 9임을 보여준다.

이제 손에 있는 카드를 테이블에 내려놓고, 남은 두 번의 예언도 같은 방법으로 성취시킨다.

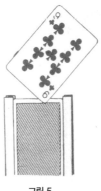

그림 5

★ 참고

카드를 다루는 방법과 연기를 연습하면 직설적이고 명료한 카드 예언이 가능하다.

더블 카드 중 뒤에 있는 카드의 아래 모서리를 자를 때 오른쪽을 자를지, 왼쪽을 자를지는 마술사의 선택에 달려 있다. 오른손잡이냐 왼손잡이냐, 스탠드의 오른쪽에 혹은 왼쪽에 서서 공연을 하느냐에 따라 달라진다. 어느 쪽을 자르건 간에 자연스럽게 두 장의 카드를 분리하여 스탠드에 세우면 된다.

개인적으로 준비한 두 묶음의 카드가 모두 카드 한 벌인 것처럼 보이는 게 좋다. 약간 더 준비하면 되기 때문에 어려운 일이 아니다. 싱글 카드 한 벌과 똑같은 카드

24~26쌍을 준비한다. 그럼 훨씬 더 논리적으로 보일 뿐만 아니라 관객의 선택의 폭이 넓어진다.

또한 모든 싱글 카드의 앞면에 로핑 플루이드를 발라도 된다. 그럼 관객이 직접 자신의 예언 카드를 선택할 수 있다. 단, 예언 카드의 앞면을 관객에게 보여줘서는 안된다.

더블 카드 두 장의 뒷면이 서로 다른 색이면 더욱 강한 효과를 낼 수 있을 것이란 생각이 든다. 예를 들어, 우선 빨간색 싱글 카드 한 장을 더블 카드 맨 뒤에 놓는다. 그리고 예언 카드의 뒷면은 파란색임을 보여준다.

더블 카드를 집을 때, 잠시 뒤집어서 맨 뒤에 있는 싱글 카드, 빨간색 카드를 보여준다. 원한다면 더블 카드 뒤에 싱글 카드를 여러 장 뒀다가 부채모양으로 펼쳐서 보여줘도 된다. 또한 앞에 싱글 카드를 둬도 된다. 그럼 특별한 설명 없이 앞에 있는 카드를 뒤로 넘기면서 자연스럽게 카드의 빨간색 뒷면을 보여줄 수 있다. 싱글 카드를 뒤로 넘기는 동안 대사를 해서 관객이 멈추지 못하게 한다.

마지막에는 파란색 예언 카드와 선택된 빨간색 카드의 앞면이 일치함을 보여준다. 이때는 특별히 색에 대해 언급할 필요는 없다. 그냥 보여주는 것만으로도 충분하다.

만약 이 내용이 이해가 되지 않는다 하더라도 걱정할 필요가 없다. 자동적으로 이루어지기 때문이다. 더블 카드를 준비할 때, 앞에 있는 카드의 뒷면은 빨간색, 뒤에 있는 카드의 뒷면은 파란색이 되도록 준비하면 된다.

한 번 준비한 카드와 스탠드는 여러 번 다시 사용할 수 있다.

마지막으로 원한다면 카드 스탠드를 사용하지 않아도 된다. 대신 카드에 꼭 맞는 봉투 세 장만 있으면 된다. 카드의 앞에 큰 창문을 내고, 위는 뚫어둔다. 단, 봉투를 어딘가에 기대어 세워둬야 한다.

그럼 봉투가 스탠드 역할을 한다. 카드를 봉투에 넣을 때는 양손을 이용해도 된다. 그리고 이 경우에도 더블 카드 뒷장의 꼭짓점을 잘라놓으면 카드를 분리하는 데 큰 도움이 된다.

단, 문제가 한 가지 있다. 봉투를 사용하는 타당한 이유를 생각해야 한다. 봉투를 세워둘 수 있다면 카드도 세워둘 수 있단 말인데 굳이 봉투를 사용할 필요가 있을까? 이 질문에 대한 적당한 대답이 있는 경우에만 봉투를 이용하는 것이 좋다.

멜 존스의 카드 샤워
Mel Jones' Shower of Card

카드 여러 장을 한꺼번에 허공에 던진 뒤 선택된 카드를 칼끝으로 잡는 마술은 전혀 새로운 것이 아니다. 그 방법과 연기 또한 다양하다. 리처드 힘버(Richard Himber)는 가위 끝으로 선택된 카드를 잡기도 했다. 다른 마술사들은 한꺼번에 쏟아지는 카드 속에서 손으로 선택된 카드를 잡았다.

멜 존스는 아주 간단하고 효과적인 방법을 이용하여 손으로 카드를 잡아냈다. 핸드 슬레이트는 필요 없으며, 맨 위 카드를 팜으로 숨길 수만 있으면 된다.

★ 이펙트

앞에서 설명한 대로이다. 먼저 관객이 카드를 한 장 선택하면 나머지 카드 1/2 덱 사이에 놓고 섞는다. 관객이 카드를 허공에 던지면 마술사가 떨어지는 카드 속으로 손을 뻗어서 선택된 카드를 잡는다.

★ 준비물

1. (타벨) 포스 카드 한 벌. 카드 위의 1/2 덱은 모두 같은 카드이다. 여기에서는 클럽 4라고 하자. 나머지 1/2 덱에는 다양한 카드가 있다. 같은 카드는 15~20장만 있어도 충분하다.

시연

맨 위에 있는 똑같은 카드가 섞이지 않도록 카드를 셔플한다. (팜을 제외한 다른 핸드 슬레이트 기술은 필요 없다. 만약 조그 셔플이나 리플 셔플을 할 수 없다면 하지 않아도 된다. 하지만 멀리 생각하면 배워 두는 것이 좋다.)

카드의 앞면이 보이게 뒤집는다. 그리고 말없이 카드 일부를 펼쳐서 모두 다른 카드임을 보여준다. 다시 카드를 뒤집어서 관객이 카드 한 장을 선택하게 한다. 이때 맨 위에 있는 똑같은 클럽 4 카드를 펼친다.

관객에게 카드를 돌려받지 말고, 다른 관객에게 카드의 앞면을 보여주라고 한다. 그리고 카드의 아래 1/2 덱을 건네며, 그 사이에 선택된 카드를 넣고 섞으라고 한다. 이때 똑같은 카드가 적을수록 유리하기 때문에 똑같은 카드를 15~20장만 준비하라고 한 것이다. 또한 똑같은 카드를 제외한 아래 1/2 덱을 관객에게 건넬 때는 한 치의 주저함도 없어야 한다. 그냥 대충 카드를 반으로 갈라서 아랫부분을 관객에게 건넨다.

카드의 1/2 덱만 사용하는 데는 두 가지 이유가 있다. 첫째, 나중에 카드를 줍는 수고가 줄어든다. 둘째, 왼손에 남은 카드가 있어야 맨 위에 놓인 관객이 고른 카드를 쉽게 숨길 수 있다.

관객에게 카드를 잘 섞어서 아무도(본인도) 카드의 위치를 알 수 없도록 하라고 말한다. 그리고 한손으로 카드를 부채모양으로 펼치라고 한다. 이렇게 지시하면서 당신의 오른손에 아무것도 없음을 보여준다. 카드를 선택한 관객을 정면으로 바라보고, 오른팔이 객석을 향하게 한다.

"제가 셋을 세겠습니다. 그럼 카드를 위로 던져주세요. 한 가슴 높이 정도 올라가면 좋겠네요." (관객에게 카드를 부채모양으로 펼치라고 하는 이유는 던졌을 때 카드가 잘 퍼지게 하기 위함이다.)

허공에 뜬 카드가 떨어질 때까지 기다리다가 손을 뻗어서 카드를 퍼뜨린다. 그리고 팜으로 숨긴 카드를 손가락 끝으로 잡는다(**그림 2**). 그럼 마치 떨어지는 카드 한 장을 잡은 것처럼 보인다.

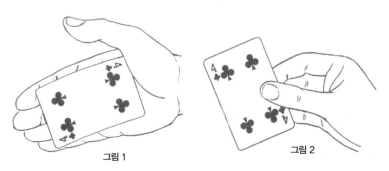

그림 1   그림 2

카드의 뒷면이 관객을 향하게 잡는다.

"선택하신 카드의 이름이 뭔가요? 클럽 4요?"

잡은 카드를 뒤집어서 관객에게 앞면을 보여준다. 그리고 정중히 인사한다!

★ 참고

관객에게 카드 1/2 덱을 건넨 뒤, 손에 들고 있는 나머지 카드를 셔플하는 것도 좋다. 특별히 언급하지 않고, 자연스럽게 셔플을 실시한다. 손에 남은 카드가 모두 같은 카드이기 때문에 원하는 순간, 원하는 카드를 손에 숨길 수 있다.

평범한 카드로도 같은 효과를 낼 수 있다. 그러기 위해서는 선택된 카드가 항상 카드 묶음 중 맨 위에 있도록 통제하면 된다. 그리고 관객에게 아래 1/2 덱을 건넨다. 나머지는 앞에서 설명한 과정과 동일하다.

앞에서 설명한 방법의 장점은 선택된 카드가 계속해서 관객의 손에 있다는 사실이다. 그렇기에 마술사가 카드의 위치를 통제한다는 의심을 피할 수 있다. 단점은 바닥에 떨어진 카드 중에 똑같은 카드가 있을 수도 있다는 사실이다. 하지만 마술을 마치자마자 카드를 주우면 큰 문제는 되지 않는다.

백 팜을 할 때는 떨어지는 카드 사이로 손을 뻗을 때 손바닥이 관객을 향하게 한다. 하지만 효과 측면에서는 전혀 차이가 나지 않는다. 실제로 관객은 마술사가 손바닥이나 손등에 카드를 숨겼을 것이라고는 상상도 하지 못한다.

내가 이 마술을 선보였을 때 관객은 감쪽같이 속았고 또한 즐겁게 웃었다. 내가 어떻게 했는지 간략히 살펴보자. 그 방법을 사용할지 안 할지는 당신의 선택에 달려 있다. 항상 자신의 상황에 맞는 방법을 선택하는 것이 중요하다.

나는 앞에서 설명한 대로 마무리를 했다. 그리고 잡은 카드를 나머지 카드 맨 위에 놓았다. 그리고 나서 바닥에 떨어진 카드를 주우며(이때 굳이 선택된 카드와 같은 카드를 찾을 필요는 없다), 방에 방금 들어온 사람이 있는 것처럼 연기했다. (바닥에서 모은 카드를 나머지 카드 아래에 놓았다.)

오래된 개그를 하며, 방금 온 사람을 위해 이제까지 있던 일을 요약하여 설명한다.

"오, 선생님께서 중요한 것은 놓치셨군요. 아주 멋진 마술이었습니다. 보십시오. 제가 다른 분께 카드를 한 장 선택해달라고 부탁했습니다. (조그 셔플을 한두 차례 실시한다. 이때 똑같은 클럽 4 카드의 위치가 변하지 않도록 주의한다.) 여기에 계신 분께서 클럽 4를 선택하셨습니다. (아무에게나 혹은 방금 들어온 사람에게) 잠깐 이 카드를 뽑으시겠습니까? 클럽 4만 아니면 됩니다." (클럽 4가 나왔다면 웃으며 그 카드를 나머지 카드 위에 놓게 하고, 다른 카드를 가져가게 한다.)

그리고 나머지 관객에게 카드의 앞면을 보여주라고 한 뒤 이렇게 말했다.

"다시 나머지 카드 사이에 넣어 주십시오."

이때 카드의 아래 1/2 덱 중간쯤에 선택된 카드를 끼우게 한다.

"그리고 카드를 섞겠습니다." (조그 셔플, 페어 셔플, 컴플리트 셔플 혹은 커트를 실시한다.)

"대부분의 마술사들이 하는 것처럼 카드를 훑어보는 대신에 ……."

대사를 하면서 클럽 4 중 한 장을 맨 위로 올린다. 이때 클럽 4 묶음이 아래쪽에 위치해야 한다.

"카드를 더욱 골고루 섞겠습니다. (조그 셔플을 한두 차례 실시한다.) 그리고 그분께 카드를 허공으로 던지라고 부탁했습니다."

맨 위에 있는 12장 정도를 부채모양으로 펼친다. 그리고 허공에 던진다. 많지 않은 카드를 낮게 던졌기 때문에 맨 위 카드를 잡을 수 있다. 그리고 나머지 카드는 떨어지게 둔다. 직접 해보면 어떤 의미인지 알 것이다.

"그래서 그는 카드를 던졌습니다. 그리고 제가 손을 뻗어서 이렇게 선택된 카드를 한 장 잡았죠. 오, 이번에는 무슨 카드였죠? 다이아몬드 8이요?"

카드를 뒤집어서 관객에게 앞면을 보여준다.

"정말 멋진 마술을 놓치신 겁니다!"

똑같은 카드 여러 장이 있으면 이렇게 이용할 수 있다. 그러다보면 선의의 거짓말을 하기도 한다. 관객에게 같은 이펙트를 반복해서 보여주려면 약간의 거짓말과 변화가 필요하다. 두 번째에 바닥에 떨어진 카드는 모두 안전하다. 또한 카드를 잡기 위해 손을 뻗을 때 정말로 빈손이기 때문에 자유롭게 움직일 수 있다.

첫 번째의 효과를 증대시키기 위해서 두 번째를 한다고도 볼 수 있다.

루도르 피들러의 슈어-파이어 포스
Ludor Fiedler's Sure-Fire Force

지금 소개하고자 하는 내용은 하나의 이펙트가 아니다. 관객이 특정 카드를 선택하게끔 하는 방법이다. 마술사도 관객과 함께 선택된 카드를 볼 수 있는 경우 사용하면 좋다.

준비

아무 카드 한 장을 자른다. 이때 길이가 5cm 정도 되도록 비스듬하게 자른다. 지금 자르는 카드는 포스 카드가 된다. 그렇기 때문에 원하는 이펙트에 따라서 적합한 카드는 달라진다. 어떤 카드를 사용해도 상관없다면 잭, 퀸, 킹과 같이 그림이 있는 카드가 좋다.

사용하는 카드와 같은 카드 한 장의 뒷면에 방금 자른 조각을 붙인다(**그림 1**). 이때 자른 조각이 카드의 중앙을 덮어야 한다. 물론 카드를 부채모양으로 펼쳤을 때 이 카드를 얼마나 깊이 끼우느냐에 따라 달라진다. 카드 조각을 붙일 때는 고무 시멘트나 양면테이프를 이용하는 것이 좋다. 이렇게 준비한 카드는 다른 카드와 함께 둔다.

그림 1

시연

'조작한' 카드를 맨 앞에 놓는다. 혹은 앞면이 보이게 카드를 잡고 셔플을 한 다음 커트하여 '조작한' 카드를 맨 위로 가져온다. (뒷면에 카드 조각을 붙여서 두께가 두껍기 때문에 쉽게 커트할 수 있다.) 그리고 왼손으로 카드의 앞면이 보이게 잡고 부채모양으로 펼친다.

오른손으로 맨 앞에 있는 카드를 잡는다. 이때 카드 조각을 붙인 반대쪽 모서리를 잡고, 카드 조각이 있는 모서리가 마술사를 향하게 한다(**그림 2**). 그리고 카드를 세워서 카드의 앞면이 마술사를 향하게 한다(**그림 2**).

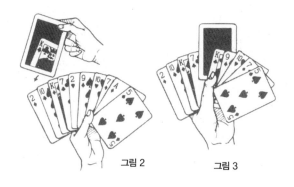

그림 2   그림 3

조작한 카드를 천천히 왼쪽에서 오른쪽으로 움직인다(**그림 2**).

"언제 멈춰야 할지 말씀해주세요. 그럼 제가 멈추고, 이 카드를 거기에 끼우겠습니다."

어디에서 멈추든 상관없으므로 관객에게 자유롭게 선택할 기회를 준다. 관객이 멈추라고 말하면(원한다면 바꿀 수 있는 기회를 줘도 된다), 카드를 거기에 넣는다. 이때 카드의 반 정도가 위로 삐져나오게 한다.

카드의 앞면이 마술사를 향하고 있기 때문에 선택된 카드의 뒷면에 붙인 카드 조각을 보고 높이를 쉽게 조절할 수 있다(**그림 3**). 왼손을 뒤집어서 카드와 바닥이 수평이 되게 한다. 그럼 이제 관객도 카드의 앞면을 볼 수 있다. 또한 사람들은 뒤집힌 카드가 자유로운 선택에 의해 클럽 킹 옆에 놓였다고 생각한다. 의심의 여지없이 완벽하다.

물론 관객에게 선택한 카드를 기억하라고 한다. 그런 다음 카드 조각을 붙인 카드를 빼내기 전에 부채모양으로 펼친 카드를 뒷면이 보이게 내려놓는다.

★ 참고

내가 처음 본 버전에서는 부채모양으로 펼친 카드의 앞면이 바닥을 향하게 한 상태에서 조작된 카드를 끼웠다. 카드 조각이 붙어 있는 모서리의 반대쪽 모서리를 관객에 삽게 한다면 관객에게 카드를 맡기는 것도 나쁘지 않다. 하지만 관객이 다른 카드 사이에 카드를 끼운 뒤 곧바로 카드의 앞면을 공개하여 옆에 어떤 카드가 있는지 보여주는 데는 다소 무리가 있다. 마술사가 선택된 카드를 보지 말아야 하는 경우에만 이 방법을 이용하는 것이 좋다. 하지만 카드 조각이 다른 카드와 일렬로 정렬이 되었는지, 카드 조각을 붙인 것이 표시가 나지는 않는지 신경 써야 한다.

만약 관객이 직접 카드를 넣게 하길 원한다면 다음과 같이 하는 것이 좋다. 우선 관객에게 카드 조각을 붙인 반대쪽 모서리를 잡게 한다. 그리고 카드의 앞면을 보게 한다. 그 상태에서 부채모양으로 펼친 카드 사이에 카드를 넣는다. 그리고 정말로 거기에 카드를 넣길 원하느냐고 물으면서 카드의 위치를 조절한다.

무대에서 대형 카드를 이용할 때 이 포스를 사용하면 유용하다. 또한 부채모양으로 펼친 카드를 뒤집어서 '자유롭게 선택된 카드'가 무엇인지 모두에게 보여줘도 된다.

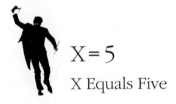

X = 5
X Equals Five

허브 룬지(Herb Runge) 덕분에 소개할 수 있는 재미있으면서도 기발한 마술이다.

★ 이펙트

관객이 카드를 한 장 선택한다. 마술사가 주머니에서 종이를 꺼낸다. 종이에는 패트릭 헨리(Patrick Henry)의 유명한 말이 적혀 있다. "GIVE ME LIBERTY OR GIVE ME DEATH(자유가 아니면 죽음을 달라)." 마술사는 그 종이를 접어서 선택된 카드의 이름을 보여준다.

★ 준비물과 준비

1. 카드 한 벌
2. 빳빳한 종이 하나. 11.2cm×7.5cm가 적당하며, 앞면에는 "GIVE ME LIBERTY OR GIVE ME DEATH"라고 적혀 있다(**그림 1**). 종이의 뒷면에는 **그림 2**와 같이 OF F RTS H가 적혀 있다. 종이는 **그림 1**과 같이 접혀 있다. 실선은 안으로 접으라는 표시이며, 점선 부분은 접어서 계곡을 만든다.

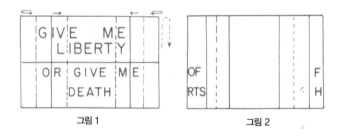

그림 1   그림 2

시연

종이를 펴서 쉽게 꺼낼 수 있는 주머니에 넣는다. 그리고 나서 가장 자신 있는 포스 방법을 이용하여 관객이 하트 5를 선택하게 만든다. 이 마술의 제목은 룬지가 크리스 크로스(X) 포스를 이용하여 하트 5를 선택하게 만든 데서 유래했다.

원하는 포스를 사용한다. (p.56의 로레인 플립 포스(Lorayne Flip Force)를 참고해도 된다.) 관객이 자신이 선택한 카드(하트 5)를 다른 카드 사이에 넣고 섞게 한다. 그럼 마술사는 대사를 하면서 시간을 끌다가 종이를 꺼내 관객에게 보여준다. 그리고 선택된 카드의 이름이 보이도록 종이를 접는다.

양쪽을 조금씩 접어서 주름을 만들며 안으로 접은 뒤(**그림 3**), 위 1/2을 뒤로 접는다(**그림 4**). 이렇게 접었을 때 종이의 크기는 3.7cm×4cm가 된다.

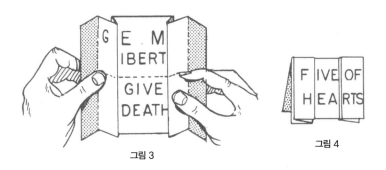

그림 3 그림 4

★ **참고**

종이 접는 방법을 설명하기란 참 어렵다. 하지만 몇 번 해보면 정확한 방법을 알게 될 것이다.

원래 버전을 봤을 때, 재미있는 대사가 생각이 났다. 그 내용을 앞으로 설명하고자 하는데, 가벼운 농담조로 하는 것이 좋다.

"우리의 건국의 아버지 중에는 마술에 대한 조예가 깊은 분이 많았습니다. 그렇습니다. 왜 놀라시나요? FDR(Franklin Delano Roosebelt, 루스벨트)이 우표를 모았다는 사실은 알고 계시지 않나요? 위대한 사람은 모두 취미가 하나씩 있습니다."

"벤저민 프랭클린(Benjamin Franklin)은 완전히 새로운 아이디어, 그가 '전기(electricity)' 라고 부르던 것으로 아이들을 웃게 만들었습니다. 조지 워싱턴(George Washington)은 당시 사라진 동전 마술의 대가였습니다. 그 때문에 당시 그가 강으로 동전을 버린다는 이상한 소문이 돌기도 했죠."

"오늘날 유명한 총알 잡기 마술, 날아오는 총알을 이로 무는 마술을 처음으로 한 사람은 알렉산더 해밀턴(Alexander Hamilton)입니다. 그는 아론 버(Aaron Burr) 앞에서 이 마술을 마지막으로 선보였습니다. 아무래도 당시 무언가가 잘못 되었나 봅니다."

"라이트 형제(Orville Wright & Wilbur Wright)는 세계적인 명성을 얻기 전에는 공중 부양으로 유명했습니다."

"패트릭 헨리(Patrick Henry)는 한때 훌륭한 예술가였습니다. 네, 정말 그랬습니다. 모두들 그가 이 말을 남겼다는 것은 알고 계실 겁니다. '자유가 아니면 죽음을 달라.' 이 말은 영국에 대항한 전쟁을 촉구하며, 의회에서 그가 한 말입니다. 물론 이때 이 말이 유명해졌습니다. 하지만 그는 몇 해 전부터 그 말을 사용했습니다. 그의 슬로건과 같았죠. 그는 명함에도, 편지지에도 이 문구를 적었습니다. 덕분에 그의 유명한 마술이 탄생할 수 있었죠. 오랫동안 찾아본 끝에, 저는 그가 직접 쓴 이 마술에 대한 내용을 발견했습니다. 그리고 이제까지 연습해왔습니다. 드디어 오늘, 여러분께 이 마술을 보여드리려고 합니다!"

이와 같은 대사를 하며 분위기를 조성한다. 그리고 곧바로 본격적인 마술에 돌입한다.

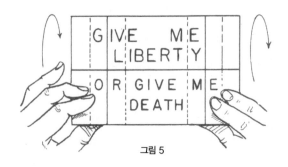

그림 5

주머니에서 종이를 꺼내어 자연스럽게 문구를 보여주되, **그림 5**와 같이 종이를 잡는다. 그리고 **그림 6**과 같이 뒤집어서 뒷면을 보여준다. 그림에서 볼 수 있다시피, 엄지손가락으로 글씨를 가린다. 강조할 필요 없이 대사를 하면서 종이의 앞뒤를 보여준다. 그러고 나서 앞면이 보이게 테이블에 내려놓고 카드를 집어서 포스할 준비를 한다.

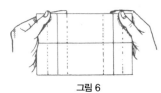

그림 6

잘만 하면 관객을 속일 수 있을 뿐만 아니라 큰 웃음을 선사할 수도 있다.

다이 덕션
Die-Duction

레슬리 앨버트 박사(Dr. Leslie Albert)가 알려준 흥미로운 마술이다. 예언 마술로도 훌륭하다. 주사위의 간단한 수학적 원리를 토대로 했으며, 오래전부터 사용된 기본 원리를 이용했다. 마틴 가드너(Martin Gardner)는 1952년 7월 〈휴가드의 월간 마술(Hugard's Magic Monthly)〉에 실은 '즉석 마술 백과사전(Encylopedia of Impromptu Tricks)' 이라는 제목의 글에서 이런 원리를 언급한 적이 있다. 그러나 지금 소개하고자 하는 마술에서는 색다르게 응용되었다.

★ 이펙트
골고루 섞은 카드를 테이블 위에 놓는다. 마술사가 관객에게 주사위 세 개를 원하는 대로 쌓으라고 부탁한다. 그리고 주머니에서 뒷면의 색깔이 다른 카드를 한 장 꺼내 앞면이 보이지 않게 테이블에 뒤집어 놓는다. 관객이 보이지 않는 주사위의 숫자를 더한다. 그리고 그 숫자에 해당하는 카드를 꺼내보니, 테이블에 놓인 카드와 일치한다.

★ 준비물
1. 뒷면이 파란색인 카드 한 벌
2. 주사위 세 개
3. 뒷면이 빨간색인 카드 여섯 장

준비
뒷면이 파란색인 카드 중 빨간색 카드와 똑같은 카드 여섯 장을 뽑는다. 남은 파란색 카드 위에 방금 뽑은 여섯 장의 카드를 놓고, 그 위에 나머지 파란색 카드 14장을 놓는다. 즉, 방금 뽑은 여섯 장의 카드가 위에서 15번째에서 20번째 카드가 된다. 이와 똑같은 빨간색 카드 여섯 장도 같은 순서로 놓은 뒤 나눠서 주머니 두 곳에 넣는다. 위에서부터 1, 2, 3, 4, 5, 6번 카드를 주저함 없이 꺼낼 수 있도록 준비해 둬야 한다. 앨버트 박사는 1, 2, 3번 카드는 오른쪽 바지주머니에 뒷면이 밖을 향하게 넣고, 나머지 4, 5, 6번 카드는 같은 방법으로 왼쪽 바지주머니에 넣었다.

시연
가짜 셔플이나 가짜 커트로 파란색 카드를 섞는 척한다. (이 부분에서만 핸드 슬레이트가 필요하다.) 그리고 뒷면이 보이도록 관객 가까이에 내려놓은 뒤, 주사위 세 개를 관객에게 건넨다. 원한다면 관객이 직접 주사위를 확인해 봐도 된다. 그리고 나서 관객에게 주사위를 탑처럼 쌓으라고 말한다. 순서와 방향은 전적으로 관객의 선택에 맡긴다. 그동안 마술사는 뒤돌아선다.

"다 하셨나요? 좋습니다. 이제 제가 예언을 해보겠습니다."

이렇게 말하면서 관객을 향해 돌아서며 주사위의 맨 위 숫자를 확인한다. 관객이 눈치 채지 못하도록 아주 순식간에 숫자를 확인해야 한다. 그와 동시에 주머니에서 예언 카드를 꺼내기 때문에 혹시 숫자 확인하는 것을 관객이 눈치 채도 큰 문제가 되

Tarbell course in Magic

지 않는다.

그런데 주머니에서 어떤 카드를 꺼내야 할 것인가? 간단하다. 맨 위 숫자를 확인한 뒤, 7에서 그 숫자를 뺀다. 그리고 그 답에 해당하는 카드를 꺼낸다! 만약 맨 위의 숫자가 3이라면 7 - 3 = 4이기 때문에 주머니에서 4번 카드를 꺼낸다. 만약 5라면 2번 카드를 꺼낸다. 1이라면 6번 카드를 꺼낸다. 주머니에서 꺼낸 예언 카드는 앞면이 보이지 않게 뒤집어서 관객 앞에 놓는다.

이제, 관객이 행동할 차례이다. 관객이 어떻게 주사위를 쌓았는지 마술사는 전혀 알 수 없으며, 경우의 수가 수백 가지 존재한다는 사실을 강조한다. 그리고 보이지 않는 면의 숫자를 더하라고 한다. 즉, 맨 위 주사위의 아랫면, 가운데 주사위의 윗면과 아랫면, 맨 아래 주사위의 윗면과 아랫면의 숫자를 더한다.

합계를 구하는 동안 마술사는 주사위와 카드로부터 멀리 떨어진다. 합이 18이라고 하자. 그럼 옆에 있는 카드 중 위에서 18번째 카드를 꺼낸다. 그리고 앞면이 보이게 내려놓는다. 다음으로 관객에게 빨간색 카드를 뒤집게 한다. 그럼 두 카드의 앞면이 일치한다!

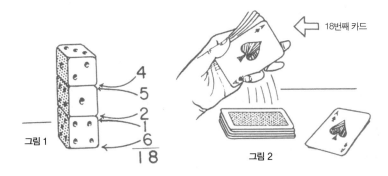

그림 1   그림 2

그림 1과 그림 2를 살펴보자. 전체적인 흐름을 알 수 있다. 그림 1을 보면 관객이 더하는 숫자는 4(맨 위 주사위의 아랫면), 5(가운데 주사위의 윗면), 2(가운데 주사위의 아랫면), 1(맨 아래 주사위의 윗면), 6(맨 아래 주사위의 아랫면)이며, 그 합은 18이다.

이때 세 개의 주사위를 하나의 주사위로 여기면 간단하다. 주사위의 마주보는 면, 즉 윗면과 아랫면의 합이 7이라는 사실은 이미 알고 있을 것이다. 그렇기에 맨 위 주사위의 윗면이 3이라면 아랫면은 당연히 4이다(이런 식으로 외워두면 편리하다). 그럼 네 번째 카드를 꺼내면 된다. 아주 간단한 계산 아닌가?

★ 참고

이미 알고 있겠지만, 관객이 얻을 수 있는 답은 15~20뿐이다. 그렇기에 여섯 장의 카드 위에 14장의 카드를 올려놓는 것이다. 관객에게 지시를 할 때, 맨 위 주사위의 아랫면을 가운데 주사위의 윗면과 더하라고 한다. 그리고 그 답을 가운데 주사위 아랫면과 더하고, 다시 그 답을 맨 아래 주사위 윗면과 더한다. 마지막으로 맨 아래 주사위 아랫면을 더한다. 이는 '7' 원리를 감추기 위한 방법이다.

나는 빨간색 카드 여섯 장을 오른쪽 바지주머니에 모두 넣는다. 파란색 카드와는 순서가 거꾸로 되게 빨간색 카드를 쌓는다. 그리고 카드를 앞으로 구부린 뒤, 맨 아래 카드 세 장을 뒤집어서 맨 위에 놓는다(**그림 3**).

그림 3

그림 1, 2, 3번 카드는 안쪽으로 구부러져 있고, 4, 5, 6번 카드는 밖을 향해 구부러져 있다. 서로 뒷면을 마주하는 3번 카드와 6번 카드 사이에 틈이 벌어져 있어서 쉽게 집게손가락을 넣고 카드를 셀 수 있다.

비록 여섯 장의 카드가 모두 하나의 주머니에 있지만, 필요한 카드를 꺼내는 것은 순식간이다. 2번과 5번 카드만 사이에 있기 때문에 카드 두 장을 세야 하고, 나머지는 숫자를 셀 필요도 없이 그냥 꺼낼 수 있다.

앞에서 설명한 방법과 지금 설명한 방법 중 어떤 방법을 사용하건, 카드의 위치를 정확하게 기억하고 있어야 한다. 그게 이 마술의 핵심이다. 관객을 향해 돌아서면서 그 찰나에 필요한 카드를 꺼내야 한다. 이때 카드의 앞면이 보이지 않게 꺼내는 것도 중요하다.

　나는 관객에게서 빌린 카드로 이 마술을 하기도 한다. 다른 마술을 하는 동안 필요한 여섯 장의 카드를 팜으로 숨긴다. 그리고 오른쪽 바지주머니에 넣으면서 세 장을 뒤집어 구부린다. 주머니에 넣으면서 카드 세 장을 뒤집는 것은 어렵지 않을 것이다. 혹은 카드를 뒤집고 구부리는 동작을 생략할 수도 있다. 관객이 주사위를 쌓는 동안 주머니에 손을 넣고, 3번과 4번 카드 사이에 손가락을 넣는다. 그리고 주사위의 숫자를 확인하자마자 필요한 카드를 꺼낸다(연습하면 순식간에 카드를 꺼낼 수 있을 것이다).

　나는 스페이드 잭, 클럽 잭, 하트 4, 다이아몬드 4 등의 여섯 장을 사용한다. 만약 필요한 카드를 기억하기 어렵다면 다이아몬드 1, 2, 3, 4, 5, 6이나 하트 1, 2, 3, 4, 5, 6을 사용해도 된다. 그리고 쇼트 카드를 이용해도 눈치 채는 사람은 거의 없기에 쇼트 카드를 이용하는 것도 하나의 방법이다.

　조금만 생각해보면 이 마술의 기본 아이디어를 다양하게 활용할 수 있는 방법이 떠오를 것이다. 책에 소개된 방법을 고수해도 되고, 혹은 주머니에 종이 여섯 장을 넣어 둬도 된다. 그리고 때가 되면 필요한 예언 종이를 꺼낸다. 같은 이펙트이지만 카드 대신 종이로 예언을 하는 것뿐이다. 혹은 두 아이디어를 함께 사용해도 된다. (왁스나 고무 시멘트를 이용하여) 메시지(당신의 숫자는 ○○입니다)가 적힌 종이를 접어서 각각의 카드에 붙인다. 이때 1번 카드에는 15, 2번 카드에는 16, 6번 카드에는 20이 적힌 종이를 붙이면 된다.

　주머니에서 필요한 카드를 꺼낼 때, 숫자 예언을 함께 할 수 있다. 관객의 오른쪽에 카드를, 왼쪽에 예언 종이를 놓는다. 그럼 마무리에서 분위기는 최고조에 이른다.

　마지막으로 이 원리를 이용하여 북 테스트를 해도 좋겠다는 생각이 들었다. 관객에게 주사위를 쌓으라고 한다. 그리고 책장에 있는 책 중 하나를 선택하라고 한다. 그동안 맨 위 숫자를 확인하고 곧바로 계산을 한다. 여기에서는 맨 위 숫자가 4라고 하자. 그럼 21에서 4를 빼고, 그 몫의 뒤에 4를 붙인다. 즉, 21-4=17이다. 그럼 4를 17 뒤에 붙여서 세 자리 숫자 174를 만든다. 만약 맨 위 숫자가 1이라면 201이 된다. 2는 192, 3은 163, 6은 156이 된다.

　관객이 가지고 온 책에서 해당 페이지를 편다. (이때 마술사는 대충 책을 훑어보는 것처럼 보여야 한다.) 그러면서 말한다.

"흠, 아주 두꺼운 책이군요. 300페이지도 넘습니다. 그래도 한 번 시도해 보겠습니다."

이쯤이면 해당 페이지를 펴서 해당 행(맨 위 주사위의 윗면 숫자)을 확인해야 한다. 예를 들어 174의 경우 네 번째 줄을 기억한다. 가능한 많은 내용을 기억한다. 이 부분이 핵심이다. 만약 이름이나 날짜가 있다면 그 부분을 확실하게 기억한다.

책을 덮어서 관객 앞에 놓는다. 그리고 관객에게 주사위의 보이지 않는 면에 적힌 숫자를 더해달라고 부탁한다. 덧셈을 마치면 그 합을 종이에 적으라고 한다.

"숫자를 더 크게 해서 조금 어렵게 만들어볼까요? 주사위 맨 위에 보이는 숫자를 뒤에 적어 보세요. 더하지 말고요, 그냥 맨 뒤에 붙여서 세 자리 숫자를 만들어주세요."

관객이 맨 위 숫자를 더하지 않고, 뒤에 붙이는지 제대로 확인한다. 그러기 위해서 맨 처음 합계를 종이에 적으라고 하는 것이다. 그럼 설명하기가 훨씬 수월해진다. 만약 마지막 숫자를 더하면 항상 답은 21이 나온다. 이쯤에서 관객과 주사위로부터 멀리 떨어진다.

관객에게 해당 페이지를 펴라고 한다.

"오, 주사위 맨 위 숫자로 행을 결정합니다. 페이지를 폈으면 그 숫자에 해당하는 행을 찾아주십시오. 다 하셨나요? 좋습니다. 이제 그 내용에 집중해 주십시오."

마지막으로 관객의 마음을 읽는 척 연기한다!

혹은 관객에게 주사위 위에 동전을 놓아서 마술사가 주사위 맨 위 숫자를 보지 못하게 만들라고 해도 된다. 하지만 그럼에도 마술사는 옆면을 보고 윗면의 숫자를 유추할 수 있다. 이에 대한 설명은 여기까지 하기로 하자. 이미 다른 책에도 많이 나와 있기 때문에 관심이 있다면 쉽게 알아볼 수 있다. 〈휴가드의 월간 마술(Hugard's Magic Monthly)〉에 실린 마틴 가드너의 칼럼을 확인해 봐도 된다.

알 휘틀리(Al Wheatley) - 촙촙(Chop Chop)

멘탈 소트 핀업 걸
Metal Thought Pin-up Girls

제럴드 코스키(Gerald Kosky) 덕분에 여섯 장의 카드를 이용하여 빠르게 진행하는 귀여운 마술을 소개할 수 있게 되었다.

★ 이펙트

카드 여섯 장의 앞뒤가 모두 비어 있음을 보여준다. 그리고 (남자) 관객에게 빈 카드 네 장을 쳐다보며 자신의 삶에서 중요한 것을 떠올리라고 한다. 그러자 갑자기 카드 네 장에서 미모의 여인이 나타난다.

★ 준비물

1. 양면이 모두 빈 카드 두 장
2. 한쪽 면은 비어 있고, 반대쪽에는 미모의 여인 그림이 있는 카드 네 장. 판박이를 이용하여 준비해도 된다.

준비

카드 한 벌 중 맨 위 여섯 장의 카드를 다음과 같이 정리한다. 앞면이 아래로, 앞면이 아래로, 앞뒤가 모두 빈 카드, 앞면이 위로, 앞면이 위로, 앞뒤가 모두 빈 카드 순서로 놓는다.

시연

카드 여섯 장을 마치 양면이 모두 빈 카드인 것처럼 보여줘야 한다. 우선 왼손으로 카드를 잡고, 새끼손가락을 맨 아래 카드 위에 넣는다(그림 1). 맨 위에 카드가 빈 카드임을 보여준다. 그리고 손가락을 낀 부분을 벌려서 위에 있는 카드 다섯 장을 뒤집는다. 그러면서 마치 맨 위에 놓인 카드의 뒷면이 빈 카드인 것처럼 연기한다(**그림 2**). 물론 버클(buckle)이나 블록 푸시 오프(block push-off)를 이용해도 된다.

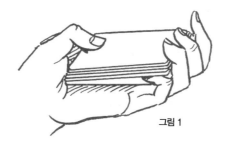

그림 1

앞면이 아래로 가게 맨 위 카드를 테이블에 내려놓는다. 두 번째 카드도 같은 방법으로 앞뒤를 보여준 뒤, 테이블에 내려놓는다. 이때는 카드 네 장을 뒤집으면 된다. 같은 과정을 두 번 더 반복한다. 그래서 테이블에 네 장의 카드를 나란히 놓는다.

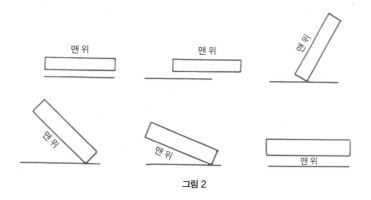

그림 2

손에 남아 있는 카드 두 장(둘 다 양면이 빈 카드이다)을 자연스럽게 뒤집으면서 테이블에 있는 네 장만 실험에 사용하겠다고 설명한다.

이제 필요한 과정은 모두 끝났고, 연기만 남아 있다. 우선 특별한 종이로 제작된 카드라고 설명한다. 그래서 특정한 생각에 종이가 반응한다고 덧붙인다. 네 장의 카드를 쳐다보며 마음에 떠오르는 생각에 집중하라고 관객에게 부탁한다.

카드 네 장을 뒤집어서 여자 그림을 보여준다(**그림 3**).

그림 3

★ 참고

카드를 다룰 때는 관객의 눈높이보다 낮게 해야 한다. 그래야만 카드 네 장을 한 번에 넘겨도 관객이 카드의 두께를 보지 못한다.

여자 그림이 아닌 다른 그림을 사용하고, 거기에 맞는 대사를 준비해도 된다.

Tarbell course in Magic

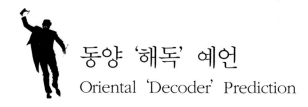

동양 '해독' 예언
Oriental 'Decoder' Prediction

제럴드 코스키(Gerald Kosky)가 자주 하던 '메시지가 나타나는' 예언 마술이다.

★ 이펙트

마술사가 작은 마닐라 봉투를 보여준다. 그리고 거기에서 흰색 카드 한 장을 꺼내며 미래를 예언하는 새로운 동양 비법이라고 설명한다. 그러고 나서 카드에 뭐가 적혀 있는지 보여주지 않고 그냥 테이블에 내려놓는다.

관객이 카드 세 장을 선택하게 한 뒤 예언 카드를 관객에게 건네지만, 동양 문자 비슷하게 적혀 있기 때문에 관객은 읽지 못한다. 즉, '해독'이 필요하다. 마술사가 카드를 받아 봉투에 넣자 선택된 카드의 이름이 읽기 쉽게 나타난다.

★ 준비물

1. 카드 한 벌
2. 마닐라 봉투 하나. 크기는 7.5cm×11.2cm가 적당하다. 면도칼로 봉투 한쪽 면에 긴 구멍 세 개를 만든다(**그림 1**).

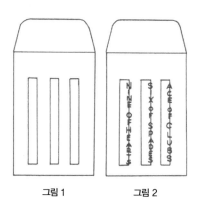

그림 1   그림 2

준비

봉투에 꼭 맞는 크기의 흰색 카드를 넣은 뒤, 각각의 구멍에 맞춰 카드 이름 세 개를 적는다. 이때 구멍의 오른쪽에 글씨를 적어서 카드와 봉투에 글씨가 반씩 보이게 한다(**그림 2**).

카드를 꺼내서 카드에 적힌 글씨의 반쪽을 완성하여 동양 문자처럼 만든다. 봉투에 있는 글씨의 반쪽도 동양 문자처럼 완성시킨다(**그림 3, 그림 4**). 즉, 카드 글씨의 오른쪽 반쪽을 완성하고, 봉투 글씨의 왼쪽을 완성한다. 마지막으로 카드를 봉투에 넣어둔다.

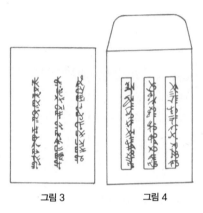

그림 3   그림 4

시연

'이펙트'에서 설명했듯이 구멍이 아래로 가게 봉투를 잡고 안에 있는 카드를 꺼낸다. 그리고 카드의 빈 면을 보여준 뒤 테이블에 내려놓으며 동양 예언이라고 설명한다. 세 명의 관객에게 미리 준비한 카드 세 장을 선택하게 만든다. 선택된 카드는 다시 나머지 카드 사이에 넣는다.

관객에게 예언 종이를 뒤집어 보라고 한다. 그럼 동양 문자처럼 생긴 이상한 글씨가 모습을 드러낸다.

"오, 암호 해독기가 있어야겠군요. 자, 제가 보여드리죠."

봉투를 뒤집어서 동양 문자처럼 생긴 글씨를 보여준다. 카드의 방향을 맞춰서 봉투 안에 넣어 글자를 맞춘다. 그럼 카드 세 장의 이름이 명확하게 나타난다(**그림 2**).

★ 참고

원한다면 구멍 한두 개를 만들어놔도 된다. 예언한 카드의 장수에 따라서 봉투의 구멍 개수를 조절한다.

봉투와 카드를 모두 큰 사이즈로 준비하면 더 많은 관객이 있는 큰 무대에서도 선보일 수 있다.

오빌 메이어의 미니스케이프
Orville Meyer's Miniscape

이는 분명히 '다른' 종류의 카드 마술이다. 한 번만 준비하면 여러 번 다시 사용할 수도 있다.

★ 이펙트

카드 미니어처가 여러 개 붙어 있는 판을 보여준다. 관객이 살펴본 결과, 미니어처는 떨어지지 않는다. 그러나 관객이 카드 한 장을 선택했을 때, 마술사는 해당 미니어처를 쉽게 떼어낸다. 관객은 나머지 미니어처를 다시 확인해본다.

★ 준비물

1. 카드 한 벌
2. 얇은 래미네이트(laminated) 플라스틱판 두 장. 서로 크기가 같아야 하며, 브리지 카드(bridge card)보다 약간 좁고 짧아야 한다. 약 0.15cm 짧은 것이 좋다. 브리지 카드 대신 일반 카드를 사용해도 된다.

준비

플라스틱판 하나에는 (7~8개의) 카드 미니어처가 코팅되어 있다. 다른 플라스틱판에도 같은 카드 미니어처가 코팅되어 있지만 하나만 밖에 붙어 있다. (여기에서는 하트 10이라고 하자.) 이때 왁스를 조금만 이용하면 쉽게 붙일 수 있다(**그림 1**).

각각의 래미네이트 플라스틱판에 미니어처를 배열할 때는 최대한 비슷하게 해야 한다. 하지만 100% 똑같이 할 필요는 없다. 관객이 두 장을 한 번에 보지 못하기 때문에 약간의 차이는 알아채지 못한다.

전화번호부를 찾아보면 어디에서 래미네이트 플라스틱판을 주문해야 할지 알게

Tarbell course in Magic

될 것이다. (필요한 기계까지 구비되어 있는 문구점도 있다.) 미니어처를 가져가서 코팅해달라고 부탁한다.

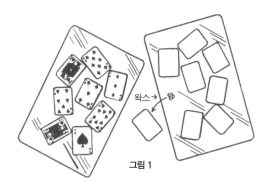

왹스→

그림 1

공연 준비가 끝나면 미니어처 하나가 떨어지는 판을 카드 묶음 중 맨 아래에서 두 번째에 놓는다. 그리고 하트 10을 위에서 일곱 혹은 여덟 번째에 놓는다. 이때 미니어처에 해당하는 다른 카드는 하트 10보다 위에 있어서는 안 된다. 즉, 맨 위에서부터 카드를 한 장씩 내려놓을 때 첫 번째로 미니어처와 똑같은 카드는 반드시 하트 10이어야 한다. 또한 맨 아래 카드는 미니어처와는 다른 카드여야 한다.

시연

관객에게 조작하지 않은 플라스틱판을 건네 확인하게 한다. 관객이 플라스틱판을 들고 있는 동안 마치 카드를 선택하기 위한 척 카드를 펼치기 시작한다. 그러다 멈추고 말한다.

"아주 우연히 카드 한 장이 선택되었으면 합니다. 마술사들 대부분은 관객에게 카드 한 장을 뽑으라고 하지만, 저는 조금 다르게 해보고 싶습니다. 카드 중간 부분을 커트하겠습니다."

카드를 나란히 정리한다. 그리고 왼손으로 카드를 잡고, 관객에게 직접 커트를 하게 한다.

"자, 이제 플라스틱판은 앞면이 보이게 여기 커트한 곳에 놓아주십시오."

관객이 플라스틱판을 놓으면 그 위에다 커트했던 카드를 올려놓는다. 그럼 조작하지 않은 플라스틱판은 카드 중간에 묻힌다.

이제 해야 할 일은 플라스틱판 두 개를 바꾸는 것이다. 카드를 관객의 눈높이보다 낮게 든다. (그래서 관객이 카드의 모서리를 보지 못하게 한다.) 이 상태에서 가운데 플라스틱판이 있는 곳보다 약간 낮은 지점을 커트한다. 플라스틱판이 다른 카드보다 짧기 때문에 주저함 없이 쉽게 할 수 있다. 그리고 마치 플라스틱판이 있는 곳을 커트한 것처럼 연기한다. 커트를 마치면 곧바로 이렇게 말한다.

"웁스! 놓쳤습니다."

다시 커트를 한다. 이번에는 중앙과 가까운 곳에 위치한 플라스틱판이 있는 곳을 커트하여 플라스틱판이 맨 위로 가게 한다.

"오! 여기에 있군요!"

관객은 마술사가 카드 중간에 플라스틱판을 놓은 후, 다시 맨 위로 가져왔다고 생각한다. 하지만 실제로 이 과정에서 마술사는 두 개의 플라스틱판을 바꾼다.

맨 위에 놓인 플라스틱판을 앞면이 보이도록 테이블에(혹은 관객의 손 위에) 놓는다. 조금만 살펴봐도 하트 10 미니어처가 코팅 밖에 있음을 알 수 있기 때문에 조심해야 한다. 이미 앞에서 플라스틱판을 확인했기 때문에 관객에게 플라스틱판을 다시 확인할 기회를 줄 필요는 없다.

맨 위에서부터 앞면이 보이게 카드를 한 장씩 내려놓는다.

"첫 번째로 미니어처와 일치하는 카드를 사용하겠습니다. 100% 운에 맡기겠습니다."

하트 10이 바로 그 카드이다. 카드의 이름을 말하여 옆에 내려놓고 테이블에 있는 다른 카드는 손에 있는 카드와 함께 정리하여 주머니에 넣는다. 이제 하트 10의 뒷면이 보이게 뒤집어서 플라스틱판 위에 놓는다. 이때 플라스틱판의 앞면과 하트 10의 앞면이 마주 본다. 말하면서 오른손 손가락으로 하트 10 미니어처를 뗀다.

오른손으로 하트 10과 미니어처를 함께 잡은 상태에서 옆으로 움직인다. 이때 플라스틱판은 왼손에 남아 있다. 그 상태로 잠시 멈추면 관객은 미니어처 하나가 사라졌음을 확인할 수 있다. 오른손을 뒤집어서 미니어처를 테이블이나 관객의 손바닥에 떨어뜨린다(**그림 2**).

그림 2

이제 관객에게 모든 것을 살펴보게 한다.

★ 참고

원하는 방법으로 카드를 포스해도 된다. 단, 플라스틱판을 바꾸는 과정을 잊어서
는 안 된다.

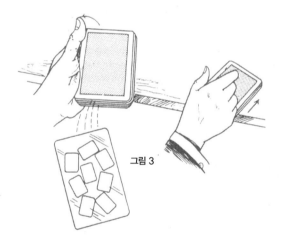

그림 3

모든 미니어처가 안에 코팅되어 있는 플라스틱판을 제거하는 방법은 다양하다. 그
중 앞에서 설명한 방법이 가장 좋은 것 같다. 하지만 카드를 완전히 치우길 원하지
않는다면 플라스틱카드만 (테이블 뒤에 놓인 의자에 앉아 있는 상태에서) 허벅지에 떨어뜨리면
된다. 카드를 헐렁하게 잡으면 플라스틱카드만 허벅지로 떨어진다. 혹은 오른손으로
플라스틱판 윗부분을 커트한 뒤, 오른손으로 테이블 위를 가리키며 동시에 왼손을
뒤로 기울여서 플라스틱판을 떨어뜨린다(**그림 3**). 이때 각도를 조심해야 한다.

박스터-로레인 랩-어라운드 리버스
The Boxter-Lorayne Wrap-Around Reverse

호주의 마술사인 이안 박스터(Ian Baxter)가 내게 알려준 마술이다. 섬 슬라이드(Thumb Slide)라는 오래된 카드 기술의 연장이라고 볼 수 있다. 내가 약간 변형을 했고, 이안이 '박스터-로레인 랩-어라운드 리버스(The Boxter-Lorayne Wrap-Around Reverse)' 라고 제목을 붙였다.

내가 사용한 방법

카드 한 장을 선택하게 한다. 그리고 왼손으로 언더 커트를 한 뒤, 왼손에 있는 묶음의 맨 위에 선택된 카드를 놓는다.

나머지 묶음은 오른손에 있으며, 오른손을 왼손보다 높이 든다. 이때 엄지손가락으로 안쪽 모서리를, 나머지 손가락으로는 바깥쪽 모서리를 잡는다. 단, 평소와는 약간 다르게 잡아야 한다. 엄지손가락을 아래로 뻗어서 손가락 마디와 카드의 모서리가 닿게 한다. 나머지 손가락도 평소보다 더 아래로 뻗어야 하며, 카드를 평소보다 더 헐렁하게 벌려야 한다. 집게손가락과 새끼손가락은 실제로 카드의 옆모서리를 잡는다(**그림 1**). 엄지손가락은 움직이면서 더 아래로 내린다.

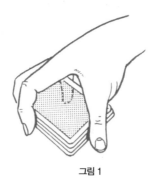

그림 1

왼손에 있는 카드가 오른손 손가락 끝과 닿을 정도로 위로 올린다. 이때 오른손에 있는 카드를 왼손에 있는 카드 위에 놓는 것처럼 보여야 한다. 오른손을 왼손 위로 내리면서 살짝 안으로 당긴다. 동시에 엄지손가락을 뻗어서 왼손에 있는 맨 위 카드 (선택된 카드를)의 가운데 아랫부분을 누른다.

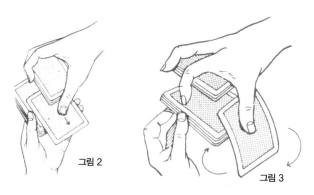

그림 2

그림 3

엄지손가락을 움직여 카드를 뒤로 당긴다(**그림 2**). 왼손 집게손가락과 새끼손가락이 위 카드 묶음을 잘 잡고 있기 때문에 엄지손가락은 자유롭게 움직일 수 있다. 계속해서 선택된 카드를 밀어 선택된 카드가 (왼손에 있는 카드) 맨 아래로 가게 한다(**그림 3**). 그림을 보면 쉽게 이해할 수 있을 것이다.

동작 설명은 여기까지다. 조금만 연습하면 얼마나 선택된 카드를 빨리 이동시킬 수 있는지 본인도 놀라게 될 것이다. 뻗은 오른손 엄지손가락으로 선택된 카드를 먼저 움직이기 때문에 선택된 카드와 오른손에 있는 카드가 부딪히지는 않는다. 선택된 카드의 끝부분이 수직으로 서 있는 시간은 아주 짧다. 또한 오른손과 오른손에 있는 카드로 가려지기 때문에 잘 보이지 않는다.

카드를 나란히 정리한 뒤 커트를 한다. 그럼 선택된 카드는 뒤집힌 채 가운데에 위치한다.

★ **참고**

한 번 제대로 배워두면 다양하게 활용할 수 있다. 하나의 예를 살펴보자. 선택된 카드가 맨 위로 가도록 조절한다. 그리고 나서 오른손으로 언더 커트(혹은 스위벨 커트, swivel cut)해 아래 1/2을 보여주고 그 카드(맨 아래에 있는 카드)가 선택된 카드인지 물어본다. 관객이 부인하면 방금 동작을 거꾸로 한다.

왼손에 있는 카드를 손가락 끝으로 잡는 대신 손바닥에 놓는 방법도 있다. 왼손 집게손가락을 계속 구부려서 카드를 잡고 있다 보면 카드를 손바닥에 떨어뜨릴 수 있는 기회가 생긴다.

　　마지막으로 카드를 뒤집는 것과는 별개로 이 방법을 이용할 수 있다. 중간에 놓인 선택된 카드를 오른손 엄지손가락으로 밀어서 허벅지로 떨어뜨릴 수 있다. 물론 앞에 테이블이 있고, 의자에 앉아 있는 경우에만 가능하다. 또한 관객의 각도를 잘 생각해야 한다.

데이브 레더만의 콤비네이션 갬블링 앤드 클로즈업 디스플레이 보드
Dave Lederman's Combination Gambling & Closeup Display Board

이는 마술이 아니다. 관객과의 거리가 가까울 때 사용할 수 있는 도구에 대한 설명으로, 데이브 레더만(Dave Lederman)의 작품이다. 오랫동안 그는 자신과 자신의 공연에 중요한 도구를 개발하는 데 심혈을 기울였다.

갬블링 루틴, 포커 딜, 포 에이스 이펙트 등에서 사용되며, 관객에게 카드를 직접 보여줄 때 유용하다. 가까이에 있는 관객이 카드를 쉽게 볼 수 있도록 경사가 있다. 또한 주사위를 쌓을 수도 있다. '스탠드업 랩(stand-up lapping)'을 위한 장치가 갖춰져 있으며, 준비한 카드 묶음을 바꿀 수 있도록 되어 있다.

기본적으로 크기는 38cm×28cm, 두께는 0.6cm의 섬유판 두 개로 구성되어 있다. 모서리를 **그림 1**과 같이 둥글게 깎는다. (다른 준비를 모두 마친 후) 두 개의 보드(판)의 위 모서리를 맞댄 뒤, **그림 1**과 같이 검은색 절연테이프를 붙이면 테이프가 경첩 역할을 한다.

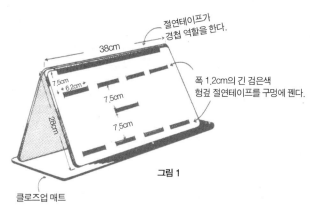

그림 1

한쪽 보드에는 폭 1.2cm의 검은색 헝겊 절연테이프를 이용하여 갬블링 디스플레이를 할 수 있게 만든다. 먼저 **그림 1**과 같이 보드에 칼집을 내어 테이프를 꿴다.

윗줄(네 개의 공간)과 아랫줄(네 개의 공간)은 각각 헝겊 절연테이프 한 가닥을 이용하여 만든다. 긴 테이프의 끝을 접어서 스테이플러로 박으면 두꺼워지기 때문에 구멍 밖으로 나오지 않는다. 절대 테이프와 섬유판을 스테이플러로 고정시켜서는 안 된다 (**그림 2**).

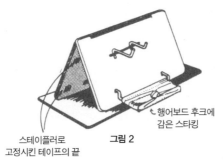

스테이플러로
고정시킨 테이프의 끝

그림 2

↖행어보드 후크에
감은 스타킹

또한 사용하다보면 테이프가 늘어나서 헐거워질 수 있다. 그때는 스테이플을 빼고 테이프를 팽팽하게 당긴 뒤 다시 스테이플러로 박으면 된다. 필요한 수치는 **그림 1**에 모두 나와 있다. 물론 필요에 따라 수정될 수 있다. 원한다면 더 많은 공간을 만들어도 된다. 데이브는 그림과 같이 아홉 개의 공간을 만들어서 사용했다.

반대쪽 보드에는 구멍 네 개를 뚫어서 행어보드 후크를 끼운다(**그림 2**). 선반재료 판매점이나 벌목장에서 (다양한 크기와 모양의) 후크를 구할 수 있다.

후크 세 개를 위에 고정시킨다. 우선 구멍을 두 개 뚫어서 하나를 고정시킨다. 이때 후크와 일직선을 이루는 부분이 보드와 맞닿아야 한다. 그럼 거기에 나머지 후크 두 개를 끼워서 선반을 만들 수 있고, 나중에 그 위에 카드 한 벌을 놓을 수 있다. 카드를 놓으면 카드와 바닥이 수평을 이루고, 카드의 긴 모서리가 보드와 마주보게 된다.

아래에는 선반처럼 생긴 후크를 하나 고정시킨다. 양끝을 구멍에 넣는다. 구멍에 끼우는 부분이 살짝 위로 구부러져 있다.

그리고 **그림 2**와 같이 스타킹을 아래 후크에 감는다. 감을 때 끝에 여유를 남겨놓은 뒤 묶어서 매듭을 만든다. 그럼 여기에 카드나 다른 작은 물품을 놓을 수 있는 선반이 생긴다. 또한 '기브(give)'가 정확한 위치에 있다. (위치는 사용하는 사람에 따라 변하며,

섬유판에 구멍을 뚫기 전에 실험을 통해 정확한 위치를 찾아야 한다.)

이제 거의 완성이 되었다. 마무리를 위해 마술용품점에서 클로즈업 매트(close-up mat)를 구입한다. 그림에서는 클로즈업 매트가 실제보다 크게 묘사되어 있다. 클로즈업 매트의 길이와 폭은 섬유판과 거의 비슷하다.

이렇게 보드를 준비한 뒤, **그림 1**과 같이 절연테이프를 경첩삼아 연결한다. 갬블링 루틴을 위해서는 보드를 클로즈업 매트 위에 **그림 1**, **그림 2**와 같이 놓는다. 매트의 표면은 단단하고 평평하다. **그림 1**은 객석에서, **그림 2**는 무대 뒤에서 본 모습이다.

카드를 딜할 때는 오른쪽 뒤에 서야 한다. 물론 카드를 내려놓으면서 헝겊 절연테이프에 끼운다. 한쪽 꼭짓점부터 넣으면 되고, 앞면이 보일지 뒷면이 보일지는 어떤 마술을 하느냐에 따라 달라진다.

카드를 바꿀 때는 위 선반에 카드의 앞면 혹은 뒷면이 보이게 놓는다. 그리고 오른손으로 카드를 보드 앞으로 하나씩 내려놓는다. 그럼 카드를 바꿀 수 있는 완벽한 자세가 된다.

왼손을 아래로 내려서 들고 있는 카드를 아래 선반에 놓는다. 곧바로 쉬지 않고 손을 위로 들어서 위 선반에 있는 카드를 집는다. 계속해서 오른손으로 카드를 한 장씩 앞에 내려놓으면 된다.

동전 마술에서도 보드를 사용할 수 있다. 큰 동전은 고무밴드에 끼워서 전시할 수 있으며, 뒤에 있는 선반의 경우 동전을 사라지게 하거나 바꿀 때 유용하다. 스탠드업 랩을 할 때도 유용하다.

또한 빠르게 꺼내길 원하는 작은 물건을 숨겨둘 수도 있다. 클로즈업 매트 위, 섬유판 아래에 숨겨두면 된다. 쉽게 꺼낼 수 있으면서도 원하는 순간까지는 눈에 띄지 않는다.

위에 선반을 빼면 **그림 3**처럼 만들 수 있다. 아래 선반 때문에 섬유판이 관객을 향해 살짝 기운다. 관객이 잘 볼 수 있으면서도, 동전이나 카드가 미끄러져 떨어지지 않을 정도의 완벽한 각도가 나온다.

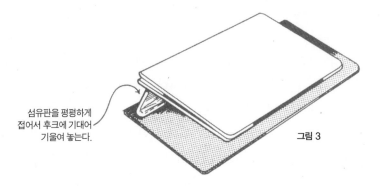

섬유판을 평평하게
접어서 후크에 기대어
기울여 놓는다.

그림 3

그림 3을 보면 디스플레이 보드 아래에 있는 클로즈업 매트를 확인할 수 있다. 이렇게 접은 상태에서 할 수 있는 마술도 다양하다. 하지만 데이브는 보통 클로즈업 매트를 보드 위에 놓았다. 그렇게 해서 마술을 하기에 더욱 적합한 표면을 만들었다. 이럴 때를 위해서 클로즈업 매트와 보드의 크기가 같아야 한다.

주사위를 쌓는 경우에는 후크를 완전히 제거한다. 그리고 보드를 테이블에 평평하게 포개 놓는다. 혹은 포개지 않고 나란히 놓아도 된다. 이 상태에서 할 수 있는 마술도 다양하다.

하나의 보드를 당신의 가슴에 기대어 세워놓고, 다른 판을 평평하게 놓은 상태에서 마술을 진행해도 된다. 혹은 하나를 테이블 뒤쪽에 늘어뜨려 놓아도 된다. 그림 보드에 고정시킨 후크는 테이블 때문에 관객의 시야 밖으로 사라진다. 이 도구를 어떻게 사용할지는 당신이 하는 마술에 따라 달라진다.

★ 참고

훌륭한 도구이기 때문에 여기에 소개되어 있다. 데이브는 이 도구의 구조를 몇 번 바꾸며 하나의 액트를 멋지게 선보이기도 했다. 바로 그의 '골무와 완두콩(Thimbles & Pea)' 루틴이다.

도구에 대해서는 그림을 통해 쉽게 이해할 수 있을 것이다. 또한 실험을 통해서 자신에게 맞는 사이즈로 제작할 수도 있다. 특히 관객과 거리가 가까운 마술을 많이 하는 마술사라면 더욱 유용하게 사용할 수 있을 것이다.

밥 박스터의 라이즈 & 배니시 카드
Bob Boxter's Rising & Vanishing Card

즉석에서 카드를 위로 올리는 과거의 아이디어를 토대로 밥 박스터는 관객과의 거리가 가까울 때도 할 수 있는 빠른 카드 라이즈 마술을 개발했다.

★ 이펙트

카드를 하나 선택한 뒤, 나머지 카드 사이에 놓고 섞는다. 그렇게 섞은 카드를 손으로 잡고 그 위에 손수건을 덮는다. 다음으로 집게손가락을 소매에 문질러서 정전기를 일으킨다. 그 손가락으로 손수건을 통해 카드를 건드리자, 카드 한 장이 천천히 위로 올라온다.

계속해서 위로 올라와서 결국에는 나머지 카드에서 분리된다. 올라온 카드를 확인해보니 바로 선택된 카드이다. 마술사는 여기에서 마무리하거나 다시 손수건을 덮어서 손수건을 사라지게 만들기도 한다.

★ 준비물

1. 카드 한 벌. 빌려서 사용해도 된다.
2. 손수건 한 장. 어떤 사이즈건 상관없다.

시연

관객에게 카드 한 장을 선택하게 한 뒤 나머지 카드 사이에 놓게 한다. 그리고 카드를 섞는 척하지만, 선택된 카드는 맨 위에 위치한다. 카드의 뒷면이 보이도록 왼손으로 딜할 자세를 취한 뒤, 그 위에 손수건을 덮는다. 다음으로 정전기에 대해서 이야기하면서 오른손 집게손가락을 왼손 소매에 문지른다.

왼손을 기울여 카드의 모서리가 위를 향하게 한다. 그 상태에서 손수건 아래에 있는 카드의 모서리에 오른손 집게손가락을 대고 천천히 위로 올린다. 그리고 마치 정전기로 카드를 잡은 것처럼 연기한다.

그럼 카드가 천천히 위로 올라간다. 이때 손수건 아래에서는 왼손 엄지손가락으로 맨 위에 있는 카드를 오른손 집게손가락의 움직임에 따라 천천히 위로 올린다. **그림 1**과 **그림 2**는 손수건 아래에서 일어나는 상황과 관객이 보는 모습을 모두 묘사하고 있다.

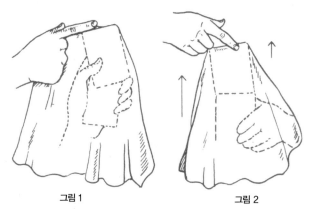

그림 1   그림 2

왼손 엄지손가락으로 카드를 가능한 높이 올렸을 때, 잠시 쉬면서 오른손 집게손가락을 왼손 소매에 다시 문지른다.

　"정전기가 약간 모자라네요."

그리고 다시 손수건 위로 오른손을 가져가 카드 끝에 손가락을 댄다. 이번에는 새끼손가락으로 뻗어서 올라오는 카드의 아래 모서리를 받친다. 즉, 카드 묶음 오른쪽으로 삐져나온 선택된 카드의 오른쪽 꼭짓점을 새끼손가락으로 잡는다. 이때 나머지 손가락은 관객이 보지 못하도록 구부려서 손바닥에 바짝 붙인다. **그림 3**은 투과해서 본 모습이다.

천천히 카드를 올려서 선택된 카드를 카드 묶음에서 분리시킨다. 이제 해야 할 동작은 '어 라 좀비(à la Zombie)'이다. 모든 관객은 카드 위에 있는 마술사의 집게손가락 밖에 보지 못한다(**그림 4**). (새끼손가락은 손수건 뒤에 있으므로 보지 못한다.) 약간의 움직임을 통해 섬뜩한 장면을 만들 수 있다.

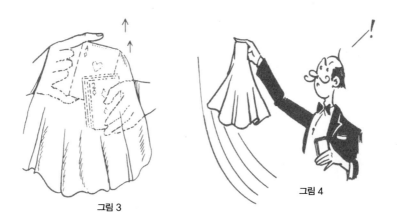

그림 3

그림 4

카드가 위로 떠 있을 때, 카드를 테이블에 내려놓거나 외투 왼쪽 주머니에 넣는다.

(원한다면 이렇게 카드를 사라지게 할 수 있다. 선택된 카드가 위로 올라가는 동안 천천히 왼쪽으로 돌아서서 카드를 외투 주머니에 떨어뜨리면 된다. 이때 강력하면서도 자연스러운 미스디렉션이 필요하다.)

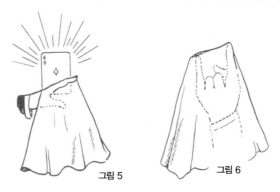

그림 5

그림 6

마지막으로 왼손으로 손수건 아래에 있는 선택된 카드의 윗부분을 잡는다. 그리고 손을 뒤집어서 손수건을 뒤집고, 안에 있는 선택된 카드를 보여준다(**그림 5**). 물론 오른손으로도 할 수 있다. 왼손과 마찬가지로 손수건을 통해 카드를 잡고, 동시에 손을 뒤집으면 된다. (밥은 **그림 5**와 같이 왼손 집게손가락으로 카드를 잡는 방법을 권한다. 그럼 나머지 카드도 여전히 거기에 있는 것처럼 보인다.)

여기에서 마무리를 해도 된다. 하지만 밥은 다시 손수건을 덮었고, 동시에 선택된 카드를 숨겼다. 그리고 관객에게 손수건을 건넸다. 그럼 관객은 카드가 사라졌음을 발견한다. 원한다면 팜으로 카드를 숨겨도 되고, 집게손가락과 가운뎃손가락 사이에 혹은 셋째 손가락과 새끼손가락 사이에 카드의 양 모서리를 끼워도 된다. 동시에 왼손으로 카드를 관객에게 건네면 자연스러운 미스디렉션이 가능하다.

★ 참고

테이블 뒤에 앉아 있다면 카드를 사라지게 할 때 다른 방법을 사용할 수 있다. 그 외에는 덧붙일 내용이 없다. 카드를 위로 올리면서 의자에서 일어난다. 마치 카드가 당신도 함께 끌어당기는 것처럼 연기한다. 올라온 카드가 선택된 카드라는 것을 보여주면서 다시 앉는다. 이제 다시 손수건으로 덮으면서 카드를 허벅지에 떨어뜨려서 숨긴다. 이때 손수건의 모서리를 테이블보다 약간 낮게 하고, 카드를 놓으면서 허벅지 위로 떨어뜨리면 쉽게 숨길 수 있다.

효과를 극대화하기 위해 한 손을 손수건 아래에 넣고, 집게손가락과 새끼손가락을 뻗는다. 이때 손가락 사이의 거리를 카드의 폭과 비슷하게 유지한다(**그림 6**). 이 상태에서 천천히 손을 위로 올린다.

"오, 다시 카드가 올라갑니다."

그리고 손수건을 허공에 던져서 카드가 사라졌음을 보여준다.

어빙 버크의 카드 포스 박스
Irving Berk's Card-Forcing Box

어빙 버크(Irving Berk, 알라딘(Alladdin))가 개발한 단순하면서도 훌륭한, 겉으로 보기에 너무 뻔해 보이는 아이디어이다. 여기에서 루틴 설명은 생략하겠다. 조금만 노력하면 자신만의 루틴을 개발할 수 있을 것이기 때문이다. 기본적으로 이 도구는 카드 한 장 혹은 여러 장을 포스할 때 사용된다. 원래 카드가 들어 있는 케이스를 대신 사용할 수 있으며, 마술 후에 관객이 직접 상자를 확인해 볼 수 있다.

★ 준비물

뒷면이 예쁜 플라스틱 카드가 들어 있는 상자 하나. 평범한 카드 케이스가 아니다. 뚜껑과 본체가 완전히 분리되어야 한다(**그림 1**). 보통 바닥 안쪽에는 뒷면이 보이도록 카드 한 장이 붙어 있다. 이런 종류의 카드 상자가 있는 카드는 문구점에서 구할 수 있다. 만약 찾을 수 없다면 직접 만들 수도 있다. 주로 안에는 폭이 좁은 브리지 카드 크기의 카드가 들어 있다. 원한다면 마술용품점에서 판매되는 브리지 크기의 에비에이터 카드(Aviator cards)로 교체해도 된다.

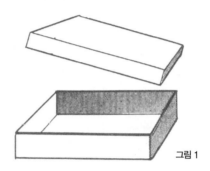

그림 1

준비

포스할 카드 한 장 혹은 여러 장을 앞면이 보이게 뚜껑 안에 넣는다. 그리고 상자 본체에는 뒷면이 보이도록 나머지 카드를 넣은 뒤, 뚜껑 위에 놓는다. **그림 2**를 통해 전체적인 위치를 확인할 수 있다.

시연

상자 본체에서 카드를 꺼내서 관객에게 건네 셔플을 하게 한다. (원한다면 관객이 직접 상자에서 카드를 꺼내게 해도 된다.) 카드가 골고루 섞이면 관객에게 뒷면이 보이도록 카드를 다시 상자 안에 넣으라고 한다.

이제 포스 카드를 나머지 카드 위에 놓을 차례이다. 딜 포지션 비슷하게 왼손 손바닥 위에 상자를 놓는다. 오른손 손가락으로 상자의 오른쪽 윗부분을 잡는다. (이때 손가락이 상자 안으로 살짝 들어간다.) 동시에 상자의 바깥 모서리를 살짝 위로 (마술사 쪽으로) 기울인다. 그럼 관객은 포스 카드를 보지 못한다.

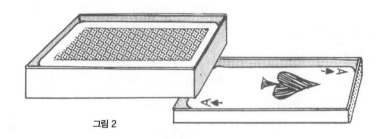

그림 2

오른손 손가락으로 상자를 당기고, 동시에 왼손으로 뚜껑을 시계 방향으로 뒤집어서 상자를 닫는다(**그림 3**). 그럼 자동으로 뚜껑에 있던 포스 카드는 나머지 카드 맨 위에 위치한다.

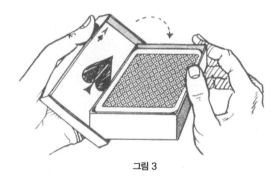

그림 3

★ 참고

가장 기본적인 아이디어만 설명했다. 반드시 (카드 한 장 혹은 그 이상을 포스해야 하는) 루틴에 사용되어야 한다. 관객이 카드를 섞어서 상자 안에 넣은 뒤 닫았을 때(포스 카드를 다른 카드 위에 놓았을 때), 잠시 대사를 하는 동안 관객에게 상자를 맡겨도 된다. 관객에게 선택된 카드를 기억하게 한 뒤에는 관객이 직접 상자를 열어서 맨 위에 있는 카드를 확인하게 한다. 모든 것은 관객의 손에서 이루어진다.

이와 같은 '기계적인' 포스가 핸드 슬레이트로 하는 포스를 대체할 것이라고는 생각하지 않는다. 단, 기계적인 방법이 필요한 때와 장소가 있다는 사실을 부인하지는 않는다. 물론 루틴에 잘 맞을 때만 사용해야 한다. 즉, 카드를 상자에 넣기 위한 타당한 이유가 있어야만 한다. 예를 들어, "저는 감히 카드를 건드릴 수 없습니다. 가까이 가는 것도 두렵습니다."

자신만의 특별한 방법이 없다면 카드 여러 장을 포스할 때 이용하면 좋다. 내가 알고 있는 루틴 중에 카드 여러 장을 포스해야 하는 마술이 많지만, 직접 자신만의 루틴, 마술을 찾는 것이 더 바람직하다고 생각한다.

포 에이스 루틴(four-ace routine)을 할 때는 뚜껑에 에이스 네 장을 넣어두면 된다. 초능력 카드를 이용할 때는 관객이 기억한 모양이 그려진 카드 다섯 장을 뚜껑에 둔다. 그리고 초능력, 혹은 투시를 통해 맨 위에 있는 카드의 이름을 말한 뒤, 상자를 열어 확인하게 한다. 나는 마술에 대해 잘 모르는 사람들 앞에서 이 마술을 한 적이 있다. 우선 (뚜껑에 있던) 카드 다섯 장의 다섯 가지 모양을 선택하게 만든다. 한 가지 모양을 반복하면 더욱 그럴듯하게 보인다. 그런 다음 집중하게 한 뒤, 다섯 가지 모양을 정확하게 이야기한다. 그리고 여섯 번째 모양을 추측한다. 여섯 번째 모양은 틀려도 전혀 문제가 되지 않는다.

혹은 뚜껑 안에 뒷면이 보이도록 카드를 넣되, 그중 선택된 카드 두 장은 앞면이 보이게 넣는다. 그리고 선택된 카드 두 장을 예언한다. 그런 다음 관객에게 본체에 있는 카드를 골고루 섞어서 반으로 나눈 뒤, 중간에 있는 카드 한 장을 뒤집으라고 한다. (아니면 뚜껑에 똑같은 카드를 넣어둔다.) 상자에서 카드를 꺼내면 곧바로 카드를 커트하여 관객이 뒤집은 카드를 거의 맨 아래로 보낸다. 그리고 카드를 부채모양으로 펼쳐서 뒤집은 카드를 찾게 한다. 뒤집힌 카드는 예언된 카드 두 장 사이에 놓여 있다.

혹은 명함으로도 같은 효과를 낼 수 있다. 카드 두 장의 빈 면에 무언가를 적은 뒤, 그 사이에 명함을 한 장 끼워 뚜껑에 놓는다. 또 다른 명함에 카드 두 장의 이름을 적은 뒤, 관객이 그 명함을 나머지 카드 사이에 넣게 한다. 마무리는 위와 동일하다.

내가 자주 하던 또 다른 방법도 있다. 펜으로 똑같은 카드(여기에서는 다이아몬드 7이라고 하자) 중간에 이름을 적는다. 그리고 포스를 위해 뚜껑에 넣어둔다. (관객이 카드를 섞으면 핸드 슬레이트를 통해) 평범한 다이아몬드 7을 포스하거나 그냥 이렇게 말하며 관객에게 건넨다.

"만약 저를 위해 다이아몬드 7을 찾아주시면 제가 기적을 보여드리겠습니다!"

어떤 방법으로건 관객이 카드에 펜으로 이름(혹은 사인)을 적게 한다. 이때 관객의 글씨가 카드 모서리에 있는 표시와 너무 가까워서는 안 된다. 사인한 다이아몬드 7을 맨 위에 놓고, 카드를 모두 상자 안에 넣으라고 한다. 그러고 나서 뚜껑을 닫는다.

여기에서 잠시 대사를 한다. 7에 대한 신비한 이야기 등에 대해 이야기한다. 그리고 카드를 상자 안에 넣는 타당한 이유를 제시해야 한다.

상자에서 카드를 꺼낸다. 이때 마술사가 취할 수 있는 행동에는 몇 가지가 있다. 관객에게 사인을 확인할 기회를 주지 않고, 빠르게 맨 위 카드(똑같은 다이아몬드 7)의 모서리를 보여준다. 혹은 미리 카드에 해둔 사인과 관객의 카드가 비슷하다고 생각된다면 잠깐 카드 전체를 보여줘도 된다. 혹은 더블 리프트(double-lift)를 하여 관객의 사인을 보여준다. 다음으로 카드를 내려놓고 맨 위에 있는 똑같은 카드를 찢는다. 이때 카드의 이름이 적힌 모서리 조각이 보이게 해야 한다. 또한 미리 해놓은 사인의 흔적을 보여줘도 된다.

카드를 커트한다. 그리고 봉투나 손수건 등을 이용하여 원하는 방법으로 사라지게 한다. 이제 다이아몬드 7은 저절로 원상복귀해 나머지 카드 사이에 위치한다. 이때는 상자가 필요 없다. 이때 카드를 마음껏 다뤄서도 안 되며, 관객에게 맡겨서 섞게 할 수도 없다. 두 장의 다이아몬드 7의 위치를 통제해야만 한다. 그것이 바로 이 루틴의 핵심이다. 예를 들어 뚜껑에 있는 똑같은 다이아몬드 7 위에 상관없는 카드를 하나 놓는다. 그럼 포스 후에 이 상관없는 카드는 두 장의 다이아몬드 7 사이에 위치한다. 이제 다이아몬드 7과 다음 카드를 함께 살짝 보여줄 수 있다. 그럼 더욱 확실한 것처럼 보인다.

또 다른 방법이 있다. 상자의 바닥에 샘플 카드가 부착되어 있기 때문에 (혹시 샘플 카드가 없다면 직접 카드 한 장을 바닥에 붙인다) 다른 카드 한 장 혹은 여러 장을 샘플 카드와 함께 이용할 수 있다. 그리고 말없이 양손에 각각 상자 뚜껑과 본체를 들고 보여준다. 보여주면서 자연스럽게 샘플 카드에 대해 이야기한다. 물론 주저함 없이 준비한 카드를 한 번에 집을 수 있어야 한다.

이제 뚜껑 위에 본체를 놓는다. 그리고 카드를 포스할 준비를 한다. 쓸데없는 설명일 수도 있지만, 짚고 넘어가기로 하자.

마지막으로 카드를 빌려서 공연할 때 이와 같은 상자에 든 카드를 건네받게 될 때가 있다. 그럴 때는 관객 몰래 뚜껑에 필요한 카드를 넣으면 된다. 그러면 빌린 카드로도 기적을 행할 수 있다.

알란 알란의 라이즈 카드
Alan Alan's Rising Card

비록 현재 '듀얼 컨트롤(Dual Control)' 이라는 이름으로 판매되고 있지만, 실제로 이 도구를 처음 고안한 사람은 바로 알란 알란(Alan Alan)이다. 이보다 더욱 아무런 준비 없이 즉석에서 하는 것처럼 보이는 카드 라이즈 마술은 본 적이 없다.

★ 이펙트

관객이 가져온 카드를 관객이 직접 케이스에서 꺼낸다. 마술사는 관객이 골고루 섞인 카드 중 일부를 꺼내는 동안 상자를 잡아준다. 다시 카드를 상자에 넣으며, 관객은 자신이 들고 있는 카드 중에서 한 장을 선택한다. 선택된 카드는 천천히 그리고 분명히 카드 묶음 중앙에 들어간다. 그런데 마술사가 원할 때마다 그 카드가 천천히 밖으로 올라온다. 이때 마술사는 전혀 움직이지 않는다! 선택된 카드, 나머지 카드, 케이스를 관객에게 건넨다. 그리고 마술사의 손에 아무것도 없음을 보여준다.

★ 준비물과 준비

케이스에 담긴 카드를 지닌 관객 한 명과 '듀얼 컨트롤' 이라는 도구가 필요하다. 알란은 마술용품점에서 판매되고 있는 것과는 약간 다르게 제작했다. 길이와 사이즈는 마술사의 팔과 손가락 길이에 따라 달라진다. 기본적인 구성은 다음과 같다. 길고 가늘고 둥근 (검은색) 고무줄을 옷핀 끝에 묶는다.

그리고 반대쪽 끝에 작은 플라스틱(혹은 금속) 링을 단다. 이제 얇은 장선을 링에 꿴 뒤 양끝을 단단히 묶어서 고리처럼 만든다(**그림 1**). 고무줄과 장선을 직접 연결할 수도 있지만, 사이에 링을 연결하면 장선과 고무줄을 오래 사용할 수 있다.

그림 1

이렇게 제작한 장치는 외투 오른쪽 소매 안에 장착한다. 장선으로 만든 고리는 손목 근처에 보이지 않게 둔다. 보통은 장선의 끝을 묶어 고리로 만들기 전에 옷핀을 꿴다. 그리고 안전핀을 소매 안쪽 손목 부근에 고정시킨다.

여기에서 알란은 두 가지 이유에서 옷핀을 사용했다. 첫째, 옷핀에 장선을 꿰면 장선 때문에 옷핀이 빨리 닳는다. 또한 움직일 때 옷핀이 보일 염려가 있다. 둘째, 알란의 방법이 준비가 조금 더 필요하지만 그 효과는 더욱 뛰어나다.

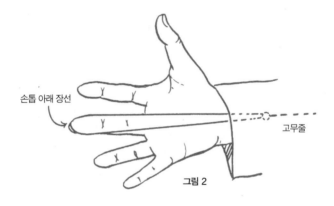

손톱 아래 장선

고무줄

그림 2

장선을 어디에 걸기 전에 (바늘로) 소매 안쪽의 옷(소매 끝에서 2.5cm 정도 떨어진 지점)에 장선을 꿴다. 즉, 장선을 헝겊 안에 넣었다가 밖으로 빼낸다. 그리고 링에 장선을 꿰어 끝을 묶는다. 그럼 이제 장치 전체가 소매 안에 위치한다. (이렇게 준비한 뒤 외투를 입는다.) 옷핀은 소매 안쪽 겨드랑이 가까이에 고정시킨다. (알란은 외투 안에 온갖 장치를 설치했다.)

외투를 입었을 때, 장선의 고리는 소매 바로 안쪽에 있어야 한다. 그래서 필요할 때 가운뎃손가락을 구부려서 장선을 손톱 아래에 걸칠 수 있어야 한다. **그림 2**는 장선을 걸친 상태로 가운뎃손가락을 뻗은 모습이다. 손가락을 뻗어도 고무줄이 소매 밖으로 나오지 않을 정도로 장선의 고리가 커야 한다. 이 상태에서 장선을 놓으면 장선은 고무줄의 탄성 때문에 소매 안으로 들어간다. (처음에는 왼손으로 장선을 잡아서 오른손 손가락에 걸어야 할 것이다.)

몇 번 해보면 (고무줄과 장선의 길이를 조절하여) 탄성을 적절하게 조절할 수 있을 것이다. 가운뎃손가락을 살짝 구부려도 장선은 그대로 손톱 아래에 있어야 한다. 그리고 손가락을 뻗었을 때는 고무줄의 탄성이 느껴져야 한다.

여기까지 준비했으면 보지 않고 빠르게 가운뎃손가락에 장선을 걸칠 수 있도록 연습해야 한다. 그럼 모든 준비가 끝난다.

시연

테이블을 사이에 두고 카드를 빌려준 관객과 마주보고 앉는다. 이때 카드는 케이스 안에 있다. (마술사의 카드를 사용할 때는 관객에게 카드를 건네 확인하게 한다.) 관객에게 케이스에서 카드를 꺼내라고 말한다. 이때 가운뎃손가락 끝에 장선을 건다. (서서 하면 더욱 쉬울 것이다. 그렇기에 선 상태에서 가운뎃손가락에 장선을 걸친 뒤 앉아도 된다.)

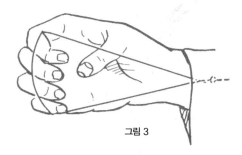

그림 3

쉬지 않고 곧바로 엄지손가락을 고리 안에 넣어서 살짝 벌린 뒤, 나머지 손가락도 모두 고리 안에 넣는다(**그림 3**). 관객이 케이스에서 카드를 꺼낼 때쯤 여기까지 마쳐야 한다. (원한다면 새끼손가락은 고리에 넣지 않아도 된다.)

왼손으로 카드 케이스를 건네받으면서 카드를 서플하라고 말한다. 오른손으로 카드를 옮겨 잡는데, 이때 뚜껑이 마술사를 향하게 한다. 이때 장선은 여전히 손가락에 걸쳐 있으며, 카드 케이스의 입구를 막지 않는다.

관객에게 카드의 1/4, 약 13~15장을 커트하라고 한다. 나머지는 받아서 앞면이 관객을 향하도록 케이스에 넣는다.

관객에게 한손으로 카드의 앞면이 아래로 가게 잡은 상태에서 부채모양으로 펼치라고 한다. 그럼 관객은 마술사가 다른 관객에게 카드를 선택하게 할 때 했던 것처럼 카드를 펼친다.

"좋습니다. 이제 본인을 위해 카드 한 장을 선택하세요. 어서요. 하나를 선택해 주세요."

관객이 카드를 선택하기 위해 아래를 내려다보는 동안 오른손 손가락 위치를 살짝 바꿀 기회가 생긴다.

단순히 카드 케이스를 돌려서 케이스 입구 위로 장선이 지나가게 하면 된다. 그럼 이제 엄지손가락으로 케이스 뒷면을 지나는 장선 한 가닥을 잡고, 집게손가락이나 가운뎃손가락으로 케이스 앞면을 지나는 장선 한 가닥을 잡는다(**그림 4**). '듀얼 컨트롤'에 익숙해지면 쉽게 할 수 있다. 오른팔을 살짝 구부려서 오른손을 몸 가까이 붙인다.

왼손으로 관객에게 카드를 돌려받는다. 그리고 뒤집어서 선택된 카드의 이름을 말한다.

"음, 클럽 10이군요. 탁월한 선택입니다. 이제 들고 계신 카드를 살펴보십시오. 혹시 또 다른 클럽 10이 있지는 않나요?"

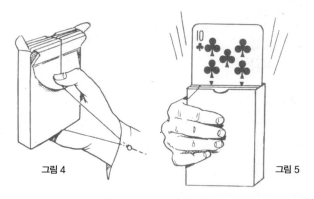

그림 4   그림 5

클럽 10을 (앞면이 관객을 향하게) 케이스 안에 넣기 위한 계략에 불과하다. 카드의 3/4 정도를 안으로 밀어 넣는다. 그럼 1.2cm 정도만 밖으로 삐져나온다. 이때 손가락의 힘을 풀어서 장선을 헐겁게 해야 카드와 함께 장선이 케이스 안으로 들어간다.

"또 다른 클럽 10은 없나요? 좋습니다. 이제 아까처럼 다시 카드를 부채모양으로 펼쳐주시겠어요? 아주 잘 하셨습니다!"

그럼 이제 관객에게 클럽 10을 천천히 눌러 케이스 안에 완전히 넣으라고 한다. 이때 천천히, 정확하게 카드를 밀어야 한다.

알란은 오른 팔꿈치를 의자 팔걸이나 등받이, 혹은 테이블 위에 놓은 상태에서 손을 관객 가까이 뻗었다. 그럼 고무줄이 더욱 팽팽해진다. 동시에 엄지손가락과 나머지 손가락으로 카드 케이스에 압력을 가해야만 한다. 그렇지 않으면 카드가 미리 올라오거나 날아가는 수가 있다.

관객에게 카드 케이스를 향해 부채질 할 것을 부탁한다. 그러면서 동시에 케이스에 가한 압력을 푼다. 그럼 클럽 10이 케이스 밖으로 날아간다(**그림 5**). 이때 손의 힘을 천천히 빼야 한다. 힘을 너무 **빨리** 빼면 카드가 빨리 올라오고 심지어는 멀리 날아간다. (카드를 멈추고 싶을 때는 다시 손가락에 힘을 주면 된다.) 유일한 움직임은 (보이지 않게) 손가락의 힘을 푸는 것뿐이며, 팔은 전혀 움직이지 않는다.

카드가 거의 밖으로 나오면 왼손으로 카드를 잡아서 꺼낸다. 그리고 테이블 위에 던진다. 다음으로 오른손으로 케이스를 잡고 테이블에 던진다. 장선은 자동적으로 빠져서 소매 안으로 들어간다. 이제 더 이상 숨길 것이 없다!

★ 참고

도구를 제작하고 연습하는 데에는 시간이 걸린다. 하지만 그만한 가치가 있다. 물론 원하는 대로 방법을 수정해도 된다. 여기에서는 알란의 기본적인 방법을 설명했다. 알란의 손에서 아주 아름답고 신기한 장면이 연출되었다.

제대로 하기 위해서는 수차례의 실험이 필요하다. 보통 옷핀의 위치를 정확히 잡아야 한다. 옷핀을 너무 높이 고정시켜서 고무줄과 장선이 팽팽해지면, 나중에 고무줄이 옷을 당긴다. 반면 고무줄과 장선을 너무 헐렁하게 두면 나중에 손가락의 힘을 풀어도 카드가 위로 올라오지 않을 수 있다.

그림에서는 장선이 눈에 보이게 표현되었다. 하지만 정말로 얇은 장선을 사용하면 5~10cm 거리에서도 보이지 않는다. 앞에서 설명할 때 먼저 가운뎃손가락에 장선을 건 다음 나머지 손가락에 장선을 걸라고 했다. 이 동작은 충분한 연습을 통해 순식간에 끝내야 한다. 더 이상 내가 해줄 수 있는 말은 없다. 직접 도구를 설치한 뒤 연습해보는 수밖에 없다.

이 책에 소개된 다른 카드 마술(최면 걸린 카드(The Mesmerized Cards))과 동전 마술(밸런스 동전(The Balancing Coins))에서도 이 도구를 사용한다.

최면 걸린 카드
The Mesmerized Cards

'최면 걸린 카드(The Mesmerized Cards)' 에 대한 알란 알란의 방법으로, '알란 알란의 라이즈 카드(Alan Alan's Rising Card)' 와 '밸런스 동전(The Balancing Coins)' 에서 사용되는 '듀얼 컨트롤' 이라는 도구를 이용한다.

★ 이펙트
마술사가 손바닥을 펴서 테이블 위에 놓은 뒤, 약 16~18장의 카드를 손바닥 아래에 놓아 큰 원을 만든다. 그리고 마술사가 천천히 손을 올리자 원을 형성한 카드가 그의 손바닥에 붙어서 함께 올라온다. 그가 손을 뒤집어서 손바닥을 보여준다. 그러다 반대 손으로 카드를 치자, 카드가 모두 테이블로 떨어진다. 마지막으로 관객이 직접 마술사의 손을 포함한 모든 것을 확인해본다.

★ 준비물
1. '듀얼 컨트롤(dual control)' 하나. 오른쪽 소매에 달아둔다.
2. 카드 한 벌

시연

카드를 골고루 섞은 뒤, 관객이 직접 확인하게 한다. 그리고 134페이지에서 설명했듯이 오른손 가운뎃손가락 끝에 장선을 걸친 뒤 손바닥을 편 채로 오른손을 테이블 위에 놓는다. 그리고 카드 한 장을 앞면이 보이게 손가락 아래에 놓는다. 그럼 카드는 가운뎃손가락과 장선 고리 사이에 위치한다. 깔끔하게 카드를 넣으려면 손가락을 살짝 구부려야 한다. 카드를 넣으면서 곧바로 손가락을 편다.

손아래에 네 장의 카드를 더 놓는다. 지금 놓는 카드는 첫 번째 카드와 손가락 사이에 위치하며, 모두 다른 방향을 향한다(**그림 1**). 계속해서 카드를 놓아 원을 만든다 (**그림 2**). 모든 카드를 놓은 뒤 가운뎃손가락 바로 아래에 한두 장을 더 넣어도 된다. 모두 합하여 17장 정도가 적당하다.

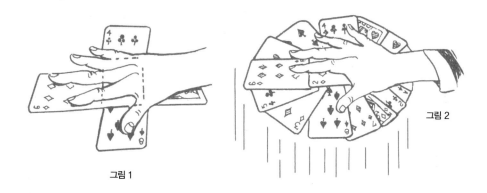

그림 1

그림 2

손을 부드럽게 들어올린다. 모든 카드가 함께 따라 올라온다! 천천히 손을 뒤집어서 카드를 잡고 있는 장치가 전혀 없음을 보여준다. 마지막으로 왼손 손바닥으로 카드를 친다. 동시에 가운뎃손가락을 구부려서 모든 카드를 떨어뜨린다. 장선은 다시 소매 안으로 들어간다!

★ 참고

'듀얼 컨트롤'에 대한 설명은 이미 앞에서 했기 때문에 여기에서는 간단하게 설명을 마쳤다. 같은 효과를 낼 수 있는 방법은 다양하지만, 그중 이 방법이 가장 깔끔하며 관객을 사로잡을 수 있다.

밥 맥알리스터의
배트 어 달러 컬러 체인지
Bob McAllister's Bet-A-Dollar Color Change

〈TV 원더라마(Wonderama)〉(장기 방영된 텔레비전 어린이 프로그램 - 옮긴이)의 밥 맥알리스터(Bob McAllister)가 오랫동안 사용한 방법이다. 그가 이 마술을 하는 것을 본 순간 마음을 빼앗겨 버렸다. 그 후에 관객에게 빌린 카드로 이 마술을 선보였다.

★ 이펙트
1달러 지폐(혹은 아무 지폐)로 카드를 감싼다. 그러면서 자연스럽게 앞면이 보이는 카드를 관객에게 보여준다. 카드를 아래로 내리고 지폐를 위로 올리자 맨 앞에 있는 카드가 변한다. 다시 지폐를 내렸다가 올려서 카드 전체를 보여준다.

★ 준비물
1. 카드 반쪽
2. 카드 한 벌
3. 지폐 한 장

준비
유일한 준비와 도구는 카드 반쪽이다. 카드를 가로로 잘라서 반으로 만든다(**그림 1**).

시연
반쪽 카드를 (15~20장) 카드 묶음의 맨 앞에 놓는다. 그리고 카드 묶음을 뒤집어서 뒷면이 보이게 놓는다. 이때 반쪽 카드와 나머지 카드의 모서리를 일치시켜서 반쪽 카드의 존재를 숨겨야 한다.

카드 묶음 아래에 지폐를 (가로로) 놓는다. 그리고 지폐로 카드를 팽팽하게 감싼다. 왼손으로 카드와 지폐를 들어 카드의 앞면을 관객에게 보여준다(**그림 2**). 이때 손가락 끝으로 카드의 아래 모서리를 누른다.

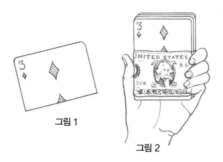

그림 1

그림 2

눈에 보이는 카드의 이름을 말한다. 그리고 오른손 손가락으로 카드 묶음을 천천히 누른다. 그럼 카드는 눈앞에서 곧바로 변한다. 다시 오른손 손가락 손등으로 카드를 밀어 올린다. 이때 반쪽 카드는 자동적으로 지폐 뒤에 숨어 지폐와 함께 움직인다(**그림 3**).

원한다면 한번 더 카드를 아래로 밀었다가 위로 올려도 된다. 지폐의 아래 모서리와 카드의 아래 모서리를 맞춘 뒤, 오른손으로 카드를 집어서 지폐에서 빼낸다. 반쪽 카드는 그대로 지폐 뒤에 남는다. 곧바로 왼손에 남은 지폐와 반쪽 카드를 주머니에 넣고, 오른손에 있는 카드는 테이블에 내려놓는다.

이렇게 카드가 바뀐다. 눈앞에서 즉석으로 이루어지기에 더욱 놀랍다. '배트 어 달러'라는 제목을 붙인 이유는 밥이 다음과 같은 대사를 했기 때문이다.

" '제가 카드를 바꾼다!' 에 1달러 배팅하겠습니다(I' ll bet you this dollar that I change this card)."

엉뚱한 카드를 선택된 카드로 바꿀 때 이 방법을 이용할 수 있다. 관객에게 카드를 빌려서 사용하면 더욱 효과적이다. 관객이 카드를 가지고 있지 않다면 지난 루틴에서 관객이 사용했던, 혹은 들고 있던 카드를 이용해도 좋다.

카드 묶음의 맨 아래에 반쪽 카드를 놓는 일은 아주 간단하다. 폭이 다른 반쪽 카드 두 장을 준비해두면 어떤 카드를 이용하든 해낼 수 있다. 그럼 다른 준비 없이 즉석에서 할 수 있다.

맨 아래에 있는
반쪽 카드

그림 3   그림 4

우선 왼쪽 외투 주머니에 반쪽 카드를 숨겨둔다. 그리고 카드 바꾸기 마술을 하기 바로 전에 반쪽 카드를 허벅지 위에 떨어뜨린다. 다음으로 관객이 선택한 카드를 맨 아래로 옮긴다. 대사를 하면서 오른손으로 카드 묶음을 (위에서) 잡는다. 이때 왼손에 는 (카드 앞면이 손바닥을 향하도록) 팜으로 반쪽 카드를 숨긴다.

이제 오른손에 있는 카드 묶음을 왼손에 놓을 차례이다. 그럼 자연스럽게 반쪽 카드가 카드 묶음 앞면에 위치한다. 이때 카드 묶음의 바깥 모서리와 반쪽 카드의 바깥 모서리를 일치시킨다. 오른손 가운뎃손가락 끝을 구부려서 바깥 모서리를 정리한다.

이제 1달러 지폐를 빌려서 왼손으로 잡는다. 지폐를 테이블에 놓고, 오른손으로 카드를 잡아서 지폐 위에 놓는다. 이번에는 카드의 안쪽 모서리와 지폐의 안쪽 모서리를 일치시킨다(**그림 4**).

카드의 약 3/4을 커트하며, 다음과 같이 말한다.

"최근 지폐가 점점 작아지는 것 같습니다."

혹은

"저는 아직 카드 한 벌 전체를 가지고 하는 방법은 배우지 못했습니다."

지폐의 끝을 위로 올려서 카드를 감싼다. 그리고 카드와 지폐를 집어서 맨 아래에 있는 (반쪽) 카드의 앞면을 보여준다.

"여기 선생님의 카드가 있습니다! 아니라고요? 음, 제가 선생님의 카드로 바꿔보겠습니다. 내기할까요? 1달러 걸겠습니다. 선생님께서 어떤 카드를 선택하셨나요?"

관객이 카드의 이름을 말하면 카드를 바꾼다.

"마술을 하면서 최고의 순간은 지금처럼 1달러를 딸 때입니다."

지폐(와 반쪽 카드)를 주머니에 넣고, 나머지 카드는 관객에게 건넨다. 관객에게 지폐를 돌려줘야 할 때도 지폐와 반쪽 카드를 쉽게 분리할 수 있기 때문에 전혀 문제가 되지 않는다.

"농담입니다. 그냥 1달러 잃으셨다고만 생각하십시오!"

★ 참고
덧붙일 말이 거의 없다. 카드를 바꾸는 자체는 1초밖에 걸리지 않는다. 하지만 설명을 하다보면 장황해진다.

이 마술을 할 때는 약간의 '감(feel)' 이 있어야 한다. 지폐로 카드를 감쌀 때 너무 헐렁해도 안 되고, 너무 팽팽해도 안 된다. 한두 번 해보면 알게 될 것이다.

마지막으로 지폐로 카드를 감쌀 때, 카드의 앞면은 반드시 바닥을 향해야 한다. 지폐로 반쪽 카드의 빈 부분을 감싼 후에 곧바로 앞면이 보이게 뒤집어서 지폐를 접는다.

뒤죽박죽 나를 따라 해봐요
Topsy-Turvy Follow Me

맥스 윌리엄(Max William)과 밀톤 트롭(Milton Tropp)이 선사한 정교한 즉석 카드 마술이다. 관객 한 사람과 머리를 맞대고 할 수도 있지만, 세 명의 관객과 함께 하면 더욱 효과적이다.

★ 이펙트
세 명의 관객이 각각 카드 한 장씩 선택한다. 그리고 카드 묶음 곳곳에 놓는다. 마술사가 관객에게 각각 다섯 장의 카드를 주고, 자신도 다섯 장의 카드를 가져간다. 각자 가지고 있는 카드 다섯 장을 뒤집는 등 마술사가 하는 대로 따라한다.

마지막에 마술사의 카드 다섯 장은 모두 앞면이 보인다. 그러나 관객의 카드 중 한 장, 가운데 카드는 뒤집혀 있다. 바로 그 카드가 처음에 각자 선택한 카드이다!

★ 준비물
1. 카드 한 벌

시연
선택된 카드를 맨 위에서 두 번째, 일곱 번째, 12번째에 놓아야 한다. 그 방법은 각자의 선택에 달려 있다. 가장 쉬운 방법은 우선 관객 세 명에게 각각 카드를 한 장씩 선택하게 한다. 그리고 오버핸드 셔플을 하면서 첫 번째 관객에게 다가간다. 왼손에 카드가 반쯤 남으면 멈춘다.

그리고 왼손에 있는 카드 묶음 위에 선택한 카드를 놓게 한다. 두 번째 관객에게 다가서면서 카드 네 장을 (한 장씩) 왼손에 있는 묶음(첫 번째 관객의 카드) 위에 놓는다. 그리고 그 위에 두 번째 관객이 선택한 카드를 놓게 한다. 세 번째 관객에게 다가가면서 네 장의 카드를 한 장씩 왼손에 있는 카드 위에 놓는다. 그 위에 세 번째 관객이 선택한 카드를 놓게 한다. 이제 다음 카드를 인조그(in jog)하고, 나머지는 정리한다. 맨 위에 카드 한 장을 놓고, 나머지는 카드를 커트하면서 아래 묶음에 합쳐 버린다. 그럼 이제 선택된 카드는 다섯 장 간격으로 떨어져서 두 번째, 일곱 번째, 12번째에 위치한다. 이때 3, 2, 1 순서로 놓는다. 즉, 세 번째 관객의 카드가 두 번째, 두 번째 관객의 카드가 일곱 번째, 첫 번째 관객의 카드가 12번째에 위치한다. (물론 선택된 카드를 3, 2, 1 순서로 놓았다면 셔플한 후에는 1, 2, 3 순서가 될 것이다. 관객과 1:1로 한다면 관객의 카드를 두 번째에 놓으면 된다.)

3번 관객에게 맨 위에 있는 카드 다섯 장을 준다. 이때 카드의 순서를 바꾸거나 펼쳐서는 안 된다. 그리고 관객에게 나란히 정리하여 뒷면이 보이도록 카드를 잡으라고 한다. 그리고 다음 카드 다섯 장을 2번 관객에게 주고, 그 다음 다섯 장을 1번 관객에게 준다. 그리고 다음 다섯 장은 마술사가 가진다. 나머지 카드는 옆에 치워둔다.

이제 각자 나란히 정리한 상태에서 뒷면이 보이는 카드 다섯 장씩 가지고 있다. 하지만 관객은 위에서 두 번째 카드가 자신이 선택한 카드라는 사실을 전혀 알지 못한다.

"여러분이 제 지시를 얼마나 잘 따르실지는 잘 모르겠습니다. 제가 하는 대로 그대로 따라하시겠어요?"

이제 관객이 그대로 따라할 수 있도록 천천히, 그리고 명확하게 다음 동작을 한다.
1. 맨 위 카드를 앞면이 보이게 뒤집어서 맨 아래에 놓는다.
2. (현재) 맨 위 카드를 집어서 뒷면이 보이게 맨 아래에 놓는다.
3. 1과 2를 반복한다.

"제가 한 대로 제대로 따라하시는지 봅시다!"

카드를 펼쳐서 두 번째와 네 번째 카드의 앞면이 보임을 보여준다. 카드를 더 길 보여주기 위한 척, 앞면이 보이는 카드 두 장을 약간(1.2cm 정도) 앞으로 밀어낸다. 그리고 말한다.

"앞면이 보이는 카드가 두 장 있습니다. 여러분도 똑같이 앞면이 보이는 카드가 두 장 있을 겁니다."

각자의 카드를 펼쳐서 확인하게 한다.

"좋습니다. 이제까지 모두 잘 하셨습니다. 다시 카드를 나란히 정리하세요. 그리고 맨 위에 있는 뒷면이 보이는 카드를 뒤집어서 앞면이 보이게 만드십시오. 이번에는 그대로 맨 위에 두십시오. 제가 하는 것처럼 말입니다."

여기에서 약간의 속임수를 사용한다. 카드를 나란히 정리하면서 맨 아래 카드를 살짝 앞으로(위로) 밀어낸다. 그럼 맨 아래 카드와 앞면이 보이는 카드 두 장이 나란해진다. 그럼 이때 맨 위에 있는 카드와 중간에 있는 카드, 즉 뒷면이 보이는 카드 두 장을 한 장처럼 잡고 뒤로 당긴다. 그리고 뒤집어서 앞면이 보이게 맨 위에 놓는다(그림 1). 관객과의 거리가 아주 가깝더라도, 관객은 특이한 점을 발견하지 못한다. 그리고 자신의 카드 중 맨 위 카드 한 장을 뒤집는다.

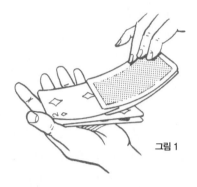

그림 1

　이제 카드 전체 묶음을 뒤집으면 관객이 따라서 카드를 뒤집는다. 그럼 각자 손에 있는 카드 묶음 중 맨 위에 있는 카드는 앞면이 보인다. 그 카드를 뒤집어서 뒷면이 보이게 한다. 그럼 관객도 따라서 맨 위 카드를 뒤집는다. 다시 카드 묶음 전체를 뒤집는다.

　카드를 펼쳐서 모든 카드의 앞면이 위를 향하고 있음을 보여준다. 다음으로 관객 세 명이 각자 손에 있는 카드를 펼친다. 하지만 한 장(가운데 카드)은 윗면이 아래를 향하고 있다(**그림 2**). 이때 관객은 한 번 놀란다. 잠시 멈췄다가 지시를 제대로 따르지 않은 점에 대해 지적한다.

그림 2

　이제 각자 선택한 카드를 말하게 한다. 그러고 나서 뒷면이 보이는 카드를 뒤집어서 그 카드가 선택된 카드임을 확인하게 한다.

　★ **참고**

관객이 많지 않을 때 하기 좋은 마술이다. '나를 따라 해봐요(Follow Me)' 마술이 새로운 것은 아니지만, 앞의 설명을 따르면 관객을 두 번 놀라게 할 수 있다.

카드 다섯 장을 다루는 동작은 어렵지 않다. 물론 카드를 다루는 방법은 각자의 스타일에 따라 달라질 수 있다. 파로 셔플(faro shuffle)을 좋아한다면 다음 방법이 편할 것이다.

우선 선택된 카드 세 장을 맨 위에 놓는다. 그리고 파로 셔플의 '인(in)'을 두 번 실시한다. 그럼 선택된 카드 세 장은 각각 네 번째, 여덟 번째, 12번째에 위치한다. 우선 관객에게 카드 두 장씩 내려놓는다. 이때 한 장씩 건네 카드의 순서를 바꾼다. 다음으로 세 장씩 놓는다. 이번에는 한 번에 세 장씩 내려놓아, 카드의 순서가 바뀌지 않게 한다. 그럼 첫 번째 묶음에서 선택된 카드는 필요한 위치에 있다. 이제 다섯 장의 카드를 나란히 모아서 관객에게 건넨다.

맨 위에 있는 카드 한 장을 내려놓은 뒤, 그 위에 (카드 순서를 바꾸지 않고 한 번에) 카드 네 장을 내려놓는다. 그럼 두 번째 묶음에 대해 필요한 준비가 끝난다. 세 번째 묶음에서 선택된 카드는 이미 있어야 할 곳에 있기 때문에 그대로 순서를 바꾸지 않고 다섯 장을 건넨다. 마지막으로 다음에 놓인 다섯 장을 마술사가 가진다. 역시 선택된 카드는 필요한 위치에 있다.

토니 노이스의 카드 위치 바꾸기
Tony Noice's Card Transposition

토니 노이스(Tony Noice)는 오래된 절친한 친구이다. 그는 이 카드 마술을 오랫동안 해왔다. 마술에 대한 문외한들에게 하기 적합한 마술이라고 말하는 사람들도 있다. 그래도 약간의 연습은 필요하다.

★ 이펙트
관객이 카드 묶음 중간쯤에 위치한 카드 한 장을 선택하여 앞면이 보이게 뒤집는다. 마술사가 왼손으로 카드 한 장을 앞면이 보이게 잡고, 그 카드와 다른 카드의 위치를 바꾸겠다고 말한다. 모두가 보는 앞에서 관객의 손에 있는 카드가 다른 카드로 바뀐다. 마지막으로 카드 묶음을 펼쳐서 방금 들고 있던 카드가 중간에 뒤집혀 있음을 보여준다.

★ 준비물
1. 빌린 카드 한 벌

준비
헤르만(Herrman) 혹은 턴오버(Turnover) 패스 연습 외에는 준비할 것이 전혀 없다.

시연
카드 한 장을 뽑으려는 듯, 카드를 부채모양으로 펼친다. 관객에게 카드 한 장을 가리키라고(혹은 건드리라고) 말한다. 이때 중간쯤에 위치한 카드를 선택하도록 유인한다. 관객이 카드를 선택하면 선택된 카드를 뒤집어서 왼손에 있는 묶음 위에 놓는다(그림 1). 이때 오른손에는 여전히 부채모양으로 펼친 카드가 있다.

"이 카드, 스페이드 8을 기억하십시오. 제가 이렇게 뒤집어서 앞면이 보이게 여기에 놓겠습니다."

그림 1

그림 2

스페이드 8은 여전히 앞면이 보이게 놓인 상태에서 카드를 나란히 정리한다. 동시에 뒤집힌 카드 아래에 왼손 새끼손가락을 넣는다. 턴오버 패스를 통해 카드 묶음을 앞면이 보이게 뒤집는다. 턴오버 패스의 방법은 다른 마술 책(《위대한 마술(Greater

Magic)》)에도 잘 설명되어 있으므로, 여기에서는 간단히 짚고 넘어가기로 하자.

오른팔이 관객을 향하도록 몸을 튼다. 그리고 오른손으로 카드의 위 1/2을 잡는다. 이때 카드의 오른쪽을 잡아야 한다(**그림 2**). 왼손 집게손가락을 구부려서 카드의 왼쪽 아래에 둔다. 그 상태에서 카드의 왼쪽 모서리를 위로 올려서 아래 묶음이 위 묶음의 오른쪽으로 가게 한다(**그림 3**). 이제 카드의 앞면이 보이도록 왼손을 뒤집으면서 카드를 나란히 정리한다. **그림 4**는 마무리 바로 직전의 모습이다.

제대로 하면 오른손 손등이 모든 움직임을 가리기 때문에 관객은 패스에 대해 전혀 눈치 채지 못한다. 그냥 마술사가 카드 묶음을 뒤집는다고 생각한다.

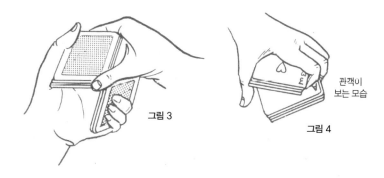

그림 3

그림 4

관객이
보는 모습

카드 묶음의 앞면에서부터 더블 리프트로 카드 두 장을 잡은 뒤, **그림 5**와 같이 한 장처럼 잡는다.

"좋습니다. 지금 제가 하려고 하는 마술은 이 카드, 하트 3을 뒤집힌 스페이드 8과 바꾸는 겁니다. 아마 스페이드 8은 위에서부터 한 20번째쯤 위치할 겁니다."

이렇게 말하면서 (왼손을 잠시 뒤집고) 카드 묶음 중간을 가리킨다(**그림 5**).
(왼손에 있는 카드의 앞면이 위로 향하게 한다.)

"보십시오!"

오른손 엄지손가락 끝으로 카드의 왼쪽 모서리를 살짝 놓는다. 동시에 왼손을 오른쪽으로 빠르게 움직여서 오른손에 있는 하트 3을 잡는다. 그럼 스페이드 8이 모습을 드러낸다(**그림 5A**). 이때 왼손 엄지손가락으로 카드 넘기는 소리를 낸다.

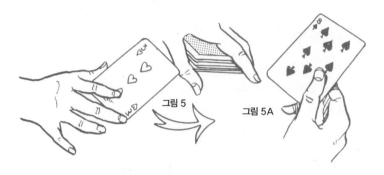

그림 5   그림 5A

스페이드 8을 (뒤집힌 하트 3을 뒤에 숨긴) 카드 묶음 앞에 놓는다. 그리고 (중간 아무데서나) 턴오버 패스를 하여 카드 묶음을 뒤집어 앞면이 아래를 향하게 만든다. 곧바로 뒷면이 보이는 카드를 펼쳐서 가운데에 혼자 반대 방향으로 놓여 있는 하트 3을 보여준다.

★ 참고

마술을 잘 모르는 사람들을 위한 거의 완벽에 가까운 마술이다. (마술사들은 별로 감동받지 않을 것이다.) 카드를 빌려서 사용해도 되며, 그 외에 필요한 것은 전혀 없다. 필요 없는 동작도 전혀 없기 때문에 깔끔하고 명료하다. 물론 두 가지 핸드 슬레이트, 더블 리프트(double lift)와 턴오버 패스(turnover pass)를 배워야만 할 수 있다. 모든 과정을 매끄럽게 연결할 수 있도록 연습한 뒤, 관객에게 보여줘라. 그럼 만족스러운 결과를 얻을 것이다.

봉투에서 올라오는 카드(빌 세번-피트 비로)
Rising Card From Envelope(Bill Severn-Pete Biro)

라이징 카드 마술을 할 수 있는 기발한 방법으로, 오래된 마술을 무대 버전으로 변형시킨 것이다. 홀렛(houltte)이나 다른 도구는 필요 없다. 정말로 즉석에서 이루어지는 것처럼 보이며, 실, 릴(reel) 등과 같은 도구가 없어도 된다.

★ 이펙트

관객이 선택한 카드가 카드 묶음 중간 어딘가에 들어간다. 그리고 카드 묶음을 봉투 안에 넣은 뒤, 봉투를 봉인한다. 마술사가 봉투의 양쪽에 작은 구멍을 뚫은 뒤 거기에 연필을 통과시킨다. 그럼 카드가 연필에 매달린다. 그러다 마술사가 봉투의 윗부분을 찢는다. 그러자 선택된 카드가 천천히 위로 올라온다. 선택된 카드가 두 장일 때는 첫 번째 카드를 꺼내자마자 두 번째 카드가 올라온다.

★ 준비물

1. 카드 한 벌
2. 약 9.4cm×16.2cm 크기의 봉투 하나
3. 긴 평범한 나무 연필 한 자루
4. 고무밴드 하나

준비

고무밴드로 연필 중간을 감는다(**그림 1**). 그리고 연필의 뾰족한 끝이 아래를 향하게 주머니 안에 넣는다. 나는 주로 외투 안주머니를 이용했다. 카드에 연필자국 나는 것이 싫다면 연필 끝 흑심이 있는 부분에 투명 매니큐어를 바른다.

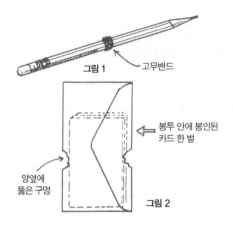

그림 1　고무밴드

봉투 안에 봉인된
카드 한 벌

양옆에
뚫은 구멍

그림 2

시연

선택된 카드 한 장 혹은 두 장을 다시 다른 카드와 섞는다. 이때 선택된 카드가 맨 위로 가게 한다.

"저랑 이 카드랑은 아무 상관도 없습니다. 더욱 확실하게 하기 위해서 카드를 봉투 안에 넣겠습니다."

카드를 봉투에 넣는다. 그리고 봉투의 윗부분을 잡고 흔들어 카드를 아래쪽으로 모은다. 이때 맨 위 카드가 어느 방향에 있는지 기억해둔다.

봉투의 양쪽에 (0.6~1.2cm 크기의) 구멍을 뚫는다(**그림 2**). 구멍은 봉투의 중간보다 약간 위에(카드의 3/4 지점에) 위치하는 것이 좋다. 물론 구멍 두 개가 서로 마주보아야 한다.

오른손으로 주머니에 있는 연필을 꺼낸다. 이때 연필 가운데에 있는 고무밴드가 보이지 않도록 주의한다. 카드가 든 봉투를 뒤집어서 세로 모서리가 당신을 향하게 한다. 그리고 가까운 구멍에 연필을 넣는다. 연필의 뾰족한 부분이 반대쪽 구멍으로 나올 때까지 밀어 넣는다. 그럼 고무밴드가 맨 위 카드와 봉투 중간에 위치한다.

세로 모서리가 당신을 향하도록 봉투를 돌리는 이유는 연필을 똑바로 밀어 넣어서 고무밴드가 보이지 않게 하기 위함이다.

이제 엄지손가락과 집게손가락으로 연필 끝을 잡는다. 이 상태에서 봉투를 약간 흔든다.

"봉투가 약간 무겁군요. 카드 몇 장을 꺼내서 가볍게 만들어야겠습니다. 그래야 무슨 일이 일어나는지 더 잘 보실 수 있을 겁니다."

봉투의 윗부분을 찢는다. 이때 카드의 위 모서리 바로 윗부분을 찢는 것이 좋다(**그림 3**).

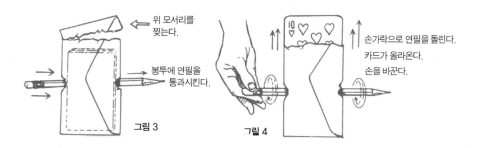

그림 3   그림 4

카드와 봉투를 살짝 흔들며 천천히 연필을 돌린다. (과장된 움직임은 피해야 한다.) 그럼 맨 위 카드가 천천히 봉투 밖으로 모습을 드러낸다(**그림 4**).

연필을 돌린다는 사실을 숨기기 위해서 때때로 손을 바꿔서 연필을 잡는다. 조금만 연습하면 관객 몰래 연필을 돌릴 수 있다. 선택된 카드가 두 장일 때는 먼저 첫 번째 카드를 꺼낸 뒤, 계속해서 연필을 돌려서 두 번째 카드를 꺼낸다.

오른손 집게손가락과 엄지손가락으로 연필을 꺼낸 뒤 곧바로 손바닥이 아래를 향하도록 손을 뒤집는다. 동시에 연필을 돌려서 마무리를 해도 된다. 몇 번 해보면 고무밴드를 숨기는 요령을 터득하게 될 것이다.

오른손으로 연필을 주머니에 넣고, 동시에 왼손으로 봉투에서 카드를 꺼낸다. (원한다면 '고무밴드가 없는' 연필로 바꿔서 관객에게 보여줘도 된다. 하지만 굳이 연필에 사람들의 관심을 집중시킬 필요는 없다.)

연필을 넣기 전에 먼저 봉투의 윗부분을 찢어도 된다. (그러면 봉투 안을 보면서 연필을 넣을 수 있기 때문에 더욱 편리하다.) 또한 봉투의 양쪽을 찢어서 구멍을 내지 않고, 곧바로 연필을 넣어서 직접 연필로 구멍을 뚫어도 된다.

피트 비로는 선택된 카드가 중앙에서 올라오게 했다. 그는 또한 처음에 엉뚱한 카드가 올라오게 했다. 엉뚱한 카드가 내려가면서 동시에 선택된 카드가 위로 올라온다!

가장 쉬운 방법은 (마술용품점에서 구입할 수 있는) 스벵갈리(Svengali) 카드로 바꾸는 것이다. 한 손으로 카드를 잡고 반대 손에 카드를 한 장씩 떨어뜨리고, 도중에 관객이 당신을 멈추게 한다. (이때 끝부분만 리플하여 스벵갈리 카드라는 사실을 숨긴다.) 포스를 통해 관객에게 카드 한 장을 선택하게 한 뒤, 다시 원래 자리에 내려놓게 한다. 그리고 커트를 한두 차례 실시한다.

이제 카드를 봉투에 넣고, 봉투를 봉인한다. 굳이 봉투를 찢어서 구멍을 낼 필요는 없다. 그냥 연필을 넣어서 중간쯤에 구멍을 뚫는다. 다음으로 봉투의 윗부분을 찢으면서 연필 뒤에 놓인 카드의 앞면을 살짝 확인한다.

만약 연필 뒤에 있는 카드가 포스 카드라면 먼저 연필 앞에 있는 카드를 위로 올린다. (연필 돌리는 방향에 따라 연필 앞에 있는 카드가 올라오기도, 뒤에 있는 카드가 올라오기도 한다.) 관객이 그 카드가 아니라고 하면 연필을 반대방향으로 돌린다. 그럼 '엉뚱한' 카드는 아래로 내려오고, 선택된 카드가 위로 올라간다! 만약 연필 뒤에 있는 카드를 확인한 결과 포스 카드가 아니라면 그 카드부터 먼저 위로 올린다.

평범한 카드로도 같은 효과를 낼 수 있다. 단, 선택된 카드가 맨 위 혹은 맨 아래 있어야 한다. 우선 카드 묶음의 위 1/2을 커트한 뒤, 위와 아래 모서리에 압력을 가하여 카드를 위로 구부린다. 그리고 나머지 1/2은 아래로 구부린다. 그럼 가운데, 선택된 카드가 있는 부분에 구멍이 생긴다.

나머지는 간단하다. 연필로 (카드가 담긴) 봉투를 뚫는다. 이때 카드 사이 벌어진 부분에 연필을 통과시킨다. (카드를 움직여서 선택된 카드의 위치를 알 수도 있지만) 봉투의 윗부분을 찢으며 연필 뒤에 있는 카드를 확인한다. 나머지는 위와 동일하다.

★ 참고

기묘하면서도 신기한 마술이다. 그리고 조금만 연습하면 자연스럽게 카드를 올릴 수 있으며, 연습과 실험이 꼭 필요하다.

만약 봉투가 너무 넓으면 뚜껑을 접을 때 깊이 접는다. 반대로 너무 좁으면 뚜껑을 덜 접으면 된다. 카드를 넣었을 때 봉투 안에 공간이 너무 많이 남으면 한 장이 아닌 여러 장의 카드가 한 번에 올라올 수도 있다. 그렇다고 너무 공간이 협소해서도 안 된다. 실험을 통해 적당한 공간의 크기를 알 수 있다.

시간을 줄이기 위해서 미리 봉투의 윗부분을 뜯어놓고 싶을 수도 있다. 하지만 그리 권하고 싶지는 않다. 관객 앞에서 찢어야 더욱 신뢰가 간다. 또한 가능하면 관객에게 봉투를 빌려서 사용하는 것이 좋다.

마지막으로 연필에 고무밴드를 감는 대신 고무 시멘트를 발라도 된다. 하지만 고무밴드만큼 확실한 효과는 보장되지 않는다. 연필로 봉투를 찌를 때 고무 시멘트는 떨어질 수도 있다. 또한 고무밴드만큼 확실히 카드를 잡지도 못한다.

닉 콘티첼로의 투시 카드
Nick Conticello's Seeing Through the Deck

닉 콘티첼로(Nick Conticello)는 뉴욕의 젊은 마술사로, 수학을 이용한 카드 마술이 특기이다. 수학적인 이론을 숨길 수 있는 마술 하나를 소개하고자 한다. 내가 만들어낸 연기와 이야기 때문에 위와 같은 제목을 붙였다. 완전히 즉석에서 할 수 있다.

★ 이펙트

골고루 섞은 카드 묶음에서 관객이 카드 다섯 장을 빼낸다. 그중 한 장을 기억한 뒤, 다섯 장을 골고루 섞는다. 다섯 장의 카드를 나머지 카드와 완전히 섞는다. 원한다면 커트를 여러 차례 실시해도 된다.

마술사가 관객에게 자신의 카드를 찾아서 맨 아래로 가게 커트하라고 말한다. 이제 마술사는 맨 아래 카드를 알아내기 위해 전체 카드를 투시한다. 마지막으로, 여러 차례 커트를 한 뒤 선택된 카드를 꺼냄으로써, 맨 아래 카드를 투시했음을 증명한다.

★ 준비물

1. 카드 한 벌. 반드시 빌려서 사용해야 한다.

준비

없다. 맨 위 카드와 맨 아래 카드만 기억해두면 된다.

시연

이전 마술을 하는 동안, 혹은 셔플을 하면서 맨 위와 맨 아래 카드를 기억한다. 그리고 기억한 두 장의 카드(키 카드)의 위치가 바뀌지 않게 다시 가짜 셔플을 한다. 이때 맨 위와 맨 아래 카드를 구분해서 기억할 필요는 없다.

카드의 뒷면이 보이도록 테이블 위에 일렬로 스프레드 한다. 그리고 관객에게 (키 카드를 제외한) 카드 다섯 장을 뽑으라고 한다. 그중 한 장을 기억한 뒤, 다섯 장을 골고루 섞게 한다. 그럼 선택된 카드의 위치는 아무도 모른다.

그동안 마술사는 펼쳐놓은 카드를 모은다. (원한다면 가짜 커트, 혹은 리플 셔플을 해도 된다. 단, 절대로 키 카드의 위치가 바뀌어서는 안 된다.) 위의 1/2 덱을 커트하여 테이블에 내려놓으며 관객에게 들고 있는 카드 다섯 장을 그 위에 놓으라고 말한다. 그러고 나면 남은 1/2 덱을 그 위에 놓는다. 그럼 이제 다섯 장의 카드는 두 장의 키 카드 사이에 위치한다.

이제 원하는 만큼 커트를 실행한다. 그리고 관객에게 카드를 건네며, 선택한 카드를 찾아서 그 카드가 맨 아래로 가도록 커트하라고 한다. 이때 당신이 아무것도 보지 못하도록, 카드의 뒷면이 당신을 향하게 하라고 한다. (이때 관객이 카드를 가져가는 게 아니다! 그냥 선택된 카드가 맨 아래로 가게 만드는 것뿐이다.) 뒷면이 보이게 카드 묶음을 테이블 위에 놓으라고 한다. 항상 당신은 맨 아래 카드, 즉 선택된 카드를 볼 수 없어야 한다.

원래 닉은 손을 펴서 카드 옆에 놓은 뒤, 맨 위에서부터 다섯 장의 카드를 손바닥 위에 놓으라고 했다. 그러고 나서 나머지 카드를 그 위에 놓게 했다. 수학적인 계산이 포함되었기 때문에 관객이 처음에 선택한 카드와 동수의 카드를 거꾸로 세어야 한다.

나는 이 부분을 다음과 같이 했다. 카드를 쳐다보면서 다음과 같이 말한다.

> "저는 오랫동안 카드를 투시하는 기술을 연마했습니다. 말하자면 엑스레이와 비슷하죠. 카드 반 정도만 투시할 수 있습니다. 아직 카드 한 벌 전체를 투시한 적은 없습니다. 안 되는군요. 카드가 너무 많습니다."

마지막 말을 하면서 맨 위에 있는 카드 한 장을 집어서 테이블에 내려놓는다.

"아, 조금 나아졌군요. 하지만 그래도 아직은 많습니다."

또 다른 한 장을 집어서 먼저 내려놓은 카드 위에 놓는다. 이때 기억할 점은 내려놓는 카드를 쳐다보지 않고, 카드 묶음을 집중하여 쳐다봐야 한다.

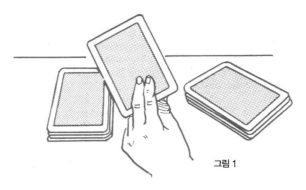

그림 1

또 다른 카드를 옆에 내려놓는다(**그림 1**). 맨 아래 카드가 점점 더 선명하게 보이는 것처럼 연기한다. 이렇게 다섯 장의 카드를 제거한다. 마지막 카드를 내려놓으며 말한다.

"바로 이겁니다! 알아냈습니다! 아주 잘 보이네요!"

그리고 카드 묶음을 다섯 장의 카드 위에 놓고 커트를 한다. 이번에도 카드의 앞면을 볼 수 없는 상태에서 카드를 다뤄야 한다. 직접 커트를 해도 되고, 혹은 관객에게 시켜도 된다. 지금은 온전하게 커트를 한다.

"제가 카드를 투시하여 맨 아래 카드를 봤다는 사실을 못 믿으시는군요. 그렇죠? 음, 제가 증명해보이겠습니다."

카드를 집어서 앞면을 보지 않은 채 살펴보면서 한 장의 카드를 고른다. 그리고 관객에게 선택한 카드의 이름을 물어보며 카드를 뒤집는다. 바로 그 카드가 맞다!

카드를 펼쳐서 키 카드 두 장을 찾는다. 그럼 그 사이에 존재하는 카드의 수는 홀수일 수밖에 없다. 한 장만 있다면 바로 그 카드가 선택된 카드이다. 만약 다섯 장, 일곱 장이 있다면 한가운데에 있는 카드가 선택된 카드이다.

★ 참고

이는 항상 자동적으로 이루어진다. 그리고 관객이 처음에 카드 몇 장을 뽑건 전혀 상관이 없다. 뒤에서 같은 수의 카드를 빼내기만(리버스) 하면 된다. 또한 두 장의 키 카드 사이에 존재하는 카드 수는 항상 홀수이며, 한가운데에 있는 카드가 선택된 카드이다.

처음 관객이 카드를 뽑을 때 장수에 대해서는 언급하지 않는 것이 좋다. 즉, 카드를 일렬로 펼쳐놓은 뒤, 관객에게 카드 한 장을 뽑으라고 한다. 그리고 또 한 장, 또 한 장을 선택하게 한다. 혹은 관객에게 한 장씩 원하는 만큼의 카드를 뽑으라고 한다. 옆에서 몇 장을 가져가는지 세기만 하면 된다.

원리를 완벽하게 이해하면 다양한 연기를 펼칠 수 있다. 반드시 관객이 처음 뽑은 카드의 숫자(선택한 카드 포함)는 나중에 마술사가 투시를 핑계로 내려놓는 카드의 숫자와 동일해야 한다.

또한 카드에 미리 표시를 해둔 것이 아니냐는 의심을 피하기 위해서는 관객에게 카드를 빌리는 것이 좋다. 한 번 의심을 사기 시작하면 신뢰를 회복하는 데는 상당한 시간과 노력이 필요하다. 그리고 관객이 직접 뽑은 카드 중에서 카드를 한 장 선택하고, 골고루 섞어서 선택된 카드의 위치를 아무도 모르게 만든다는 사실은 관객을 더욱 놀라게 한다.

이 원리를 이용하는 다양한 방법 중에서 한 예를 살펴보자. 먼저 관객에게 카드 12장을 뽑으라고 한다. 그리고 관객이 직접 12장의 카드를 서플하고, 부채모양으로 펼친다. 관객이 태어난 달과 일치하는 카드를 찾는다. 그럼 관객이 그 카드를 기억한다. 예를 들어 관객의 생일이 5월이라면 직접 1월, 2월, 3월, 4월, 5월이라고 중얼거리며 카드를 센다. 그리고 다섯 번째 카드를 기억한다.

이 경우, 선택이 이루어진 후 카드를 서플할 필요가 없다. (원한다면 가짜 서플이나 가짜 커트를 해도 된다.) 그리고 설명한 대로 12장을 원래 묶음과 합치고 관객을 시켜 선택된 카드가 맨 아래로 가게 한다. 이제 12장의 카드를 거꾸로 세서 테이블에 내려놓고, 그 위에 나머지 카드를 올려놓는다. 앞에서 설명한 것과 비슷한 연기를 한다. 혹은 관객이 직접 열두 달의 이름을 말하며 카드를 한 장씩 테이블에 내려놓게 한다.

카드를 커트한 후에, 카드를 훑어서 선택된 카드를 찾을 수 있다. 여기까지만 하는 경우에는 관객이 카드 한 장을 선택한 후에 12장의 카드를 셔플해도 된다. 하지만 셔플을 하지 않으면 선택된 카드뿐만 아니라 관객이 태어난 달도 알 수 있다. 그 방법은 잠시 후 살펴보기로 하자.

또 다른 아이디어가 있다. 선택된 카드를 빼내지 않고, 곧바로 카드를 펼쳤다가 모으면서 말한다.

"오, 제가 깜빡했네요. 예언을 해보고 싶습니다."

종이에 관객이 태어난 월을 적은 뒤, 종이를 테이블에 뒤집어 놓는다. 이제 선택된 카드를 집어서 보여준다. 여기까지는 앞에서 설명한 내용과 동일하다. 키 카드 사이에 있는 카드 중 한가운데에 있는 카드가 선택된 카드이다. 그러고 나서 관객이 태어난 달을 말한다. 그리고 종이를 뒤집어서 예언이 일치함을 보여준다.

키 카드 사이에 있는 카드의 수를 세면 관객이 태어난 달을 알 수 있다. 가운데 있는 카드의 수에 1을 더한 뒤 2로 나눈다. 이 정도의 계산은 순식간에 할 수 있을 것이다. (이때는 선택된 카드를 신경 쓰지 말고, 키 카드 사이에 위치한 카드를 세는 일에 집중한다.) 예를 들어 5월이라고 하자. 앞의 지시를 그대로 따르면 마지막에 키 카드 사이에 있는 카드는 모두 아홉 장이 된다. 그럼 거기에 1을 더하고, 그 값(10)을 2로 나누면 5가 된다. 즉, 관객의 생일은 다섯 번째 달, 5월이다. 예언을 쓴 뒤에 카드를 훑어서 선택된 카드를 찾는다. 예를 통해 보았다시피, 키 카드 중간에 있는 카드가 아홉 장이면 선택된 카드는 정 중앙, 즉 다섯 번째 카드이다.

물론 친구나 생일을 알 만큼 가까운 사람을 상대로 생일 관련 예언을 하는 것은 어리석은 짓이다. 이 경우에는 1주일 중 7일을 사용하면 된다. 우선 관객에게 카드 일곱 장을 뽑으라고 한다. 그리고 태어난 요일의 카드를 기억하라고 한다. 이때 월요일을 한 주의 시작으로 본다. 혹은 관객에게 원하는 만큼의 카드를 뽑게 한 뒤, 그중 숫자 하나를 선택하게 한다. 그럼 나중에 선택된 카드와 숫자를 모두 예언할 수 있다. 원리는 앞과 동일하다.

마지막으로 샘 슈왈츠(Sam Schwartz)는 또 다른 방법을 제안했다. 그는 키 카드 중 하나를 로케이터 카드(locator card)로 사용했다. 그 방법을 몇 번 하다보니 3 카드가 가장 적합하다는 사실을 알아냈다. 맨 아래에 3 카드, 여기에서는 클럽 3 카드를 놓기로 하자.

우선 관객에게 카드 다섯 장을 뽑고, 그중에 한 장을 기억하게 한 뒤 셔플하게 한다. 그리고 나서 다섯 장의 카드를 나머지 카드와 섞되, 이때 다섯 장의 카드가 키 카드 사이에 들어가게 한다. 다음으로 커트를 한다. 관객이 직접 커트를 하여 선택된 카드를 맨 아래로 보낸다.

이제 원래의 키 카드는 맨 위에서부터 첫 번째, 두 번째, 세 번째, 네 번째, 다섯 번째 카드 중에 있다.

"당신의 카드는 여기에 있을 수 없습니다. 분명 아까 커트를 해서 맨 아래로 보내셨죠?"

키 카드가 보일 때까지 위에서부터 카드를 한 장씩 뒤집는다. 이때 키 카드 위에 있는 카드가 몇 장인지 확인한다. 그럼 선택된 카드가 클럽 3 아래에서 몇 번째 카드인지 알 수 있다.

만약 원래 키 카드가 맨 위(첫 번째)에 있다면 선택된 카드는 클럽 3 아래 다섯 번째 카드이다. 이때는 클럽 3 다음부터 세어야 한다. 만약 키 카드 위에 한 장이 있다면 선택된 카드는 클럽 3 아래 네 번째 카드이다. (처음 키 카드 위에 올려놓은 카드의 수(5)에서 현재 키 카드 위에 있는 카드의 수를 뺀다.)

만약 키 카드 위에 두 장이 있다면 선택된 카드는 클럽 3 아래 세 번째 카드이다. 키 카드 위에 두 장이 있으면 클럽 3 아래 두 번째 카드이다. 만약 키 카드 위에 네 장이 있으면 선택된 카드는 클럽 3 바로 아래에 있는 카드이다.

방금 뒤집은 카드를 원래대로 놓고, 관객에게 카드를 커트하도록 시킨다.

"클럽 3이 저의 탐정 카드입니다. 한 번에 한 장씩 카드의 앞면이 보이게 놔 주세요. 클럽 3 이 나올 때까지 말입니다."

이때 관객은 카드의 뒷면이 보이도록 카드 묶음을 잡고, 한 장씩 테이블에 내려놓아야 한다.

클럽 3이 나타나면 선택된 카드가 어디에 있는지 알 수 있다. 만약 클럽 3 바로 옆에 있는 카드라면 (즉, 키 카드 위에 네 장의 카드가 있었다면) 관객에게 기억하고 있는 카드 이름을 말하게 한 뒤, 바로 옆에 있는 카드를 뒤집어서 마무리 한다.

만약 두 장 떨어져 있으면 클럽 3을 쳐다보면서 관객에게 카드 세 장을 세라고 한다(그럼 선택된 카드를 찾기 위해 클럽 3을 이용하는 것처럼 보인다). 만약 세 장 떨어져 있으면 관객에게 카드 세 장을 내려놓으라고 한 뒤, 클럽 3 다음 카드를 쳐다본다. 만약 네 장 떨어져 있으면 카드 세 장을 내려놓게 한 뒤, 그 다음 카드를 뒤집는다. 다섯 장 떨어져 있는 경우(키 카드가 맨 위에 있는 경우)에는 'three' 혹은 'clubs' 스펠링에 따라 한 장씩 카드를 내려놓게 한다.

한두 번 해보면 이해가 될 것이다. 마지막으로 제안하고 싶은 내용이 있다. 맨 위 키 카드의 뒷면에 연필로 점을 찍어둬라. 그러면 카드를 뒤집지 않아도 된다. 그저 대사를 하면서 맨 위 카드 몇 장을 펼친다. 연필로 찍은 점이 보이면 그 위에 몇 장이 있는지 센다.

여러 장의 카드를 위한
힌두 셔플 포스 두 가지(러셀 반하트-해리 로레인)
Two Hindu-Shuffle Forces of More Than
One Card(Russel Barnhart-Harry Lorayne)

기본 힌두 셔플(Hindu-Shuffle) 포스를 통해 카드 한 장, 맨 아래에 있는 카드를 선택하게 만드는 방법은 이미 알고 있으리라 생각한다. 즉, 관객이 당신을 멈출 때까지 힌두 셔플을 한 뒤, 오른손에 있는 카드 중 맨 아래에 있는 카드를 관객에게 보여주며 기억하라고 한다.

참고 부분에서는 맨 아래에 있는 카드가 아닌 다른 카드 한 장을 포스하는 방법 한두 가지를 더 소개할 예정이다. 기본적으로 여기에서는 힌두 셔플을 이용하여 한 번에 한 장씩 모두 세 장을 포스할 수 있는 방법 두 가지를 살펴보기로 하자. 이런 방법에 관한 내용이 실린 책이 있는지는 확실치 않다. 하지만 개인적으로 그런 책이나 출판물은 보지 못했다.

러셀 반하트 방법Russell Barnhart Method

기술적으로 '포스'라는 이름을 붙여도 되는지는 잘 모르겠다. 하지만 어쨌든 관객이 카드 세 장을 선택해야 하고, 어떤 카드인지 마술사가 알아야 하는 부분이 포함된 루틴에서 사용할 수 있는 방법이다.

우선 관객 세 명과 마주 선다. 그리고 왼쪽에서 오른쪽으로 진행한다. 카드를 셔플한 뒤, 나란히 정리하고, 힌두 셔플을 할 수 있도록 카드를 잡는다. 그리고 (왼쪽에 있는) 마술사가 셔플을 하면 도중에 멈추라는 말을 해달라고 첫 번째 관객에게 부탁한다. 처음에 힌두 셔플을 할 때는 카드의 아래 1/2을 (언더 커트로) 꺼낸다. 이때 오른손을 기울여서 맨 아래 카드의 모양을 살짝 확인한다(**그림 1**).

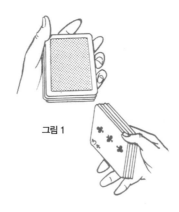

그림 1

시선을 아래로 돌리는 타이밍과 카드를 기울이는 순간이 일치하면 정말 눈 깜짝할 사이에 카드를 확인할 수 있다. 그림에서 카드를 기울인 각도가 약간 과장되어 있음을 기억해야 한다. 실제로는 카드를 살짝만 기울이며, 아래 1/2을 빼면서 동시에 기

Tarbell course in Magic

울인다. 절대 주저하거나 멈춰서는 안 된다. 왼손 손가락 끝으로 카드를 잡고 아래 1/2을 끝까지 당긴다(**그림 2**).

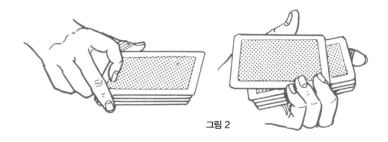

그림 2

이로써 기대하지 않은 또 다른 효과를 얻을 수 있다. (처음부터 살짝 기울여서) 아래 묶음을 빼내면 마치 위 묶음을 빼는 것처럼 보인다. 하지만 관객이 마술에 문외한이라면 별로 중요하지는 않다.

관객이 멈추라고 할 때까지 계속해서 셔플을 한다. 관객이 신호를 하면 오른손에 있는 카드를 들어서 보여주며 "이 카드를 기억하십시오"라고 말한다(**그림 3**). 오른손에 있는 카드를 다시 왼손에 있는 카드 위에 놓고, 곧바로 또다시 힌두 셔플을 하면서 두 번째 관객을 향해 돌아선다. 이번에는 두 번째 관객에게 멈추라는 신호를 부탁한다. 첫 번째 관객과 했던 그대로 반복한다. 관객에게 돌아서면서 카드를 확인한다.

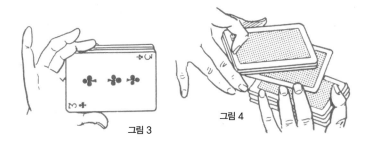

그림 3

그림 4

세 번째 관객과도 똑같이 반복한다. 관객이 기억하고 있는 카드 세 장을 당신도 모두 알고 있다. 반드시 카드를 힐끗 보는 순간의 카드를 기억해야 한다. 마지막으로 관객에게 카드를 건네 셔플을 부탁한다. 러셀이 이 방법을 사용하는 것을 본 적이 있다. 그리고 분명 당신도 제대로 하면 관객 몰래 선택된 카드를 알아낼 수 있을 것이다!

해리 로레인 방법Harry Lorayne Method

나는 항상 이 방법을 이용하여 어떤 루틴을 해왔다. 전에는 책에 실어야 할 정도로 중요한 내용이라고 생각하지 않았다. 그러던 어느 날 러셀 반하트가 자신의 방법을 보여줬을 때, 나는 그에게 내 방법을 보여줬다. 그가 감쪽같이 속는 것 아닌가! 그 후로 다른 마술사들에게도 보여줬는데, 그들 역시 감쪽같이 속았다. 그래서 이 방법을 책에 담기로 결심했다.

여기에서는 포스 방법만 설명할 것이다. 어떤 루틴에 사용할지는 여러분 각자에게 달려 있다. 러셀의 방법과는 달리, 여기에서는 포스할 카드 세 장이 이미 결정되어 있다. 또한 약간의 연습이 필요하다.

포스할 카드 세 장을 카드 맨 앞에 둔다. 그리고 힌두 셔플의 첫 번째 동작(아래 묶음을 빼는 것)을 한다. 이때 평소보다 카드를 많이 잡는다. 약 3/4을 빼낸다. (첫 번째 동작을 할 때 유의해야 할 사항이 있다. 오른손으로 카드의 아래 묶음을 잡거나 왼손으로 위 묶음을 잡아야 하는데, 이 둘을 동시에 하는 것이 가장 좋다.)

셔플을 하다가 관객이 멈추라고 하면 멈춘다. 이때 셔플을 너무 많이 하기 전에 멈추라는 신호가 나오도록 유도해야 한다. 만약 시간을 너무 끈다 싶으면 셔플을 할 때 왼손으로 카드를 조금씩만 잡는다. 세 명의 관객이 모두 한 번의 셔플에 카드 한 장씩 기억하려면 충분한 카드가 필요함을 기억해야 한다.

자, 이제 첫 번째 관객이 멈추라는 말을 하면 오른손에 있는 카드 중 맨 앞에 있는 카드를 보여준다. 즉 '기본' 포스('standard' Force)를 실시한다. 두 번째 관객에게 돌아서면서 계속해서 셔플을 한다. 이는 오른손에 있는 카드 중 맨 앞에 있는 카드(방금 포스한 카드)를 왼손으로 옮기기 위함이다.

처음에는 어려워보일지 모른다. 하지만 설명을 따라서 차근차근 하다 보면 전혀 어렵지 않을 것이다. 셔플을 계속할 때 하는 것처럼 오른손 카드를 왼손 카드 위에 놓는다. 오른손을 왼손 카드 위로 가져간 뒤, 왼손 엄지손가락과 가운뎃손가락 끝으로 오른손에 있는 카드 중 맨 아래에 있는 카드를 잡아서 아래로 당긴다. 조금만 연습하면 **그림 4**와 같이 카드 한 장을 분리할 수 있다. 반드시 카드 한 장만 분리해야 한다.

이렇게 당긴 카드는 아래 묶음과 합친다. 이때 오른손에 있는 카드 중 한 장이 아닌 여러 장을 당기는 것처럼 연기한다. 그리고 자연스럽게 셔플을 계속한다. 이해를 돕기 위해 동작을 크게 두 부분으로 나눠보자. 먼저 카드 한 장을 분리한다. 그러고 나서 계속해서 셔플을 하면서 완전히 빼낸다. 실제로 이 두 동작이 하나처럼 연결된다.

여기에서 중요한 점은 다음 포스 카드를 적절한 위치에 두는 것이다. 그리고 셔플을 하다 두 번째 관객이 멈추면 오른손 맨 앞에 있는 카드를 **그림 3**과 같이 보여준다. 그럼 관객이 그 카드를 기억한다.

세 번째 관객에게 돌아서면서 방금 포스한 카드를 왼손으로 옮겨 잡는다. 그 방법과 과정은 앞과 동일하다. 마지막으로 세 번째 관객에게 세 번째 카드를 보여준다.

★ 참고

물론 원한다면 카드 세 장을 기억한 뒤, 내 방법을 이용해도 된다. 그러나 어떤 카드를 사용해도 된다면 러셀의 방법도 유용하다. 나는 특정 카드 세 장을 포스해야 할 때만 내 방법을 이용한다.

때로는 내 방법을 (포스한 카드를 반대 손으로 옮겨 잡는 과정을 삭제하고) 이렇게 이용하기도 한다. 첫 번째 관객에게 첫 번째 카드를 포스한다. 그리고 말한다. "제가 이 카드의 위치를 기억하고 있다가 나중에 본다고 생각하실지도 모르겠네요. 그래서 지금 이 카드를 모두가 보이는 곳에 내려놓겠습니다." 카드의 뒷면이 보이게 첫 번째 관객 앞에 내려놓는다.

첫 번째 관객 앞 테이블을 향해 양손을 뻗으며 오른손을 왼손 가까이로 가져간다. 이때 오른손 카드 묶음 중 맨 앞에 있는 카드로 왼손 손가락 끝을 건드리고, 이때 왼손 가운뎃손가락으로 포스 카드를 밀어낸다. **그림 5**는 관객이 보는 모습이다. 실제로 이때 왼손은 앞으로, 오른손은 뒤로 움직인다. 그러면 카드는 테이블 위로 날아간다. (연습하면 적절한 각도로 카드를 돌릴 수 있게 된다.) 곧바로 두 번째 관객에게 돌아서서 계속해서 셔플을 한다. (아직 새로운 셔플을 시작한 것이 아니다.) 관객이 멈추라고 하면 카드를 보여준 뒤 관객 앞에 놓는다. 세 번째 관객에게도 같은 과정을 반복한다. 그럼 카드 세 장의 포스가 모두 끝난다.

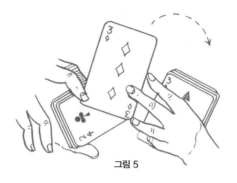

그림 5

★ 추가

포스할 카드가 한 장뿐이라면 (관객인 문외한이라면 필요 없지만, 마술사라면 필요하다) 맨 아래 카드를 먼저 힐끗 봐야 한다. 그리고 앞에서 설명했던 카드 한 장을 옮겨 잡는 과정을 이용한다. 맨 아래에서 두 번째에 있는 카드를 살짝 보고 기억한다.

맨 아래 카드를 살짝 본 다음에, 힌두 셔플의 첫 동작을 한다. 그러다 잠시 멈춰서 말한다.

"원하는 곳에서 멈추라고 말씀해 주십시오."

이 정도의 시간이면 오른손의 맨 아래 카드를 왼손으로 옮겨 잡을 수 있다. 그리고 앞의 설명대로 셔플을 계속한다. 그럼 원래 맨 아래에서 두 번째에 있던 카드가 맨 아래 카드가 된다. 그러다 관객이 멈추라고 하면 그 카드를 보여준다. (연습할수록 카드를 옮기는 시간이 줄어든다. 그러다 결국에는 소요시간이 0초에 가까워진다.)

키 카드를 선택된 카드 위에 올려놓을 때도 같은 방법을 이용할 수 있다. 참고로 지금 설명하는 내용은 포스와는 상관없다. 보통 키 카드를 카드 맨 앞에 둔다. 그 상태에서 관객이 멈추라고 할 때까지 힌두 셔플을 한다. 관객이 카드를 확인한 뒤, 왼손에 있는 카드 맨 위에 놓는다. 그러면 마술사는 오른손에 있는 카드를 모두 왼손에 있는 카드 위에 놓는다. 그럼 키 카드가 선택된 카드 바로 위에 위치한다.

내 포스 방법에서 하는 것처럼 나온 카드 한 장을 다른 묶음으로 옮기는 과정을 사용하면, 관객이 카드를 놓은 후에 단순히 오른손에 있는 카드 묶음을 왼손 카드 위에 놓지 않고도 계속해서 왼손에 있는 카드로 셔플할 수 있다. 관객이 카드를 놓은 후에 다음의 설명대로 하면 간단하다. 다음과 같은 대사를 하며 오른손 카드 묶음의 맨 앞에 놓인 카드 뒤에 왼손 손가락 끝을 넣어 위에 있는 묶음으로 가져온다.

"방금 기억하신 카드를 절대 잊지 마십시오!"

그리고 계속해서 힌두 셔플을 한다. 이때 키 카드는 관객이 선택한 카드 바로 위에 있다.

다시 본론으로 돌아가서 포스에 대해 살펴보자. 어떤 이유에서건 맨 아래 있는 카드 몇 장을 보여준 뒤, 맨 위 카드를 포스하길 원한다면 '기본' 힌두 셔플을 통해 맨 위 카드를 포스하면 된다.

맨 위 카드를 힐끗 본다. 그리고 셔플의 첫 동작을 한다. 계속해서 셔플을 하면서 오른손 엄지손가락과 나머지 손가락 끝으로 아래 묶음의 맨 위 카드 한 장을 집고, 동시에 왼손 손가락 끝으로 위 묶음의 카드 몇 장을 잡는다(**그림 6**). 보통 아래 묶음의 맨 위 카드를 움직이는 방법이다. 방금 오른손으로 잡은 카드가 맨 위로 갈 때까지 셔플을 계속한다. (물론 카드 한 장 이상을 옮길 수도 있다.)

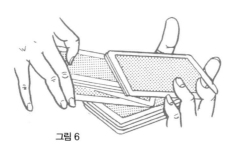

그림 6

이를 포스로 사용하려면 관객이 멈추라고 할 때까지 계속해서 셔플을 한다. 그리고 맨 앞에 있는 카드, 아래 묶음에서 가져온 카드를 보여준다. 아마 그 카드만 약간 삐져나와있을 수도 있지만 큰 문제가 되지는 않는다. 연습을 조금 하고 난 뒤, 오른손 엄지손가락과 나머지 손가락을 구부리면 손가락 끝으로 그 카드와 다른 카드가 함께 나오게 할 수 있다. 하지만 이런 방법으로 포스해야 하는 상황은 거의 없다. 단지, 더 다양한 정보를 위해 여기에 이 내용을 담았을 뿐이다.

마지막으로 오래전 했던 한 루틴에서 나는 카드 한 장을 포스한 뒤, 그 카드가 곧바로 맨 위에서 다섯 번째에 위치하게 만들었다. 물론 다양한 방법이 있는데, 그중 내가 자주 사용하는 방법을 설명하고자 한다. 우선 맨 아래 카드를 확인한다. (혹은 원하는 카드를 맨 아래에 놓는다.) 그리고 나서 (평범한 카드임을, 뒤집힌 카드가 하나도 없음을 보여주기 위해) 카드를 펼쳤다가 다시 나란히 정리한다. 그러면서 맨 아래에서 다섯 번째 카드 뒤에 왼손 새끼손가락을 넣는다.

오른손으로 힌두 셔플 포지션으로 카드를 잡은 다음 왼손 새끼손가락을 빼고 그 자리에 오른손 엄지손가락과 가운뎃손가락을 넣는다. 이제 힌두 셔플을 하며 관객에게 멈추라는 신호를 부탁한다. 관객이 멈추라고 하면 오른손에 있는 묶음 맨 앞에 위치한 카드, 원래 맨 아래에 있던 카드를 보여준다. 이제 오른손에 있는 카드를 왼손에 있는 카드 위에 놓으며, 오른손 손가락을 빼고 그 자리에 왼손 새끼손가락을 넣는다. 다시 카드를 오른손으로 옮겨 잡으면서 오른손 엄지손가락을 카드 아래에 넣는다. 손가락 넣은 부분을 더블 커트한다. 그럼 이제 선택된 카드는 맨 위에서 다섯 번째에 위치한다. 이것이 내가 했던 방법이다. 물론 관객이 카드를 본 다음에도 계속해서 셔플을 하여 손가락 아래에 있는 카드를 맨 위로 가져와도 된다. 어떤 방법을 이용하건 결과는 동일하다.

보스턴-로레인 카드 체인지
The Boston-Lorayne Card Change

아니 '독' 보스턴(Arnie 'Doc' Boston)이 내게 보여줬던 마술로, 앞면이 보이는 카드의 색깔을 바꿀 수 있다. 개인적으로 좋아하는 마술이다. 한동안 보스턴의 방법을 이용하다가 뒷면이 보이는 카드 체인지 방법을 알아냈다. 새로운 방법을 더 좋아하지만, 여기에서는 두 가지 모두 살펴보기로 하자. 그렇기에 제목을 '보스턴-로레인 카드 체인지(The Boston-Lorayne Card Change)' 라고 붙였다.

★ 이펙트

카드 한 장이 다른 카드로 바뀐다. 혹은 상관없는 카드가 선택된 카드로 바뀐다.

★ 준비물

1. 카드 한 벌

시연

앞면이 보이는 카드를 이용하는 보스턴의 방법이다. 이해하는 데 그림이 큰 도움이 될 것이다. 앞면이 보이는 카드를 나란히 하여 왼손으로 잡는다. 오른손을 카드 위로 가져와 카드 전체를 잡는다. 이때 엄지손가락으로 안쪽 모서리를, 나머지 손가락으로는 바깥쪽 모서리를 잡는다.

왼손 엄지손가락을 뒤에서 두 번째 카드 아래에 넣는다(**그림 1**). 그리고 모서리로 끌어내리고, 동시에 왼손 집게손가락과 가운뎃손가락을 모서리로 가져간다. 그럼 **그림 2**와 같이 된다.

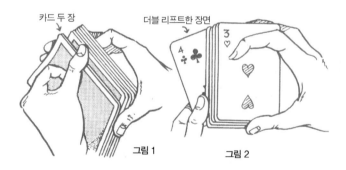

카드 두 장

더블 리프트한 장면

그림 1

그림 2

오른손 한손으로 카드를 부채모양으로 펼친 다음 부채모양으로 펼친 카드로 왼손에 있는 카드를 살짝 건드린다. 이때 순간적으로 부채모양의 카드가 왼손에 있는 카드를 완전히 가린다(**그림 3**). 이때 왼손 엄지손가락으로 (두 장 중 위에 있는) 보이는 카드를 부채모양의 카드와 오른손 손가락 사이로 밀어 넣는다. 그럼 부채모양의 카드가 지나가자마자 카드가 바뀐다. **그림 4**는 부채모양의 카드 뒷모습과 숨긴 카드 한 장의 모습이다.

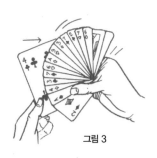

그림 3   그림 4

도중에 절대 멈춰서는 안 된다는 점을 명심하라. 펼친 카드로 왼손에 있는 카드를 빠르게 쓸어내려야 한다. 그리고 나서 바뀐 카드를 부채모양으로 펼친 카드 사이에 놓고, 카드를 나란히 정리하여 마무리한다. 이때 뒤에 숨긴 카드도 나머지 카드와 함께 정리한다. 만약 처음에 선택된 카드가 위에 있었다면 선택된 카드가 상관없는 카드로 바뀌는 마술이 된다.

자, 이제 선택된 카드를 맨 아래에서 두 번째 카드로 만들어야 한다. 우선 카드의 앞면이 보이게 잡고, 맨 아래 카드의 앞면을 보여준다. 마치 그 카드가 선택된 것처럼 연기한다. 그러다 관객이 그 카드가 아니라고 말하면 이렇게 말한다.

"이게 아니에요? (예를 들어) 클럽 4가 아니라고요?"

이렇게 말하면서 뒷면이 보이도록 카드를 뒤집고, 앞에서 설명한 것처럼 (카드의 뒷면이 보인다는 점을 제외하고는 동일하다) 카드를 바꿀 준비를 한다. 카드 두 장을 한 장인 것처럼 집어서 관객에게 엉뚱한 카드를 보여준다. 그리고 다시 카드를 뒤집는다. 앞에서 설명한 것처럼 부채모양으로 카드를 펼쳐서 반대 손에 있는 카드를 쓸어내린다. 이번에는 (엄지손가락이 아닌) 집게손가락과 가운뎃손가락으로 밀어서 아래에 있는 카드를 부채모양으로 펼친 카드와 오른손 집게손가락 사이로 밀어 넣는다.

나는 보통 부채모양으로 펼친 카드로 반대쪽 손에 있는 카드를 한두 번 더 쓸어내린다. 단, 반대쪽 손에 있는 카드를 완전히 가리지 않는다. 제대로 하면 반대쪽 손에 있는 카드가 한시도 시야에서 벗어나지 않는 것처럼 느껴진다. 집게손가락과 가운뎃손가락으로 카드를 밀고, 엄지손가락으로 카드를 당기는 연습을 하면 실제로도 카드가 시야에서 벗어나지 않게 할 수 있다.

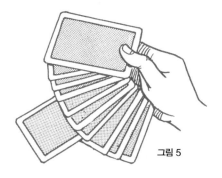

그림 5

이렇게 나는 엉뚱한⑦ 카드를 부채모양의 카드 사이에 끼워서 마무리한다. 이때 카드는 **그림 5**와 같이 반쯤 삐져나와 있다. 이 상태에서 관객에게 선택한 카드의 이름을 말하라고 하고, 잠시 마술을 부리는 듯한 연기를 한 뒤, 관객에게 카드를 꺼내 확인하라고 한다. 엉뚱한 카드는 선택된 카드로 변해 있다!

★ 참고

카드를 바꾸는 동안 왼손은 전혀 움직이지 않는다. 아니 약간 움직이지만, 눈에 보이지 않는다. 대부분의 움직임은 오른손에 의해 이루어진다. 실제로 카드를 부채모양으로 펼친 상태에서 오른손으로 왼손에 있는 카드를 잡을 수도 있다.

보스턴이 보여줬던 것처럼 앞면이 보이는 카드 바꾸기는 즉석에서 이루어질 수 있는 훌륭한 카드 체인지 마술이다. 나는 단지 그의 마술을 토대로 뒷면이 보이는 카드 바꾸기를 만들었을 뿐이다. 둘 다 배워서 사용하면 좋을 것이다.

데니스 마크의 스트리퍼 스핀 리버스
Dennis Mark's Stripper Spin Reverse

스트리퍼 카드(stripper deck)에서 선택된 카드를 뒤집는 방법으로, 데니스(Dennis)가 고안해 수많은 아이들에게 선보였다. 가장 큰 장점은 무대에서 할 수 있다는 것이며, 관객 여러 명이 각각 카드 한 장씩 기억할 수 있다.

데니스는 관객 대여섯 명에게 각기 다른 방법으로 카드를 기억하게 만드는 루틴에서 이 방법을 사용했다. 각각의 방법은 각자 알아내길 바란다. 여기에서는 카드를 뒤집는 (reversal) 방법만 살펴보기로 하자.

★ 준비물
1. 스트리퍼 카드 한 벌

시연

카드를 셔플한다. 물론 카드 끝을 나란히 정리해야 한다. 그래야 카드 한 장이 뒤집혀 있더라도 눈에 띄지 않는다. 관객 한 사람에게 작은 숫자 하나를 선택하라고 말한다. 여기에서는 '8'을 선택했다고 하자. 그럼 카드를 머리 위로 올려서 카드의 앞면이 객석을 향하게 한다. 그 상태에서 위에서부터 카드 여덟 장을 센다. 세는 동안 카드를 왼쪽에서 오른쪽으로 펼친다(**그림 1**). 그럼 모두가 카드를 볼 수 있다.

그림 1

여덟 번째 카드가 나오면 멈춘다. 그리고 펼친 카드를 오른손으로 잡고, 앞면을 관객에게 보여주며 자신의 카드를 기억하라고 말한다. 다음 동작을 준비하고, 이때 카드를 잡고 있는 것은 오른손 가운뎃손가락 끝이며, 카드의 오른쪽 아래 꼭짓점을 살짝 받치고 있을 뿐이다(**그림 2**).

그림 2

나머지 카드 뒤에 놓기 위해서 카드를 (반대쪽 손과 함께) 내리면서 가운뎃손가락을 선택된 카드 앞면으로 가져간다. (**그림 2**의 점선 표시를 참고하라.) 그리고 카드를 아래로 당긴다. 동시에 가운뎃손가락을 위로 올린다. 이때 '감(feel)'이 필요한데, 서너 번 해보면 알게 될 것이다. 선택된 카드는 말 그대로 돈다. **그림 3**은 관객이 보는 모습이다. 이때 몸을 왼쪽으로 살짝 돌리면 오른팔이 카드의 움직임을 완전히 가린다. 그러고 나서 오른손에 있는 카드를 나머지 카드 위에 놓는다.

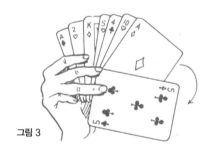

그림 3

다음 과정은 당신의 선택에 달려 있다. 두 번째 관객에게 숫자를 물으며, 모든 카드를 나란히 정리해도 된다. 아니면 나머지 카드 위에 놓인 뒤집힌 카드를 왼손 엄지손가락으로 누르고, 그 상태에서 오른손에 있는 카드를 그 위에 놓는다. 다시 선택된 카드를 잡고, 펼친 카드를 보여주며 말한다.

"당신의 카드를 잘 기억하십시오."

이제 펼친 카드를 나란히 정리하며 두 번째 관객에게 다가간다.

여기에서 중요한 점은 마지막 순간까지 카드가 시야에서 벗어나지 않도록 하는 것이다. 사실, 펼친 카드를 내려놓을 필요는 없다. 내려놓는 척하면서 돌린 카드를 다시 집은 뒤, 펼친 카드와 카드 묶음을 모두 머리 위로 올린다. 이번에는 관객에게 더 큰 숫자를 말하라고 한다. 그리고 첫 번째 선택된 카드 다음부터 카드를 센다. 다시 카드를 돌리는 과정을 반복한다.

그럼 모든 것이 끝난다. 약간의 연습이 필요하며, 노력하면 카드를 순식간에 돌릴 수 있게 된다. 관객들이 모든 카드를 기억하고, 각각의 카드를 모두 돌려서 끝과 끝이 맞닿게 한다. 이 상태에서 마술사는 카드를 마음대로 조절할 수 있다. 마술사들조차 이 마술에 감쪽같이 속는 것을 보았다. (물론 스트리퍼 카드에서 숨기기 위해 그렇게 낮게 구부릴 것이라고 생각하는 마술사는 없기 때문이다!)

★ 참고

몇 번 해보면 훌륭한 카드 뒤집기 마술임을 알 수 있다. 관객과의 거리가 가까울 때를 위해 약간 수정할 수도 있다. 만약 테이블 뒤에 앉아 있다면 '돌린' 카드는 리어 팜(rear palm)을 하기에 완벽한 위치에 있다. 또한 펼친 카드를 나머지 카드에 올려놓으며 카드를 허벅지에 떨어뜨리기에도 좋은 위치이다.

물론 카드 뒷면 디자인이 '비대칭(one-way)'인 경우에 더욱 큰 효과를 얻을 수 있다.

전화기를 이용하지 않은 전화기 트릭
The Non-Telephone Telephone Trick

'다운 언더' 딜('down and under' deal)은 새로운 방법이 아니며 이제까지 많은 이펙트를 위해 다양하게 사용되었다. 닉 콘티첼로(Nick Conticello) 덕분에 소개할 수 있게 되었으며, 여기에 이 내용을 담게 된 이유는 카드를 다루는 방법이 특이하기 때문이다. 또한 원래는 전화기를 이용하는 마술이지만, 관객과 얼굴을 마주본 상태에서 신비함이 극대화된다.

★ 이펙트

관객이 작은 카드 묶음을 셔플한 뒤, 맨 아래 카드를 기억한다. 마술사가 관객에게 맨 위 카드 몇 장을 빼서 버리라고 말한다. 그리고 맨 위에서 몇 장을 더 빼서 맨 아래에 놓게 한다. 이때 지극히 자연스럽게, 즉석에서 이루어진 우연한 요청처럼 보이게 해야 한다. 그리고 나서 관객은 한 장을 버리고, 그 다음 한 장은 맨 아래에 넣는다. 카드 한 장이 남을 때까지 이를 반복한다. 마지막에 남은 카드가 바로 선택된 카드이다!

준비

없다.

시연

우선 관객에게 카드를 건네고 셔플하도록 한다. 그리고 나서 카드 몇 장을 커트하라고 한다.

"한 12장, 13장 정도면 됩니다."

(마술사가 뒤돌아 서 있는 동안) 그 카드를 세라고 한다. 이때 카드는 8장 이상, 16장 이하

여야 한다.

그리고 그 카드를 셔플하라고 한다. 이때 마술사는 아무것도 보지 못해야 하기 때문에 방 반대편에 가 있는 것이 좋다. 최소한 고개를 돌리거나 등을 돌리고 있어야 한다. 그리고 관객이 카드 몇 장을 커트했는지 추측해야 한다. 사실 카드의 수는 중요하지 않다. 관객이 최소한 여덟 장보다 두 장 더 많은 카드를 들고 있는지, 아닌지만 확인하면 된다. 그 이유는 곧 알게 될 것이다.

이제 관객에게 손에 있는 카드 중 맨 아래에 있는 카드를 기억하라고 한다. 맨 아래 카드는 건드리지 않고, 그대로 맨 아래에 둔다. 다음으로 맨 위에 있는 카드 다섯 장을 한 번에 한 장씩 맨 아래로 옮기라고 한다. 이번에는 카드 두 장을 테이블에 버리라고 말한다. 이때를 위해 들고 있는 카드가 여덟 장보다 두 장 이상 많은지(즉 10장 이상인지) 확인한 것이다. 만약 관객이 카드 두 장을 버린 뒤, 남은 카드가 여덟 장이 안 되면 더 이상 마술을 진행할 수가 없다.

카드를 전혀 버리지 않아도 된다. 단지 다양하게 하기 위해 카드를 버리는 것뿐이다. 그러므로 관객이 가진 카드가 여덟 장뿐이라면 이 과정을 생략한다. 만약 아홉 장이나 10장을 들고 있다면 한 장이나 두 장을 버리게 한다. 순간적으로 판단하여 명령을 내려야 한다. 관객이 들고 있는 카드가 상당히 많아 보이면 세 장을 버리라고 해도 된다. (관객이 가진 카드의 수가 적을수록 다운 언더 딜은 빠르게 진행된다.)

자, 이제 위에 있는 카드 다섯 장을 한 번에 하나씩 맨 아래로 옮기라고 한다. 잠시 쉬었다가 맨 위에 있는 카드 네 장을 맨 아래로 옮기라고 말한다. 그리고 나서 다시 쉰다.

"흠, 두 장을 더 아래로 옮겨 주세요."

(버린 카드를 제외하고) 정확히 카드 16장을 옮겨야 한다.

관객이 카드 16장을 모두 위에서 아래로 옮기면 카드 한 장을 버리라고 말한다. 그리고 카드 한 장을 위에서 아래로 옮기라고 한다. 또다시 카드 한 장을 버린다. 그리고 한 장을 위에서 아래로 옮긴다. 카드 한 장이 남을 때까지 이 과정을 반복한다. 그리고 남은 카드 한 장은 보지 못하게 한다.

먼저 선택한 카드의 이름을 묻는다. 그런 다음 마지막 남은 카드를 뒤집는다. 바로 그 카드이다!

★ 참고

카드 16장을 위에서 아래로 옮기면 자동적으로 이루어진다. 단, 처음에 카드 다섯 장을 옮긴 후에만 카드를 버리게 해야 한다. 만약 그 후에 카드를 버리게 하면 그중에 선택된 카드가 포함될 가능성이 있다! 이런 가능성을 배제하려면 처음 카드를 옮긴 후에만 카드를 버리게 해야 한다. (전화상으로 할 때는 카드를 버리는 과정을 생략하는 것이 좋다. 상대가 카드를 몇 장 들고 있는지 모르기 때문에 잘못하면 선택된 카드가 버려질 수도 있다.)

닉은 관객에게 항상 카드를 위에서 아래로 옮기라고 할 때 다섯 장, 다섯 장, 네장, 두 장 순서로 했다. 물론 이는 당신의 선택에 달려 있다. 개인적으로 나는 숫자를 전혀 사용하지 않는다. 만약 관객의 이름을 알고 있으면(모르더라도), 이름 알파벳에 따라 카드 한 장씩 집어서 아래로 옮기게 한다. (관객의 이름을 모른다면 물어본 뒤 알파벳 숫자를 센다.)

그리고 나서 형제자매가 몇 명인지 묻고, 그만큼 카드를 옮기게 한다. (만약 없다고 하면 "좋습니다. 카드 두 장을 아래로 옮겨 주십시오." 어떻게 하건 큰 상관은 없다.) 눈 없이 귀만으로도 할 수 있다. 직접 해보면 무슨 의미인지 알 것이다. 어쨌든 카드 16장을 위에서 아래로 옮기게 하면 마지막에 선택된 카드가 나올 것이다.

이 마술에서 신기한 점이자 관객을 혼란에 빠뜨리는 점은 관객이 몇 장의 카드를 선택하건 (8~16장이면) 같은 결과를 얻을 수 있다는 사실이다.

빨간색과 검은색 분리
A Red & Black Separation

노스캐롤라이나(North Carolina)의 돈 리비스(Don Reavis)가 보여준 마술이다. 그는 '아웃 오브 디스 유니버스(Out Of This Universe)' 《《클로즈업 카드 마술(Close-Up Card Magic, 루이스 탄넨 발행)》》라는 내가 만든 루틴 다음에 이 마술을 선보였다.

★ 이펙트

모든 카드가 빨간색과 검은색으로 구분되어 있음을 보여준다. 빨간색 카드를 둘로 커트한다. 이때 카드의 앞면이 보이게 한다. 검은색 카드도 커트하여 둘로 나눈다. 빨간색 카드 한 묶음을 검은색 카드 한 묶음과 섞는다. 남은 검은색 카드 묶음은 남은 빨간색 카드 묶음과 섞는다. 다음으로 그 둘을 모은 뒤 커트한다. 곧바로 카드의 앞면이 보이게 펼치자, 검은색과 빨간색 카드가 분리되어 있다.

시연

'아웃 오브 디스 유니버스(Out Of This Universe)'를 마치면 검은색 카드와 빨간색 카드가 구분되어 있다. 방금 한 마술이 어떻게 된 것인지 설명한다.

> "보십시오. 카드 스스로 했습니다. 빨간색은 항상 빨간색과, 검은색은 항상 검은색과 있습니다. 보여드리겠습니다."

이쯤에서 빨간색과 검은색 카드를 나눈다. 그리고 앞면이 보이게 카드를 펼쳐서 정말로 빨간색과 검은색 카드가 분리되어 있음을 보여준다. 다시 카드를 나란히 정리한다. 이때 앞면이 보이게 잡은 빨간색 카드를 검은색 카드의 앞면 위에 놓는다.

양손으로 카드를 펼치면서 검은색과 빨간색 카드가 분리되어 있음을 다시 강조한 뒤 카드를 나란히 한다. 이때 첫 번째 검은색 카드 아래에 왼손 새끼손가락을 끼운다. 그리고 손가락 아래에 있는 검은색 카드를 기억한다. 마술사와 관객이 모두 카드를 보고 있는 상황이기 때문에 카드의 앞면을 확인하는 것은 어렵지 않다. 지금 확인하는 카드가 키 카드가 되며, 여기에서는 클럽 2라고 하자(**그림 1**).

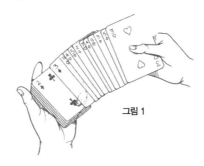

그림 1

카드의 윗부분을 오른손으로 잡는다. 이때 엄지손가락으로 안쪽 모서리를, 나머지 손가락으로는 바깥쪽 모서리를 잡는다. 그리고 오른손 집게손가락으로 빨간색 카드 1/2을 들어 올려서 왼쪽으로 움직인다(**그림 2**). 옆으로 움직인 카드를 왼손 엄지손가락으로 잡고, 동시에 오른손 손가락으로 왼손 새끼손가락 위에 있는 카드(빨간색 나머지 1/2과 검은색 카드 한 장)를 살짝 들어 올린다. 곧바로 왼손 엄지손가락에 있는 카드를 그 사이에(검은색 카드 위에) 넣는다. 그리고 오른손에 있는 카드를 맨 위로 가져온다. (빨간색 카드를 반으로 나누는 과정이다.)

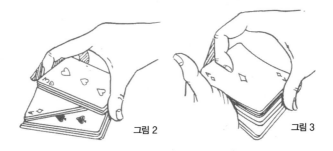

그림 2   그림 3

아직은 오른손에 있는 카드를 놓지 않는다. 엄지손가락을 이용하여 맨 아래에 있는 카드 두 장(빨간색 카드 한 장과 검은색 카드 한 장)을 아래로 떨어뜨린다(**그림 3**). 그러면서 대사를 한다.

"빨간색 카드 반을 집겠습니다."

(이때 카드를 반으로 나누기로 되어 있기 때문에 맨 아래 카드 두 장을 아래로 놓을 때 카드를 쳐다봐도 된다.)

말이 끝남과 동시에 카드 두 장을 내려놓으면서 곧바로 오른손에 있는 빨간색 카드 1/2을 테이블에 놓는다. 나는 항상 내 왼쪽에 카드를 놓으며, 빨간색 카드 몇 장이 보이도록 펼쳐 놓는다.

"그리고 이제 남은 빨간색 카드······"

오른손으로 카드의 윗부분을 잡는다. 그리고 왼손 손가락을 카드 묶음 아래로 넣어서 검은색 카드 1/2을 잡는다. 남은 카드 중 약 1/3을 잡으면 된다. 그리고 카드를 옆으로 빼내면서 맨 위에 있는 카드를 함께 빼낸다. **그림 4**는 뒤에서 본 모습이다. 즉, 앞면이 보이는 카드 묶음으로 '슬립 커트(slip-cut)'를 실시한다.

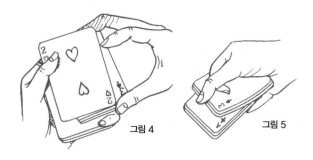

그림 4 그림 5

왼손으로 빼낸 카드는 전에 테이블에 내려놓은 카드 오른쪽에 놓는다. 지금 카드는 절대 펼쳐 놓아서는 안 된다. 맨 위 카드를 제외한 나머지는 모두 검은색 카드이기 때문이다. 그럼 빨간색 카드를 나눠서 두 묶음을 만든 것처럼 보인다. 손에 있는 카드 중 맨 위 카드는 검은색 카드이며, 관객은 나머지 카드도 모두 검은색 카드일 것이라고 믿는다. 하지만 실제로 맨 위에 보이는 카드는 검은색, 그 아래에는 빨간색 카드 1/2과 검은색 카드 1/2이 있다.

이제 전과 같이 오른손을 위로 가져가서 카드를 잡는다. 그리고 카드를 테이블에 놓인 카드 두 묶음의 오른쪽에 내려놓는다(아직 손을 떼어서는 안 된다).

"이제 전체 카드의 반, 검은색 카드만 남았군요."

오른손 엄지손가락으로 카드를 리플하며 테이블에 내려놓는다(**그림 5**). 이때 카드의 옆면이 당신을 향하도록 카드를 잡는다.

그럼 카드가 한 장씩 테이블로 떨어지면서 카드의 앞면을 확인할 수 있다. 이때 키카드(클럽 2)를 찾아야 한다. 그리고 키 카드가 나오자마자 리플을 멈춘다. 키 카드 다음 카드는 빨간색 카드이기 때문에 조심해야 한다.

리플로 테이블에 내려놓은 카드 묶음(맨 위에 클럽 2가 보인다)은 그대로 테이블에 놓는다. 그리고 나머지 카드를 왼손으로 잡는다. 이때 맨 위에 한 장만 검은색 카드이고 나머지는 모두 빨간색 카드이다. 그리고 나서 오른손으로 (제일 왼쪽에 있는) 첫 번째 묶음을 집은 다음 펼쳐서 모두 빨간색 카드임을 보여준 뒤, **그림 6**과 같이 왼손에 있는 카드 사이사이에 넣는다.

"여기에 있는 빨간색 카드를 검은색 카드와 섞겠습니다."

검은색 카드 한 장은 그대로 맨 앞에 위치한다. 이제 카드를 나란히 정리한 뒤, 앞면이 보이도록 테이블 위에 놓는다.

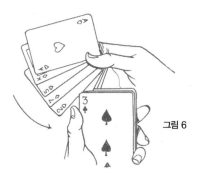

그림 6

남은 빨간색 묶음(실제로는 맨 위 카드 한 장만 빨간색인 묶음)을 왼손으로 잡는다. 그리고 오른손에는 남은 검은색 카드 묶음을 잡아서 펼친다. 전과 같이 왼손에 있는 카드 사이사이에 오른손에 있는 카드를 끼워 넣는다.

"그리고 검은색 카드를 빨간색 카드와 섞겠습니다."

이제 카드를 나란히 정리하여 왼손으로 잡고, 테이블에 있는 카드를 오른손으로 잡는다. 이때 왼손에는 맨 위에 앞면이 보이는 카드를 제외하고는 모두 검은색인 카드 묶음이, 오른손에는 맨 위에 앞면이 보이는 카드를 제외하고는 모두 빨간색인 카드 묶음이 있다.

왼손에 있는 카드를 보면서 말한다.

"검은색 카드를 빨간색 카드와 섞었습니다."

그리고 오른손에 있는 카드를 보면서 말한다.

"빨간색 카드를 검은색 카드와 섞었습니다."

오른손 카드를 쳐다보는 동안 왼손 엄지손가락으로 맨 위 카드를 들어 올리고, 그 아래에 왼손 새끼손가락을 넣는다.

오른손에 있는 카드를 왼손에 있는 카드 위에 놓는다. 그리고 쉬지 않고 곧바로 왼손 새끼손가락 위에 있는 카드를 모두 살짝 위로 올려서 틈을 만든다. 다음으로 카드를 뒤집어서 뒷면이 보이게 한다. 그리고 손가락을 넣은 부분을 커트한다.

"검은색 카드와 빨간색 카드를 더욱 골고루 섞기 위해서 커트를 하겠습니다."

가장 좋아하는 주문을 외우거나 제스처를 취하며 테이블 위에 카드의 앞면이 보이게 펼친다. 그럼 처음처럼 빨간색 카드와 검은색 카드가 분리되어 있다. 마지막으로 마무리 대사를 한다.

"제가 말씀드리지 않았습니까? 검은색 카드는 항상 검은색 카드와, 빨간색 카드는 항상 빨간색 카드와 있습니다."

★ 참고
이미 눈치 챘겠지만, 마지막 커트는 카드 두 장을 움직이기 위한 과정이다. 장황하

Tarbell course in Magic

게 설명되어 있지만, 이해를 돕기 위한 것일 뿐 실제로는 순식간에 이루어진다.

'아웃 오브 디스 유니버스' 루틴에 이어서 돈 리브스가 했던 방법을 토대로 설명했다. 하지만 이 마술만 단독으로 선보여도 된다.

물론 원한다면 빨간색 카드를 검은색 카드와 섞을 때, 검은색 카드를 빨간색 카드와 섞을 때 리플 셔플을 이용해도 된다. 손가락으로 가려지기 때문에 관객은 빨간색 카드를 빨간색 카드와 섞는다는 사실을 알 수 없다.

마지막에 서로 색깔이 다른 카드 두 장을 처리하는 방법 또한 다양하다. 예를 들어, 왼손에 있는 카드 묶음 중 맨 위 카드 아래에 손가락을 넣고, 그 위에 오른손에 있는 카드 묶음을 내려놓는다. 그런 다음 더블 커트를 한다.

능숙하게 할 수 있도록 연습하면 많은 사람들이 당신의 손에서 이루어진 마술을 감쪽같이 믿을 것이다.

Tarbell
Course in MAGIC

Tarbell course in MAGIC

로프 마술
Rope Magic

로프 마술의 성공은 단순하면서도 직접적인 방법과 재료의 익숙함에 달려 있다. 1920년대 중반, 마술계에 '타벨의 힌두 커트와 다시 붙은 로프 미스터리(Tarbell Hindu Cut and Restored Rope Mystery)'가 소개된 이후로 얼마나 많은 로프가 잘렸다가 다시 붙었는지 모른다. 오랫동안 수많은 사람들, 마술사들조차 감쪽같이 속였기 때문에 그 인기는 하늘을 찌른다. 또한 몇몇 마술사들에게는 새로운 마술사 인생을 열어줬다. 내가 알기로 오키토(Okito, 테오 밤베르크(Theo. Bamberg))는 자신의 공연에 로프 마술을 도입한 이후 유럽에서 2년 반 계약연장을 이뤄냈다.

로프 마술의 새로운 시대는 새로운 로프 마술로 시작되었다. 힌두 로프 미스터리를 소개할 즈음, 타벨은 즉석에서 로프 마술에 이용할 수 있는 핸드 슬레이트를 개발했고, 자신의 공연에서 선보였다. 덕분에 다른 도구 없이도 로프 마술을 할 수 있게 되었다. 이번 레슨에서는 타벨의 초기 로프 마술 몇 개를 포함시켰다. 내가 찾을 수 있는 로프 마술은 거의 타벨이 소개한 것이다. 그 밖에도 다른 마술사의 로프 마술도 소개할 예정이다.

자신의 상상력을 발휘하여 로프를 이용한 새로운 마술을 개발하기 원한다면 로프 마술의 기본적인 카테고리를 참고하라. 도움이 될 것이다.

1. 로프를 커트한 후 다시 연결시킨다. 로프를 두 번 이상 자르면 그 효과는 배가된다.
2. 로프의 양끝을 이용하지 않고 매듭을 하나 혹은 여러 개를 만들고 없앤다.
3. 고리나 묶은 손수건 등 물체를 로프에 통과시킨다. 로프의 양끝을 이용하지 않고 로프에 고리를 건다. 또한 양끝을 이용하지 않고 로프에 있는 고리를 빼낸다.
4. 로프를 원래 길이보다 길게 만든다. 혹은 더 짧게 만든다.

5. 로프에 있는 물체를 사라지게 하거나 만든다.

6. 로프를 다른 로프로 바꾼다. 예를 들어 매듭이 있는 로프를 없는 로프로, 혹은 흰색 로프를 빨간색 로프로 바꾼다.

7. 로프를 손수건이나 다른 물체로 바꾼다. 혹은 반대로 손수건을 로프로 바꾼다.

8. 로프를 빳빳하게 만든다. 그래서 표면과 수직, 수평, 대각선이 되게 한다. 혹은 다른 물체를 받친다.

9. 로프를 뜨게 한다. 이때 공중에 떠 있는 로프에 고리를 통과시키면 효과는 극대화된다.

10. 로프의 색깔을 바꾼다(6번 참고).

11. 로프에 자성이 생기게 하여 카드, 손수건, 공과 같은 다른 물체를 끌어당기게 한다. 혹은 선택된 카드가 로프의 끝에 묶인 채 나타나게 한다.

12. 로프로 다른 로프나 지팡이, 손수건, 팔, 다리, 목 등을 통과시킨다.

13. 로프가 살아서 움직이는 것처럼 만든다. 이때 동력은 전혀 없는 듯하다.

14. 로프가 스스로 다양한 모양을 그리게, 혹은 이름을 쓰게 한다.

15. 로프를 멘탈 마술에 접목시킨다. 예를 들어 상자 안에 숨겨진 로프의 색깔을 맞춘다. 혹은 관객이 로프의 한쪽 끝을 잡고, 마술사가 반대쪽 끝을 잡은 상태에서 로프를 통해 텔레파시를 전달한다.

16. 표시된 동전이나 빌린 반지를 공처럼 둥글게 만든 로프 중앙에 보낸다.

17. 별개의 로프가 똑같아지게 만든다. 예를 들어, 한쪽에 매듭을 만들면 (원래는 매듭이 없던) 나머지 로프에도 매듭이 생긴다. 혹은 한쪽 로프를 자르면 나머지도 자동으로 잘리고, 한쪽이 다시 붙으면 나머지도 다시 붙는다. 마치 두 로프가 마술의 힘으로 서로 연결되어 있는 것처럼 보인다.

19. 공, 계란, 카드와 같은 물체를 로프의 중앙이나 끝에 놓아 균형을 맞춘다. 그리고 양끝을 잡은 로프 위에 물체를 옮겨 놓고 물체를 양쪽으로 움직인다.

타벨의 중국 로프 체인
Tarbell's Chinese Rope Chain

로프 마술을 하는 마술사에게 있어서 이 루틴은 상당히 효과적이며, 팬터마임으로 해도 된다. 타벨은 이야기를 들려주면서 하기도 했고, 팬터마임으로 하기도 했다.

★ 이펙트

약 1.8m 길이의 부드러운 로프를 묶어서 연결된 고리 세 개, 즉 체인을 만든다. 그리고 마술사는 양 고리에 손을 넣으며, 오래전에는 로프 체인이 밤에 악령을 떨치기 위한 수갑으로 사용되었다고 설명한다. 그러고 나서 때로는 고리가 끊어지면 어떻게 되냐는 질문을 자주 듣는다고 이야기하며, 고리 세 개를 모두 잘라서 로프를 세 조각으로 만든다. 이제 매듭이 묶인 부분의 끝을 다듬은 뒤, 로프를 왼손에 감는다. 감은 로프를 다시 풀자 로프는 다시 하나가 되어 있다.

★ 준비물

1. 길이 1.8m의 부드러운 로프 하나
2. 가위 하나

시연

로프를 묶어서 고리 세 개의 체인을 만든다. 이때 로프의 가운데에서부터 고리를 만들기 시작하며, 반드시 스퀘어 매듭(square knot)만을 이용해야 한다(**그림 1**). 즉, 로프의 가운데에 고리를 하나 만들고, 그 위에 또 하나, 그 위에 또 하나를 만든다.

"유령, 도깨비와 같이 밤에 자주 출몰하는 존재를 믿습니까? 저에게는 이상한 친구 한 명이 있습니다. 그는 이런 존재를 믿지 않지만, 평생 동안 그런 존재를 두려워하며 살았습니다. 중국인들은 로프 체인이라고 알려진 무기를 가지고 있습니다. 악령으로부터 사람을 보호해준다고 하더군요. 제 친구에게 꼭 필요한 물건 같죠? 그냥 양손을 양끝에 있는 고리에 넣고 잠자리에 들면 된다고 합니다." (그림 2)

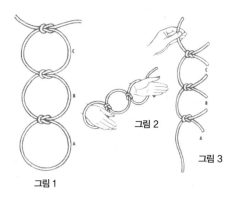

그림 2

그림 3

그림 1

"저는 종종 누군가 고리를 끊으면 어떻게 되냐는 질문을 받습니다."

맨 아래 고리(A)부터 끊기 시작해 B와 C 모두 자른다(그림 3). 양손으로 로프의 끝을 잡고 팽팽하게 당긴다. 이때 실제로 들고 있는 것은 일정한 간격으로 매듭이 묶여 있는 긴 로프이다(그림 4). 물론 로프를 팽팽하게 당기면 스퀘어 매듭이 풀린다.

"자, 그 결과는 분명하죠? 로프의 끝이 엄청나게 많이 생깁니다!"

매듭의 삐져나온 부분을 다듬는다(그림 5).

"중국인들은 이렇게 수많은 로프 끝을 용납하지 않습니다. 그들에게는 오랫동안 전해져 내려오는 무슨 비법이 있는 것 같습니다."

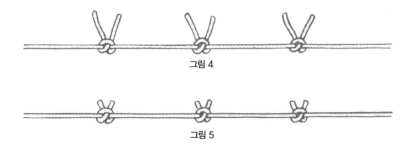

그림 4

그림 5

그림 6

말하면서 로프의 위 끝에서부터 왼손에 감는다. 이때 오른손으로 로프에 있는 매듭을 손에 숨긴다. (짧은 로프가 긴 로프에 묶여서 매듭이 된 것이기 때문에 오른손으로 쓸어내리면 그대로 손에 남는다.) 물론 매듭이 로프와 함께 왼손에 감기는 것처럼 보이게 해야 한다.

로프를 다 감고 나면 오른손을 코트나 바지주머니에 넣어 매듭을 처리한다. 그리고 연필이나 지팡이, 혹은 마술 가루를 꺼낸다. 마술 제스처를 한 뒤, 왼손에 감은 로프를 푼다. 모든 매듭이 사라지고, 다시 하나로 연결된 긴 로프를 양손으로 들고 보여준다(**그림 6**).

★ 참고

반드시 스퀘어 매듭을 이용해야 한다. 다른 매듭을 사용하면 고리를 자른 후, 로프를 당겼을 때 매듭이 풀리지 않기 때문에 망치게 된다.

대부분의 대사를 수정했지만 '중국 로프 체인'은 타벨 박사가 사용한 단어 그대로이다. 대사는 원하는 대로 수정해도 된다. 예를 들어, "저는 로프를 한 번 자른 뒤 연결시키는 마술사를 봤습니다. (첫 번째 고리를 자른다.) 그리고 두 번 자른 뒤 연결시키는 마술사도 봤습니다. (두 번째 고리를 자른다.) 하지만 세 번 자른 뒤 연결시키는 마술사는 아직 못 봤습니다. 신사 숙녀 여러분, 제가 처음으로 시도해 마술 역사에 한 획을 그어보겠습니다. 잘 보십시오!"

수많은 커트 로프 미스터리
The Many-Cut Rope Mystery

지금 소개하려는 커트와 다시 연결된 로프 마술은 오랫동안 타벨의 공연에서 관객의 사랑을 받았다. 또한 그가 초기에 세상에 소개한 마술 중 하나이기도 하다. 아무런 준비도 하지 않은 로프를 이용하여 거의 불가능해 보이는 이펙트를 연출한다. 하지만 방법은 단순하고 직접적이다. 시간을 들여 연습할 만한 가치가 충분히 있으며, 관객 앞에 서기 전에 세세한 부분까지 확실히 숙지해야 한다. 즉석에서 할 수 있는 훌륭한 마술이다.

★ 이펙트
긴 로프를 여러 번 접어서 수많은 고리를 만든 뒤 잘라 여러 조각으로 만든다. 하지만 로프는 연결되어 다시 하나의 로프가 된다.

★ 준비물
1. 2.7~3m 길이의 부드러운 로프 하나
2. 가위 하나

시연
로프를 집어서 양끝을 모두 왼손으로 잡는다(그림 1). 오른손으로 두 겹이 된 로프의 중간 부분(A)을 잡는다. 이때 로프의 양끝이 왼손 밖으로 삐져나와서 관객의 시야에 들어와야 한다(그림 2).

몸을 살짝 왼쪽으로 틀어 오른쪽 팔이 관객을 향하게 한다. 이 상태에서 왼손을 왼쪽 다리 옆으로 내리면서 로프를 접는다(그림 3). 그럼 새끼손가락이 로프의 접힌 부분 사이에 위치한다. 동시에 오른손을 높이 들어서 로프를 팽팽하게 만든다. 다음으로 왼손을 목 높이로 올리고, 오른손을 아래로 내려서 로프가 여전히 팽팽할 수 있게 한다. 그럼 왼손에 있는 부분이 한 번 더 접힌다(**그림 4**). 이렇게 두 번 접힌 부분을 왼손 손가락으로 가린다(**그림 5**).

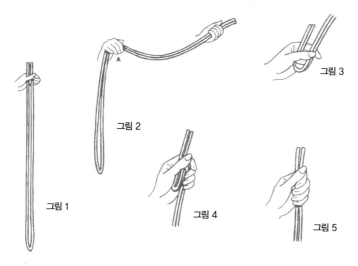

그림 1

그림 2

그림 3

그림 4

그림 5

왼손 손바닥은 마술사를 향해야 한다. 그리고 관객은 마술사가 로프를 팽팽하게 당긴 것이라고 생각한다. 물론 마술사 외에는 왼손에 로프가 접혀 있다는 사실을 전혀 알지 못한다. 오른손을 들어서 A를 왼손에 있는 B, 그중 작게 접은 부분 위에 놓는다(**그림 6**). B의 작게 접힌 부분의 윗부분을 당겨서 왼손 밖으로 보이게 한다(**그림 7**). 그리고 다시 왼손으로 잡는다(**그림 8**).

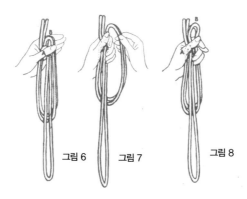

그림 6

그림 7

그림 8

관객은 마술사가 오른손에 있던 A를 접어서 고리 두 개를 만들었다고 생각한다.

다시 한 번 강조하지만, 관객은 왼손에 있는 작은 고리에 대해서 절대 눈치 채서는 안 된다. 고리 B의 한쪽을 잡은 뒤, 위로 올려서 또 다른 고리 C를 만든다(**그림 9, 그림 10, 그림 11**). **그림 9**와 **그림 10**은 방법에 대한 설명이고, **그림 11**은 관객에게 보여 주는 모습이다.

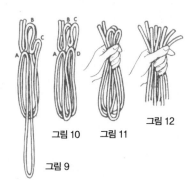

그림 10   그림 11

그림 12

그림 9

가위를 들어서 고리를 하나씩 천천히 자른다(**그림 12**). 그러고 나서 잘린 로프의 끝을 조금씩 잘라서 없애 버린다(**그림 13**). 이때 관객은 긴 로프가 수많은 조각으로 잘렸다고 생각한다.

접은 로프를 왼손으로 잡고, 왼손을 정면으로 가져온다. 그리고 오른손으로 로프의 한쪽 끝을 잡고 왼손 앞으로 가져간다(**그림 14**). 이 상태에서 천천히 한 번에 30cm 정도씩 당겨서 로프 전체를 빼낸다. 로프를 천천히 당기면 신기한 효과를 낼 수 있다. 마치 천천히 당기는 과정에서 로프가 다시 붙은 것처럼 보인다. 마무리로, 양손으로 로프를 잡고 세게 당긴다. 그리고 테이블이나 객석에 던진다.

그림 13

그림 14

여러 개의 고리를 만드는 과정은 생각하지 않고도 말하면서 할 수 있을 정도로 완벽하게 연습해둬야 한다. 그리고 고리를 자를 때는 첫 번째에는 1/3을 자르고, 두 번째에는 가운데를 자르고, 세 번째에는 또 다른 1/3을 자른다.

관객 몰래 고리를 만드는 과정(**그림 3~5**)은 왼손을 허벅지에 대고 하면 훨씬 수월하다. 직접 해보면 알 것이다. 만약 로프가 팽팽하면 왼손을 아래로 움직였다 다시 위로 움직이기만 하면 된다. 몸을 살짝 왼쪽으로 틀 때는 오른손에 있는 로프를 보여주기 위한 것처럼 연기한다.

타벨의 일심동체 로프
Tarbell's Sympathetic Ropes

'일심동체' 마술에서는 하나의 물체를 다른 물체와 똑같이 만든다. 긴 역사가 있으며, 손수건을 가장 많이 이용한다. 그러나 여기에서는 로프를 이용한 일심동체 마술을 소개하고자 한다.

★ 이펙트

빈 그릇 두 개를 보여준 뒤, 테이블에 30~60cm 간격으로 놓는다. 그리고 로프 두 개를 보여준다. 하나의 길이는 약 1.2m이다. 로프 하나는 1번 그릇에 넣는다. 그리고 나머지 로프는 가운데에 매듭을 만들어서 2번 그릇에 넣는다. 1번 그릇에 있는 로프를 꺼내보니, 거기에도 매듭이 있다. 매듭을 풀어서 다시 그릇에 넣은 뒤, 2번 그릇에 있는 로프를 꺼내보니 매듭이 사라졌다.

이제 로프를 반으로 자른 뒤, 두 조각을 2번 그릇에 넣는다. 그리고 1번 그릇에 있는 로프를 꺼내보니 역시 두 조각이 되어 있다. 다음으로 마술을 이용하여 로프를 하나로 연결시킨 뒤, 다시 그릇에 넣는다. 2번 그릇에 있는 로프를 꺼내보니 역시 하나로 연결되어 있다.

★ 준비물
1. 길이 1.2m의 부드러운 로프 두 개
2. 그릇 두 개. 로프를 원하는 모양으로 놓을 수 있을 정도로 커야 한다.
3. 가위 하나

시연
그릇 두 개를 30~60cm 간격으로 테이블 위에 놓는다. 1번 그릇은 관객의 왼쪽에, 2번 그릇은 관객의 오른쪽에 있다(**그림 1**). 이해를 돕기 위해 그릇에 숫자를 적었을 뿐 실전에서는 그릇에 숫자를 쓰지 않는다.

그림 1

그릇을 하나씩 들어서 안에 아무것도 없음을 보여준다. 그리고 로프를 하나 집어 들고 끝부분을 잡는다(**그림 2**). 아래 끝(L)을 1번 그릇 안에 넣는다. 그러면서 로프로 **그림 3**과 같이 원을 만들고, 마지막에 위 끝(U)을 마지막 원 아래에 놓는다. 이 상태에서 U를 잡고 로프를 그릇 밖으로 꺼내면 자동적으로 가운데에 싱글 매듭이 생긴다(**그림 4**). 로프를 그릇에 넣으면서 매듭을 만들기 위한 준비를 미리 하는 것이다.

다른 로프를 집어서 가운데에 싱글 매듭을 만든다. 이때 매듭이 헐렁해야 한다(**그림 5**). 아래 끝(U)부터 2번 그릇에 넣는다. 그리고 아래 끝 바로 위에 매듭이 오게 한다(**그림 6, 그림 7**). **그림 6**을 잘 연구하여 정확한 모양을 익혀야 한다. **그림 7**은 로프 전체를 넣은 모습이다. 나중에 L을 잡고 로프를 꺼내면 매듭이 사라진다.

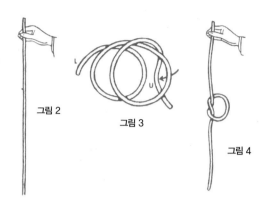

그림 2

그림 3

그림 4

"로프 가운데에 매듭을 하나 만들었습니다. 두 개의 로프가 서로 연결되었다는 말이 있습니다. 하나의 로프에 어떤 일이 일어나면 다른 로프에도 똑같은 일이 일어난다고 하는군요."

1번 그릇에서 U를 잡고 로프를 꺼낸다. 그럼 (처음에 로프를 넣을 때 제대로 넣었다면) 가운데에 매듭이 생긴다.

"이 로프에도 매듭이 생겼습니다! 제가 이 매듭을 없애겠습니다."

매듭을 푼 뒤, 1번 그릇에 로프를 넣는다. 이때 로프의 가운데 접힌 부분이 잘 보이게 한다(**그림 8**). 2번 그릇에서 L을 잡고 로프를 꺼낸다(**그림 7**). 그럼 로프가 그릇 밖으로 나오면서 매듭이 사라진다(**그림 9**).

"그리고 역시 이 로프에 있던 매듭도 사라졌습니다!"

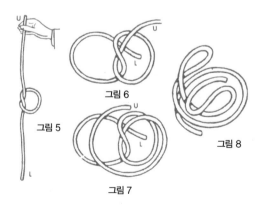

그림 5

그림 6

그림 7

그림 8

손에 있는 로프를 반으로 자르는 척하며 짧은 조각을 만든다. 그리고 짧은 조각을 접어 긴 조각의 접은 부분 위에 놓는다(**그림 10**). 그런 다음 엄지손가락으로 이 부분을 가린다. **그림 11**은 관객에게 보이는 모습으로, 마치 로프가 반으로 잘린 것처럼 보인다. 로프를 2번 그릇에 넣는다. 로프를 잡고 있는 왼손이 그릇 안으로 들어가 보이지 않으면 그때 긴 가닥을 놓고, 짧은 가닥을 엄지손가락 아래에 숨긴다(**그림 12**). 그리고 그릇에서 손을 꺼내 관객에게 보여준다.

"로프를 반으로 잘라서 그릇에 넣었습니다."

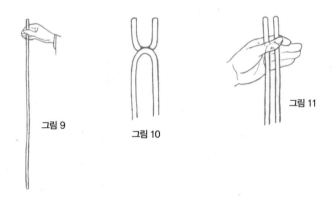

그림 9 그림 10 그림 11

1번 그릇에 왼손을 넣어 로프의 가운데를 잡는다. 이때 손에 숨기고 있는 짧은 조각을 긴 로프에 교차시킨 뒤 반으로 접는다. 그 상태로 로프를 꺼내면 **그림 11**과 같이 로프가 두 조각이 된 것처럼 보인다.

"둘이 연결되어 있기 때문에 이 로프도 반으로 잘렸습니다."

짧은 조각을 마저 잘라내거나 숨겨서 로프를 하나로 만든다. 그리고 다시 그릇 안에 넣는다.
2번 그릇에서 로프를 꺼내 하나가 되어 있음을 보여준다.

"그리고 물론, 이 로프도 하나로 연결되었네요."

자연스럽게 그릇이 비어 있다는 것을 보여준 뒤 로프를 그릇에 넣는다.

그림 12

그림 13

그림 14

★ 참고

자른 로프를 다시 하나로 연결할 때는 양끝을 묶어도 된다. 짧은 조각을 묶어서 가짜 매듭을 만든 뒤, 로프에서 빼내어 숨기면 된다(**그림 13**). 그리고 1번 그릇에서 로프를 꺼내, 가짜 매듭을 로프의 가운데 부분과 포개어 잡으면 된다(**그림 14**). 그런 다음 로프를 하나로 연결시킬 때 가짜 매듭을 숨긴다.

아주 효과적인 마술 루틴이다. 마술사는 항상 관객보다 한 발 앞서 있다. 관객이 무언가 일어나겠거니 생각하고 있을 때면 모든 상황이 종료된 상태이다. 물론 주저함 없이 부드럽게 진행해야 한다. 원한다면 대접대신 접시나 쟁반을 이용해도 된다. (앞에서 언급하지는 않았지만 로프를 자를 때, 널리 사용되는 방법을 이용하여 로프의 끝부분을 조금 자른다.)

타벨의 집-오버 로프 미스터리
Tarbell's Zip-Over Rope Mystery

오래전에 타벨이 이용했던 또 하나의 마술로, 로프를 바꾸는 마술이다.

★ 이펙트

1.5m 길이의 부드러운 로프를 반으로 자른다. 그리고 자른 부분을 묶어서 여러 개의 매듭을 만든다. 관객에게 로프의 양끝을 양손에 잡고 있으라고 한다. 그럼 로프의 가운데에 매듭이 있다. 마술사가 또 다른 로프를 꺼내서 관객이 들고 있는 매듭에 로프를 꿴다. 그리고 순식간에 마술사의 손에 있던 로프와 관객의 손에 있던 로프가 바

뀐다. 관객의 손에는 온전한 로프가, 마술사의 손에는 매듭이 있는 로프가 있다.

★ 준비물
1. 흰색 부드러운 로프 두 개. 길이는 각각 1.5m, 75cm이다.
2. 가위 하나

시연
관객 한 명을 무대로 부른다. 그리고 길이 1.5m 로프를 반으로 접은 뒤, 양끝을 왼손으로 잡는다(**그림 1**).

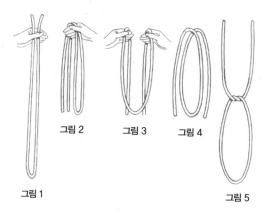

그림 2   그림 3   그림 4

그림 1   그림 5

　그림 2와 같이 가운데 부분을 오른손으로 잡는다. 양손으로 로프를 한 가닥씩 잡아서 벌린다(**그림 3**). 그리고 나서 오른손에 있는 부분을 왼손 위로 가져간다(**그림 4**). 오른쪽에 있는 로프의 끝을 고리 위로 가져와서 뒤로 뺀다. 그럼 싱글 매듭이 생긴다(**그림 5**).

　이 과정을 반복하여 스퀘어 매듭을 만든다(**그림 6**). 로프의 왼쪽 위 끝을 왼손으로 잡고, 반대쪽 끝은 고리 옆으로 떨어뜨린다(**그림 7**). 고리의 아래 부분, 즉 로프의 끝 바로 옆 부분을 자른다(**그림 8**). 그리고 C와 D를 묶어서 싱글 매듭 세 개를 만든다. 이때 첫 번째 매듭과 원래 있던 스퀘어 매듭(s)의 거리는 2.5~3.7cm이다. 이 부분에 공간이 남아 있어야 나중에 진행을 계속할 수 있다(**그림 9**). 만약 C와 D가 너무 길면 5cm 정도 잘라서 길이를 조절한다.

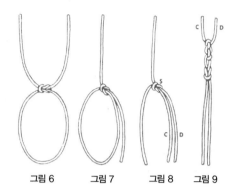

그림 6   그림 7   그림 8   그림 9

관객에게 매듭이 있는 로프의 양끝을 양손으로 잡으라고 한다(**그림 10**).

　"선생님이 들고 계신 로프를 잘랐습니다. 그리고 매듭을 만들었습니다. 아주 눈에 잘 들어오는 표시죠? 그래도 혹시 모르니 집중해서 잘 보십시오!"

짧은 로프의 양끝을 양손으로 잡아서 보여준다.

　"이 로프는 선생님이 들고 계신 로프보다 짧습니다. 하지만 잘리지도 않았고, 매듭도 없습니다. 제가 어떻게 하든 간에 선생님은 들고 계신 로프를 절대 놓치시면 안 됩니다. 절대 놓치지 마십시오!"

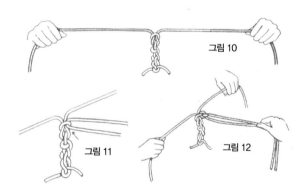

그림 10

그림 11

그림 12

　말하면서 로프의 끝을 스퀘어 매듭 윗부분 비워둔 공간에 넣는다(**그림 11**). 그리고 짧은 로프의 양끝을 묶어서 싱글 매듭을 만든다. 이때 매듭을 단단하게 만들어 최대한 스퀘어 매듭과 가깝게 한다(**그림 12**, **그림 13**).

"로프를 잘 잡고 계신가요? 최대한 꼭 잡고 계신 것 맞죠? 좋습니다."

로프를 갑자기 당긴다. 그럼 관객이 들고 있는 로프에서 매듭이 빠지고, 매듭은 당신이 들고 있는 로프로 옮겨 온다(그림 14). 그럼 마치 로프 두 개가 바뀌는 것처럼 보인다. 이제 관객이 짧은 로프를 들고 있고, 마술사가 매듭 있는 로프를 들고 있다(그림 15). 만약 관객에게 로프를 꼭 잡으라고 말하는 동시에 로프를 당겼다면 이렇게 마무리할 수 있다.

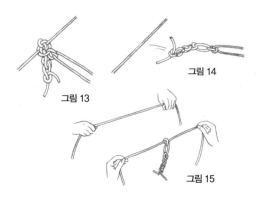

그림 13

그림 14

그림 15

★ 참고

사용하기 적당한 로프의 길이를 알기 위해서는 몇 번의 실험이 필요하다. 만약 '로프 스위치(Switching Rope)'를 한다면 매듭에 꿰어서 묶는 로프의 길이와, 마지막에 관객의 손에 들려 있는 로프의 길이가 비슷해야만 한다.

마빈 로이(Marvyn Roy)

이로 코바느질 하기
Crocheting With Your Teeth

전혀 새로운 아이디어는 아니다. 이미 곳곳에서 소개된 '커트와 연결된(cut and restored)' 마술과 같은 원리를 이용한다. 어렸을 때부터 가는 끈으로 이 마술을 해왔으며, 요즘도 종종 한다. 모르는 사람들에게는 엄청난 충격을 안겨줬으며, 마술사를 상대로도 성공한 적이 있다. 이 마술이 인기를 끌던 시기가 지난 다음 활동하기 시작한 마술사들은 아마 잘 모를 것이다. 그래서 여기에서 소개하기로 결심했다.

★ 이펙트

긴 끈을 보여준다. 그리고 양끝을 묶어서 고리를 만든다. 마술사가 두 개의 고리를 만들면 관객이 두 개의 고리를 모두 자른다. 그런 다음 두 조각이 된 끈을 보여준다.

마술사는 자신이 이로 코바느질하는 방법을 배웠다고 설명한다. 그리고 끈의 양끝을 입에 넣는다. 정말로 코바느질을 해서 끈을 새 것처럼 연결시킨다.

★ 준비물

1. 긴 끈 하나. 길이는 상황에 따라 달라진다. 하지만 양끝을 묶었을 때 고리의 크기가 최소한 60cm는 되어야 한다.
2. 가위 하나

시연

끈을 관객에게 보여준 뒤, 양끝을 묶는다. 그리고 관객에게 하나의 고리로 생각해 달라고 말한다. 끈을 자르는 이야기를 하면서 **그림 1**과 같이 양손으로 고리를 잡는다. 그러고 나서 왼손을 오른손 위로 가져와 왼손에 있던 부분을 오른손 위에 놓는다. 이때 왼손을 안쪽으로 돌려서 손등이 오른손 손가락을 향하게 한다. 즉, 고리를 반 바퀴 돌린다. 이 부분이 속임수이다(**그림 2**). 다음으로 끈 두 겹을 한 번에 자르겠다고 설명한다.

　고리를 다시 펴고, 관객에게 가위를 건넨다. 이제 끈을 방금 전과 같이 만든다. 하지만 지금은 커트를 위한 준비 과정이다. 이번에는 왼손에 있는 끈을 오른손 위에 놓으면서 왼손을 더 많이 돌린다.

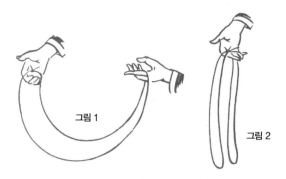

그림 1　　　　　그림 2

　자세히 살펴보자. 먼저, 매듭이 있는 부분을 오른손으로 잡는다(**그림 1**). 그리고 왼손을 오른손 위로 가져가면서(실제로는 양손을 모두 움직인다), 전처럼 고리 두 개를 만드는 것처럼 행동한다. 그러나 이번에는 왼손을 안쪽으로 더 많이, 한 바퀴 돌린다(**그림 3**). 관객의 이목을 집중시키지 말고 자연스럽게 한다. 그렇다고 굳이 가리려고 애쓰라는 말은 아니다. 관객은 그저 마술사가 아까와 똑같은 행동을 반복한다고 생각한다.

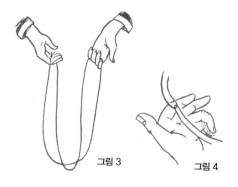

그림 3　　　　　그림 4

　그럼 ('할머니의 목걸이(Grandmother's Necklace)'에서처럼) 왼손 가까이에 고리가 생긴다(그림 4). 오른손을 왼손 가까이에 가져가 **그림 5**와 같이 끈을 잡는다. 왼손 엄지손가락과 집게손가락으로 고리 부분을 숨긴다. 그럼 관객은 감쪽같이 속는다.

이제 관객을 시켜 양손 사이에 있는 끈 두 겹을 자른다. 오른손에 있는 부분을 놓으면 왼손 엄지손가락과 집게손가락으로 끈 두 가닥을 들고 있는 것처럼 보인다. 자연스럽게 양손의 앞뒤를 보여주면서 말한다.

"오랫동안 저는 이로 코바느질을 해왔습니다. 이상하게 들리시겠지만 사실입니다. 정말로 할 수 있습니다. 보십시오! 제가 오늘 이 시간 직접 보여드리겠습니다!"

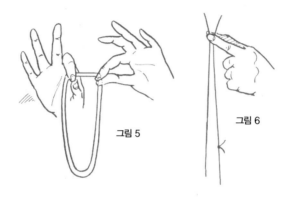

그림 5

그림 6

끈의 끝을 입에 넣는다. 그리고 양손을 아래로 움직여서 끈을 **그림 7**과 같이 잡는다. 그 상태에서 끈을 양쪽으로 움직여 혀끝으로 짧은 조각을 긴 조각에서 분리해낸다. 몇 번 연습하면 쉽게 할 수 있다. 만약 시간이 걸리더라도 전혀 상관없다. 코바느질로 끈을 연결하려면 원래 시간이 걸리기 때문이다.

그림 7

짧은 조각을 분리한 후에는 혀로 짧은 조각을 안쪽으로 밀어 넣는다. 그래서 아래

잇몸과 볼 사이에 숨긴다. 여기에 숨기면 말하는 데에는 전혀 지장을 주지 않는다. 입에서 끈을 뺀 후에 짧은 조각을 숨겨도 된다.

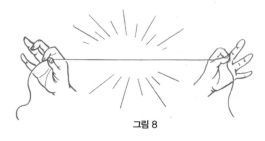

그림 8

마지막으로 다 됐다고 말한다. 그리고 부드럽게 끈을 입에서 뺀다(**그림 8**). 그런 다음 양끝을 당겨서 끈이 하나로 연결되었음을 보여준다. 이때 너무 세게 당기면 관객에게 침이 튈 수 있기 때문에 조심해야 한다.

관객에게 끈을 건네면서 말한다.

　"코바느질 해서 연결한 부분이 어디인지 알아보기 힘드시죠?"

끈은 축축하게 젖어 있으며, 정말로 코바느질로 다시 연결한 것처럼 보인다.

★ **참고**

나는 보통 끈을 살짝 씹는다. 그럼 정말로 끊어졌던 부분이 연결된 것처럼 보인다. 가끔은 이 부분이 연결된 것이 아니냐고 묻는 관객도 있다.

물론 입에 있는 조각은 관객 몰래 적당한 때에 제거한다. 하지만 아무것도 없다고 관객에게 굳이 입안을 보여주는 일은 없길 바란다. 보기에 좋지 않을 뿐만 아니라 오히려 마술의 효과를 감소시킨다. "내가 얼마나 입속에 작은 조각을 잘 숨겼는지 보세요!"라고 말하는 것 같지 않은가?

끈으로 된 고리에 걸린 반지
Borrowed Ring on Loop of String

고리에 걸린 반지 마술을 알고 있는 마술사는 많다. 그러나 여기에서 소개된 방법을 알고 있는 사람은 많지 않다. 조 바넷(Joe Barnett)의 아이디어에 토대를 두고 있다.

★ 이펙트

양끝을 묶어서 고리를 만든 끈을 관객에게 보여준다. 그리고 관객에게 반지를 하나 빌린 후, 매듭을 풀지 않고 반지를 끈에 꿰겠다고 말한다. 마치 불가능한 일을 할 것처럼 분위기를 잡더니, 가위로 매듭 반대쪽을 자른다.

그리고 반지를 꿰고, 잘라서 생긴 양끝을 묶는다. 이제 매듭은 하나가 아니라 둘이다. 마술이 아닌 간단한 방법이기에, 객석 여기저기에서 불만이 터진다. 그러자 마술사는 이제까지는 마술이 아니었으며, 앞으로 정말로 불가능한 일을 보여주겠다고 말한다.

반지와 매듭 두 개를 반지 주인의 손에 놓은 후, 관객이 손을 쥐게 한다. 마술사가 마술을 부린 뒤, 관객이 손을 펴자 끈이 다시 붙어 있는 것이 아닌가! 다시 처음처럼 매듭 하나로 연결된 고리가 되어 있다. 관객이 직접 모든 것을 확인하고, 매듭을 풀어서 반지를 빼낸다.

★ 준비물

1. 끈 하나. 길이는 상황에 따라 다르다. 흰색 면실 6~8겹을 꼬아서 만든 부드러운 끈이어야 한다.
2. 가위 하나
3. 투명 시멘트 조금

준비

손톱을 이용해서 끈의 가운데 부분을 벌린다. (**그림 1**과 같이 끈의 한가운데를 반으로 가른다.) 가른 부분을 벌리고, 양쪽을 꼬아서 **그림 2**의 AA와 같이 만든다. 이 상태에서 로프를 반으로 접으면 **그림 3**과 같이 된다.

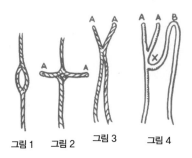

그림 1   그림 2   그림 3   그림 4

이렇게 만든 가짜 끝이 진짜처럼 보이도록 매듭을 만들어야 한다. **그림 4**와 같이 끈의 한쪽을 위로 올려서 고리를 만든 뒤, **그림 5**와 같이 가짜 끝 앞으로 가져온다. 그리고 나서 고리 부분으로 가짜 끝을 감은 뒤, X에 넣는다(**그림 6**).

고리를 당겨서 매듭을 만들고, 삐져나온 부분을 고리 안에 잘 정리한다(**그림 7**). 이 때 B를 너무 많이 당기면 매듭이 다시 풀어지기 때문에 조심해야 한다. 또한 여기에서 중요한 점은 고리 B를 매듭 안에 잘 감추는 것이다.

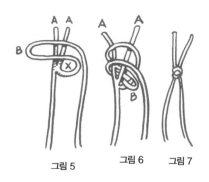

그림 5   그림 6   그림 7

이제 진짜 끝을 시멘트로 붙인다. 아무도 눈치 채지 못하도록 감쪽같이 붙여야 한다. 그럼 진짜 끝과 매듭을 만든 가짜 끝이 정반대에 위치한다(**그림 8**). 가까이에서 보더라도 로프의 양끝을 묶어서 고리를 만든 것처럼 보인다.

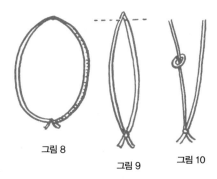

그림 8

그림 9

그림 10

작은 가위를 주머니나 테이블에 둔다.

시연

이펙트에서 설명한 대로 진행한다. 가위로 끈을 자를 때까지는 농담처럼 보인다. 끈을 자를 때는 **그림 9**와 같이 시멘트 바른 부분을 완전히 잘라내야 한다. 시멘트 바른 부분이 잘 보이지 않을지도 모른다. 이때 매듭 정반대에 위치한다는 사실을 기억하고, 또한 손으로 만져보면 단단하게 굳은 시멘트가 느껴질 것이다. 그럼 그 부분을 자르면 된다. 단, 이때 무언가를 찾는 듯한 인상을 남겨서는 안 된다.

끈에 반지를 꿴다(**그림 10**). 그리고 방금 잘라서 생긴 끝을 묶어서 가짜 매듭과 비슷하게 생긴 매듭을 만든다. 매듭 밖으로 삐져나온 끝의 길이도 비슷해야 한다(**그림 11**).

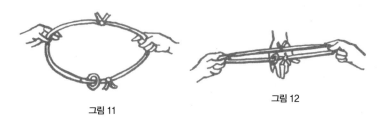

그림 11

그림 12

원하는 대사를 한다. 가장 확실한 방법은 관객을 웃게 만드는 것이다.

"제가 뭐라고 생각하세요? 마술사요?"

계속해서 말을 잇는다.

"맞습니다. 저는 마술사입니다. 잘 보십시오. 불가능한 일을 할 준비가 되었습니다!"

반지 주인에게 손을 펴서 손바닥이 보이게 내밀라고 말한다. 그리고 **그림 11**과 같이 끈을 잡고 팽팽하게 당긴 후, 관객의 손 위에 놓는다. 그럼 반지와 매듭 두 개가 모두 관객의 손바닥 위에 올라간다(**그림 12**). 다음으로 관객에게 손을 오므리라고 말한다.

관객의 주먹을 쥐게 한 뒤, 다른 사람이 손에 있는 반지를 뺏어올 수 있는지, 반지가 느껴지는지 등을 묻는다. 말을 하면서 끈을 살짝 당겨 가짜 매듭을 푼다. 끈을 좌우로 움직이면 되는데, 이때 매듭이 손 밖으로 나오지 않도록 주의한다. 이렇게 몇 차례 움직이면 벌려놓은 부분도 원래대로 돌아온다. 즉, 끈의 일부가 된다. 그럼 아무런 흔적도 남지 않는다.

관객에게 손을 펴라고 한 뒤, 마무리를 한다. 끈이 다시 연결되어 매듭 하나로 연결된 고리만이 남아 있다(**그림 13**).

그림 13

모든 것은 관객의 손에 남아 있으며, 숨겨야 할 여분의 조각이나 다른 도구는 전혀 없다. 반지를 꺼내려면 매듭을 풀어야만 한다.

★ 참고
아주 깔끔하고 명료한 마술이다. 끈을 벌려서 가짜 매듭을 만드는 것에 대해 모르면 마술사들도 감쪽같이 속을 수밖에 없다.

네이트 라이프치히(Nate Leipsig, 1873~1939)

Tarbell
Course in MAGIC

Tarbell Course in MAGIC

상자 속의 빌린 반지
Borrowed Ring in Box

'날아다니는 반지(Flying Ring)'를 토대로 아놀드 드 세이버(Arnold De Seiver)가 만든 멋진 마술이다. 관객에게 빌린 반지가 아무런 조작도 없는 반지 상자 안에서 나타난다.

★ 이펙트

빌린 반지를 손바닥 위에 놓고, (손수건과 고무밴드를 이용하여) 손을 감싼다. 그러나 관객이 들고 있는 평범한 반지 상자에서 반지가 나타난다.

★ 준비물

1. 빌린 반지 하나
2. 반지 상자 하나
3. 꽤 큰 고무밴드 하나
4. 손수건 하나

준비

반지 상자를 열어서 손수건, 고무밴드와 함께 왼쪽 외투나 바지주머니에 넣는다. 나중에 꺼낼 때 최대한 쉽게 찾아서 꺼낼 수 있도록 잘 정리해 넣어야 한다. 반지 상자는 고급스러운 것도 되고, 플라스틱이나 종이로 된 것도 상관없다. 단, 살짝 뚜껑을 밀어서 닫으면 다시 열기 전까지 그대로 닫혀 있어야 한다. 종이로 만든 상자를 이용하는 것이 가장 좋다. (가격이 저렴하고, 마지막에 관객에게 상자를 줄 수도 있으며) 뚜껑을 닫을 때 소리가 가장 적게 난다는 장점이 있다. 그러나 다른 종류의 상자를 이용할 때 소리를 줄이는 방법에 대해서도 나중에 알아볼 것이다.

시연

반지를 빌린 뒤, 천천히 그리고 확실하게 오른손 손바닥 위에 놓는다. 그리고 주먹을 쥐고, 슬레이트를 위한 준비를 한다. 다음으로 반지를 오른 소매에 넣어야 한다.

손등이 위로 향하도록 손을 뒤집는다. 그 상태에서 관객을 똑바로 쳐다보며, 오른손 주먹을 관객에게 뻗는다. 이때 반지를 소매에 숨겨야 한다. 기본적인 동전 마술의 동작과 비슷하다. 우선 반지를 핑거 팁 위치로 옮기면(**그림 1**), 반지를 숨기기가 훨씬 수월해진다. 참고 부분을 보면 도움이 될 것이다.

팔을 뻗으면 자연스럽게 소매가 위로 올라가서 손목이 드러난다. 연결된 동작으로, 왼손으로 오른손 손목을 잡으며 말한다.

"제 손목을 이렇게 잡아주시겠어요? 반지가 탈출을 못하도록 더욱 확실히 하려고요."

즉, 왼손 엄지손가락과 집게손가락으로 오른손 손목을 감싼다. 그럼 나머지 손가락은 소매 아래에 위치한다.

이렇게 손목을 잡으라고 보여주면서 오른손을 약간 아래로 내린다. 그럼 소매에 있는 반지가 왼손으로 떨어진다(**그림 2**). 마술사가 반지를 숨긴 왼손을 치우면 그대로 관객이 마술사의 오른손 손목을 잡는다.

"좋습니다. 반지가 제 손에서 빠져나가는지 잘 보셔야합니다. 절대 빠져나가지 못하도록 지키십시오."

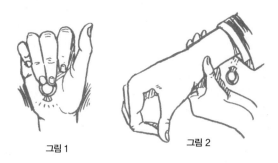

그림 1   그림 2

원한다면 대사를 하는 동안 핑거 팜을 이용하여 왼손에 반지를 숨기고, 왼손 손바닥을 관객에게 보여줘도 된다. 반지는 구부린 손가락 안에 숨어 있기 때문에 손에 아무것도 없는 것처럼 보인다. 이는 당신의 선택에 달려 있으며, 생략해도 상관없다.

"혹시 깨끗한 손수건 가지고 계신 분 있나요? 아, 제게 손수건이 있습니다."

왼쪽 주머니에 손을 넣어 반지를 반지 상자 안에 넣는다. 아직 상자 뚜껑을 닫지는 않는다. 그리고 손수건을 꺼낸다. 이때 절대 머뭇거려서는 안 된다. 꺼낸 손수건은 관객에게 건네며, 그 손수건으로 오른손을 덮어달라고 부탁한다.

만약 관객 중《위대한 마술(Greater Magic)》에 나온 '플라잉 링(Flying Ring)'을 아는 사람이 있다면 손수건으로 손을 덮으면서 마술사가 반지를 빼낼 것이라고 예상할 것이다. 하지만 관객의 예상을 깨고, 마술사의 왼손은 오른손 근처에도 가지 않기 때문에 관객은 혼란스러워한다.

다시 왼쪽 주머니에 손을 넣는다.

"잠깐만요, 여기에 손수건을 고정시키기 위한 고무밴드가 있습니다."

이때 반지 상자 뚜껑을 닫고, 고무밴드를 꺼낸다. 그럼 관객은 고무밴드를 손목에 말아서 손수건을 고정시킨다(**그림 3**).

"이렇게 하면 반지는 안전하겠죠? 그렇죠? 좋습니다!"

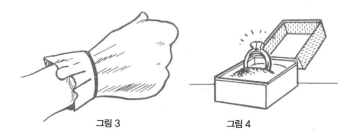

그림 3   그림 4

반지를 빌려준 관객을 쳐다보며 말한다.

"제게 너무 멋진 반지를 빌려주셔서 감사합니다. 여기 멋진 상자에 반지를 보관하면 더욱 좋겠죠? 지금과 같은 상황에서는 더할 나위 없이 좋을 것 같네요."

주머니에 손을 넣어 상자를 꺼내 관객에게 건넨다. 그리고 양손으로 상자를 꼭 누르고 있거나 혹은 테이블 위에 두라고 한다. 어떤 방법을 택하건, 자연스럽게 상자를 다뤄야 한다.

손목을 잡고 있는 관객에게 돌아서서 말한다.

"아무 문제없죠? 제 손목을 꼭 잡고, 반지가 빠져나오지 못하도록 잘 지키고 계시죠? 좋습니다!"

(잠시 쉰다.)

"지금 제 손에 이상한 느낌이 있습니다. 너무 반지를 꼭 쥐고 있어서 피가 통하지 않나봅니다. 잘은 모르겠지만요. 한 번 볼까요?"

관객을 시켜 고무밴드와 손수건을 제거한다. 그리고 곧바로 손을 펴 보았다가 다시 주먹을 쥔다. 이때의 대사는 마술사의 선택에 달려 있다. 심각한 연기를 펼쳐도 되고, 재치를 발휘하여 관객에게 웃음을 선사해도 된다. 관객을 웃기겠다고 마음먹었다면 손을 펴서 안을 확인한 뒤, 당황스러운 미소를 지으며 뭔가 혼란스럽다는 듯이 행동한다.

"음, 제 잘못이 아니에요. 반지를 지키는 것은 이분의 일이었어요. 그래도 너무 당황스럽네요. 보세요. 반지가 사라졌습니다!"

손을 쭉 펴고 손뼉을 친다. 그리고 손바닥을 보여준 뒤, 손목을 잡고 있던 관객을 쳐다본다.

"도대체 반지를 어떻게 한 겁니까?"

이제 타이밍을 잘 맞춰야 한다. 반지 상자를 들고 있는 관객이 상자를 미리 열어봐서는 안 된다. 하지만 미리 열어보려는 사람도 있기 때문에 신중을 기하려면 한 손으로 관객의 손을 잡는다.

"음, 어쨌든 다음에 반지가 생겼을 때 안전하게 보관할 수 있는 좋은 상자가 생기지 않았습니까? 내부도 멋있습니다. 직접 열어보십시오."

관객이 상자를 연다.

"뭐라고요? 반지가 거기에 있다고요? 이런, 다행이네요. 다음에는 누군가에게 반지를 빌려줄 때 조금 더 신중히 생각하십시오!" (그림 4)

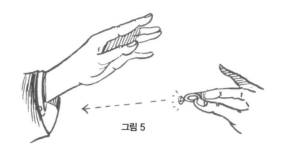

그림 5

★ 참고

짧으면서도 강한 효과를 낼 수 있는 마술이다. 닫을 때 큰 소리가 나는 반지 상자를 사용한다면 사이에 손가락을 넣는다. 그 상태에서 상자를 닫고 손가락을 빼면 소리를 줄일 수 있다.

또한 반지를 소매에 숨길 때도 다양한 방법을 이용할 수 있다. 어떤 방법을 이용하건 관객 몰래 반지를 숨길 수 있어야 하며, 그렇지 않으면 전체를 망치게 된다. **그림 5**의 '호박 씨(pumpkin-seed)' 방법을 이용해도 된다. 그리고 반지를 왼손 소매에 숨기고, 손수건 등 다른 소품을 오른쪽 주머니에 넣어둬도 된다.

하지만 자연스럽게 할 수만 있으면 앞에서 설명한 방법을 이용해도 좋다. 오른팔을 앞뒤로 움직일 때 비법이 누설될 수 있으므로 조심해야 한다. 만약 동전을 이용한 핸드 슬레이트에 익숙하다면 더욱 좋다. 무슨 말인지 잘 알 것이다. 어떤 마술사들은 반지를 손가락 끝으로 잡고 있다가 손가락을 아래로 구부리며 동시에 접어서 반지를 소매 안으로 넣는다. 또 다른 방법으로, 팔을 위로 올리면서 소매에 반지를 숨긴 뒤, 관객을 향해 팔을 내릴 수도 있다.

마술사들조차 감쪽같이 속인 방법이 있다.

우선 오른손 손등이 위로 향하게 한 상태에서 주먹을 쥐고, 손가락 끝으로 반지를 잡는다. 그리고 관객을 향해 팔을 뻗으면서 말한다.

"제 손목을 이렇게 잡아주세요."

자연스럽게 왼손을 움직여 오른손 손가락 아래를 지나간다. 이때 오른손 손가락으로 반지를 놓고, 곧바로 왼손으로 반지를 잡고, 가운뎃손가락, 넷째 손가락, 새끼손가락을 구부린다. 그러고 나서 쉬지 않고 왼손을 움직여서 오른손 손목을 잡는다. 이때 반지는 여전히 왼손에 있다.

관객이 손을 뻗어 손목을 잡으려고 할 때, (관객이 손목을 잡기 편하게 하기 위하는 척) 오른손을 위로 올리면서 반지를 소매에 넣는다. 그리고 무언가 설명하면서 왼손을 움직여 왼손 안에 아무것도 없음을 보여준다. 관객이 오른손 손목을 잡고 있는 상태에서도 왼손으로 오른손 손목을 잡는다. 그런 다음 꽉 잡으라고 말하면서 오른팔을 아래로 내려서 소매에 있는 반지를 왼손에 숨긴다! 나머지는 앞에서 설명한 과정을 따른다. 물론 원한다면 소매에 반지를 숨기지 않아도 된다. 하지만 소매에 숨겼다가 다시 손에 있는 반지를 손으로 숨기면 예리한 관객도 속일 수 있게 된다.

그리고 고무밴드를 감은 반지 상자를 꺼내도 된다. 그럼 관객이 미리 상자를 여는 일을 방지할 수 있다.

가장 좋아하는 방법은 작은 고무밴드를 이용하여 상자의 가로, 세로를 모두 감는 방법이다. 그 상태에서 동전 등을 이용하여 뚜껑을 열어둔다. 나중에 고무밴드를 꺼내기 위해 주머니에 손을 넣었을 때 반지를 상자 안에 넣고, 동전을 빼서 뚜껑을 닫는다. 조금만 연습하면 주저함 없이 자연스럽게 할 수 있게 된다.

TV 서프라이즈
TV Surprise

잭 채닌(Jack Chanin) 덕분에 소개할 수 있게 된 재미있는 루틴이다. 그러면서도 많은 연습을 필요로 하지 않으며, 주제에 따라서 다양한 물체를 이용할 수 있다는 장점이 있다. 잭은 텔레비전에서 이 루틴을 성공적으로 선보인 적이 많기에, 'TV 서프라이즈(TV Suprise)'라는 이름을 붙였다.

★ 이펙트

손수건의 앞뒤를 보여준다. 그리고 한 번에 하나씩 동전 세 개, 공 두 개, 담배 두 개비, 성냥 한 갑을 만들어낸다. 성냥갑이 사라지고, 마지막에는 불붙인 담배도 모두 사라진다.

★ 준비물

1. 한 변의 길이가 45~60cm인 손수건 한 장
2. 큰 동전 두 개. 크면 클수록 더 좋다.
3. 공 두 개. 공의 크기와 색깔은 상관없다. 단, 손에 편하게 잡을 수 있는 크기여야 한다.
4. 담배 두 개비
5. 성냥 한 갑
6. 섬 팁(thumb tip) 하나

준비

섬 팁과 공 하나를 왼쪽 바지주머니에 넣는다. 남은 공 하나는 오른쪽 바지주머니에 넣는다. 그리고 외투 양쪽 주머니에는 각각 성냥 한 개비씩 넣고, 오른쪽에는 성냥갑도 함께 넣는다.

손수건은 테이블 위에 펼쳐둔다. 그리고 손수건의 뒤 모서리에 동전을 각각 하나씩 놓는다. 그런 다음 앞부분에 손수건을 접어서 주름을 만들면 관객은 동전을 보지 못한다(**그림 1**).

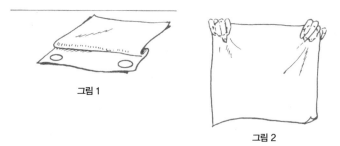

그림 1

그림 2

시연

손수건을 집는다. 이때 양손 손가락으로 동전이 있는 부분을 잡고, 엄지손가락으로 손수건의 뒷면을 잡는다(**그림 2**). 그리고 손수건을 수평으로 돌려서 뒷면을 보여준 뒤, 다시 원래대로 뒤집는다.

손수건으로 왼손을 덮는다. 그리고 나서 왼손 손가락을 (손수건 아래에서) 위로 뻗는다. (동전을 핑거 팜으로 숨기고) 오른손으로 손수건 아래에 왼손 동전을 잡는다. 이때 왼손으로 동전을 살짝 위로 올리면 오른손으로 쉽게 잡을 수 있다(**그림 3**).

양손을 뒤집어서 손수건으로 손등이 바닥을 향하고 있는 오른손을 덮는다(**그림 4**). 그럼 동전이 나타난다. 실제로 손수건을 사이에 두고 동전을 다른 손으로 옮겨 잡았을 뿐이다. 이 방법은 루틴 전반에서 활용되므로, 반드시 확실히 이해해야 한다. 동전을 보여준 다음에 왼손으로 동전을 잡아서 관객에게 다시 한 번 보여준다. 그리고 나서 왼쪽 바지주머니에 넣는 척하면서 핑거 팜으로 숨긴다.

이번에는 손만 바꿔서 같은 과정을 반복한다. 왼손으로 손수건 아래에 있는 오른손 동전을 잡은 뒤, 손을 뒤집어서 손수건으로 왼손을 덮는다. 그럼 또 다른 동전이 나타난다. 동전을 관객에게 보여준다.

오른손으로 동전을 집어서 정말로 오른쪽 바지주머니에 넣고, 동시에 손에 공을 숨긴다. 다시 손을 뒤집는다. 그리고 (공을 숨긴 상태로) 오른손으로 손수건 아래에 있는

Tarbell course in Magic

왼손 동전을 잡는다. 그 상태에서 손을 뒤집어서 세 번째(?) 동전을 만들어낸다.

"저는 하루 종일 동전을 만들어낼 수도 있습니다." (지금까지의 과정을 반복하면 밤을 새고도 남는다.)

왼손으로 동전을 잡아서 왼쪽 바지주머니에 넣는다. 그리고 두 번째 공을 손에 숨긴다. 손을 뒤집는다. 왼손으로 손수건 아래에 있는 오른손 공을 잡은 뒤, 손을 뒤집어서 공을 보여준다. 이 동작을 자연스럽게 하면 잠시 관객의 숨이 멎을 것이다.

그림 3

그림 4

그림 5

오른손으로 공을 집어서 오른쪽 외투 주머니에 넣고, 동시에 담배를 손에 숨긴다. 실제로 이 과정에서 손수건이 손을 가리기 때문에 물건을 팜으로 꼭 숨길 필요는 없다. 손이 손수건 밖에 보이는 시간 동안만 손을 뒤집어서 관객이 물건을 보지 못하게 하면 된다.

다시 손을 뒤집어 두 번째 공을 만들어낸다(그림 5). 왼손으로 공을 집어서 왼쪽 외투 주머니에 넣고, 두 번째 담배를 꺼낸다. 그러고 나서 다시 손을 뒤집어서 담배를 만들어낸다(그림 6). 오른손으로 담배를 집어서 오른쪽 외투 주머니에 넣는다. 동시에 오른손에 성냥갑을 숨긴다.

두 번째 담배도 만들어낸 뒤, 왼손으로 담배를 집어서 입에 문다. 이제 손수건을 왼쪽 팔뚝에 걸어두고, 오른손을 허공에 뻗어 성냥갑을 만들어낸다. 그런 다음 담배에 불을 붙인다.

왼손으로 성냥갑을 잡고, 그 위에 오른손으로 손수건을 덮는다. 성냥갑과 손수건을 오른손으로 잡는 척하면서(그림 7), 실제로는 섬 팜이나 핑거 팜으로 성냥갑을 왼손에 숨긴다. 그리고 오른손으로 손수건만 잡는다. 손수건을 잡을 때 조금만 신경을 쓰면 손수건 아래에 성냥갑이 있는 것처럼 보이게 할 수도 있다.

그림 6   그림 7

(성냥갑을 숨긴 왼손의 도움을 받아) 담배 연기를 머금었다가 오른손에 내뿜어 신기한 분위기를 연출할 수 있다. 다시 담배를 입에 물면서 오른손에 있는 손수건을 왼손으로 옮겨 잡는다. 이때 오른손을 살짝 오므려서 마치 손에 성냥갑을 숨기고 있는 것처럼 만든다. 원한다면 담배 연기를 한 번 더 내뿜는다. 그리고 나서 오른손을 펴서 성냥갑이 사라졌음을 보여준다.

그와 동시에 손수건과 성냥을 왼쪽 바지주머니에 넣으면서 섬 팁을 꺼낸다. 마무리는 가장 기본적인 담배 배니시이다. 섬 팁을 주머니에서 꺼낼 때 손가락을 구부려서 섬 팁을 숨겨야 다음 동작으로 이어가기가 쉽다. 또한 섬 팁을 없애기 위해서 손수건을 사용하길 원한다면 손수건의 한쪽 끝을 주머니 밖으로 꺼내 놓는다.

입에 있는 담배를 오른손으로 잡고, 허공에 연기를 내뿜는다. 양손으로 담배를 잡고, 불붙은 부분부터 왼손(섬 팁) 안으로 넣는다. 그럼 담배가 사라진다. 하지만 오른손 엄지손가락으로 담배를 완전히 밀어 넣을 필요는 없다.

그저 담배를 사라지게 만든 것처럼 보여야 한다. 이때 약간 아픈 연기를 하면 큰 도움이 된다. 그리고 나서 오른손 가운뎃손가락을 왼손에 한두 번 넣었다 뺀 뒤, 오른손 엄지손가락을 왼손에 넣는다. 이때 손가락에 섬 팁을 끼우고, 다시 가운뎃손가락을 한두 번 넣었다 뺀다.

섬 팁과 담배는 오른손 엄지손가락에 있으므로 왼손을 펴서 담배가 사라졌음을 보여줄 수 있다. 여기에서 마무리를 한다면 인사를 하고, 섬 팁을 제거해야 한다면 다음 마술을 위해 무언가를 주머니에서 꺼내는 척하면서 섬 팁을 주머니에 넣는다. 혹은 왼쪽 바지주머니에서 손수건을 꺼낸 뒤(주머니 밖으로 삐져나온 부분을 잡아당기면 쉽게 꺼낼 수 있으며, 이때 주머니 안에 있는 성냥갑이 함께 나오지 않도록 주의한다), 인사를 하면서 손수건으로 손을 닦으며 섬 팁을 제거한다. 그리고 손수건을 주머니에 넣으면 완벽한 마무리가 된다.

★ 참고

부드럽게 연결하면 아주 아름다운 마술이 된다. 항상 관객보다 한 발 앞서 있기 때문에 관객은 더욱 놀란다.

주머니에서 물건을 넣었다 꺼낼 때 주저함이 없도록 완벽하게 연습하라. 또한 어디에 무엇을 넣어두었는지 절대 헷갈려서는 안 된다. 모든 과정을 확실하게 숙지하고 익숙해지면 연기에 더욱 몰입할 수 있다. 예를 들어, 언제 손이 비어 있는지 알고 있으면 그때 관객에게 손을 보여줄 수도 있다.

원하는 대로 공연 시간을 늘리거나 줄일 수 있다. 동전, 공, 담배를 더 많이 만들어도 된다. 하지만 개인적으로 앞에서 설명한 루틴의 길이가 가장 적절하다고 생각한다. 아무리 좋은 것이라도 지나치면 해가 될 수 있다.

사용하는 물체는 다른 것으로 교체 가능하다. 만약 아이들을 위한 공연이라면 담배 대신 막대사탕을 이용하면 좋다. 그밖에 다른 물체도 내용에 따라 다른 것으로 대체하면 된다.

대사는 최대한 설명하지 않으려 노력했다. 각자의 내용과 속도에 맞는 대사를 사용하길 바란다. 혹은 팬터마임으로 해도 좋다.

이 루틴에서 사용되는 동작 중 새로운 것은 하나도 없지만, 하나로 연결되어 아주 훌륭한 마술이 탄생되었다. 이 루틴을 위해 얼마나 연습하건, 그에 대한 충분한 보상이 있을 것이다.

T. 넬슨 다운스(T. Nelson Downs, 1867~1938)

에드 미셸의 리본 커트
Ed Mishell's Ribbon-Cut

에드 미셸(Ed Mishell)과 이야기를 하는 도중에 그는 자신의 커트와 다시 연결시키는 방법을 보여줬다. 지금 소개하고자 하는 내용도 그 당시 그가 내게 보여준 것이다.

★ 이펙트

긴 리본을 왼손 엄지손가락과 집게손가락 끝으로 잡는다. 그리고 리본을 양쪽으로 움직여서 리본이 온전한 한 가닥이며, 손에 다른 물체가 전혀 없음을 보여준다.

리본의 중앙을 자른다. 그리고 양끝을 묶어서 매듭을 만든다. 한 명 혹은 두 명의 관객이 리본의 양끝을 잡는다. 그 상태에서 양끝을 당기자 매듭이 튀어 나가고, 하나로 연결된 리본만 남는다.

★ 준비물

1. 긴 리본 하나. 약 0.6~0.9m이 적당하다.
2. 1과 동일한 리본 약 15cm
3. 풀, 본드, 혹은 투명테이프
4. 가위 하나

준비

작은 리본 조각의 양끝을 (테이프나 풀로) 붙여서 7.5cm 크기의 고리를 만든다(**그림 1**). 이렇게 만든 고리를 긴 리본에 넣은 뒤, 고리가 리본의 중앙으로 가게 하고 연결시킨 부분은 아래로 가게 한다(**그림 1**). 그러고 나서 고리를 지그재그로 접어서 주름을 만들어 납작하게 한 뒤 엄지손가락과 나머지 손가락 끝으로 감춘다(**그림 2**).

← 풀 혹은 테이프

그림 1

그림 2

이 상태로 주름이 펴지지 않도록, 동시에 쉽게 꺼낼 수 있도록 주머니에 넣는다. 무대에서 한다면 테이블에 리본을 펴놓고, 접은 부분에 무거운 물체를 올려놓는다. 그러다 모든 준비가 끝나면 접은 부분을 집는다.

시연

왼손으로 리본을 집어서 보여준다. 그리고 리본을 한두 번 앞뒤로 당긴다. 그럼 리본은 왼손 엄지손가락과 집게손가락 사이로 움직인다. 물론 오른손으로 리본을 당기면 관객은 아무런 의심도 하지 않는다. 실제로 리본은 왼손 엄지손가락과 집게손가락 사이에 있는 고리 앞뒤로 움직일 뿐이다. 이때 양손에 아무것도 없음을 보여줘야 한다(**그림 3**).

리본 준비가 끝나면 주름진 부분을 리본 중앙으로 가져온다. 그리고 왼손 손가락으로 리본 중앙을 감싸고, 오른손으로 고리를 당긴다. 그런 다음 관객이 직접 고리를 자르게 한다. 물론 관객은 자신이 긴 리본의 중앙을 잘랐다고 생각한다. 이 상태에서 왼손 앞뒤를 보여주며, 동시에 손가락으로 고리의 접합부분을 가린다.

마무리 할 때는 원하는 방식을 이용하면 된다. 짧은 리본 조각을 모두 잘라내도 되고, 아니면 묶어서 매듭을 만든 뒤, 나중에 리본을 손에 감으면서 매듭을 제거해도 된다. 에드는 매듭이 튀어나오는 방법을 사용했다.

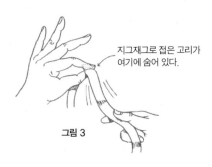

지그재그로 접은 고리가
여기에 숨어 있다.

그림 3

짧은 조각으로 매듭을 만들 때, 한쪽 끝을 긴 리본 아래로 접어서 반대쪽으로 올린다. 그럼 짧은 조각과 긴 리본이 완전히 분리된다(**그림 4**). 이 상태에서 짧은 조각으로 매듭을 만들되, 긴 리본의 가운데 부분을 매듭에 넣는다(**그림 5**). 그러고 나서 매듭을 단단하게, 하지만 너무 단단하지 않게 정리한다(**그림 6**).

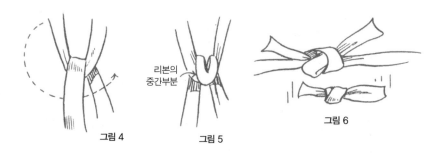

리본의
중간부분

그림 4   그림 5   그림 6

그럼 관객은 전혀 이상한 점을 발견하지 못한다. 자른 리본 두 조각(?)을 묶었다고 생각한다. 관객 두 명을 불러서 리본의 양끝을 맡긴다. 그리고 마술사의 명령에 양끝을 당기면 매듭이 튀어나가고, 리본이 다시 연결된다!

★ 참고

(관객과의 거리가 가깝다면) 관객이 연결된 리본을 확인하는 동안 조용히 매듭을 주머니에 넣는다. 처음에 고리를 접을 때, 접합 부분이 리본 아래로 가도록 주의해야 한다. 그렇지 않으면 리본을 자를 때 접합 부분이 보일 수 있다.

원한다면 직접 리본을 자르고, 양끝을 당겨서 매듭을 없애도 된다.

또한 짧은 리본으로 만든 고리를 접었다가 펴면 자국이 남을 수 있으므로, 긴 리본도 미리 접었다 펴서 자국을 남겨두는 것이 좋다.

정전기 담배
The Electro-Static Cigarette

개인적으로 이런 유형의 마술을 좋아한다. 준비 없이 즉석에서 할 수 있고, 평범한 물체를 사용하며, 거의 모든 상황에서 할 수 있다.

★ 이펙트

칵테일용 거품 막대기가 '정전기'를 이용해 테이블 위에 놓인 담배를 앞뒤로 움직인다. 정전기 외에는 이 상황을 설명할 원리가 없어 보인다. 관객이 시도해보지만 실패한다.

★ 준비물

1. 담배 한 개비
2. 플라스틱으로 된 칵테일용 거품 막대기 하나. 보통 음식점이나 바에서 음료수를 저을 때 사용하는 막대기를 준비한다.

시연

어느 날, 루 탄넨이 나를 구석으로 몰아넣고는 이렇게 말했다.

"해리, 이거 보세요. 아마 당신도 감쪽같이 속을 거예요."

그러고는 낡은 담배를 카운터 뒤에서 꺼내고, 평범한 거품 막대기 비슷하게 생긴 것을 집어 들었다.

카운터의 유리 표면 위에 담배를 올려놓은 탄넨은 열심히 바지에 막대기를 문질렀다.

"정전기가 필요하거든요."

그리고 나서 오래된 (하지만 멋진) 마술로 담배가 막대기를 따라 움직이게 했다. 그리고 이때 담배에 바람을 불었다(**그림 1**).

탄넨이 내가 이런 마술에 속을 것이라고 생각했다는 사실에 놀랐다. 그런데 내가 말을 꺼내기 전에 그가 먼저 말했다.

"해리, 제가 담배를 불고 있다고 생각하시죠? 잘 보세요. 막대기에 정전기를 좀 더 만들고, 그리고 반대쪽 손을 담배 앞에 놓겠습니다. 그럼 제가 바람을 불 수 없겠죠?"

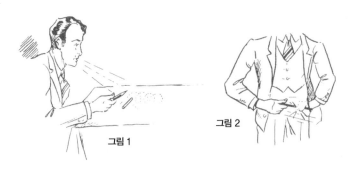

그림 1

그림 2

그러고는 말한 내용을 직접 행동으로 옮겼다. 막대기를 다시 바지에 문지르고, 반대쪽 손으로 담배 앞을 가린 다음 막대기를 담배 위로 가져갔다. 막대기를 움직이자 담배가 따라 움직였다. 그가 막대기를 뒤로 움직이자 담배도 뒤로 움직였다.

나는 약간 당황했다. 반대쪽 손으로 담배를 가려도 바람을 불어서 움직일 수 있다고 생각했는데 그는 전혀 바람을 불고 있지 않았다. 또 바람을 분다고 할지라도 어떻게 담배를 뒤로 움직인단 말인가? 그렇게 하는 것은 불가능하다. 담배는 정말로 정전기가 생긴 막대기를 따라 움직였다.

여기서 잠깐 생각해보자! 아마 자석, 머리카락, 실 등을 떠올릴 것이다. 하지만 그런 것 없이도 관객에게 담배를 빌려 (바닥이 부드러운) 아무 곳에서나 아무런 조작도 없는 거품 막대기를 가지고 할 수 있다.

어떻게? 이 마술은 (제5권 '코트를 통과한 칼(Knife Through Coat)'과 더불어) 정말로 마술사가 하는 말대로 이루어지는 마술 중의 하나이다. 그러나 관객은 마술사의 말을 믿지 않는다! 담배는 정말로 거품 막대기의 정전기로 움직인다! 마술사는 정말로 사실을 말하고, 그대로 행한 것이다.

내가 정말 감쪽같이 속을 수밖에 없었던 이유를 생각해보니 내 꾀에 내가 넘어간 듯하다. 나는 탄넨이 담배를 피우지 않는다는 정보를 이미 알고 있기에 그가 가지고 있는 담배는 마술을 위해 조작된 것이라고 믿었던 것이다. 당신도 이런 방법을 이용해보라. 담배는 빌리지 마라. 자신이 가지고 있는 담배 중 하나를 선택해서 이용하라. 물론 평소 담배를 피우지 않아 수중에 담배가 없다면 그때는 관객에게 담배를 빌리는 수밖에 없다.

담배를 테이블에 올려놓고 입으로 바람을 불 준비를 한다. 그리고 (플라스틱으로 제작된 부드러운) 거품 막대기를 보여준 후 정전기에 대한 대사를 하며 외투나 바지에 막대기를 문지른다. 얼마나 세게 문질러야 하는지는 연습을 통해 알 수 있다. 나는 왼손을 바지주머니에 넣고, 왼손 엄지손가락과 집게손가락으로 주머니 앞쪽의 밖에 있는 막대기를 잡고 문질렀다(**그림 2**). 손가락으로 막대기를 가능한 한 세게 잡고, 막대기를 한두 번 움직인다. 막대기의 종류에 따라 다르지만 보통 한 번이면 충분하다.

막대기를 담배 위의 허공으로 (약 0.6~1.2cm 높이에) 가져간다. 그 상태에서 막대기를 점점 담배 가까이 가져가면 담배와 막대기가 연결되는 순간이 있다. 몇 번 해보면 그 느낌을 알 수 있다. 그 상태에서 담배가 따라 움직일 수 있도록 막대기를 천천히 앞으로 움직인다(**그림 3**). 이때 막대기를 천천히 같은 속도로 움직이는 것이 중요하며, 담배가 잘 따라오는지 확인해야 한다.

담배가 구르기 시작하면 막대기를 약간 앞으로 가져간다. 그러면 마치 막대기가 담배를 끌어당기는 것처럼 보인다. 하지만 실제로는 담배와 막대기가 나란히 움직인다.

처음에는 정말로 입으로 바람을 불어 담배를 움직이다가 관객이 뭐라고 하거나 눈치를 채면 그때 루틴을 시작해도 된다. 이때 관객이 어떤 사람인지(마술사냐 문외한이냐)에 따라, 또 관객의 반응에 따라 귀와 입으로 진행해야 한다.

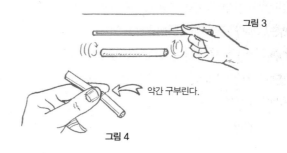

그림 3

약간 구부린다.

그림 4

담배를 뒤로 움직이는 순간이 최절정이다. 담배를 앞뒤로 움직이면 관객은 당신이 입으로 바람을 부는 것이 아니라는 사실을 깨닫게 된다!

준비가 되면 언제든 막대기를 외투로 살짝 건드리며 말한다.

   "정전기가 그러는 겁니다. 직접 해보시죠."

그리고 막대기를 관객에게 건넬 때, 양손으로 막대기의 양끝을 잡는다. 막대기로 옷을 건드리는 과정은 마치 남아 있는 정전기를 제거하려는 동작처럼 보인다.

관객이 시도해보지만, 물론 담배는 전혀 움직이지 않는다.

★ 참고

이 부분에 비법이 있다. 마술사를 포함한 엄청나게 많은 사람들이 이 마술에 감쪽같이 속았다.

'감' 을 얻으려면 약간의 연습이 필요하다는 단점이 있지만, 동시에 언제 어디서든 할 수 있다는 장점도 있다. 또한 어느 종류의 막대기가 적절한지 구분할 수 있는 안목이 생길 것이다. 급하게 할 때는 (쉽게 구할 수 있는) 플라스틱 볼펜을 이용해도 된다. 대부분 볼펜은 (뚜껑은 금속으로 되어 있더라도 몸체는) 완전히 플라스틱으로 되어 있기 때문에 적합하다. 그러므로 담배와 볼펜을 다 빌려서 마술을 진행할 수도 있다.

단, 옷에 홈집을 내지 않으려면 부드러운 막대기를 이용하는 것이 좋다. 그리고 마지막에는 항상 남은 정전기를 제거하는 작업을 해야 한다. 탄넨은 또 다른 동작을 했다. 그는 담배를 관객 가까이 옮기면서 담배를 살짝 구부려 담배의 '원을 파괴했다'(**그림 4**). 그러면 막대기에 정전기가 남아 있더라도 담배는 더 이상 움직이지 않는다. 혹은 담배의 끝부분을 눌러 살짝 납작하게 만들어도 같은 결과를 얻을 수 있다.

　그러나 이제까지 경험으로 볼 때, 담배의 원을 파괴하지 않았을 때도 정전기로 담배를 움직인 관객은 없었다. 보통 관객은 필요한 정전기를 얻을 수 있을 만큼 막대기를 세게 문지르지 않기 때문이다. 그러나 확실하게 하려면 반드시 남은 정전기를 확실히 제거하고, 담배를 구부리거나 눌러야 한다.

글렌 그라바트의 단어 매치
Glenn Gravatt's Word Matching

★ 이펙트

마술사가 카드 다섯 장을 보여준다. 각각의 카드에는 알파벳 A, C, E, R, S가 적혀 있다(**그림 1**). 그리고 끝이 뾰족한 긴 종이 네 장을 보여준다. 종이에는 각각 다른 단어, SACRE, ACRES, CARES, RACES가 적혀 있다(**그림 2**). 네 단어는 모두 카드에 적힌 알파벳 다섯 개로 만들 수 있는 단어이다.

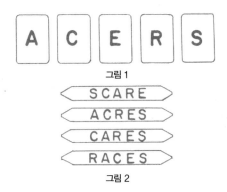

그림 1

SCARE
ACRES
CARES
RACES

그림 2

또 두꺼운 도화지 두 장으로 만든 판을 보여준다. 거기에는 알파벳 카드를 놓을 수 있는 창문 다섯 개가 나란히 뚫려 있으며, 아래에는 단어 종이를 끼울 수 있도록 양쪽에 칼집이 나 있다.

마술사가 단어 종이를 뒤집어 놓고 골고루 섞은 뒤, 무작위로 하나를 선택한다. 그리고 관객에게 보여주지 않고 곧바로 판자에 고정시킨다. 이때 판자의 뒷면이 객석을 향하기 때문에 관객은 단어를 보지 못한다.

관객은 뒤집어 놓은 알파벳 카드를 골고루 섞은 뒤, 보지 않고 하나씩 선택하여 마술사에게 건넨다. 또한 그 카드를 몇 번째 자리에 놓을지도 알려준다. 그럼 마술사는 관객이 시키는 대로 카드를 그 자리에 넣는다. 이때 카드의 끝부분이 판자 위로 살짝 삐져나오기 때문에 관객은 카드가 어디에 있는지 볼 수 있다.

남은 카드도 같은 방법으로 판자에 놓는다. 매번 관객이 직접 카드를 선택하고, 카드의 위치까지 결정한다. 마지막에 마술사는 판자를 돌려서 알파벳과 단어가 일치함을 보여준다.

관객은 일종의 텔레파시 혹은 초능력으로 알파벳을 선택하여 판자에 있는 단어와 똑같은 단어를 만든 것이다. 만약 선택된 단어가 RACES라면 R, A, C, E, S 순서로 단어를 배열한 것이다(그림 3).

★ 준비물과 준비

비법은 평범해 보이는 판자에 있다. 이를 제작하는 방법은 다음과 같다.

판자는 두꺼운 판지(pasteboard)와 그보다 가벼운 두꺼운 종이로 되어 있다. 제작을 위해 필요한 도구는 날카로운 칼이나 면도칼, 자, 풀이 전부이다. 판지 제단은 단순하며 제작 역시 어렵지 않고 사용 방법은 아주 쉽다.

판자는 실제로 세 개의 층, 앞면, 뒷면, 중간층으로 되어 있다. 흰색 카드와 대비되도록 앞면과 뒷면에는 회색이나 갈색 종이를 이용한다. 그리고 그 사이에는 카드와 비슷한 재질의 흰색 카드를 넣는다. 흰색 카드에는 원하는 단어를 적어서 준비해 둬야 하는데, 그 방법은 잠시 후 알아보기로 하자. 흰색 카드는 앞면과 뒷면보다 약간 짧다.

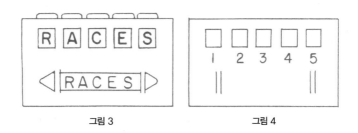

그림 3   그림 4

앞면의 앞쪽에 네모난 창문 다섯 개를 일렬로 뚫고, 각각 1~5까지 번호를 매긴다(**그림 4**). 뒷면에는 창문의 위치와 마주하는 곳에 5~1의 숫자를 적는다. 그럼 어느 쪽에서 봐도 선택된 카드가 정확한 위치에 들어갔는지를 확인할 수 있다(**그림 5**). 앞면의 아래쪽에는 단어 종이를 넣을 수 있도록 양쪽에 칼집을 낸다. **그림 3**과 **그림 4**를 보면 쉽게 이해할 수 있다.

사용할 단어를 선택한다. 예를 들어 'RACES'라고 하자. 그럼 **그림 6**과 같이 거기에 맞는 알파벳을 창문 안쪽에 적는다.

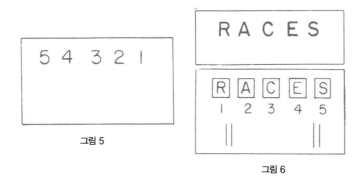

그림 5

그림 6

앞면, 뒷면, 중간층을 나란히 놓은 뒤, 양옆과 아래만 풀칠을 하고, 위는 열어둔다. 중간층의 가운데, 즉 창문 바로 아랫부분에 일자로 풀칠을 해서 카드를 넣더라도 아래로 떨어지지 못하게끔 한다.

그럼 카드를 창문에 넣을 때, 카드는 중간층 앞에, 혹은 뒤에 위치할 수 있다(**그림 7**). 남은 과정은 분명히 알 수 있을 것이다.

창문의 폭과 높이는 카드보다 약간 짧아야 한다. **그림 8**은 가까이에서 본 모습이다. 카드를 넣었을 때 여유가 많이 남아서는 안 된다.

중간층 뒤에 놓인 카드　중간층 앞에 놓인 카드

그림 7

R A C E S

1　2　3　4　5

R A C E S

그림 8

만약 원한다면 콘택(Contac)과 같은 접착력이 있는 종이로 판자를 꾸며도 된다.

알파벳 카드는 중간층에 사용한 종이와 같은 종이로 만드는 것이 좋으며, 중간층에 쓴 알파벳과 최대한 비슷하게 알파벳을 적는다. 판자를 더욱 작게 만들기 위해서는 알파벳 카드가 보통 카드보다 작아야 한다.

또한 이펙트에서 설명했다시피 양쪽 끝이 뾰족한 긴 종이도 필요하다. 판자에 쉽게 고정시킬 수 있는 크기여야 하며, 사용하려는 단어(여기에서는 RACES)가 적힌 종이의 뒷면에 표시를 해 둔다. 연필로 점을 찍어두는 정도면 충분하다.

알파벳 카드 다섯 장을 중간층 앞에 놓아 카드에 적힌 알파벳이 창문을 통해 밖으로 보이게 한다. 이때 알파벳의 순서는 아무렇게나 정한다. 여기에서는 E, A, S, C, R 순서로 놓았다고 하자(**그림 9**). 그럼 중간층에 적어둔 R, A, C, E, S는 카드에 가려 보이지 않는다.

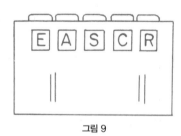

E A S C R

그림 9

시연

판자 위로 삐져나온, 그리고 창문을 통해 보이는 알파벳 카드를 보여준다. 그런 다음 단어 종이를 보여주며, 모두 카드에 적힌 알파벳으로 만들 수 있는 단어임을 보여준다. 단어 종이를 골고루 섞은 후 테이블 위에 뒤집어 놓는다.

　이제 판자의 뒷면이 관객을 향하게 들고, 카드를 한 번에 하나씩 빼낸다. 빼낸 카드는 알파벳을 큰 소리로 말하며 관객에게 카드의 앞면을 보여준다. 그리고 카드를 모두 관객에게 건네며 골고루 섞어서 테이블에 뒤집어 놓으라고 말한다. 그럼 어느 누구도 테이블에 놓인 카드를 구분할 수 없게 된다.

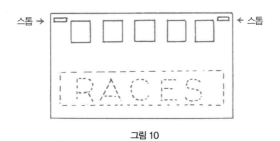

그림 10

　표시해둔 단어 종이를 집는다. 이때 무작위로 하나를 고르는 것처럼 보여야 한다. 직접 내용을 확인하되, 관객에게는 보여주지 않는다. 그리고 판자 아래에 고정시킨다. 양끝이 뾰족하기 때문에 칼집을 낸 부분에 쉽게 끼울 수 있을 것이다.

　앞으로 초능력에 관한 실험을 하겠다고 설명한다. 마술사가 직접 단어 하나를 선택하고, 그 단어에 강하게 집중하면 관객이 그 마음을 읽을 수 있으며, 이를 직접 보여주겠다는 내용이다.

　뒤집어 놓은 카드 다섯 장 중에서 관객에게 하나를 선택하게 한다. 그리고 앞면을 보지 않고 곧바로 마술사에게 건네고, 어느 자리에 놓을지 알려준다. 판자 뒷면에 있는 숫자를 보고, 카드를 놓은 창문의 위치를 선택하면 된다. 이때까지 카드 앞면에 적힌 알파벳이 무엇인지는 아무도 모른다.

　뒷면이 보이는 카드를 하나씩 건네받고, 관객이 말하는 위치에 카드를 놓는다. 이때 항상 판자의 뒷면이 관객을 향해야 한다. (그리고 카드를 넣을 때는 중간층 뒤에 넣어서 창문 밖으로 카드에 적힌 알파벳이 보이지 않게 해야 한다.)

　관객이 원하는 자리에 카드를 모두 놓는다. 이때 카드의 윗부분이 판자 밖으로 살짝 삐져나오기 때문에 관객은 카드가 판자에 놓여 있음을 직접 확인할 수 있다. 하지만 실제로 카드는 중간층 뒤에 위치하기 때문에 창문과는 단절되어 있다. (설명은 복잡해 보이지만, 그냥 중간층 뒤에 카드를 넣기만 하면 된다. 창문 밖에 보이는 글씨는 중간층에 미리 적어둔 알파벳이다.)

다섯 장을 모두 넣으면 판자를 뒤집어서 놀라운 결과를 보여준다. 최대한 극적인 효과를 얻기 위해서 쇼맨십을 최대한 활용한다. 그리고 초능력 실험에 큰 공헌을 한, 또한 100% 정확성을 발휘한 관객에게 축하의 인사를 한다(그림 3).

마지막 카드를 넣을 때도 약간의 쇼맨십을 발휘해도 된다. 마치 뭔가 잘못 되었다는 듯이 판자를 잡고, 고개를 갸우뚱거린다. 그러고는 거의 다 되었지만, 카드 두 장이 잘못된 위치에 있다고 말한다. 그리고 관객에게 카드 두 장을 선택하여 위치를 바꾸게 한다. 이때 관객은 창문의 번호만 말하면 된다. 물론 카드를 바꾸더라도 변하는 것은 없다.

★ 참고

한 번 판자를 제작해두면 여러 번 사용할 수 있다. 그리고 다른 알파벳과 단어를 사용해도 된다. 예를 들어 A, S, E, T라는 알파벳 네 개를 이용하면 SEAT, EAST, TEAS, SATE, EATS라는 단어를 만들 수 있다. 혹은 E, O, R, R, S를 이용하여 ROPES, PORES, SPORE, POSER, PROSE 등을 만들 수 있다.

비록 꼭 필요한 것은 아니지만, 원한다면 포스를 이용하여 관객이 필요한 단어 종이를 선택하게 해도 된다. 이는 마술사의 선택에 달려 있다.

만약 처음에 창문이 모두 비어 있음을 보여주길 원한다면, 관객이 보는 앞에서 판자에서 카드를 빼내고 판자의 앞면을 보여준다. 이를 위해서는 약간의 준비가 더 필요하다.

제작 방법도 약간 까다롭다. 앞면과 뒷면은 칸막이로 구분되어 있으며, 칸막이에 단어를 적는다. 칸막이는 앞면의 높이보다 훨씬 짧기 때문에 칸막이를 아래로 내리면 흰색 중간층이 창문을 통해 보인다(그림 10).

판자의 앞면이 객석을 향하게 하고 카드를 넣어서 직접 창문을 통해 보이는 알파벳을 관객이 확인할 수 있게 한다. 그리고 다시 카드를 꺼낸다. 준비가 되면 판자를 뒤집어서 판자의 뒷면이 객석을 향하게 한다. 이때 단어가 적힌 칸막이가 위로 올라와서 창문 높이에 위치한다. 양쪽 모서리에 스톱(stop)을 만들어두면 칸막이가 밖으로 떨어지는 것을 막을 수 있다. 그리고 판자를 꼭 잡으면 판자를 바로 세워도 손가락의 힘으로 인해 칸막이는 움직이지 않는다. 나머지는 앞의 설명과 동일하다.

위치가 바뀐 색깔 링
Color Ring Transposition

글렌 그라바트(Glenn Gravatt) 덕분에 스튜어트 제임스(Stewart James)의 '레팔알쟈(Sefalaljia, 제3권 87페이지의 반지와 로프 그리고 옷핀 참조)'를 확장한 마술을 소개할 수 있게 되었다.

★ 이펙트
링 두 개, 빨간색 하나와 노란색 하나를 관객에게 보여준다. 이 두 개의 링은 리본으로 만든 고리에 완전히 묶여 있다. 그리고 (관객이 선택한) 링 하나에 신발 끈을 꿰고, 신반 끈의 양끝을 잡아당겨서 테이블 위에 놓는다.

손수건으로 링 두 개를 덮는다. 이때도 신발 끈의 양끝은 시야에서 사라지지 않는다. 마술사가 손수건 아래로 손을 넣어, 선택된 링을 신발 끈에 묶는다. 그리고 나서 손수건을 치우자 나머지 링이 신발 끈에 묶여 있는 것이 아닌가! 양끝을 살짝 당기자 매듭이 사라지고, 링은 신발 끈에 꿰어 있다. 원래 신발 끈에 꿰어 있던 링은 신발 끈으로부터 자유로워졌다.

★ 준비물과 준비
1. 링 두 개. 지름 3.1~3.7cm가 적절하며, 서로 다른 색이어야 한다. 플라스틱으로 만든 동그란 고리나 커튼 링을 사용해도 된다. 하나는 흰색으로 칠하고, 나머지는 대비되는 색으로 칠한다. 여기에서는 편의상 노란색과 빨간색 링으로 설명하기로 하자. 리본으로 고리를 만들어 두 개의 링을 연결시킨다. 짧은 리본에 링 두 개를 꿴 뒤, 리본의 끝을 시멘트로 붙이면 된다. 그럼 고리에서 링을 빼낼 수

없게 된다. 링과 링 사이의 거리는 5cm가 적당하다(**그림 1**).

2. 약 75~82.5cm 길이의 끈 하나. 긴 신발 끈을 이용하면 된다.

3. 손수건 하나. 빌려서 사용해도 된다.

그림 1

시연

링과 신발 끈을 관객에게 보여준다. 이때 관객에게 링과 끝을 직접 확인해 볼 수 있는 시간을 줘도 된다. 그리고 관객에게 링 하나를 선택하라고 한다. 여기에서는 빨간색을 선택했다고 하자. 선택된 빨간색 링을 끈에 꿴다. 그럼 링 두 개는 끈 중간에 매달린다(**그림 1**).

빨간색 링을 끈에 꿰었다는 사실을 강조한 뒤, 끈의 양끝을 당겨서 테이블에 내려놓는다. 손수건으로 끈 중앙을 덮어서 링 두 개를 가린다. 이때 끈의 양끝은 시야에서 벗어나지 않는다.

매듭을 만들기 위한 척 손수건 아래로 손을 넣어 빨간색 링과 나란히 되도록 노란색 링을 위로 올린다.

다음과 같은 방법으로 노란색 링에 매듭을 만든다. 링 아래에 있는 끈을 당겨서 고리를 만들고, 그 고리를 이용하여 링 오른쪽에 싱글 매듭을 만든다(**그림 2, 그림 3, 그림 4**).

이제 반지 아래의 끈을 당겨 또 다른 고리를 만든다(**그림 4**). 왼손 엄지손가락이나 집게손가락을 고리 X에 넣고 테이블을 누른다(**그림 4**).

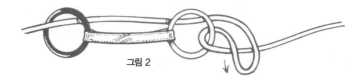

그림 2

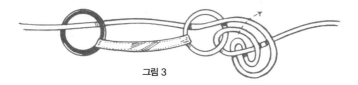

그림 3

오른손을 손수건 밖으로 꺼낸 뒤, 끈의 오른쪽 끝을 잡고 오른쪽으로 당긴다. 위에서 설명한 대로 왼손 손가락을 고리에 넣고 테이블을 누르고 있기 때문에 끈은 왼손 손가락 주위를 맴돌고, 빨간색 링 밖으로 빠진다.

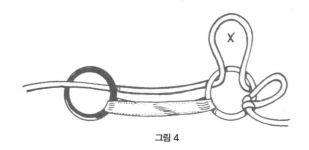

그림 4

왼쪽 끝이 왼손 손가락에 닿으면 곧바로 왼쪽 끝을 잡는다. 이쯤이면 끈의 중앙에 묶인 링이 손수건의 오른쪽에 모습을 보이기 때문에 관객은 모두 거기에 집중한다. 그럼 이때 왼손 손가락으로 끈의 왼쪽 끝을 잡고 양손을 올려서 손수건을 벗긴다. 이때 쉬지 않고 연속된 동작으로 진행해야 하며, 오른손으로 끈의 오른쪽 끝을 잡아야 한다.

만약 왼손으로 왼쪽 끝을 잡지 못했다 하더라도 문제는 없다. 오른손으로 끈을 당겨서 모든 것을 손수건 밖으로 꺼내고, 그런 다음 왼손으로 왼쪽 끝을 잡아도 되기 때문이다.

양쪽 끝을 당겨서 매듭을 없앤다. 그럼 끈에는 빨간색이 아닌 노란색 링이 꿰어 있다(**그림 5**).

★ 참고

(이 책에 소개된 대부분의 마술과 마찬가지로) 이 마술을 직접 해봤으며, 일반 관중들이 상당히 신기해하는 것을 보았다.

그림 5

대사를 만드는 것도 별로 어렵지 않을 것이다. '보석 도둑(Jewel Thief)'과 같이 간단한 이야기를 이용하면 된다. 유명한 도둑이 있었는데, 그가 뚫지 못하는 금고는 없었으며, 가장 귀한 보석(빨간색 링)을 훔치고, 그 자리에 가짜 보석(노란색 링)을 남겨두었다. 하지만 그 밖에는 어떠한 단서도 남기는 법이 없었다.

매듭을 만든 후, 끈을 당기는 과정에서 끈이 빨간색 링에서 빠져나오고, 동시에 노란색 링으로 들어간다.

원한다면 매듭을 만드는 동안 관객에게 끈의 양끝을 맡겨도 된다. 단, 이때 끈을 너무 팽팽하게 당겨서는 안 된다. 그리고 매듭을 다 만든 후에는 이제 모든 것이 끝났으니 관객에게 가도 된다고 말한다. 나머지는 위와 동일하다.

글렌 그라바트의 색깔 링 페네트레이션
Glenn Gravatt's Color Ring Penetration

★ 이펙트
식별을 위한 색깔 리본이 달린 플라스틱 링 네 개를 로프에 꿴다. 그리고 로프의 양끝은 관객이 잡는다. 관객이 하나의 색깔을 선택하자 마술사는 그 링이 로프를 뚫고 나오게 만든다(그림 1). 이렇게 로프에서 빼낸 링은 곧바로 관객에게 건네 확인하게 한다.

★ 준비물

1. 길고 얇은 로프, 혹은 끈 하나
2. 플라스틱 링 여덟 개. 커튼 링을 사용해도 된다. 크기는 지름 2.5~3.7cm가 적당하다.
3. 서로 다른 색깔의 리본 네 개. 설명을 위해 녹색, 파란색, 빨간색, 노란색이라고 가정하자.
4. 손수건 두 장

그림 1

준비

링 네 개의 한쪽을 자른다(**그림 2**). 플라스틱 링은 부러뜨리면 되고, 금속 링은 쇠톱으로 자른다. 나머지 네 개는 그대로 둔다.

각각의 리본을 잘라서 짧은 조각 두 개씩, 모두 여덟 조각을 만든다. 그리고 틈이 있는 링에 색깔별로 리본을 하나씩 묶는다. 이때 리본으로 틈을 가리고, 매듭을 단단하게 만든다(**그림 3**). 반드시 틈이 있는 링을 묶은 리본의 색이 모두 달라야 한다.

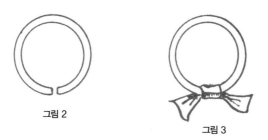

그림 2

그림 3

나머지 링에도 리본을 묶는다. 그럼 네 개씩 두 세트가 생긴다. 하나는 틈이 있는 링, 다른 하나는 온전한 링이며, 서로 짝을 이루는 리본이 묶여 있다.

온전한 링 두 개를 한쪽 주머니에 넣는다. 이때 두 개의 링 사이에 손수건을 놓는다. 그리고 나머지 두 개 사이에 역시 손수건을 놓고, 반대쪽 주머니에 넣는다. 손수건이 칸막이 역할을 하기 때문에 나중에 필요한 링을 빨리 꺼낼 수 있다. 그러기 위해서는 반드시 링에 있는 리본의 색깔을 정확히 기억해 둬야 한다.

시연

로프와 틈이 있는 링 네 개를 보여준다. 그리고 관객에게 로프와 링을 건네며, 로프에 링을 꿰라고 말한다. 이때 마술사가 직접 하는 것보다 관객에게 맡기면 더 큰 효과를 얻을 수 있다. 아직 관객은 마술사가 무엇을 하려는지 전혀 모르는 상태이기 때문에 링을 자세히 살펴볼 생각이 전혀 없으며, 그저 마술사가 시키는 대로 한다. 관객이 직접 링과 로프를 다루기 때문에 링과 로프가 조작되었을 것이라는 의심은 모두 사라진다.

관객이 링을 모두 꿰면 양손으로 로프의 양끝을 잡고 손을 벌리라고 말한다. 그리고 그 관객에게, 혹은 관객에게 한 가지 색깔을 선택하라고 말한다. 여기에서는 빨간색을 선택했다고 하자. 그럼 빨간색 링의 위치를 확인한다.

관객의 자유로운 선택이었다는 사실을 강조하면서 원한다면 지금이라도 바꿀 수 있다고 말한다. 그러면서 빨간색 리본이 묶인 온전한 링이 들어 있는 주머니에 손을 넣는다. 그리고 빨간색 링과 손수건을 꺼내되, 링을 손에 숨긴다.

손수건을 펼쳐서 링 네 개를 덮는다. 이때 관객에게 로프를 팽팽하게 당기라고 부탁한다. 손수건 아래에 손을 넣어 빨간색 리본이 묶인 링을 잡는다. 그리고 리본을 살짝 옆으로 밀어내고 틈을 이용하여 로프에서 링을 빼낸다. 빼낸 링은 왼손으로 잡는다. 이때 양손 모두 손수건 아래에 위치한다.

온전한 빨간색 링을 오른손으로 잡고, 오른손을 손수건 밖으로 꺼내어 관객에게 링을 건넨다. 그리고 왼손으로 (틈이 있는 링을 숨긴 상태로) 손수건을 걷고, 나머지 링 세 개는 여전히 로프에 걸려 있음을 보여준다.

관객에게 온전한 빨간색 링을 확인해보라고 건네면서 조용히 로프와 나머지 링 세 개를 손수건과 함께 치운다. 이때도 모든 관심이 빨간색 링에 집중되어 있기 때문에 자연스럽게 나머지를 치우고, 빨간색 링만 확인하게 할 수 있다.

★ 참고
관객과의 거리가 가까운 곳이나 무대에서 모두 할 수 있는 마술이다.

네 개가 적당하기는 하지만 원한다면 더 많은 링을 사용해도 된다. 그리고 리본의 색깔과 동일한 색의 링을 이용해도 된다. 원하는 색깔의 링을 모두 찾을 수 없으면 흰색 링에 원하는 색깔의 페인트를 칠하면 된다.

또한 손수건 두 장과 양쪽 주머니를 모두 이용하지 않아도 된다. 손수건 하나로 링 네 개를 구분하여 한쪽 주머니에 넣어도 된다.

마지막으로 손수건으로 링 네 개를 덮은 상태에서 손을 손수건 아래로 넣었을 때, 선택된 링을 다른 링으로부터 분리시켜서 공간을 확보하면 훨씬 편리하다.

그리고 링을 로프에서 빼낸 뒤, 리본으로 틈을 가릴 필요는 없다. 어차피 이 링은 관객이 보지 않을 것이기 때문이다.

평범한 풍선 페네트레이션
Ungimmicked Balloon Penetration

('원더드라마(Wonderdrama)' 의) 밥 맥알리스터(Bob McAllister)의 마술이다.

★ 이펙트
긴 풍선을 (깡통의 윗면과 아랫면을 제거해서 만든) 튜브에 끼워서 튜브가 풍선의 중간에 위치하게 한다. 그리고 미리 뚫어놓은 튜브의 구멍에 연필 두 자루를 꽂는다. 하지만 풍선은 터지지 않는다.

연필을 빼내고, 튜브에서 풍선을 빼낸다. 풍선은 처음과 동일하다. 마지막으로 사용한 모든 것을 관객이 직접 살펴본다.

★ 준비물

1. 긴 풍선 하나
2. 깡통 하나
3. 연필 두 자루

준비

튜브만 준비하면 되며, 한 번 준비한 튜브는 여러 번 사용할 수 있다. 우선 깡통의 윗면과 아랫면을 제거한다. 그리고 모서리를 깔끔하게 다듬는다. 다듬은 후에 모서리에 테이프를 붙여도 된다.

이제 마주보는 위치에 구멍 두 개를 뚫는다. 이때 튜브 중앙보다 약간 낮은 곳을 뚫어야 한다. 그리고 튜브를 90도 회전시킨 후, 중앙보다 약간 높은 곳에 마주보는 구멍 두 개를 뚫는다. 반드시 사용할 연필이 들어갈 수 있는 크기의 구멍이어야 한다 (**그림 1**). 밥은 공연에서 녹색으로 칠한 튜브와 노란색 풍선을 이용했다. 구멍 역시 매끄럽게 다듬어 거친 부분이 없게 만들어야 한다.

풍선을 튜브에 넣었을 때 약간 여유가 있어야 한다. 이 점이 가장 중요하기 때문에 절대 잊어서는 안 된다.

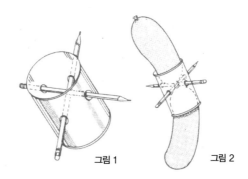

그림 1   그림 2

시연

풍선을 보여준 뒤 그 자리에서 직접 분다. 혹은 공연 전에 미리 불어두어도 된다. 다음으로 튜브를 보여준다.

먼저 풍선을 튜브에 넣는다. 튜브가 풍선 중앙에 위치하면 풍선의 한쪽 끝을 잡고 (풍선 아트로 동물을 만들 때처럼) 한 바퀴 돌린다. 그럼 튜브로 가려진 부분이 꼬인다 (**그림 2**).

풍선을 돌리는 동작은 튜브에 풍선을 넣는 동작의 일부로 보이기 때문에 관객은 전혀 의심하지 않는다. 풍선이 저절로 풀어지지 않게 하려면 한 바퀴 이상 돌려야 할 때도 있지만 대부분 별 문제가 되지 않는다.

풍선을 튜브에 완전히 넣은 다음에 풍선을 돌려도 된다. 그래도 풍선은 터지지 않고, 튜브 안쪽이 꼬일 것이기 때문에 걱정할 필요는 전혀 없다. 이때 어떤 방향으로 돌렸는지 기억해야만 나중에 풍선을 금방 풀 수 있다.

모든 것을 자유롭게 보여준다. 그리고 연필 두 자루를 구멍에 끼운다. 구멍을 튜브 중앙보다 약간 높게, 그리고 약간 낮게 뚫은 이유는 연필 두 자루를 엇갈려서 끼우기 위함이다. (**그림 2**의 점선을 보면 그 이유를 알 것이다.) 구멍에 연필을 넣을 때는 구멍 안을 보고, 연필로 풍선을 찌르지 않도록 조심해야 한다. 가운데 부분이 꼬여 있기 때문에 조금만 조심하면 풍선을 피해서 연필을 통과시킬 수 있다.

연필로 풍선을 통과(?)시켰음을 보여준 후 연필을 빼낸다. 이제 풍선을 튜브에서 빼낸다. 이때 아까와 반대방향으로 풍선을 돌려서 원래대로 만든다. 그럼 관객에게 모든 것을 보여줄 수 있다.

★ 참고

같은 이펙트를 위한 다른 방법도 몇 가지 있지만, 개인적으로 이 방법을 가장 좋아한다. 관객과의 거리가 가깝거나 관객이 마술사를 에워싸고 있을 때도 할 수 있다. 단, 관객이 튜브에 있는 구멍을 통해 풍선이 꼬여 있다는 사실을 알지 못하게 하기 위해서는 튜브를 관객의 눈높이보다 약간 낮게 해야 한다. 아니면 구멍을 작게 만들고, 연필 대신 뜨개질바늘을 이용해도 된다.

원한다면 세 쌍의 구멍을 만들고, 연필 세 자루를 이용해도 된다. 물론 가장 중요한 것은 튜브에 풍선을 넣으면서 풍선을 비틀 때, 관객이 모르게 하는 것이다. 하지만 풍선의 크기와 튜브의 크기만 잘 맞으면 쉽게 할 수 있을 것이다. 그리고 마지막으로 풍선을 돌릴 때 방향을 잘 기억해 둬야만 마지막에 쉽게 풍선을 원상복귀시킬 수 있다.

데이브 레더만의 골무와 콩
Dave Lederman's Thimbles & Pea

나의 오랜 친구인 데이브 레더만(Dave Lederman)이 약 25년 전에 보여준 루틴이다. 관객과
의 거리가 가까울 때 할 수 있는 거의 완벽에 가까운 루틴이며, 약간의 연습만 필요할 뿐
이다. 기본적으로 '콩과 셸(Pea and Shell)' 을 응용하였으며, 골무와 (스펀지보다는) 작은 코르
크를 이용한다. 이를 이용하여 컵과 공 루틴도 할 수 있다.

★ 이펙트

마술사의 의도에 따라 콩이 골무 아래에서 사라졌다가 나타났다 한다. 마지막에
데이브는 약 5cm 크기의 스펀지를 세 개의 골무에서 만들어냈다.

★ 준비물

1. 플라스틱 골무 세 개. 모두 다른 색깔이어야 하며, 여기에서는 빨간색, 녹색, 노
   란색이라고 하자.
2. 완두콩 크기의 코르크 공 네 개. 혹은 약 0.8cm로 코르크를 네모나게 자른 뒤, 끌
   로 모서리를 둥글게 다듬는다. (컵과 공 루틴을 하지 않을 때는 세 개만 있으면 된다.)
3. 모든 준비물을 담을 수 있는 용기 하나
4. (스펀지를 이용해 마무리를 할 경우) 5cm 크기의 스펀지 공 세 개

준비

컵과 공 루틴을 하려면 골무의 윗부분을 움푹 들어가게 만들어서 컵처럼 만들어야
한다. 이를 위해서는 끓는 물에 골무의 윗부분을 담가서 부드럽게 만든 후 움푹하게
만들면 된다. 이때 화상을 입지 않으려면 핀셋을 이용하거나 안경사와 같은 전문가
에게 부탁하는 것이 좋다. 콩을 제자리에 두기 위해서는 골무의 윗부분을 반드시 움

푹하게 만들어야 한다.

그림 1

물론 준비의 일부로 연습과 기본적인 동작 숙지도 중요하다. '콩' 이 고무가 아니기 때문에 '콩과 셸' 처럼 골무를 누른다고 콩이 빠져나가는 일은 없다. 대신 가운뎃손가락과 넷째 손가락 끝으로 콩을 숨길 수 있다.

연습해 보면 알게 될 것이다. 골무 아래에 콩을 놓고, 오른손 가운뎃손가락과 넷째 손가락으로 골무 오른쪽을 잡는다. 이때 손톱이 바닥을 향한다. 그리고 엄지손가락과 집게손가락 끝으로 골무를 잡는다(**그림 1**). 이 자세에 익숙해지기까지 약간의 시간이 필요하다.

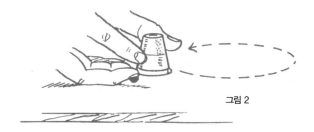

그림 2

이제 골무를 왼쪽으로 움직이면서 동시에 골무가 빠져나올 만큼 골무를 위로 든다. (이때 절대 골무를 기울여서는 안 된다.) 계속해서 움직인다. 그리고 가운뎃손가락과 넷째 손가락으로 콩을 잡는다(**그림 2**).

실제로 골무의 움직임은 'C' 와 비슷하다. 그리고 중간에 콩을 숨긴다. (**그림 2**의 점선은 골무의 움직임을 보여준다.) 기본적인 움직임이기에 제대로 하면 관객은 전혀 이상한 점을 발견하지 못한다. 그러기 위해서는 연습이 필요하며, 기본적인 루틴을 위해서는 양손으로 모두 할 수 있어야 한다.

스펀지를 이용한 마무리를 원한다면 오른쪽 주머니에 스펀지 공 두 개, 왼쪽 주머니에 하나를 넣어둔다.

시연

골무 세 개와 콩 하나를 꺼낸다. 데이브는 '색맹(Color Blind)'을 주제로 대사를 했다. 즉, 자신이 색맹이기 때문에 관객의 도움이 필요하다고 말하는 것이다. 골무 색깔을 구별할 수 없으니 혹시 실수하면 관객에게 지적해달라고 부탁한다. (데이브는 이렇게 해야 관객의 반감을 사지 않는다고 생각했다.)

도박 등 다양한 내용으로 대사를 할 수 있으며, 시범을 보여주겠다고 말하면 된다.

빨간색 골무 아래에 콩을 놓는다. 그러면서 관객에게 골무의 색깔을 물어본다. 골무를 약간 들어서 손가락 아래에 콩을 숨기고, 관객에게 어떤 골무가 콩을 가지고 있냐고 말한다. 그럼 관객은 "빨간색이요!"라고 답할 것이다.

"그렇습니다"라고 말하면서 녹색 골무를 들어서 콩을 보여준다. (골무를 들면서 손가락에 숨긴 콩을 떨어뜨리기만 하면 된다.)

"보셨습니까? 여러분처럼 색깔을 구분할 수 있으면 도박 게임에서 지는 일은 없을 겁니다."

그러면서 나머지 골무 두 개를 기울여서 비어 있음을 보여준다.

이때 반드시 색맹인 것처럼 연기해야 한다. 마치 녹색 골무가 빨간색 골무인 것처럼 행동해야 한다. 제대로 하면 관객을 웃게 만들 수 있을 뿐만 아니라 큰 놀라움을 선사할 수 있다. 다른 색깔의 골무를 이용하여 이 과정을 한두 번 반복한다.

콩을 하나의 골무 (빨간색) 아래에 놓는다. 그리고 게임에서 속임수를 사용하는 방법을 안다고 말한다. 그리고 준비물이 담긴 용기를 기울여서 나머지 콩을 손가락 위에 쏟고 보여준다. 그리고 다시 용기 안에 넣으면서 하나만 꺼내고, 꺼낸 콩을 녹색 골무 안에 넣는 척한다.

또다시 콩 하나를 더 꺼내서 이번에는 노란색 골무 안에 넣는 척한다. 그러고 나서 빨간색 골무를 들어서 거기에 있는 콩을 보여주고, 다시 덮으면서 콩을 손가락에 숨긴다. 그리고 두 번째 골무를 들어서 콩을 보여준다. (손가락에 숨기고 있는 콩을 떨어뜨리면 원래 거기에 콩이 있던 것처럼 보인다.) 골무를 내려놓으면서 콩을 다시 손가락에 숨긴다. 세 번째 골무로도 같은 과정을 반복한다. 그럼 세 개의 골무 아래에 모두 콩이 하나씩 있음을 보여줬다. 게임 진행자가 보지 않는 동안 이루어진 일임을 설명한다. 그러면서 데이브는 손에 있는 콩을 섬 팜으로 숨겼다.

그리고 이제 모든 골무 아래에 콩이 있기 때문에 절대 이 게임에서 질 수 없음을 설명한다.

"그럼에도 당신은 이길 수 없습니다. 보십시오!"

양손 집게손가락 끝으로 골무 세 개를 기울여서 모두 비어 있음을 보여준다. (이렇게 양손을 이용하여 손에 아무것도 없음을 보여주기 위해 섬 팜으로 콩을 숨긴 것이다.)

콩 두 개를 꺼내서 손에 놓는다. 그럼 손에 있는 콩은 총 세 개가 된다. 그리고 나서 테이블 위에 놓인 골무 뒤에 콩을 하나씩 놓는다. 이때 콩은 일렬로 놓여 있다. 다시 시도해보겠다고 말하면서 양손으로 콩을 내려놓고, 양쪽 끝에 있는 골무로 콩을 덮는다. 그러면서 양끝에 있는 콩을 손에 숨긴다. 오른손에 있는 콩은 곧바로 섬 팜으로 바꿔 잡는다.

이어지는 동작은 다음과 같다. 오른손으로 가운데 골무로 콩을 덮는 척하면서 콩을 잡는다. 반드시 골무를 살짝 움직여서 콩을 덮는 것처럼 보여야만 한다. 그럼 이제 오른손에 콩이 두 개가 있다. 하나는 섬 팜 위치에, 나머지 하나는 셋째 손가락과 넷째 손가락 끝 사이에 끼어 있다.

여기에서 마무리하는 경우에는 뒤로 물러나서 관객에게 골무를 하나씩 들어보라고 한다.

"당신이 질 가능성은 없습니다."

관객이 골무를 하나씩 들어 올릴 때마다 콩이 없음이 드러난다. 이때 마술사는 콩을 주머니에 넣는다. 그럼 루틴이 마무리된다.

스펀지 공을 사용하는 경우에는 우선 관객에게 골무를 들어보게 하거나 직접 골무를 들어서 콩이 없음을 보여준다. 그리고 다시 골무를 엎어 놓는다. 마치 루틴이 끝난 것처럼 살짝 뒤로 물러난다. 이때 주머니에 콩을 숨기고, 스펀지 공을 잡는다. 오른손으로 두 개, 왼손으로 하나를 잡는다.

"이 작은 공을 따라가기가 너무 어려운 것 같네요. 그럼 이렇게 큰 것을 사용해보겠습니다."

동시에 골무의 끝에서 스펀지 공을 만들어낸다. 양손으로 양쪽 끝에 놓인 골무를 살짝 들어서 뒤로 움직이며 스펀지 공을 놓으면 스펀지가 부풀면서 마치 골무의 입구에서 스펀지가 나온 것처럼 보인다. 연습하면 정말로 마술이 일어나는 것과 같은 착각을 불러일으킬 수 있다. 오른손으로 가운데 골무를 들면서 스펀지 공을 만들어낸다(**그림 3**).

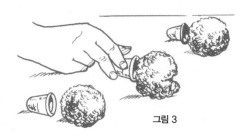

그림 3

★ **참고**

원한다면 루틴을 길게 만들 수도 있고, 변형시킬 수도 있다. 데이브는 콩을 숨길 때 앞에서 소개된 방법 외에 다른 방법 두 가지를 이용하기도 했다. 모두 팜 업 스틸 (palm-up steal)로, 앞에서 설명한 방법과 비슷하다.

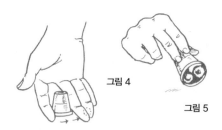

그림 4

그림 5

오른손 손바닥을 위로 향한 상태에서 집게손가락과 가운뎃손가락으로 골무를 잡는다. 그리고 골무를 살짝 올리면서 가운뎃손가락과 넷째 손가락으로 콩을 잡는다 (**그림 4**). 조금만 연습하면 골무와 가운뎃손가락으로도 콩을 잡을 수 있게 된다.

골무의 윗부분을 움푹하게 만들었다면 미니어처 컵과 공 루틴도 할 수 있다. 데이브가 사용했던 콩 두 개를 나란히 놓으면 그 너비가 골무의 입구보다 약간 넓었다. 이렇게 하는 이유는 마무리를 더욱 아름답게 할 수 있기 때문이다. **그림 5**는 관객이 바라본 모습이다.

그럼 언제든 골무를 들어도 (물론 뒤집어서는 안 된다) 골무가 빈 것처럼 보인다. 자신만의 루틴을 개발하고, 그리고 동작을 완벽하게 숙지하라. (데이브는 종종 그의 디스플레이 보드(display board) 위에서 골무 루틴을 선보였다. 그리고 디스플레이 보드를 이용하여 스펀지 공을 숨기고, 콩을 제거했다.)

당신도 연습하면 아주 멋진 '미니어처 마술'을 할 수 있다.

작아지는 골프공
The Diminishing Golf Ball

오랫동안 친분이 있던 칼 밸런타인(Carl Ballantine)에게 책에 소개할 마술을 하나 알려달라고 부탁했을 때, 그가 내게 보여준 마술이다.

★ 이펙트

녹색 손수건 위에 있는 골프공을 보여준다. 손수건으로 공을 덮은 뒤, 다른 골프공을 꺼내 관객에게 골프공의 크기를 상기시켜준다. 손수건을 걷자, 원래보다 작은 크기의 골프공이 나타난다. 원래 크기의 공을 나란히 놓아서 크기를 비교한다.

작아진 공을 다시 손수건으로 덮는다. 공의 크기는 점점 작아진다. 그러다가 공이 완전히 사라진다.

★ 준비물

1. 디미니싱 골프공(점점 작아지는 골프공, diminishing golf ball gimmick) 하나. 마술용품점에서 구할 수 있다(**그림 1**).

2. 녹색 손수건 하나

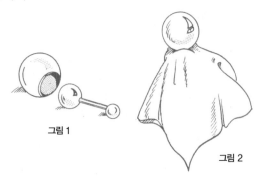

그림 1

그림 2

시연

디미니시 골프공과 손수건을 함께 집는다. 이때 **그림 2**와 같이 보이게 만들어야 한다. 그러기 위해서는 손수건으로 디미니시 골프공의 긴 부분을 가리면 된다. 칼은 '필드에서 골프공이 어떻게 보이나(this is how a golf ball looks on the green)' 에 관한 대사를 만들었다.

손을 뒤집어서 손수건으로 공을 덮는다. 그러나 이때 왼손을 아래로 내리면서 오른손으로 디미니시 골프공의 윗부분을 잡아 숨긴다(**그림 3**). 곧바로 오른손을 주머니에 넣었다가 꺼내어 마치 다른 공을 꺼내기 위해서 손을 넣었던 것처럼 연기한다.

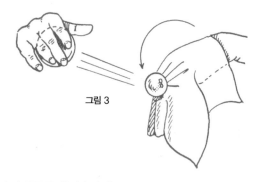

그림 3

"여기에 또 하나의 골프공이 있습니다."

손수건을 덮은 공과 나란해지도록 공을 잡는다.

"이 크기를 잘 기억하십시오."

이때 공에 뚫린 구멍이 보이지 않게 해야 한다.
다시 공을 주머니에 넣는다.

"제가 골프를 할 때면 공은 이렇게 작아 보입니다."

왼손을 뒤집어서 작은 공을 보여준다. (남은 두 개 중에서 큰 부분을 보여준다.) 그리고 원래 크기의 공을 꺼내서 크기를 비교한 뒤 다시 주머니에 넣는다.

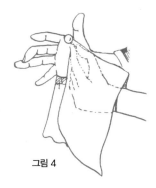

그림 4

작은 공을 다시 손수건으로 덮는다. 이때 디미니시 골프공을 돌려서 작은 부분이 위로 가게 한다.

"한 7번 홀쯤 가면 공은 이 정도로 작게 느껴집니다."

왼손을 뒤집어서 작은 공을 보여준다. 그리고 다시 주머니에서 원래 크기의 공을 꺼내 보여준 뒤 다시 넣는다.

왼손을 뒤집어서 작은 공에 손수건을 덮는 척하면서 실제로는 도구를 오른손에 숨긴다. 왼손을 뒤집는 순간 오른손을 이용하여 팜-크로치 포지션(palm-crotch position)으로 잡으면 된다(그림 4).

원래 크기의 공을 꺼내기 위해 오른손을 주머니에 넣으면서 도구를 주머니에 넣는다. 잠시 큰 공을 손수건과 나란히 보여준 뒤, 주머니에 넣는다.

"12번 홀쯤 가면은 공이 너무 작아져서 칠 수조차 없어집니다. 전혀 안 보이거든요!"

그리고 공이 사라졌음을 보여준다.

★ 참고
원한다면 진짜 골프공 하나를 주머니에 넣어둬도 된다. 그리고 처음에 디미니시 골프공과 함께 진짜 골프공을 보여주면 관객은 정말로 또 다른 공을 가지고 있음을 확신한다. 또한 크기 비교를 위해 원래 크기의 골프공을 꺼낼 때 관객이 구멍을 보지 못하도록 주의할 필요도 없다.

나는 맨 손에 골프공을 숨기는 것이 무모하다고 생각했었다. 당시 손수건이 큰 도움이 되었다.

밀톤 트롭의 '즉석' 에서
끊어졌다 연결된 실
Milton Tropp's 'Impromptu' Broken & Restored Thread

제목에서 즉석이라는 단어에 따옴표를 친 이유는 실제로 즉석 마술의 기준에 부합되지 못하기 때문이다. '숨겨진' 무언가, 즉 미리 준비해둔 긴 실이 있기 때문에 즉석이 아닌 미리 준비가 필요한 마술로 봐야 한다.

그러나 밀톤 트롭(Milton Tropp)에게 있어서 이는 즉석 마술이나 다름없었다. 그는 항상 이 마술을 위한 준비가 되었기 때문이다. 그는 끊어졌다 연결된 실 마술이 일반 관객에게 진짜 마술처럼 보인다고 생각했다. 하지만 매일 실패나 얼레와 같은 것을 소지하고 다닐 생각은 없었다. 대신 그는 주머니에서 긴 실을 꺼내 즉석에서 마술을 하면 훨씬 신기해 보일 것이라고 생각했다. 지금 소개하고자 하는 방법은 오랫동안 그가 사용한 방법이다.

★ 이펙트

마술사가 주머니에서 긴 실을 꺼낸다. 그리고 실을 끊어서 여러 조각을 만든 뒤, 다시 연결한다.

★ 준비물

1. 두꺼우면서도 약한 (쉽게 끊어지는) 실 한 타래
2. 일자 시침핀 하나

준비

실패에서 실을 풀어 집게손가락과 가운뎃손가락에 일곱 바퀴 감는다. 이때 '8' 자 모양으로 감아야 한다. 이렇게 실을 감는 동안 실 끝을 집게손가락 위에 놓고 엄지손가락으로 누른다(**그림 1**).

그림 1   그림 2   그림 3

손가락에서 실을 빼 반으로 접는다. 즉, 집게손가락을 감아서 만든 고리를 가운뎃손가락을 감아서 만든 고리와 포갠다(**그림 2, 그림 3**). 이렇게 접은 고리를 실로 헐렁하게 두 바퀴 감는다(**그림 4**). 다시 반으로 접은 뒤 실로 두 바퀴 감는다(**그림 5**). 다시 한 번 반으로 접고, 이번에는 단단하게 여섯 바퀴 감는다. 그리고 나서 실 뭉치에서 95~97.5cm, 즉 실 뭉치를 만들 때 사용된 실과 같은 길이만큼 떨어진 지점을 자른다(**그림 6**).

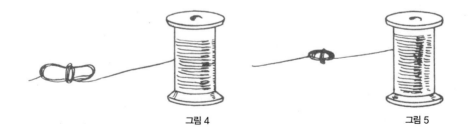

그림 4   그림 5

외투 주머니 안에 위치한 체인지 주머니(change pocket) 약간 위에 핀을 꽂는다. 이때 핀 중간 부분 2.5cm 정도가 옷 안으로 들어가게 하며, 끝 부분은 다시 밖으로 꺼낸다. 실 뭉치를 핀에 끼워야 한다. 실을 규칙적으로 접었다면 핀이 모든 고리 사이를 통과한다. 하지만 꼭 그렇게 하지 않아도 된다.

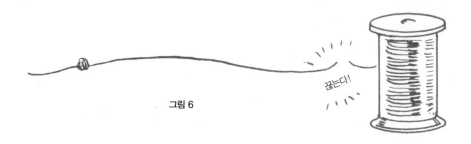

끊는다!

그림 6

확실히 실 뭉치가 풀리지 않게 하려면 실의 긴 부분을 왼쪽에서 오른쪽으로 핀에 한 바퀴 감는다. 그리고 다시 핀의 끝 부분을 옷 안에 넣는다. 실의 나머지 긴 부분은 주머니 안에 들어 있으며, 실 뭉치 위로 남은 짧은 부분은 스카치테이프로 핀 윗부분에 고정되어 있다. 제대로 고정시키면 저절로 풀어질 일은 없을 것이다(**그림 7**).

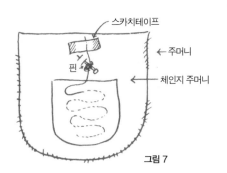

스카치테이프

← 주머니

핀

체인지 주머니

그림 7

시연
주머니에 손을 넣어, 핀을 살짝 아래로 당겨서 한쪽 끝을 옷 밖으로 빼낸다. 그리고 관객 몰래 엄지손가락과 집게손가락으로 실 뭉치를 잡고 위로 당겨 핀에서 빼낸다. 또한 살짝만 당겨도 실의 끝이 스카치테이프에서 떨어진다. 하지만 관객은 마술사가 단순히 무언가를 찾기 위해 주머니에 손을 넣었다고 생각한다. 그리고 주머니에서 나오는 마술사의 손에 긴 실이 들려 있음을 보게 된다.

그 상태에서 관객에게 실의 길이를 보여준 뒤, 천천히 실을 작은 조각으로 잘라낸다. 이때 실 뭉치는 엄지손가락과 집게손가락 사이에 숨어 있어야만 한다. 실의 마지막 부분을 자르고 나서 모든 조각을 오른손 엄지손가락과 집게손가락 끝으로 잡는다. 그리고 끊겨서 생긴 수많은 끝을 보여준다.

이제 왼손으로 모든 조각을 잡고, 준비한 실 뭉치는 그대로 오른손에 둔다. 왼손 손가락으로 조각을 굴려서 작은 공처럼 만들고, 이때 오른손에 있는 실 뭉치도 구겨서 비슷하게 만든다. 실제로 미리 준비해둔 실은 거의 그 상태를 유지한다. 관객에게 손바닥을 펴보라고 말한다. 그리고 준비한 실 뭉치와 실 조각으로 만든 묶음을 섞어서 관객의 손 위에 놓는다. 이때 준비한 실 뭉치가 아래로 가게 한다(**그림 8**).

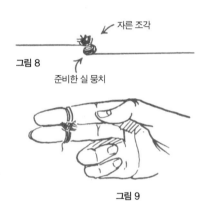

그림 8

양손이 비어 있다는 것을 천천히 관객들에게 보여준다. 이때 마술사의 손이 관객의 손보다 위에 있으므로 관객은 실을 자세히 살펴볼 수 없다. 다시 관객의 손에 있는 실을 집어서 오른손 엄지손가락과 집게손가락으로 잡고 굴린다. 실제로 잘려진 조각을 굴려서 오른손 엄지손가락과 집게손가락 사이에 숨기는 과정이다.

이제 같은 손가락으로 준비한 실 뭉치의 한쪽 끝을 잡고 보여준다. 관객은 마치 잘려진 조각을 뭉쳐 만든 공이라고 믿는다. 이때 굳이 잘려진 조각으로 만든 실 뭉치라고 설명할 필요는 없다. 왼손으로 반대쪽 끝을 잡고 천천히 당긴다. 그럼 실이 풀리면서 마치 하나로 연결된 것처럼 보인다.

마지막으로 다음 공연을 위해 실을 정리하는 척, 실을 오른손 엄지손가락과 집게손가락에 감는다. 그러면서 잘린 조각을 감는다. 자연스럽게 감은 실을 보여주고, 또한 양손을 보여준다. 이때 실을 감은 손가락 두 개를 제외한 나머지 손가락을 모두 벌린다(**그림 9**). 그럼 관객은 손에 아무것도 숨길 수 없다고 생각하고, 그동안 품고 있던 의심이 있다면 모두 버린다. 손가락에서 실을 빼면서 실 조각도 몰래 함께 빼낸다. 그리고 모두 주머니에 넣는다.

★ 참고

밀트가 적어놓은 설명에는 어떤 주머니를 사용하는지 나오지 않았다. 그래서 나는 외투 주머니를 이용했으며, 자신이 편한 주머니를 이용하면 된다. 편하다면 외투 안 주머니를 이용해도 상관없다.

직접 자신의 공연에 맞게 대사를 만들 수 있을 것이기에 대사는 소개하지 않았다. 내가 이용했던 대사는 다음과 같다.

> "제가 봤던 어떤 마술사는 실을 여러 조각으로 끊었습니다. (중략) 제가 직접 해보겠습니다. 잘 될지는 모르겠네요. (후략)"

보통 마술사들이 끊어진 실을 연결할 때 이용하는 방법보다 이 방법을 더 좋아한다. 밀트와 마찬가지로 항상 실타래를 들고 다닐 수는 없다는 생각에 동의하고, 또한 관객에게는 즉석에서 이루어지는 것처럼 보이기 때문이다.

자연스럽게 할 수 있을 때까지 연습하라. 그러면 관객과의 거리가 가까울 때도 성공할 수 있다.

레슬리 P. 게스트의 '직접 마술을 해봐!'
Leslie P. Guest's Do It Yourself Magic

★ 이펙트

마술사가 큰 폴더를 보여주고, 그 안에는 몇 페이지가 들어 있다. 표지에는 '직접 마술을 해봐!(Do It Yourself Magic)' 라고 적혀 있다. 그러면서 최근 장난감 가게에 새로운 마술 도구 몇 가지가 나왔고, 그중에는 '직접 마술을 해봐!' 라는 책도 있다고 말한다.

폴더를 열어서 작은 상자의 전개도가 그려져 있는 페이지를 보여준다. 거기에는 작은 가위를 넣을 수 있는 주머니도 있다. 마술사는 그 전개도를 이용하여 마술 하나를 보여주겠다고 말한다. 그러고는 그 페이지를 꺼내서 양면을 보여준다. (양면에 모두 상자의 전개도가 있다.) 그러고는 전개도대로 자른다.

곧바로 정육면체의 작은 상자를 만든다. 그러고는 윗면을 열어서 손수건을 만들어 낸다.

★ 준비물

1. 빳빳한 종이 혹은 얇은 카드보드 한 장. 어떤 재료를 이용하건 잘라서 몇 장으로 만든다. 나는 25cm×51.2cm로 종이를 자르고, 거기에서 30cm 손수건을 만들어 냈다. 더 큰 손수건을 만들기 위해서는 페이지를 더 크게 만들어야 한다.
2. 손수건 한 장. 페이지의 크기에 따라 크기가 결정된다.
3. 작은 가위 하나
4. 마킹 펜 한 자루
5. 풀이나 테이프

준비

두꺼운 종이를 잘라서 같은 크기의 여러 장으로 만든다. 그리고 왼쪽을 엮어서 폴더에 고정시킨다. 이때 폴더는 속지보다 약간 커야 한다. 앞면에는 '직접 마술을 해봐!' 라고 글씨로 쓰거나 혹은 출력해서 붙인다(**그림 1**). 몇몇 페이지의 앞뒤에 정육면체 전개도를 그린다(**그림 2**). 그중 한 쪽에는 약간의 간단한 조작을 해야 한다.

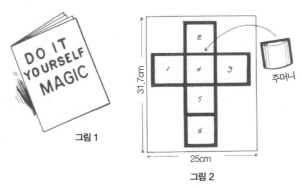

그림 1

그림 2

정육면체 전개도의 한 면(**그림 2**의 4번, 상자를 만들었을 때 한 면을 구성하게 된다)을 두 겹으로 만든다. 물론 어떤 면을 이용해도 상관없으며, 나중에 손수건을 놓을 공간이다. 가장 쉬운 방법은 다른 두꺼운 종이를 잘라서 붙이는 것이다. 원래의 한 면 크기보다 약간 크게 잘라 남는 부분을 최대한 평평하게 접는다(**그림 3**). 그리고 거기에 풀칠을 하여 전개도 위에 붙인다. 이때 양옆과 아래 모서리에만 풀칠을 하고, 윗부분은 열어둔다 (**그림 2**). 마킹 펜으로 그린 선 때문에 덧붙인 종이의 경계가 잘 보이지 않는다.

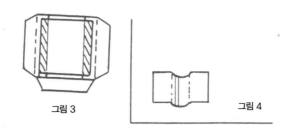

그림 3

그림 4

상자를 쉽게 접으려면 숟가락이나 포크 손잡이로 선을 따라 그린다. 그리고 긴 두꺼운 종이를 이용하면 접은 손수건을 쉽게 주머니에 넣을 수 있다. 이때 손수건을 최대한 납작하게 만들고, 보이지 않게 해야 한다.

두꺼운 종이를 작게 잘라서 왼쪽에 **그림 4**와 같이 붙인다. 그럼 작은 가위를 넣을 수 있는 공간이 생긴다.

시연

이펙트에서 설명한 대사와 연기를 따른다. 폴더와 속지를 보여준 뒤, 손수건을 숨겨놓은 페이지와 가위를 꺼내고, 폴더는 한쪽에 치워둔다.

자연스럽게 페이지의 양쪽 면을 보여준다. 이제 전개도대로 가위질을 해서 나머지 부분은 버린다. 그리고 나서 전개도를 접어서 상자를 만들고, 윗면을 열어서 손수건을 만들어낸다(**그림 5**). 상자는 구겨서 버리고 만들어낸 손수건을 이용한 마술을 이어간다. (이해를 쉽게 하기 위해 전개도의 각 면에 번호를 붙였다. 4번은 관객과 가까운 앞면, 1번과 3번은 각각 왼쪽 옆면과 오른쪽 옆면, 5번은 바닥, 6번은 관객과 먼 뒷면, 2번은 윗면이 된다.)

그림 5

★ 참고

이해하는 데 그림이 큰 도움이 될 것이다. 또한 반드시 손수건과 전개도의 크기가 적당한지 확인하려면 실험이 필요하다.

물론 원한다면 폴더를 만들지 않고, 필요한 한 페이지만 이용해도 된다. 두꺼운 종이를 적당한 크기로 잘라서 앞뒤에 정육면체 전개도만 그리면 된다. 그리고 연기는 자신의 스타일에 맞게 수정해도 된다.

"어데로 갔나?"
"Ear It Is?"

크로퍼드와 글로리아(Crawford and Gloia)의 ('세계적인 일루저니스트(International Illusionist)' 라는 별명이 있는) 해리 크로퍼드(Harry Crawford)가 가장 좋아하는 마술로, 관객과 거리가 가까울 때 할 수 있다. 루 탄넨이 직접 보여줬는데. 처음 봤을 때 나는 너무 좋아서 기쁨을 감추지 못했다. 미스디렉션을 가장 잘 이용한 마술이라고 해도 과언이 아니다. 안타깝게도 해리 크로퍼드가 직접 하는 것은 보지 못했기에 여기에서는 탄넨-로레인(Tannen-Lorayne) 버전을 소개하고자 한다.

★ 이펙트
마술사가 접은 종이에 무언가를 적는다. 그리고 연필로 종이를 때린다. 갑자기 연필이 사라진다. 관객을 속일 생각 없이 마술사는 연필이 있는 곳을 알려준다. 그리고 다시 무언가를 쓰려고 하다, 종이가 사라졌음을 발견한다.

★ 준비물
1. 평범한 나무 연필 한 자루
2. 종이 한 장. 대부분의 크기의 종이를 사용할 수 있다.

시연
완전히 즉석에서 이루어지는 마술이기 때문에 가지고 있는 종이와 연필을 사용해도 되고, 관객에게 빌려서 사용해도 상관없다. 작은 종이(작은 메모장을 이용해도 되고, 없으면 신문지를 찢어서 사용한다)를 한두 번 접어서 한 변의 길이가 2.5~7.5cm 정도 되게 한다.

(관객을 정면으로 보지 말고) 몸을 살짝 틀어서 왼팔이 관객을 향하게 한다.

"여기에 있는 연필은 아주 신기한 연필입니다. 제가 원하는 색깔을 모두 쓸 수 있습니다. 보십시오. 제가 파란색을 쓰고 싶으면 그렇게 됩니다."

종이에 '파란색' 이라고 적는다.

"제가 빨간색을 쓰고 싶으면 역시 그렇게 됩니다."

종이에 '빨간색' 이라고 적는다(**그림 1**).

그림 1

"연필로 종이를 칠 수도 있습니다. 이렇게……"

그러면서 연필로 종이를 친다. 오른손을 (오른쪽 귀 높이로) 위로 올렸다 아래로 내려서 종이를 치면 큰 소리가 난다. 이 과정을 세 번 반복한다. 단, 세 번째에는 연필을 귀에 꽂고, 손으로 종이를 쳐서 소리를 낸다. 유명한 담배 배니시(cigarette vanish)에서 사용하는 방법과 동일하다(**그림 2**). 이때 절대 머뭇거리지 말고 자연스럽게 연결되는 동작에서 순식간에 연필을 놓아야 한다. 관객은 눈치 채지 못하고, 마술사가 처음 두 번과 마찬가지로 연필로 종이를 쳤다고 생각한다.

세 번째에 손으로 종이를 칠 때 연필로 칠 때와 비슷한 소리를 내도록 노력한다. 그리고 말을 맺는다.

"…… 말입니다."

그리고 잠시 기다린다.

"연필에 무슨 일이 생긴 거죠?"

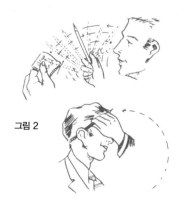

그림 2

웃으며 말한다.

"오, 제가 이런 걸로 여러분을 속일 것 같습니까? 보십시오. 연필은 여기에 있습니다."

그러면서 몸을 왼쪽으로 틀어서 얼굴의 오른쪽 면을 관객에게 보여준다. 그런 다음 귀 뒤에서 연필을 뺀다. 동시에 왼손으로 접은 종이를 왼쪽 외투 주머니나 바지주머니에 넣는다. 물론 머뭇거리지 말아야 한다. 만약 주머니(위쪽)에 덮개가 있다면 공연 전에 미리 주머니 안쪽으로 접어서 넣어둬야 한다.

다시 관객을 정면으로 바라본다. 왼쪽 팔꿈치를 살짝 구부려서 여전히 종이를 잡고 있는 것처럼 보이게 한다. 관객을 정면으로 보기 위해 돌면서 연필을 잡고 오른손을 아래로 내린다. 곧바로 무언가를 더 적으려는 듯 오른손을 왼손 위로 가져간다.

"좋습니다. 아까 말씀드린 대로 저는 뭐든지 적을 수 있습니다. 아, 그런데 종이에 무슨 일이 생긴 거죠?"

잠시 멈춰서 관객이 종이가 사라졌음을 인지하게 한다(**그림 3**).

"이런, 마술을 할 수 없게 되었군요!"

그림 3

★ 참고

간단하면서도 좋은 마술이다. 나는 처음 이 마술을 봤을 때 무방비 상태로 속고 말았다. 제대로, 부드럽게 진행하면 모두 감쪽같이 속는다. 그저 연필과 종이만 있으면 할 수 있다. 단, (관객이 종이나 연필이 사라졌음을 알 수 있도록 멈추는 시간을 제외하고는) 처음부터 끝까지 멈추지 말고 진행해야 한다.

여기에서 한 단계 더 나아갈 수도 있다. 종이가 사라지면 이렇게 말한다.

"잠깐만요. 종이가 어디에 있을까요? 제 귀 뒤에 있을까요?"

그러면서 오른쪽으로 돌아서 얼굴의 왼쪽 면을 보여준다. 그리고 종이를 잡으려는 듯 왼손을 귀 뒤로 뻗는다. 이때 연필을 오른쪽 외투 주머니에 넣는다.

다시 정면을 바라보며 양손이 비어 있음을 보여주고는 마지막 대사를 한다.

이때 주머니에 쏙 들어갈 수 있는 크기의 연필을 사용해야 한다. 그리고 마지막에 종이와 연필이 사라졌을 때는 관객만큼 놀란 것처럼 보여야 한다.

직접 해보면 이 마술이 얼마나 큰 효과를 발휘하는지 알게 될 것이다. 중간에 관객에게 즐거움을 선사할 수 있는 마술이기도 하며, 또한 미스디렉션의 교본이기도 하다.

카디니(Cardini, 1894~)

Tarbell course in Magic

모티 루드닉의 재미있는 포스
Morty Rudnick's Funny Force

모티 루드닉(Morty Rudnick)은 관객과 가까운 곳에서 할 수 있는 재미있는 마술을 많이 알고 있다. 그중 지금 소개하고자 하는 마술은 아주 귀여우며 내가 알기로는 완벽한 오리지널 버전이다. 그는 '부다 페이퍼(Buddha Papers)'와 함께 '재미있는 포스(funny force)'를 선보였다. 어쩌면 당신이 처음 접하는 트릭일 수도 있다. 보통 동전을 사라지게 할 때 이용하는 트릭이며, 일반 관객은 전혀 눈치 채지 못한다. 이미 알고 있는 사람도 있겠지만, 자세히 짚고 넘어가기로 하겠다. '재미있는 포스'는 다른 마술과 함께 할 수 있으나 지금은 모티의 루틴을 그대로 소개하겠다.

★ 이펙트

마술사가 (접은) 종이 묶음을 보여준다. 그가 맨 위에 있는 종이를 펼치자 또 다른 종이가 있다. 다시 종이를 열자 세 번째 종이가 나온다. 다시 종이를 펼쳐 안에 있는 종이를 관객에게 건네 펼쳐보게 한다. 거기에는 "여기에 예언이 나타날 것이다!"라는 메시지가 적혀 있다.

차례대로 다시 접어서 모두가 볼 수 있는 곳에 종이를 둔다. 마술사가 관객에게 10센트 동전을 빌리고, (테이블에 놓인) 네모난 보드를 보여준다. 거기에는 1~4가 적혀 있으며, 숫자 위와 아래에는 서로 다른 모양이 대칭을 이루고 있다(**그림 1**). 관객에게 동전을 아무 숫자 위에 놓으라고 말한다. 그러나 관객이 어디에 동전을 놓건, 동전은 점프하여 3으로 간다. 그렇기 때문에 재미있는 포스이다!

정말로 어디에 동전을 놓든 간에 동전은 3으로 이동한다. 종이를 펼쳐서 아까 같이 제일 안에 있는 종이를 관객에게 건넨다. 관객은 종이를 펼쳐서 예언을 읽는다.

"모두 3으로 튀어 간다." (모티가 사용한 단어를 여기에 그대로 담을 수 없어서 약간 수정했다. 원하는 방식으로 예언을 적으면 된다.)

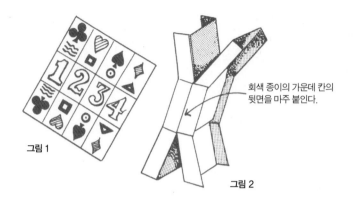

그림 1

회색 종이의 가운데 칸의
뒷면을 마주 붙인다.

그림 2

★ 준비물

1. 종이 여섯 장. 가능하면 각각 다른 색으로 준비한다. 가장 큰 종이는 17.5cm × 23.7cm이며, 앞면은 옅은 파란색, 뒷면은 흰색이다. 다음 종이는 첫 번째보다 가로, 세로가 각각 0.6cm씩 짧으며, 앞면이 녹색이다. 세 번째 종이는 회색이며, 녹색 종이보다 가로, 세로가 각각 1.8cm씩 짧다. 회색 종이는 두 장 필요하다. 마지막으로 회색 종이와 거의 비슷하거나 아주 약간 작은 검은색 종이 두 장을 준비한다. 어떤 색깔의 종이를 이용할지와 종이의 크기는 당신의 선택에 달려 있다. 여기에서 설명하는 내용은 모티의 방법을 토대로 하였다.

2. 가벼운 카드보드 한 장. 크기는 7.5cm×8.7cm가 적당하다.

3. 풀이나 고무 시멘트

4. 양면테이프와 스카치테이프 조금

준비

가장 비중이 큰 부분이다. 하지만 한 번 도구를 만들어두면 여러 번 사용할 수 있다. 먼저, '부다 페이퍼(Buddha Papers)'를 준비한다. 회색 종이를 세로로 두 번 접어서 종이를 3등분 한다. 그리고 가로로 두 번 접어서 3등분, 총 9등분을 한다. 이때 회색 면이 밖을 향하게 하며, 접은 종이 두 장이 비슷해 보여야만 한다. 풀이나 고무 시멘트로 두 장을 붙인다. 즉, 종이의 가운데 칸의 바깥 면에 풀칠을 하여 붙인다(**그림 2**). 이 상태에서 종이를 접으면 앞뒤가 같은 모습이 된다.

검은색 종이 두 장도 같은 방법으로 접었다 편다. 한쪽 가운데 칸에는 "여기에 예언이 나타날 것이다!"라고 적고, 다른 가운데 칸에는 "모두 3으로 튀어 간다"라고 적는다(**그림 3**). 검은색 종이는 다시 접는다.

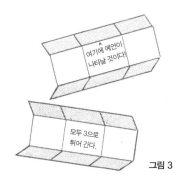

여기에 예언이 나타날 것이다!

모두 3으로 튀어 간다.

그림 3

회색 종이의 한쪽을 열어서 검은색 종이 하나를 넣는다. (이때 가운데 칸의 뒷면이 보이게 한다.) 그리고 회색 종이를 다시 접고, 반대쪽을 열어서 나머지 검은색 종이를 같은 방법으로 넣고 접는다. 그럼 회색 종이를 어떤 방향으로 집느냐에 따라 원하는 검은색 종이를 꺼낼 수 있다.

이제 파란색 종이와 녹색 종이를 같은 방법으로 접는다. 그리고 "여기에 예언이 나타날 것이다!"라고 적힌 검은색 종이가 위로 가도록 회색 종이를 녹색 종이 안에 넣고, 녹색 종이를 접는다. (접는 부분을 최대한 눌러서 종이를 납작하게 만든다.)

녹색 종이를 (가운데 칸의 뒷면이 보이게) 파란색 종이 위에 놓는다(**그림 4**). 그리고 파란색 종이를 접는다. 그럼 '부다 페이퍼'가 완성된다.

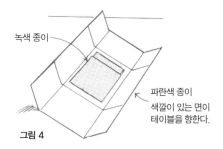

녹색 종이

파란색 종이
색깔이 있는 면이
테이블을 향한다.

그림 4

이제 '재미있는 포스' 보드를 만들 차례이다. 모티는 보드의 앞면에는 색을 칠하고, 뒷면은 흰색 그대로 뒀다. 보드를 정확히 반으로 접는다. 이때 색깔 있는 면이 안쪽에 가게 하고, 접은 부분을 꾹 누른다. 다시 카드를 편 뒤, 가운데 선을 중심으로 양쪽을 반으로 접는다. (그럼 양쪽 모서리가 가운데에서 만난다.)

접는 부분을 꾹 누른다. 그 상태에서 다시 반으로 접는다. **그림 5**는 각 과정을 보여준다. 그럼 **그림 5**의 마지막 그림과 같이 된다.

보드의 앞면에 **그림 1**과 같이 숫자와 그림을 그린다. 원한다면 모양 대신 숫자를 쓰거나 아주 생략해도 된다. 설명을 위해서는 **그림 1**을 기준으로 삼겠다. 보드의 뒷면, 3이 적힌 칸의 뒷면에 양면테이프를 붙인다. 그리고 테이프 위에 평범한 종이를 놓아서 테이프가 아무 곳에나 붙는 것을 막는다.

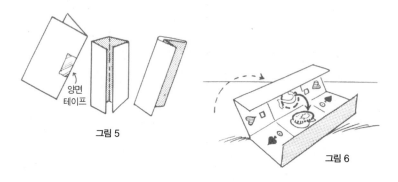

그림 5

그림 6

보드의 앞면이 보이게 테이블에 내려놓고, 손가락 끝으로 양쪽 모서리를 잡는다. 그 전에 접힌 부분을 확실하게 눌러서 종이를 놓았을 때 종이가 자동적으로 구부러지도록 만들어야 한다. 이에 대해서는 시연 부분을 보면 확실하게 이해할 수 있을 것이다. 모티는 보드를 접어서 테이프로 붙여 놨다.

이렇게 접은 보드는 부다 페이퍼와 포개서 고무밴드로 감는다. 그럼 모든 준비가 끝난다.

시연

종이와 보드 묶음을 꺼낸다. 보드는 잠시 옆으로 치워두고, 종이는 테이블에 놓는다. 그리고 제일 밖에 있는 종이를 펴고, 그 다음 종이를 펴고, 세 번째 (회색) 종이까지 편다. (이때 바깥 종이에서 안쪽 종이를 꺼내지 말고, 그대로 나란히 둔 상태로 진행한다.) 접혀 있는 검은색 종이를 (맞은편에 앉아 있는) 관객에게 건넨다. 그리고 '예언'에 관한 메시지가 적혀 있는 쪽을 열어보게 한다.

종이를 돌려받고 다시 접는다(혹은 관객이 직접 다시 접게 한다). 그러고 나서 검은색 종이를 다시 회색 종이 안에 넣되, 이때 가운데 칸의 뒷면이 위로 보이게 한다. 이제 회색 종이를 접어서 검은색 종이 안에 넣을 때는 반드시 뒤집어야 하는데, 이때 원하는 미스디렉션을 이용하면 된다. 모티는 기침을 하거나 목을 가다듬으면서 손을 입으로 가져갈 핑계를 만들었고, 손을 입 앞으로 가져간 순간 회색 종이를 뒤집었다. 나는 (회색 종이를 든 상태에서) 보드를 가리키면서 "조만간 이 보드를 이용할 겁니다"라고 말하면서 자연스럽게 종이를 뒤집었다.

회색 종이를 넣고 나머지 종이도 한 번에 하나씩 접는다. (부다 페이퍼를 이용한 동전 배니시와 같은 방법이다.) 이렇게 접은 종이는 옆에 치워두고 보드를 집는다.

양면테이프 앞에 붙여 뒀던 종이를 뗀다. 이때 이 과정을 굳이 숨길 필요는 없다. 그리고 테이블 위에 보드를 내려놓되, 숫자의 아랫면이 관객을 향하게 한다. 또한 3이 적힌 칸을 꾹 눌러서 양면테이프를 확실히 테이블에 붙인다. 그러고 나서 양손 손가락(집게손가락이나 가운뎃손가락)으로 보드의 양쪽을 누른다. 다음으로 관객에게 10센트 동전을 빌린다(혹은 처음에 미리 동전을 빌려둔다).

관객에게 동전을 원하는 숫자 위에 놓으라고 한다. 이제 관객을 웃길 차례이다. 관객이 3이 아닌 다른 숫자 위에 동전을 놓으면 보드를 놓고 양손을 뻗어 종이를 집는다. 양면테이프가 3 아래에 붙어 있기 때문에 보드가 접히면서 동전이 3 위로 떨어진다(**그림 6**).

모티가 처음 내게 이 마술을 보여줬을 때 나는 그가 개그를 하고 있다는 사실을 알지 못했다. 그리고 그는 종이를 집으면서 말했다.

"좋습니다. 당신은 3을 선택했군요."

그래서 내가 말했다.

"3은 무슨. 2에 동전을 놓았거든요."

내가 다시 동전을 집기 위해 손을 뻗자 그는 다시 양손으로 보드 양옆을 눌렀다. 나는 동전을 다시 2 위에 놓았고, 그는 보드를 놓았다. 역시 동전은 3으로 이동했다.

"3을 선택했잖습니까?"

다시 한 번 반복했지만 결과는 동일했다.

"3을 선택했습니다."

타이밍과 연기는 당신의 선택에 달려 있다. 마지막으로 종이를 펼쳐서 검은색 종이를 꺼낸다. 그리고 관객에게 열어보라고 한다. 물론 거기에는 "모두 3으로 튀어 간다"라고 적혀 있다. (마무리로 농담을 하면서 동전을 자신의 주머니에 넣어도 된다. 그럼 관객은 10센트 동전을 잃게 된다.)

★ 참고
만약 관객이 처음부터 동전을 3 위에 놓으면 선택의 여지가 없다. 곧바로 종이를 펴서 마무리한다. 비록 움직이는 동전으로 관객을 웃기지는 못하지만 대신 예언에 적힌 메시지로 웃길 수 있으며, 또한 신비감을 조성할 수 있다. 원한다면 다른 관객에게 재미있는 포스를 한 번 더 실시하면 된다.

어쩌면 너무 쓸데없는 내용에 지면을 많이 할애했다고 생각하는 독자가 있을지도 모른다. 그러나 나는 충분히 짚고 넘어갈 부분을 담았다고 생각한다. (부다 페이퍼에 속는 마술사들을 보고 적잖이 놀란 적이 있다.) 또한 관객은 어려운 핸드 슬레이트 마술보다 이런 재미있는 마술을 더욱 오래 기억한다. 또한 메시지 내용으로도 관객을 웃길 수 있으며, 메시지가 바뀐다는 사실만으로도 신기해 하는 이들도 있다.

반드시 공연 전에 다양한 두께의 종이로 보드를 만들어봐야 한다. 처음에 시간이 걸리겠지만, 적당한 종이를 찾으면 두고두고 쓸 수 있다.

물론 예언의 내용도 원하는 대로 바꿀 수 있다. 예를 들어 "섹시한 사람들은 모두 3을 선택한다." "3을 선택한 사람은 내게 10달러(혹은 전 재산)를 줘야 한다"와 같은 재미있는 문구를 넣어도 된다. 그 밖에 이를 이용하여 할 수 있는 마술은 무궁무진하다. 원한다면 부다 페이퍼 부분을 완전히 빼고, 대신 카드의 숫자를 이용해도 된다. 그러기 위해서 미리 포스 카드를 테이블에 둬야 된다.

진 휴가드(Jean Hugard, 1872~1959)

눈에 보이는 페네트레이션(글렌 그라바트)
Visible Penetration(Glenn Gravatt)

★ 이펙트

마술사가 다음과 같은 물건을 보여준다. 작고 밝은 색의 블록이나 큐브, 길고 투명한 유리잔, 컵의 입구를 넉넉하게 막을 수 있는 뚜껑이나 디스크, 그리고 두꺼운 도화지 등으로 만든 튜브, 유리잔을 테이블에 세워놓는다. 그리고 뚜껑으로 컵의 입구를 덮고, 그 위에 튜브를 똑바로 세운다. 큐브를 튜브 안에 떨어뜨린다. 큐브가 금속 뚜껑과 부딪치는 소리가 나고, 곧바로 뚜껑을 통과한다. 바로 큐브는 유리잔 안에 나타나서 바닥으로 떨어진다(**그림 1**). 모든 물건은 마술 전과 후에 관객이 직접 살펴본다.

그림 1

★ 준비물과 준비

1. 길고 투명한 유리잔이나 텀블러 하나
2. 튜브 하나. 높이 17.5cm, 지름 4cm가 적당하다. 프리저 페이퍼(freezer paper) 중심에 사용되는 튜브를 17.5cm 길이로 잘라서 사용해도 된다. 거기에 면도칼을 이용하여 11.2cm×3.1cm 크기의 창을 낸다.

3. 유리잔의 입구를 넉넉하게 막을 수 있는 뚜껑 하나. 커피통 뚜껑을 이용해도 되고, 혹은 납작한 금속 디스크를 이용해도 된다. 혹은 과일 등 통조림의 원터치 캔 뚜껑을 이용할 수도 있다. 동그랗거나 네모난 납작한 금속판이면 뭐든 상관없다. 대부분 커피통 뚜껑을 선호하지만 관객의 눈높이보다 높은 곳에서 공연할 때는 이용할 수 없다.

4. 똑같이 생긴 작은 큐브 두 개. 한 변의 길이는 0.7cm 정도가 적당하다. 각각의 큐브는 자석을 내장하고 있다. 다양한 색의 플라스틱이 씌워진 자석을 이용하면 좋은데, 가장 좋은 것은 게시판에 종이를 고정시키기 위해 사용하는 자석이다. 보통 문구점에서 쉽게 구할 수 있다.

혹은 자석용품 전문점에서 다양한 모양의 자석을 구할 수 있으며, 밝은 색 페인트로 예쁘게 꾸미면 된다. 긴 자석을 잘라서 사용해도 되며, 굳이 정육면체일 필요는 없다.

상상력을 이용하라. 자석을 꾸미는 혹은 위장하는 방법은 다양하다. 모든 면에 예쁜 종이를 붙여도 되고, 흰색 종이로 자석을 포장한 뒤 주사위처럼 점을 그려도 된다. 혹은 직사각형 자석을 도미노처럼 꾸며도 된다. 가장 좋은 방법은 작은 나무속을 비우고 그 안에 자석을 넣은 뒤, 종이로 포장하고 예쁜 색으로 칠하는 것이다.

시연

이쯤이면 어떤 방법인지 거의 눈치를 챘을 것이다. 먼저 오른손에 큐브를 하나 숨긴다. 이 상태에서 모든 준비물을 관객에게 보여준다. 왼손으로 금속 뚜껑을 잡고 혹은 관객에게 건네받고, 오른손으로 옮겨 잡으면서 뚜껑의 중앙에 큐브를 붙인다.

그 상태에서 뚜껑으로 유리잔을 덮는다. 물론 큐브가 있는 면이 아래를 향해야 한다. 납작한 디스크를 이용해도 관객은 큐브를 보지 못한다.

그 위에 튜브를 똑바로 세운다. 이때 창문이 관객을 향하게 한다. 왼손으로 튜브가 쓰러지지 않게 잡고, 오른손으로 또 다른 큐브를 집어서 튜브 안으로 던진다.

나머지는 자동으로 이루어진다. 위에서 던진 큐브가 뚜껑에 떨어지면서 그 충격으로 아래 붙여놓은 큐브가 유리잔 안으로 떨어진다.

튜브에 뚫어 놓은 창문으로 큐브가 떨어지는 것이 보이고, 큐브가 뚜껑에 부딪히는 소리가 나자마자 유리잔에 큐브가 나타나기 때문에 관객은 믿어 의심치 않는다. 잠시의 지체도 없이 완벽한 타이밍 덕분에 정말로 큐브가 뚜껑을 통과한 것처럼 보인다.

튜브의 창문 아래에 충분한 공간이 있어서 위에서 던진 큐브가 보이지 않아야 한다.

마지막에는 동시에 뚜껑과 튜브를 집는다. 그리고 나서 양손으로 뚜껑을 기울여서 관객이 뚜껑 위를 보지 못하게 한다. 이 상태에서 왼손으로 튜브를 잡고, 오른손으로 뚜껑을 잡는다. 왼손에 있는 튜브를 관객에게 보여준 뒤, 옆으로 던진다. 동시에 오른손으로 뚜껑 위에 있는 큐브를 집는다. 튜브를 던진 후, 왼손으로 뚜껑을 옮겨 잡아 앞뒤를 보여준 다음 옆으로 던진다. 마지막으로 유리잔을 집고 기울여서 안에 있는 큐브를 꺼낸다.

★ 참고

납작한 디스크를 이용하면 큐브를 붙이기도 쉽고, 나중에 제거하기도 편하다. 그러나 일반 뚜껑은 몇 번 연습해야만 능숙하게 다룰 수 있다.

처음에는 뚜껑 아래에 붙인 큐브가 제대로 떨어지지 않을 수도 있다. 그러므로 연습하면서 어느 정도의 힘으로 던져야 큐브가 떨어지는지 확인해야 한다.

그냥 큐브를 튜브 안에 넣지 말고, 손을 높이 들어서 튜브 안으로 던진다. 몇 번 해보면 요령이 생길 것이다. 요령을 터득하면 실패할 확률이 현저히 줄어든다. 반드시 더도 말고 덜도 말고 아래에 있는 큐브가 떨어질 정도의 힘으로 던져야 한다.

튜브의 길이와 큐브의 무게 역시 중요한 요소로 작용한다. 만약 튜브의 길이가 길어지면 큐브는 더 세게 떨어진다.

멋진 마술이며, 완벽한 일루전을 만들 수 있다. 단, 적절한 준비물과 요령을 위해서는 반드시 실험이 필요하다. 그림을 보면 이해하는 데 큰 도움이 될 것이다.

색깔이 변하는 칼
The Color Changing Knives

널리 알려진 마술이기는 하나 여기에 꼭 소개해야 한다는 생각이 들었다. 칼 두 개 혹은 그 이상을 사용하는 루틴은 많다. 그중 칼 두 자루를 이용하는 기본 루틴을 소개하고자 한다. 참고에서는 가짜 칼의 양면(?)을 보여줄 수 있는 동작 두세 가지를 소개하고자 한다. 이미 기본 동작은 알고 있을 것이기에, 너무 자세히 설명하지는 않겠다.

★ 이펙트

칼의 색깔이 변하고, 위치가 바뀐다.

★ 준비물

1. 마술용품점에서 구할 수 있는 칼 한 세트. 하나는 양면이 모두 흰색이고, 다른 하나는 한쪽은 흰색, 다른 한쪽은 검은색이다.
2. 흰색 손수건 하나

준비

보통 칼을 오른쪽 주머니에 손수건과 함께 넣는다.

시연

패들 무브(paddle move)를 이용하여 가짜 칼의 양쪽을 보여준다(그림 1, 그림 2). 기본적으로 칼을 그림 1과 같이 잡는다. 오른손을 안쪽으로 돌려서 손가락이 위로 가게 한다. 그리고 엄지손가락으로 칼을 밀어서 반 바퀴 돌린다. 그럼 그림 2와 같이 된다. 이 과정을 거꾸로 반복한다. 손을 밖으로 돌리면서 엄지손가락으로 칼을 당겨서 반 바퀴 돌린다. 그럼 관객이 본 것은 모두 같은 면이다. 이것이 패들 무브의 기본이다

(한국에서는 이 연출방법(패들 무브)이 나무젓가락에 점을 그려 사용하는 점핑 스폿이라는 이름으로 많이 알려져 있다. - 감수자)

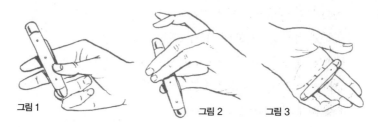

그림 1　　　　　　　　그림 2　　　　　　　　그림 3

　절대 지나치게 과장하거나 반복해서는 안 된다. 루틴 사이사이에 자주 해야 하는데, 그때마다 한 번이면 족하다. (분명해 보이는 것을 증명하려고 노력하지 마라.)

　흰색 면이 보이게 칼을 왼손 손바닥 위에 놓는다. 엄밀히 말해 손바닥과 손가락 사이에 놓는다(**그림 3**). 이 상태에서 주먹을 쥐면 칼이 뒤집힌다. 그리고 손을 펴면 칼의 색깔이 검은색으로 변한 것처럼 보인다. 오른손으로 칼을 집어서 패들 무브를 해서 양면이 모두 검은색임을 보여준다.

　전과 같이 칼을 왼손 위에 놓는다. 이번에는 검은색이 보이게 놓는다. 그리고 주먹을 쥐어 칼을 뒤집은 뒤, 손등이 객석을 향하게 한다. 그리고 오른손 집게손가락을 주먹 아래로 넣어서 칼을 밀어 올린다(**그림 4**). 칼은 여전히 검은색이다. 이는 관객을 혼동시키기 위한 동작이다.

그림 4

　위 과정을 반복한다. 그러나 이번에는 주먹을 쥘 때 칼이 뒤집히지 않도록 손바닥 위에 놓는다. 그리고 집게손가락으로 칼을 밀어 올리면 흰색 칼이 나타난다. 패들 무브를 이용하여 양면이 모두 흰색임을 보여준다.

이제 다른 방법으로 체인지를 한다. 예를 들어 팔뚝에 칼을 문지른다. 이때 엄지손가락과 집게손가락 끝으로 칼을 잡고, 칼이 관객의 시야에서 벗어나는 순간 반 바퀴 돌린다. 그럼 잠시 후 관객은 검은색 칼을 보게 된다. 패들 무브로 양면을 보여준다.

검은색 면이 보이게 칼을 왼손 위에 놓는다. 그리고 오른손을 오른쪽 주머니에 넣어서 손수건을 꺼내며, 이때 손수건 뒤에 진짜 칼을 숨겨서 함께 꺼낸다. 꺼낸 손수건을 흔들어서 펴고, 이때 (칼을 잡은) 오른손을 손수건 아래에 넣는다.

왼손으로 가짜 칼을 손수건 아래에 넣는다. 그러나 실제로는 왼손에 있는 칼을 오른손으로 옮겨 잡고, 오른손에 있는 칼을 위로 올린다. 왼손을 밖으로 꺼내서 손수건 아래에 있는 (진짜) 칼을 잡는다. 이때 가짜 칼은 오른손에 숨긴다.

손수건으로 덮은 칼을 관객에게 건네며, 검은색이었던 칼을 흰색으로 바꾸겠다고 말한다. 그리고 나서 관객에게 손수건을 들어서 아래에 있는 흰색 칼을 확인하게 한다. 그리고 관객이 직접 나머지 관객에게 칼의 앞뒤를 보여주면 왼손으로 칼을 건네받는다.

"여러분에게도 비법을 알려드릴까 합니다. 이 마술을 위해서는 칼이 두 개 필요합니다."

오른손을 주머니에 넣었다 꺼내어, 손에 있던 칼을 보여준다. 이때 검은색 면이 보이게 한다.

왼손으로 흰색 (진짜) 칼을 잡고 오른손으로 검은색 (가짜) 칼을 잡은 뒤, 양손을 펴서 칼 두 개를 동시에 보여준다. 그리고 양손으로 패들 무브를 한다. 혹은 이렇게 해도 된다. 검은색 면이 보이는 가짜 칼을 오른손 엄지손가락과 집게손가락으로 잡는다. 그리고 진짜 칼은 오른손 집게손가락과 가운뎃손가락으로 잡는다(**그림 5**). 그리고 가짜 칼만 패들 무브를 하고, 진짜 칼은 그대로 둔다.

두 개의 칼을 모두 왼손 손바닥 위에 놓고, 주먹을 쥔다. 그리고 손등이 관객을 향하도록 손을 뒤집고, 오른손 집게손가락으로 가짜 칼을 위로 밀어낸다(**그림 4**). 그럼 흰색이 보인다. 오른손으로 칼을 잡은 다음 패들 무브로 양면이 모두 흰색임을 보여준다.

그림 5   그림 6

가짜 칼을 오른손 손가락 위에 놓고 주먹을 쥐어 칼을 뒤집는다. 그리고 오른손에 흰색 칼이 있으므로 왼손에 있는 칼이 검은색임을 강조한다. 양손을 펴서 칼의 위치가 바뀌었음을 보여준다. 동시에 패들 무브로 칼 두 개의 양면을 보여준다. 이 과정을 한번 더 반복하여 칼을 다시 바꿔도 된다. 또한 칼을 사라지게 하고, 만들어내는 마술을 보여줄 수도 있다. 기본적인 담배 배니시를 이용하면 된다.

모든 루틴을 마쳤을 때 진짜 칼 하나 혹은 두 개를 가지고 있어야 한다. 가장 쉬운 방법은 주머니에 또 다른 진짜 칼을 숨겨두는 것이다. 그리고 가짜 칼을 사라지게 한 뒤, 주머니에서 만들어내는 척하면서 가짜 칼을 넣고 또 다른 진짜 칼을 꺼낸다. 혹은 위에서 설명한 것과 같이 손수건을 이용하여 가짜 칼을 진짜 칼로 바꿔도 된다. 어떤 방법을 이용하건 손에 남은 칼 두 개를 관객이 직접 확인해보게 할 수 있다.

★ 참고

가장 기본적인 루틴이다. 그렇기 때문에 다양한 방법으로 변형시킬 수 있다. 또한 이 밖에도 칼을 이용한 다양한 무브가 있다.

그중 하나는 가짜 칼을 오른손 손가락과 손바닥 사이에 놓는 것이다. (그림 3과 비슷하지만, 반대쪽 손을 이용한다.) 그리고 동시에 세 가지 동작을 해야 한다. 오른손을 주먹 쥐고 (그래서 칼을 뒤집고), 손등이 관객을 향하도록 손을 뒤집고, 엄지손가락으로 칼을 위로 밀어 올린다(그림 6). 그러면 손에 올려놓을 때 보였던 면과 동일한 면이 모습을 드러낸다.

오른손에 있는 칼을 왼손으로 잡아서 꺼내며 칼을 돌린다. 이때 오른손 새끼손가락을 지렛대로 이용한다(그림 7). 원한다면 이 과정을 반복해도 된다.

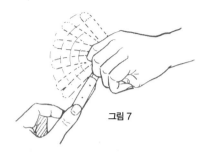

그림 7

그림 8과 같이 칼을 잡고 칼의 양면을 보여주는 방법도 있다. 칼을 새끼손가락과 집게손가락 위에 놓고, 엄지손가락을 그 위에 놓는다. 이때 가운뎃손가락과 넷째 손가락을 접는다. 이 상태에서 손등이 보이게 돌리면서 동시에 엄지손가락으로 칼을 밖으로 반 바퀴 돌린다. 그럼 손을 뒤집어도 같은 색이 보인다. 패들 무브를 살짝 응용한 동작이다. (워싱턴 DC의 알 코헨(Al Cohen)이 애용하던 동작이다.)

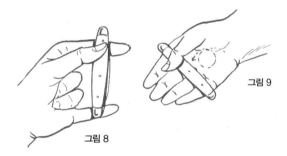

그림 9

그림 8

앞에서 살펴본 두 동작은 이제까지 책이나 간행물에 소개된 바 있다. 하지만 지금 소개하고자 하는 피트 비로(Pete Biro)의 방법은 처음 소개되는 것이다. 그는 (가짜) 칼을 테이블에 놓았지만, 나는 오른손에 있는 칼을 왼손으로 옮겨 놓았다. 어떻게 하건 관객을 감쪽같이 속일 수 있다.

동작을 하는 동안 세심한 주의를 기울일 필요는 없다. 루틴을 진행하면서 아주 자연스럽게 할 수 있는 동작이다. 칼을 오른손 손바닥 위에 놓는다. 이때 손가락과 손바닥의 경계와 가깝도록 손바닥 위에 놓는다. 정확한 위치는 각자의 손의 크기에 따라 달라진다.

이제 오른손을 왼손을 향해서건 테이블을 향해서건 아래로 내리면 칼이 손가락으로 굴러간다.

이 부분이 살짝 어려울 수도 있다. 칼이 멈추면 **그림 9**와 같이 된다. 만약 칼이 완전히 한 바퀴 돌면 같은 색이 보인다.

단, 관객이 칼의 뒷면을 보지 못하도록 칼을 빨리 굴려야 한다. 칼을 왼손이나 테이블로 옮기는 과정에 이루어지는 아주 자연스러운 동작임을 기억하라. 관객이 칼이 구르는 모습을 보더라도, 거기에 대해 아무런 언급도 할 필요 없다. 그저 자연스럽게 하기만 하면 된다.

처음에는 칼이 한 바퀴 반 정도 돌아서 뒷면이 보일 수도 있지만 하다 보면 감이 생길 것이다.

다음 동작은 뒷면을 보여주기 위한 러셀 반하트(Russell Barnhart)의 동작이다. 이제까지 살펴본 동작보다 어려울 것이다. 어쩌면 처음에는 불가능하다고 생각할 수도 있다.

그러나 완전히 납작하지 않고 살짝 둥근 칼을 이용하면 훨씬 쉽다. 우선 **그림 10**과 같이 칼을 잡는다. 실제로 왼손 가운뎃손가락 끝에 칼을 살짝 걸쳐두었을 뿐, 칼을 잡는 데 왼손은 전혀 힘이 되지 않는다. 그리고 왼손 엄지손가락과 집게손가락 끝을 이용하여 칼이 가운뎃손가락에서 떨어지지 않도록 칼 위에 손을 놓는다(**그림 10**).

그림 10   그림 11

칼을 돌릴 때도 오른손 엄지손가락과 집게손가락이 모든 것을 한다. 이 두 손가락을 살짝 벌리고, 왼손 가운뎃손가락에 걸쳐 놓은 것처럼 칼을 집게손가락에 걸쳐 놓는다.

오른손 엄지손가락과 집게손가락을 좁혀서 칼을 잡고, 동시에 집게손가락으로 칼의 모서리를 아래로 치고, 엄지손가락으로 반대쪽 모서리를 살짝 밀어 올린다(**그림 11**). '핑거 스냅(snapping the fingers)' 과 비슷하다.

칼을 온전히 한 바퀴 돌린다. 이 과정을 제대로 하면 순식간에 이루어지지만, 처음에는 아무 일도 일어나지 않을 것이다. 하지만 꾸준히 노력하면 언젠가는 자신도 놀랄 정도로 자연스럽게 칼을 돌릴 수 있게 된다. 거의 포기할 때쯤이면 노력의 결실을 보게 될 것이다.

세심한 주의를 기울일 필요 없이 대사를 하면서 자연스럽게 해야 더 큰 효과를 낼 수 있다. 제대로 하면 칼이 반 바퀴 도는 것처럼 보인다. 이 과정을 두세 번 반복하면 칼의 앞뒤를 모두 보여주는 것처럼 보인다.

시간을 투자할 가치가 충분히 있으므로 열심히 연습하라!

신기한 고무밴드 페네트레이션
The Uncanny Penetrating Rubber Bands

아름다우면서도 신기한 짧은 마술이다.

★ 이펙트
'솔리드 스루 솔리드(solid through solid)' 중 하나이다. 마술사가 엄지손가락과 집게손가락을 벌려 양손에 고무밴드를 각각 하나씩 끼운다. 그리고 고무밴드 하나를 다른 고무밴드 아래로 넣어서 고무밴드 두 개를 교차시킨다. 하지만 고무밴드는 서로 통과하여 분리된다.

★ 준비물
1. 고무밴드 두 개. 얇은 것을 이용하는 것이 좋다.

시연
양손 엄지손가락과 집게손가락을 벌려서 **그림 1**과 같이 고무밴드를 끼운다.

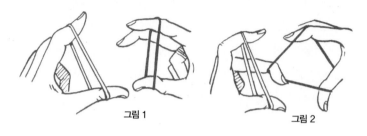

그림 1   그림 2

본격적으로 시작하기 전에, 고무밴드를 교차시켜야 한다.

왼손 가운뎃손가락을 올려서 오른손 고무밴드에 넣는다(**그림 2**). 그리고 오른손 엄지손가락을 고무밴드에서 뺀다(**그림 3**).

이제 오른손 엄지손가락을 왼손 고무밴드 아래로 넣는다. (즉, 왼손 손아귀와 고무밴드 사이에 오른손을 넣되, 밖에서 안으로 넣는다.) 그리고 오른손 고무밴드에 엄지손가락을 넣는다 (**그림 4**). 왼손 가운뎃손가락을 빼면 고무밴드 두 개가 완벽하게 교차한다(**그림 5**).

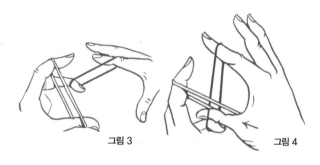

그림 3   그림 4

손을 앞뒤로 움직여서 고무밴드가 분리될 수 없음을 보여준다. 그러다 다음 단계로 넘어갈 준비가 되면 다음 동작을 따른다.

왼손 가운뎃손가락을 살짝 뒤로 움직여서 왼손 집게손가락 뒤에 있는 고무밴드를 잡는다.

오른손에 있는 고무밴드를 최대한 밖으로 움직여 고무밴드를 손가락 끝에 걸쳐둔다(**그림 6**). 이제 왼손 집게손가락을 고무밴드에서 뺀 뒤, 오른손 고무밴드 아래를 지나 오른손 고무밴드 앞으로 가져간다. (왼손 가운뎃손가락으로 고무줄을 잡고 있기 때문에 가능한 과정이다.) 즉, **그림 7**과 같이 움직여서 다시 왼손 고무밴드에 가운뎃손가락을 넣는다. 그럼 두 개의 고무밴드는 자동적으로 분리된다.

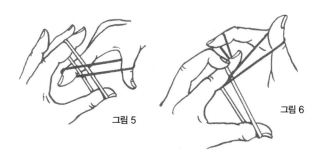

그림 5　　　　　　　　　그림 6

필요한 과정은 모두 끝났다. 그러나 여기에서 끝내서는 안 된다. 앞에서 설명한 고무밴드를 분리하는 과정은 열심히 연습하면 자연스럽게 할 수 있을 것이다. 고무밴드가 교차되었음을 보여주기 위해 손을 앞뒤로 움직이는 동작 중에도 할 수 있다.

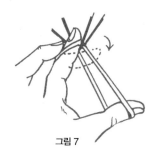

그림 7

고무밴드를 분리한 후에도 마치 고무밴드가 교차한 것처럼 손을 움직인다. 그러다 멈추고 주문을 외운 뒤, 양손을 벌려서 고무밴드가 서로를 뚫고 나왔음을 보여준다 (그림 1).

잠시 멈추는 과정도 중요하므로 생략해서는 안 된다. 제대로 하면 정말로 고무밴드가 서로를 통과한 것처럼 보인다. 만약 고무밴드를 분리한 다음에 고무밴드가 통과했다고 하면 관객이 눈치를 챌 가능성이 크다.

★ 참고

고무밴드의 움직임에 대해 설명하기가 상당히 까다로웠다. 그러나 그림을 통해 상당 부분을 이해했으리라 믿는다. 그렇기에 설명은 간단히 했다.

고무밴드를 분리시키는 과정을 연습하라. 그래서 순식간에, 자연스럽게 할 수 있게 만들어라.

루 탄넨은 서로 색깔이 다른 고무밴드 두 개를 이용했다. 그럼 고무밴드를 분리하기 전에 고무밴드가 교차했음을 확실하게 보여줄 수 있다. 하지만 반대로 고무밴드를 분리했을 때는 관객이 이를 알지 못하도록 주의해야 한다. 장단점이 있으므로 알아서 선택하길 바란다.

즉석 공중에서 나타난 담배
Impromptu Cigarettes From Mid-Air

(난쟁이 마술사(the Midger Magician)라는 별명을 지닌) 조셉 M. 화이트(Joseph M. White)는 양면테이프를 이용한 마술을 많이 했다. (이 책에 있는 '살라탄 칩(Charlatan Chips)'도 그렇다.) 핸드 슬레이트를 하지 않고도 담배를 만들어낼 수 있는 루틴이다.

★ 이펙트
마술사가 남성용 중절모 혹은 접을 수 있는 모자를 보여준다. 그리고 양손이 비어있음을 보여준 뒤 허공에 손을 뻗어서 담배를 하나 만들어낸다. 담배를 모자에 넣고, 다시 빈손을 보여준다. 그러고는 계속해서 담배를 만들어내고, 마지막에는 파이프를 만들어낸다.

★ 준비물
1. 담배 한 개비
2. 파이프 하나
3. 모자 하나
4. 양면테이프 조금

준비
양편테이프를 잘라서 오른손 가운뎃손가락 손톱 바로 아래에 붙인다. 그리고 그 위에 담배를 붙인다. 이때 담배와 손가락이 나란해야 하며, 담배가 손톱 아래에 위치해야 한다. 양면테이프는 첫째 마디의 손톱 아랫부분에만 붙인다(**그림 1**).

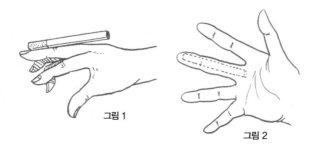

그림 1

그림 2

만약 마지막에 파이프를 만들 계획이라면 파이프의 둥근 부분에 양면테이프를 붙여 모자 안에 숨겨둔다.

시연

이미 가운뎃손가락 뒤에 담배를 붙였다고 가정하고 설명하겠다. (손가락에 담배를 붙이는 방법은 참고 부분을 참조하라.) 먼저 모자를 보여준 뒤, 접혀 있는 모자를 펼친다. 물론 이때 파이프가 보이지 않게 주의한다. 또한 오른손 손바닥을 관객에게 향하고, 뒤에 있는 담배가 노출되지 않도록 조심한다.

이제 오른손 손바닥을 보여준다. 담배는 가운뎃손가락 뒤에 완전히 숨어 있기 때문에 **그림 2**와 같이 손가락을 벌려도 보이지 않는다. 그럼 관객은 손에 아무것도 없다고 생각한다. 그리고 나서 허공으로 손을 뻗었다 내리면서 가운뎃손가락을 안으로 구부린다. 그럼 담배가 시야에 들어온다. 효과를 높이기 위해서 엄지손가락과 집게손가락으로 담배의 아랫부분을 잡거나(**그림 3A**), 혹은 엄지손가락으로는 담배의 아랫부분을 집게손가락으로는 담배의 윗부분을 잡는다(**그림 3B**). 그럼 마치 허공에서 나타난 담배를 손으로 잡은 것처럼 보인다.

담배를 모자 안에 넣는다. 이때 오른손이 모자 안으로 들어가 시야에서 사라지면 손가락을 펴서 다시 담배를 숨긴다. 모자에서 손을 꺼내면서 손가락을 살짝 벌린다.

원하는 만큼 이 과정을 반복한다. 마지막에 파이프를 만드는 경우에는 정말로 담배를 모자 안에 넣고, 손바닥으로 파이프에 붙여 놓은 양면테이프를 누른다. 그리고 손등이 관객을 향하도록 모자에서 손을 꺼낸 뒤, 곧바로 허공에 뻗어 파이프를 만들어낸다.

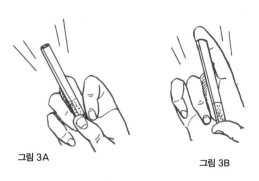

그림 3A   그림 3B

★ 참고

오래전에 담배를 만들어내기 위해 사용하는 도구에 흥미를 느꼈다. 금속으로 만들어진 밴드로, 손가락에 끼우면 뒤에 담배를 고정하여 숨길 수 있는 장치가 있다. 하지만 양면테이프를 이용하는 것이 훨씬 쉽고 확실하다.

만약 파이프로 마무리할 생각이 없다면 한 10~12개 만들어낸 후, 담배를 모자(밴드 부분)에 숨긴다. 그럼 모자 안이 비어 있음을 보여주며 마무리할 수 있다. 또한 담배를 만들어낼 때 다양한 연기가 가능하다. 무릎이나 팔꿈치에서 담배를 만들어내도 좋다. (단, 거울 앞에서 충분히 연습해야 한다.)

만약 오프닝 루틴으로 사용한다면 손가락에 미리 담배를 붙여놓으면 된다. 그러나 그렇지 않은 경우에는 모자 뒤에 담배를 숨겨둔다. 이때 양면테이프가 위로 가게 하고, 나중에 모자를 집는 척하면서 가운뎃손가락으로 양면테이프를 누른다. 모든 관심이 모자에 집중되어 있기 때문에 담배를 제대로 정리할 시간이 충분하다.

물론 담배에 또 다른 양면테이프를 붙여서 모자 안에 숨겨놔도 된다. 그리고 모자를 집어서 보여주기 위해 손을 모자 안에 넣었을 때 담배를 손에 숨기면 된다.

또 다른 리본 페네트레이션
(네덜란드의 A. H. C. 반 세너스 박사)
Another Ribbon Penetration(By Dr. A. H. C. Van Senus of Holland)

양끝이 보이는 긴 끈이나 로프, 리본에 반지를 통과시키는 방법은 다양하다. 그중에서도
단순하고 재미있는 방법이다. 제대로 하면 관객의 호응을 얻을 수 있다.

★ 이펙트

마술사가 접혀 있는 모자의 모든 면을 보여준다. 그리고 제대로 펼쳐서 테이블 위
에 놓는다. 그러고 나서 긴 리본을 모자 위에 놓는데, 이때 리본의 가운데 부분이 모
자 안으로 늘어지고, 양끝은 모자 밖에 나와 있다. 양끝을 빨래집게로 고정시킨다.

빌린 반지를 모자 안에 넣는다. 양손을 모자 안에 넣은 뒤, 리본의 양끝을 이용하지
않고 리본에 반지를 묶겠다고 말한다.

마술사가 반지를 꺼내자, 정말로 반지가 리본 중앙에 묶여 있다. 단순히 리본에 반
지를 묶는 것은 그리 대단한 일이 아니지만, 반지가 리본에 꿰어 있는 것이 아닌가!
관객이 직접 리본과 반지를 확인해 본다.

★ 준비물

1. 접을 수 있는 모자 하나
2. 긴 리본. 폭 2.5cm, 길이 1.5m이 적당하다.
3. 빨래집게 두 개
4. 작은 가위 하나
5. 반지 하나. 관객에게 빌려서 사용한다.

준비

가위를 모자 윗면의 접힌 부분 아래에 숨겨둔다(**그림 1**).

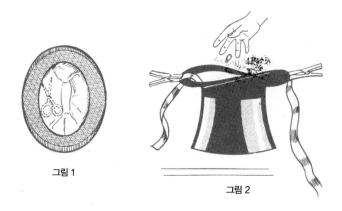

그림 1

그림 2

시연

접은 모자의 모든 면을 보여준다. 그리고 모자를 펴서 테이블 위에 놓는다. 리본을 보여준 뒤, 모자 위에 놓는다. 이때 리본의 가운데 부분이 모자 안으로 많이 들어가게 한다. 모자 밖으로 나온 부분을 살펴보면 왼쪽은 짧고, 오른쪽은 길다. 이 상태에서 빨래집게로 리본을 고정한다(**그림 2**). 원하는 대사를 관객에게 하면서 리본의 양 끝이 관객의 시야에서 한시도 벗어나지 않음을 강조한다.

반지를 빌려서 모자 안에 넣는다. 이때 반지가 가위에 부딪히지 않도록 주의한다. 만약 가위와 부딪혀서 소리가 나면 궁지에 몰리게 된다.

양손을 모자 안에 넣고, 가위로 왼쪽 끝과 가까운 부분을 자른다. 그리고 오른쪽 조각에 리본을 꿰고 매듭을 만든다. 이런 동작을 할 수 있으려면 모자 안이 넓어야 한다. 그리고 나서 가위를 모자 바닥이나 밴드 부분에 숨긴다.

빨래집게를 빼고 양손으로 리본을 잡되, 왼손으로 리본의 잘린 부분을 잡는다. 그리고 양손을 벌려서 리본을 팽팽하게 만든다(**그림 3**).

이렇게 리본을 보여주는 동안 왼손을 모자 입구 가까이 가져간다. 그리고 모두의 관심이 반지에 쏠려 있을 때 리본 조각을 모자 안에 넣는다. 그럼 이제 관객에게 숨길 것이 없으므로, 관객에게 반지와 리본을 건넨다.

모자를 기울여서 리본과 가위를 한쪽으로 모은 다음에 모자를 접는다. 그럼 가위와 리본은 접힌 부분 아래에 위치하기 때문에 모자의 모든 면을 관객에게 보여줄 수 있다(**그림 4**).

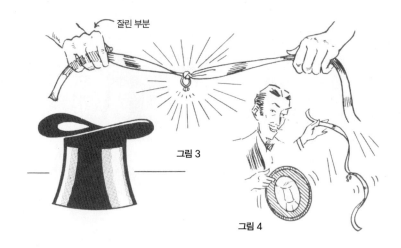

그림 3

그림 4

★ 참고

간단한 생각이지만 멋진 마술을 만들어낸다. 개인적으로 가위 대신에 면도날을 이용한다. 그럼 훨씬 쉽게 모자 안에 숨길 수 있고, 팜으로 숨길 수도 있다. 혹은 자를 부분을 미리 잘라서 양면테이프나 풀로 붙여 놓으면 자를 필요가 없으며, 반지를 꿴 다음에도 다시 붙이면 된다. 그럼 나중에 한 손으로 리본을 잡을 수도 있다. 하지만 그래도 관객에게 리본과 반지를 건네기 전에 반드시 자른 조각을 처리해야 한다.

플립의 플립스틱
Flip's Flipstick

네덜란드의 플립(Flip)이 루 탄넨의 상점 뒤에 위치한 방에서 보여준 마술이다. 그는 적절하지 않아 보이는 길이의 막대기를 이용해 빌린 양복 상의를 입고, 사람들이 앞뒤로 오가는 곳에서 이 마술을 선보였다. 유쾌한 분위기를 연출했고, 대부분의 사람들(마술사)이 감쪽같이 속았다. 기본적으로 막대기(지팡이, 플루트, 드럼 스틱, 사탕막대기, 지시봉, 긴 연필, 젓가락 등)를 나타나게 했다가 사라지게 하는 마술이다.

★ 준비물과 준비

우선 막대기가 있어야 한다. 개인적으로 드럼 스틱을 좋아하며, 반드시 양복 상의를 입어야 한다. 그리고 막대기를 외투 오른쪽 안주머니에 넣는다. 이때 막대기를 살짝 기울여서 위로 보이지 않게 한다.

시연

막대기를 이용한 트릭인 '스틱 트릭(stick trick)'을 보여주겠다고 말한다. 플립은 평범한 막대기 대신 플루트를 이용하며, '무직(Mugic; Music Magic)'에 대한 이야기를 했다.

양손이 비어 있음을 보여준 뒤 양복 상의의 단추를 연다. 이때 오른손을 왼쪽 안주머니에 넣지만, 아무것도 꺼내지 않는다. 그리고 나서 왼손을 오른쪽 안주머니에 넣지만, 아무것도 꺼내지 않는다. 그러나 이때 오른손으로 상의의 오른쪽 단추 부분을 잡고, 왼손으로 지팡이의 끝을 단추가 있는 부분으로 밀어낸다(**그림 1**). 그리고 빈손을 꺼낸다.

지팡이를 찾을 수 없어서 화난 것처럼 연기한 뒤, 살짝 왼쪽으로 돌아서고, 동시에 오른손을 앞으로 움직인다. 그리고 지팡이를 (팔꿈치를 구부린) 오른팔 아래 팔뚝 뒤에 숨긴다(**그림 2**).

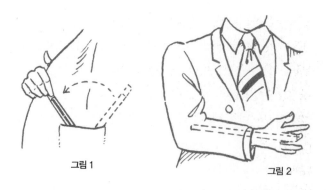

그림 1   그림 2

이때 오른손을 펴서 자연스럽게 보이면서도, 지팡이를 잡을 수 있는 방법에는 두 가지가 있다. 하나는 팔꿈치 안쪽에 지팡이의 한쪽 끝을 놓고, 반대쪽 끝을 오른손 가운뎃손가락으로 잡는 것이다. **그림 3**은 뒤에서 본 모습이다. 또 다른 방법은 팔뚝과 몸으로 지팡이를 눌러서 고정시키는 것이다(**그림 4**).

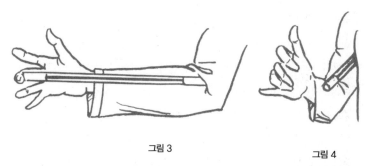

그림 3   그림 4

다시 루틴으로 돌아가자. 왼손을 오른 소매 뒤, 팔꿈치 위로 가져간다. 그리고 지팡이를 찾는 듯 옷을 쓸어내린다. 왼손이 오른 소매 높이에 오면 지팡이를 왼 소매에 넣는다. 비록 지팡이가 소매 안으로 완전히 들어가지는 않지만 왼 팔뚝이 가리기 때문에 보이지 않는다. 이 상태에서 오른 소매를 당긴다(**그림 5**).

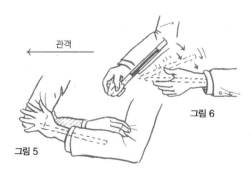

관객

그림 6

그림 5

이것이 하나의 방법이다. 플립은 또 다른 방법으로 지팡이를 왼 소매에 넣었다. 우선 오른팔이 관객을 향하도록 살짝 돌아서 있어야 하며, 양 팔꿈치를 구부려야 한다. 오른손으로 지팡이를 잡는다. 그리고 오른쪽으로 돌아서면서 지팡이의 끝을 왼쪽 소매 안에 넣는다(**그림** 6). 그리고 계속해서 지팡이를 찾고 있는 듯, 오른쪽 소매를 잡은 왼손을 놓지 않는다(**그림** 7). 이렇게 하면 지팡이를 완벽하게 숨길 수 있다.

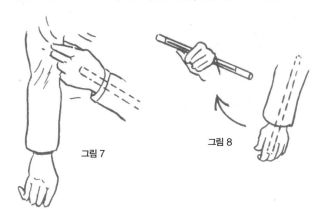

그림 7

그림 8

이제 왼팔의 긴장을 풀고 자연스럽게 아래로 내린다. 이때 오른손은 왼쪽 소매 뒤에 있는 것처럼 보인다. 왼팔을 펴면 지팡이는 거의 왼손 소매 안으로 쏙 들어가고, 지팡이 끝만 왼손 손가락에 걸쳐 있을 뿐이다. 설명한 대로 오른 팔뚝 뒤에 숨겨둔 지팡이를 왼쪽 소매에 넣기 위해서는 연습이 필요하다. 절대 도중에 주춤해서는 안 된다. 두 번째로 설명한 방법을 제대로 하면 아주 매끄러운 진행이 가능하다.

이제 정면을 바라본다.

"포기했습니다. 도무지 지팡이가 보이지 않네요. 오, 잠깐만요. 여기 있어요!"

오른쪽 허공에서 무언가를 본 것처럼 연기한다.

왼손을 갑자기 위로 뻗었다가 반원을 그리며 아래로 내린다. 그럼 소매에 있던 지팡이가 밖으로 튀어 나온다. 왼손을 반쯤 오므리고 준비하고 있다가 지팡이의 중간부분을 잡은 뒤, 곧바로 팔과 수직이 되도록 지팡이를 90도 회전시킨다(**그림** 8). 그럼 지팡이가 마술에 의해 갑자기 나타난 것처럼 보인다. 이때 플립은 이렇게 말했다.

"어쩌면 여러분 중에는 제가 소매를 이용했다고 생각하시는 분이 계실 수도 있습니다."

이렇게 말하면서 그는 왼팔을 구부리고, 지팡이를 왼 소매에 넣었다. 하지만 지팡이가 완전히 들어가지 않기 때문에 소매에 대한 관객의 의심을 없앨 수 있다. 이 과정은 생략해도 된다.

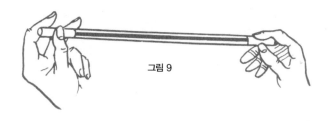

그림 9

대사를 약간 한 뒤, 지팡이로 무언가를 쳐서 지팡이의 단단함을 보여준다. 그리고 오른쪽으로 돌아서 왼팔이 관객을 향하게 한다. 다음으로 양손 손가락 끝으로 지팡이를 잡는다. 이때 왼손 손가락의 자세가 중요하다(그림 9). 집게손가락과 가운뎃손가락 끝은 지팡이 앞에, 엄지손가락 끝은 지팡이 뒤에 있으며, 이 세 손가락은 삼각형을 형성하고 있다. 또한 가운뎃손가락을 지팡이 위로 살짝 구부린다.

왼쪽 무릎을 들고, 양손으로 지팡이를 내려쳐서 지팡이를 부러뜨리는 연기를 한다. 적절한 타이밍에 왼손 가운뎃손가락으로 지팡이를 돌려서 왼쪽 팔뚝 안쪽으로 보낸다(그림 10). 지팡이의 한쪽 끝을 팔꿈치에 기대고, 반대쪽 끝을 집게손가락이나 가운뎃손가락 끝으로 잡는다. 그럼 왼손 엄지손가락을 자유롭게 펼 수 있다. 다시 그림을 확인해보라.

순식간에 이루어지는 동작이기에, 지팡이가 감쪽같이 사라진 것처럼 보인다. 반드시 왼손 손가락을 제대로 이용해야 하며, 특히 가운뎃손가락으로 지팡이를 잘 돌려야 한다. 그럼 정말 눈 깜짝할 사이에 지팡이가 사라진다.

관객

그림 10

왼쪽 무릎을 원래대로 내리면서 놀란 연기를 한다. 다시 정면으로 돌아서면서 왼 팔을 자연스럽게 아래로 내리고, 오른손으로 왼쪽 소매 뒤를 살펴본다. 그리고 전과 같이 소매를 당겨보지만 지팡이는 보이지 않는다(**그림 11**).

그림 11

오른팔은 그대로 구부려서 오른손을 왼 팔꿈치 부분에 두고, 왼손을 들어서 왼팔 을 구부린다. 그러면서 자연스럽게 오른손을 안쪽으로 움직여 지팡이를 잡는다. 그 럼 자동으로 지팡이는 왼 팔꿈치 뒤에 숨는다(**그림 12**). 미세한 동작이기에 관객은 전혀 눈치 채지 못한다.

살짝 왼쪽으로 돌아서면서 왼팔을 내린다. 그리고 왼손을 왼쪽 다리 뒤로 가져가서 지팡이를 찾는 척한다. 이때도 오른팔은 여전히 구부리고 있으며, 지팡이는 오른 팔뚝 뒤에 숨어 있다. 그럼에도 오른손 손가락은 자연스러워 보인다.

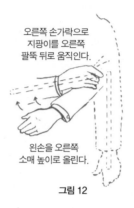

오른쪽 손가락으로
지팡이를 오른쪽
팔뚝 뒤로 움직인다.

왼손을 오른쪽
소매 높이로 올린다.

그림 12

왼손을 엉덩이 위에 놓는다. 그리고 오른팔을 편 뒤, 오른손을 오른쪽 다리 뒤로 가져가 지팡이를 찾는다. 이때 지팡이가 보이지 않도록 주의해야 하며, 동시에 팔의 움직임이 자연스러워 보여야 한다. 이 상태에서 오른손 손가락으로 지팡이를 튀겨서 왼손으로 옮겨 잡는다. 물론 이 과정은 모두 등 뒤에서 이루어지기 때문에 관객은 보지 못한다(**그림 13**). 왼손으로 지팡이를 잡고, 계속해서 오른손으로 오른쪽 다리를 더듬으며 지팡이를 찾는 척한다.

그림 13

왼손을 어느 높이에 둬야 지팡이를 쉽게 잡을 수 있는지는 연습을 통해서 알 수 있다. 지팡이를 잡기 위해서 왼손을 살짝 뒤로 뻗어야 하더라도 상관없다. 관객은 모두 지팡이를 찾고 있는 오른손에 주의를 기울일 것이다.

몸을 살짝 오른쪽으로 기울임과 동시에, 왼손으로 지팡이를 바깥 아래쪽으로 돌려서 지팡이가 왼팔 밖으로 보이게 한다(**그림 13**). 그럼 몸을 구부린 상태에서 신기한 듯 지팡이를 쳐다본다.

똑바로 서서 왼손으로 지팡이를 오른쪽 안주머니에 넣는다. 그러나 실제로는 오른소매에 깊숙이 넣는다. 잠시 후 양팔을 자연스럽게 내리면 지팡이가 오른손 손가락으로 떨어진다. 지팡이를 처리했으니, 마치 모든 트릭이 끝난 것처럼 대사를 한다.

그러다 갑자기 양팔을 위로 움직인다. 그럼 지팡이는 소매 밖으로 나와서 허공으로 날아오른다. 이때 왼손으로 지팡이의 가운데 부분을 잡는다. "웁스, 테이블이 저기에 있었네요." 혹은 "또 다른 지팡이가 있네요"라고 말하며 지팡이를 주머니에 넣으며 마무리를 한다. 혹은 앞의 과정을 반복한다.

★ 참고

플립은 대비되는 색깔의 튜브와 지팡이를 이용하여 루틴을 반복했다. 그는 지팡이를 팔뚝 안쪽에 숨기는 '플립' 무브를 이용하여 아주 신기한 마술을 선보였다. 지팡이를 튜브 안에 넣는 척하면서 지팡이를 팔뚝 뒤에 숨기기도 했다. 그러고는 오른손으로 튜브를 '플립' 해서 사라지게 만들고, 왼손으로 지팡이를 만들어낸 뒤, 오른손으로 옮겨 잡았다. 잠시 후 나타난 튜브 안에 지팡이가 들어 있었다. 마치 튜브가 지팡이로 바뀌고, 지팡이가 튜브로 바뀌는 것처럼 보였다. 마지막에는 지팡이를 찾다가 결국에는 튜브 안에서 지팡이를 만들어냈다.

플립은 '플립' 무브를 토대로 수많은 루틴을 개발했다. 본문에 소개된 내용은 가장 기본적인 루틴이다. 여기에 제대로 된 연기만 더해지면 모든 사람을 감쪽같이 속일 수 있다. 그는 지팡이와 큰 손수건을 이용한 멋진 루틴도 개발했으며, 이는 뒤에서 살펴볼 예정이다.

가장 중요한 것은 연습이다. 그래서 도중에 주춤하지 말고 매끄럽게 진행할 수 있어야만 한다. 특히 '플립' 동작은 순식간에 이루어져야 한다.

플립의 사라진 유리잔
Flip's Vanishing Glass

(네덜란드의) 플립(Flip)이 개발하고 공연했던 예쁜 루틴이다.

★ 이펙트

파티 일화에 대해 이야기하다가 마술사가 파티에 관련된 무언가를 보여주겠다고 한다. 그는 한손을 유리잔에 넣어 유리잔을 들어 올린다. 그리고 유리잔에 계란을 넣고 같은 과정을 반복한다. 다음으로는 손수건을 이용하면 더 어렵다는 이야기를 한다. 그리고 직접 보여준다.

신기하게도 계란이 손수건을 통과하고 마술사의 손으로 떨어진다. 갑자기 손수건을 치우자, 유리잔이 사라진다. 마지막에 마술사가 옆으로 움직이자, 유리잔은 처음처럼 테이블 위에 놓여 있다.

★ 준비물

1. 유리잔 하나. 보통 유리잔을 이용해도 되나 아래 기둥과 받침이 있으며 금색 테두리가 있는 와인 잔이 가장 좋다.
2. 고무밴드 하나
3. 한 변의 길이가 60cm인 손수건 한 장
4. 계란 하나. 진짜든 가짜든 상관없다. 혹은 대신 공이나 유리잔에 넣을 만한 다른 물체를 이용해도 된다.

준비

테이블이 필요하다. 테이블의 높이가 허리 높이와 비슷해야 훨씬 수월하게 동작을 할 수 있다. 그 이유는 잠시 후 알게 될 것이다.

유리잔의 테두리에 고무밴드를 감는다(**그림 1**). 유리잔에 금색 테두리가 있다면 가까이에서도 고무밴드가 보이지 않는다. 금색 테두리가 없더라도 1m 이상 떨어진 거리에서는 고무밴드가 보이지 않는다. 이렇게 준비한 유리잔을 테이블 위에 놓는다.

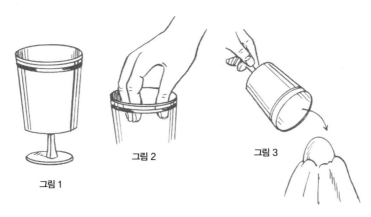

그림 1   그림 2   그림 3

계란이나 공은 오른쪽 주머니에 넣고, 손수건은 왼쪽 안주머니에 넣는다. 만약 액트의 일부로 구성하는 경우에는 손수건과 계란 모두 유리잔과 함께 테이블 위에 둔다.

시연
파티 게임이나 일화에 대해 이야기하다가 다음과 같이 말한다.

    "최근 있던 일입니다."

테이블에서 왼손으로 유리잔을 잡은 뒤, 오른손 손가락을 유리잔 안에 넣고 왼손을 놓는다. 유리잔 안에 넣은 오른손 손가락을 밖으로 뻗어서 힘을 주고 있기 때문에 유리잔은 떨어지지 않는다(**그림 2**).

    "우리는 누가 이 상태로 유리잔을 오래 들고 있는지에 대한 게임을 하고 있었습니다. 별로
    어려워 보이지 않을 수도 있습니다. 그러나 술을 한두 잔 한 다음에는 쉽지만은 않답니다."

유리잔을 떨어뜨리고, 동시에 왼손으로 유리잔을 잡는다.

"만약 난이도를 높이길 원한다면 유리잔에 계란을 넣어도 됩니다."

유리잔에 계란을 넣는다.

"그럼 위험 요소가 하나 추가되었네요."

다시 오른손 손가락을 유리잔에 넣어 유리잔을 들어 올린다. 최대한 어려운 척 연기한다. 이쯤이면 테이블 바로 앞으로 나와 있어야 한다.

왼손으로 유리잔을 잡고, 오른손으로 주머니에서 손수건을 꺼낸다. 그리고 (유리잔을 잡은) 왼손의 도움을 받아 양손으로 손수건을 펴서 관객에게 보여준 뒤, 손수건으로 오른손을 덮는다. 이때 오른손 손가락 끝이 위를 향하게 한다.

유리잔을 기울여 계란을 손수건 위에 놓는다(**그림 3**). 여기서 미끄러운 손수건을 이용하면 더욱 어려울 것이라는 내용의 대사를 한다.

유리잔을 계란과 오른손 손가락에 씌운다. 그리고 왼손으로 유리잔의 위치를 조절하면서 유리잔을 아래로 쓸어내려 고무밴드를 오른손 손가락에 끼운다(**그림 4**).

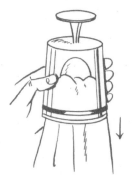

그림 4

왼손으로 유리잔의 기둥(혹은 바닥)을 잡고, 오른손을 뒤집는다. 여전히 오른손 손가락으로 계란을 잡고 있다. 왼쪽으로 돌면서 왼손으로 유리잔을 뺀다. 동시에 오른손을 앞으로 뻗는다. 오른손에 감겨 있는 고무밴드(그리고 접힌 손수건)는 마치 유리잔이 아직도 거기에 있는 것처럼 보이게 만든다.

물론 오른손 손가락은 유리잔을 잡고 있는 듯 힘을 줘야 한다. 이때 왼손을 뒤로 뻗어서 테이블 가운데에 유리잔을 내려놓는다(**그림 5**). 마술사의 뒤에서 일어나는 일이기 때문에 관객은 전혀 알 수 없다.

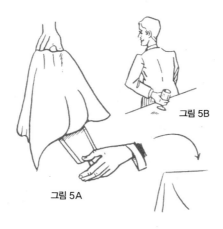

그림 5B

그림 5A

정면을 보고, 한걸음 앞으로 나간다. 마술사가 되어서 계란을 유리잔에 통과시키는 것이 어렵다고 말하는 게 곤욕스럽다는 듯 연기한다. 그리고 왼손을 오른손 아래로 가져간 뒤, 오른손에 힘을 풀어서 계란을 왼손에 떨어뜨린다. 계란을 주머니에 넣으면서 잠시 쉰다. 그럼 그 동안 관객이 방금 마술사가 한 것이 무엇인지 생각하게된다.

이제 다음 단계로 넘어갈 차례이다. 왼손으로 손수건의 한쪽 모서리를 잡는다.

"(마치 유리잔을 놓칠 것 같다는 표정으로) 유리잔이 떨어지고 있다는 느낌이 들면 저는 이렇게 할 수 있습니다!"

손수건을 잡은 왼손을 위로 올린다(**그림 6**).

유리잔이 사라졌다! 고무밴드가 바닥에 떨어지지만 관객은 보지 못한다. 손수건의 앞뒤를 보여준다. 잠시 쉬어서 관객에게 상황을 이해할 시간을 준다. 그러고 나서 한걸음 옆으로 가서 테이블에 놓인 유리잔을 보여준다.

사라졌다!

그림 6

★ 참고

아주 강한 효과이다. 유리잔이 사라지는 순간 모두, 심지어는 마술사들도 놀람을 감추지 못한다. 이는 내가 보증할 수 있다. 또한 유리잔이 다시 나타나는 순간에도 관객은 적잖이 놀란다. 물론 모든 과정은 부드럽게 진행되어야 하며, 반드시 충분한 연습과 리허설 후에 관객 앞에 서야 한다. 각도에 세심한 주의를 기울이고, 또한 유리잔을 빼내서 테이블에 소리 없이 내려놓는 과정도 연습이 필요하다.

만약 액트의 중간에 한다면 유리잔을 미리 준비해둔 장치나 옷 안쪽에 만들어둔 주머니에 넣어 완전히 없애도 된다. 이런 부분은 필요에 따라 변형하면 된다.

플립은 거의 즉석에서 이 마술을 선보였다. 그는 항상 주머니에 고무밴드와 손수건을 가지고 다녔다. 그러다 다른 사람의 집에서 마술을 보여달라는 부탁을 받으면 유리잔을 찾아서 잠시 준비를 한 뒤 적절한 테이블을 찾아 공연을 시작했다.

그는 보통 마술을 보여달라는 부탁을 받으면 할 수 있는 게 없다고 거절한다. 그러다 주위를 둘러보다 유리잔을 발견하면 이렇게 말한다.

"오, 저 유리잔 좀 빌려도 될까요?"

때로는 집주인에게 유리잔을 직접 가져다 달라고 부탁하기도 했다. (그는 항상 준비되었기 때문에 즉석에서 공연 부탁을 받아도 별 문제가 되지 않았고, 그렇기 때문에 보는 사람으로 하여금 더욱 놀라게 했다.) 이제까지 관객 중 고무밴드를 본 사람은 없다. 그는 계란 대신 주위에 보이는 작은 물체를 사용하기도 했고, 주인에게 계란 하나를 달라고 요청하기도 했다.

플립의 손수건과 지팡이
Flip's Silk and Wand

아름다운 마술이지만 설명하기가 약간 까다롭다. '플립 스틱(Flipstick)' 다음에 하기에 적당하며, 단독으로 하기에도 손색이 없다. 막대기나 지팡이가 사라졌다, 나타났다, 다시 사라지는 마술이다.

★ 준비물
1. 마술사 지팡이 하나
2. 한 변의 길이가 90cm인 손수건 한 장

시연

왼손에 지팡이를, 오른손에 손수건을 들고 관객에게 보여준다. 마치 지팡이를 닦는 듯, 손수건으로 지팡이를 문지른다. 그리고 지팡이에 먼지가 있는 듯 불어낸다. 다음에는 왼손으로 지팡이가 수평이 되도록 '플립' 포지션으로 잡는다. '플립 스틱(Flipstick)' 루틴에 자세히 설명되어 있다. 오른손으로 손수건의 한쪽 꼭짓점을 잡고, 살짝 오른쪽을 바라보고 선다. 손수건을 위로 올렸다가 내리면서 멋지게 손수건을 덮는다(**그림 1**). 이때 지팡이를 왼쪽 팔뚝에 숨겨서 사라지게 만든다. 타이밍을 잘 맞추면 정말로 지팡이가 사라지는 것처럼 보인다.

왼손 가운뎃손가락 끝으로 지팡이의 끝을 누르고, 반대쪽 끝은 팔꿈치 안쪽에 기대에 놓는다. 그럼 왼손 엄지손가락과 집게손가락은 자유롭게 움직일 수 있다. 손수건 한쪽 모서리의 테두리를 왼손 엄지손가락과 집게손가락으로 훑는다(**그림 2**).

그림 1 그림 2

왼손 손가락이 꼭짓점에 이르면 손수건을 뒤집어서 양면을 보여준다. 이때 뒷면을 보여주기 위해서 양팔을 잠시 엇갈렸다가 엇갈린 팔을 풀면 된다. 정면을 바라보며, 손수건 뒤에서 왼손 손가락으로 지팡이를 밖으로 밀어낸다. 그럼 손수건 뒤에 나타난 지팡이의 형태가 보인다. 여기에서 '좀비(Zombie)'를 실시한다. 마치 손수건이 끌어당기는 듯 팔을 왼쪽 위로 뻗는다(**그림 3**).

그림 3

다시 팔을 아래로 내리고, 지팡이를 왼쪽 팔뚝 안쪽에 숨긴다. 그리고 손수건 뒤에 아무것도 없음을 보여주기 위해 손수건의 앞뒤를 보여준다. 오른손을 손수건 가운데 아래로 가져간다. 그런 다음 손수건으로 오른손을 덮고 왼손을 손수건에서 뗀다. 그러고 나서 살짝 왼쪽으로 돌아서면서 양손을 가까이하여 왼손으로 손수건을 잡는다. 이 상태에서 지팡이를 밖으로 돌려서 지팡이를 손수건 뒤로 보낸다. 이 과정은 **그림 4**와 같이 왼손으로 손수건 가운데를 잡은 상태에서 이루어진다. 지팡이는 손수건 뒤에 완전히 숨는다. (이를 위해서 큰 손수건을 이용하는 것이다.)

곧바로 오른손으로 늘어진 손수건을 아래로 쓸어내린다. 이 과정을 한두 번 반복한 뒤, 지팡이의 형체가 보이게 만든다(그림 5). 이때 지팡이 뒤의 일부는 손수건 밖으로 나와 있으며, 손수건의 일부는 아래로 떨어지지 않도록 지팡이 끝에 걸려 있다. 왼손을 떼고, 잠시 멈춰서 관객에게 상황을 파악할 시간을 준다. 왼손으로 손수건과 지팡이의 가운데를 잡는다(그림 5).

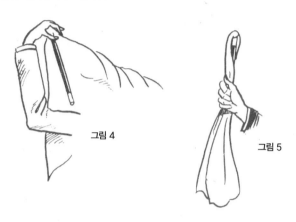

그림 4

그림 5

손수건으로 가린 채 오른손 손가락으로 지팡이를 잡는다. 그리고 **그림 6**과 같이 손을 뒤집어서 지팡이를 보여준다. 이때 지팡이와 손수건이 완전히 분리되지는 않는다.

왼손으로 지팡이의 위 끝을 잡는다. 그리고 오른손을 돌려서 다시 지팡이에 손수건을 씌우는 척한다. 이때 왼손으로 '플립' 무브를 하여 왼 팔뚝 뒤에 지팡이를 숨긴다. 잠시 왼손으로 손수건의 가운데 부분을 잡는다. (이때 손수건 아래에 지팡이가 있는 것처럼 보이게 한다.) 왼 팔뚝 뒤에 숨긴 지팡이는 한쪽 끝을 팔꿈치 안쪽에 놓고 반대쪽 끝을 가운뎃손가락으로 받쳐도 되고, 혹은 팔뚝과 몸 사이에 놓고 눌러도 된다. 어떤 경우에도 왼손 엄지손가락과 집게손가락을 자유롭게 움직일 수 있으며, 손수건을 잡을 수도 있다.

오른손을 아래로 움직여 손수건의 중간 부분을 잡은 후, 왼손을 손수건에서 뗀다. '손수건과 투명 머리카락(Handkerchief and Invisible Hair)'에서와 같이 손수건은 빳빳한 상태를 유지한다(그림 7). 그럼 관객은 손수건 안에 여전히 지팡이가 있다고 생각한다.

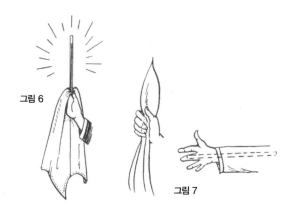

그림 6

그림 7

　왼손 손가락 끝으로 손수건 아래 꼭짓점을 잡는다. 이때 왼손으로 쉽게 잡으려면 오른손이 적당한 높이에 있어야 한다. 지팡이는 여전히 왼 팔뚝 안쪽에 숨어 있다.
　손수건 위의 빳빳한 부분에 바람을 불어서 휘게 만든다(**그림 8**). 그리고 잠시 멈춰서 관객에게 생각할 시간을 준다. 곧바로 오른손을 놓으면 손수건은 아래로 늘어진다. 지팡이가 사라진 것이다!

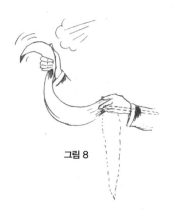

그림 8

　이쯤 약간 왼쪽을 바라본다. 그리고 오른손으로 손수건을 잡고, 위로 당기며 왼손으로 손수건을 훑는다. 이때 **그림 2**와 같이 왼손 손가락 끝으로 손수건의 한쪽 테두리를 잡는다. 다음으로 천천히 정면을 쳐다보며, 팔꿈치에 있는 지팡이의 끝을 아래로 떨어뜨려 상의 왼쪽 주머니에 넣는다. 그런 다음 왼손으로는 지팡이를 뒤로 밀어낸다(**그림 9**).

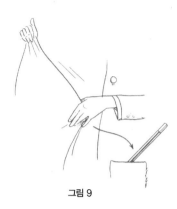

그림 9

(오른팔이 관객을 향하도록) 왼쪽으로 돌아서면서 계속해서 손수건을 당긴다. 손수건의 양쪽을 모두 보여준 뒤 깔끔하게 접어서 가슴 주머니에 넣기 시작한다. 동시에 오른쪽으로 돌아서서 관객에게 주머니에 있는 지팡이를 보여준다. 아래를 보며 놀란 연기를 한다. (때로는 마술사가 지팡이를 볼 때까지 지팡이를 보지 못하는 관객도 있다.)

"오, 여기에 있었군요! 아주 장난꾸러기네요. 어디에서 나타날지 아무도 모른답니다."

★ 참고

자세한 대사와 연기는 소개하지 않았다. 자신에게 맞는 대사와 연기를 찾아서 하는 것이 가장 좋을 것이라고 생각된다. 또한 여기에 있는 내용은 기본적인 내용이므로 손수건을 다루는 방법이나 손가락 위치는 변형시켜도 된다.

다시 한 번 말하지만 연기가 큰 비중을 차지한다. 플립이 '좀비' 부분의 연기를 할 때, 정말로 그가 위로 끌려가는 것처럼 보였다.

Tarbell
Course in MAGIC

Tarbell course in MAGIC

엑스-셀
X-Cel

톰 루니(Tom Rooney)는 '더블 X(Double X)'라는 이름으로 판매되는 마술을 멋지게 연기했다.

★ 이펙트

빌린 동전을 종이 두 장 사이에 놓는다. 그리고 동전의 동그란 테두리를 연필로 따라 그리고, 원에 X를 그린다. 그런 다음 종이의 모서리를 잡는다. 동전이 사라졌다!

★ 준비물

1. 7.5cm×12.5cm 크기의 불투명한 메모장 하나
2. 끝에 자석이 달린 펜이나 연필 한 자루(마술용품점에서 구할 수 있다.)
3. 자석이 숨겨진 동전 하나(역시 마술용품점에서 구할 수 있다.)

준비와 시연

외투나 셔츠 주머니에 연필을 넣는다. 그리고 자석 동전은 왼손에 팜으로 숨겨둔다. 관객에게 동전을 빌려서 왼손으로 잡는다. 그리고 오른손을 주머니에 넣어 연필을 꺼내면서 적절한 타이밍에 왼손에 있는 빌린 동전을 준비한 자석 동전으로 바꾼다.

연필로 메모장을 가리키며, 관객에게 두 장만 찢어달라고 부탁한다. 그리고 한 장을 테이블 위에 놓고, 그 가운데에 (자석)동전을 놓고, 그 위에 다시 종이를 놓는다. 관객에게 연필을 건네며, 위에 있는 종이에 동전의 모양을 그대로 따라 그리라고 부탁한다. 그리고 마무리로 동전 안에 X를 그리라고 한다(그림 1).

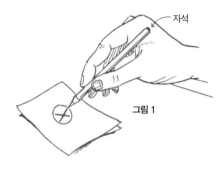

그림 1

연필을 돌려받아 무언가를 적을 때처럼 연필을 잡는다. 단, 연필을 뒤집어서 뾰족한 부분이 위로 가게 한다. 연필로 종이를 가리켜야 한다는 핑계로 연필을 거꾸로 든 사실을 합리화한다. 하지만 실제로는 연필 끝에 달린 자석으로 동전을 잡기 위함이다.

"동전을 따라 원을 그렸고, 그 안에 X 표시를 했습니다."

손을 움직여서 연필 끝에 있는 자석과 동전 사이에 인력이 생길 정도로 연필을 종이 가까이 가져간다. 왼손으로 종이를 잡고, 연필을 뒤로 움직인다(**그림 2**).

그럼 연필과 함께 동전이 움직인다. 동전이 종이 밖으로 나와서 자석에 붙으면 연필을 기울여서 연필의 끝이 오른손 손바닥 안으로 들어오게 한다. 그리고 손에 동전을 숨긴다(**그림 3**).

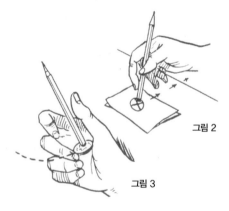

그림 2

그림 3

펜(과 동전)을 주머니에 넣는다. 그리고 관객에게 양손 엄지손가락과 집게손가락으로 종이의 네 꼭짓점을 잡으라고 한다.

"동전이 절대 빠져나오지 못하게 합시다. 그러니까 양손으로 네 꼭짓점을 잘 눌러주세요."

마지막으로 손으로 소리를 내건 주문을 외워서 동전이 사라진 사실을 확인하게 한다. 원하는 방법으로 다시 동전을 만들어낸다.

★ 참고
동전을 바꿀 때 사용할 수 있는 방법은 다양하다. 본문에서와 같이 오른손을 주머니에 넣는 사이에 왼손에 있는 동전 두 개의 위치를 바꾸는 방법도 상당히 효과적이다.

대사 역시 원하는 내용으로 만들면 된다. 원한다면 동전의 전능한 힘과 십자가의 신비함에 대해 이야기해도 된다. 혹은 어렸을 때 동전에 있는 그림을 종이에 옮겼던 것을 이야기해도 된다. 위에 있는 종이를 팽팽하게 잡고 동전의 그림을 종이에 옮기기 위해 연필을 문지른 뒤, 동전이 사라졌음을 보여준다. 그 밖에도 다양한 내용이 가능하다.

물론 대사에 맞는 연기를 구상해야 한다.

밴드잇 빌
Bandit Bill

로이 베이커(Roy Baker)가 보내준 지폐와 고무밴드를 이용하여 빠르게 진행하는 마술이다.

★ 이펙트
지폐의 양면을 보여준다. 그리고 위와 아래를 접어서 1/3 크기로 만든다. 다음으로 왼손 엄지손가락과 집게손가락에 고무밴드를 끼운다. 고무밴드 위에 접은 지폐를 놓고 반으로 접는다. 다음으로 고무밴드를 당겨서 지폐와 분리한다.

"대부분 사람은 이렇게 지폐를 고무밴드에 겁니다. 그러나 저는 마술사이기 때문에 더 쉽고 신기한 방법을 알고 있습니다."

이번에는 손가락에 고무밴드를 끼우고, 접은 지폐를 통과시킨다. 그럼 지폐가 고무밴드에 걸려 있다. 지폐가 제대로 고무밴드에 걸려 있다는 사실을 관객이 확인한 후에 지폐와 고무밴드를 분리한다. 마지막으로 지폐를 펴서 앞뒤를 보여준다.

★ 준비물
1. 1달러 지폐 한 장(어느 액수를 사용하건 상관없다.)
2. 고무밴드 하나
3. 양면테이프 조금

준비
지폐에 사람이 그려진 면이 보이게 놓고, A 부분을 아래로 접은 뒤 C 부분을 위로 접는다(그림 1). 이렇게 접은 지폐의 가운데를 반으로 접는다(그림 2). 이때 C 위의 접은 부분 바로 아래에 양면테이프를 붙인다(그림 2).

그림 1   그림 2

시연
지폐의 양면을 보여준다. (가까운 거리에서도 양면테이프는 잘 보이지 않는다.) 미리 접어놓은 선을 따라 지폐를 1/3 크기로 접는다. 그리고 왼손 엄지손가락과 집게손가락에 고무밴드를 끼우고, 그 안에 지폐를 넣는다(그림 3). 이때 양면테이프가 뒤로 가야 한다.
미리 접어놓은 선을 따라 지폐를 반으로 접어서 고무밴드에 건다(그림 4). 접은 지폐의 다리를 벌린다(그림 5). 다음으로 왼손 엄지손가락과 집게손가락으로 지폐의 가운데를 잡고, 오른손으로 고무밴드를 빼낸다. 그리고 왼손으로 지폐를 눌러서 뒤집힌 'V' 모양을 유지한다.

다시 왼손 엄지손가락과 집게손가락에 고무밴드를 끼운다. 그리고 오른손 엄지손가락과 집게손가락으로 V의 입구 부분을 잡는다. 이 상태에서 지폐로 고무밴드의 아래 가닥을 밀고, 양면테이프가 고무밴드에 붙을 수 있도록 단단히 누른 뒤, 지폐에서 손을 뗀다. 그럼 마치 지폐가 고무밴드를 통과하여 고무밴드에 걸린 것처럼 보인다. 지폐를 고무밴드에서 떼어 낼 때는 전과 같은 방법을 이용한다. 마지막으로 지폐를 펴서 앞뒤를 보여준다.

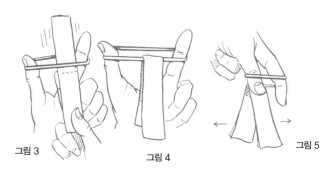

그림 3   그림 4   그림 5

★ 참고

물론 순식간에 이루어지는 마술이지만, 그 효과는 대단하다. 관객 몰래, 또한 능숙하게 양면테이프를 고무밴드에 붙일 수 있을 때까지 연습하라.

빌린 지폐로도 할 수 있다. 미리 접어놓은 선이 없더라도 지폐를 접을 수 있기에, 관객이 보는 앞에서 몰래 정확한 위치에 양면테이프를 붙이기만 하면 된다. (지폐를 폈을 때와 접었을 때 모두 정확한 위치여야 한다.)

나는 처음 이 마술을 할 때, 양면테이프가 없어서 일반 스카치테이프를 말아서 이용했다. 정확한 위치는 몇 번 해보면 알게 될 것이다. 또한 테이프를 비스듬하게 자르면 더욱 편리하며, 지폐를 'ㄱ' 모양으로 만들면 더 쉽게 테이프를 고무밴드에 붙일 수 있다. 그리고 양면테이프를 고무밴드에 붙였을 때도 접은 부분을 잡으면 지폐의 앞뒤를 모두 보여줄 수 있다. 또한 고무밴드와 지폐를 함께 잡고 누를 필요도 없어진다. 지폐에 붙은 테이프는 고무밴드에서 지폐를 빼낼 때 떼어 내고, 고무밴드와 함께 처리한다. 그럼 관객에게 직접 지폐를 살펴볼 기회를 줄 수 있다.

동전 도구
Gimmicked Coins

이 책에서는 모든 종류의 마술을 다루기 때문에 유명한 동전 도구도 소개해야겠다는 생각이 들었다. 비록 마술용품점에서 쉽게 구할 수 있지만, 아직 몇몇 학생들에게는 낯선 것도 있을 수 있다.

어쩌면 가장 유명한(그래서 때로는 남용되는) 도구는 동전 셸(shell)이다. 이름에서도 알 수 있듯이 다른 동전 위에 씌울 수 있는 껍데기, 즉 셸이다. 기본적으로 네 가지 종류가 있다. 가장 기본적인 것은 모서리를 살짝 갈아서 작게 만든 동전만 넣을 수 있는 셸이 있다(그림 1).

약간 더 정교하고 유용한 셸은 약간 큰 셸이다. 준비하지 않은 일반 동전에도 사용할 수 있다(그림 2).

안쪽에 얇은 철 쉼(Shim)이 있는 셸도 있다(그림 3). 이와 쌍을 이루는 동전은 자석으로 되어 있다. 물론 일반 동전과 함께 사용해도 된다.

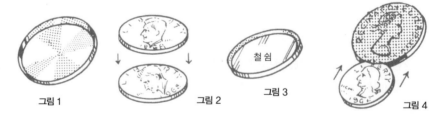

그림 1   그림 2   철 쉼   그림 3   그림 4

마지막으로 속이 비어 있고, 한쪽 모서리가 뚫려 있는 셸이 있다. 그래서 셸보다 작은 크기의 동전을 안에 넣을 수 있다(그림 4).

인서트(Insert)는 셸 안에 넣을 수 있는 동전이다. 그 종류 역시 다양하다. 양면으로 된

것도 있고, 단면으로 된 것도 있으며, 두께가 얇기 때문에 셸에 쏙 들어간다. 그럼 뒤집어서 양면을 보여줘도 평범한 동전처럼 보인다. 자석으로 된 인서트는 셸 부분에서 설명했기에 생략하기로 한다.

다양한 종류의 피트(fit)도 있다. 가장 흔한 것은 루즈 피트(loose fit)이며, 이는 셸을 들었을 때 인서트가 쉽게 빠지는 경우이다. 반면 타이트(tight) 혹은 프레스(press) 피트에서는 인서트를 넣은 셸을 자유롭게 움직여도 인서트가 빠지지 않는다. 단, 인서트를 빼기 위해서는 유리잔에 넣고 흔드는 수밖에 없다.

레버(lever) 혹은 틸트(tilt) 인서트도 타이트 피트에 이용된다. **그림 5**와 같이 한쪽 (아래) 모서리가 비스듬하게 되어 있으므로, 그 부분을 눌렀을 때만 열린다. (내가 사용했던 것은 'dollar' 중 o를 눌러야만 열렸다.) 그 밖에도 다양한 종류의 인서트가 있으며, 앞에서 언급한 것은 그중 가장 널리 이용되는 것이다.

아마 더블 페이스(double-faced) 혹은 더블 사이드(double-sided) 동전은 대부분 익숙할 것이다. 이름만으로도 어떤 도구인지 알 것이다. 하나의 예를 살펴보자. 한쪽 면은 50센트, 반대쪽 면은 1센트인 동전이 있다.

동전의 네스트(nest). 역시 다양한 종류의 네스트가 있다. 보통 두 개 혹은 그 이상의 셸과 인서트 하나(혹은 셸보다 작은 크기의 동전)를 필요로 한다. 네스트를 하면 마치 하나의 동전처럼 보인다(**그림 6**).

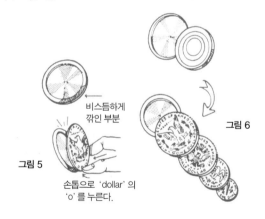

비스듬하게
깎인 부분

그림 6

그림 5

손톱으로 'dollar'의
'o'를 누른다.

동전의 스택(stack). 네스트와 마찬가지로 그 종류 역시 다양하다. 모두 두 개 이상의 동전이 필요하며 보통 4~6개의 동전을 이용한다. 이들은 영구적으로 포개져 있다.

한쪽 모서리에 리벳이 장착되어 있다면 동전을 살짝 펼칠 수도 있다(**그림 7**).

가장 흔한 스택은 속이 비어 있어서 작은 동전을 숨길 수 있는 스택일 것이다(**그림 8**). 이를 이용한 가장 유명한 트릭은 25센트 동전 묶음을 1센트 동전 묶음으로 바꾸는 것이다. 이때 '쿼터 스택(quarter stack)'을 이용한다.

리벳　　**그림 7**　　　　**그림 8**　　리벳　　　월　　　　**그림 9**

그 밖에 단단하면서 속이 빈 스택이 또 있다. 앞에서 설명한 스택과 비슷하지만 리벳이 없다. 대신 동전이 결합되어 있다(**그림 9**).

마치 방금 주머니에서 동전 한 줌을 꺼낸 것처럼 다양한 동전으로 이루어진, 그리고 펼쳐 보일 수 있는 스택도 있다. 스택의 장점은 소리 없이 동전을 사라지게 하고, 만들고, 다른 동전으로 바꿀 수 있으며, 하나의 물체처럼 다룰 수 있다는 점이다.

자석 동전(Magnetic Coin). 자성 때문에 서로 달라붙으며, 다른 금속으로 된 물체에도 달라붙는다. 가장 유명한 자석 동전은 구리로 도금한 1943년 미국 철 센트이며, 자석에 강하게 반응한다.

폴드 동전(Folding Coin). 동전마술 도구 중에서 꽤 유명하다. 특히 '병 속의 동전(coin in the bottle)'에서 사용된다. 세 부분으로 되어 있으며, 고무밴드로 묶으면 하나의 동전이 된다(**그림 10**, **그림 11**). 동전의 양쪽을 눌러서 접을 수 있으며, 놓으면 저절로 펴진다.

그림 10　　　　　　　　　　**그림 11**

조각과 조각의 갈라진 부분이 보이지 않는 정교한 폴드 동전도 있으나 끊어진 고무밴드를 교체하기가 어렵다는 단점이 있다.

동전 체인지 트릭에서만 사용되는 폴드 동전도 있다. (예를 들어) 50센트 폴드 동전의 가운데 조각 뒷면에 25센트 동전을 붙인다. 그럼 25센트 동전을 순식간에 50센트 동전으로 바꿀 수 있다(**그림 12**).

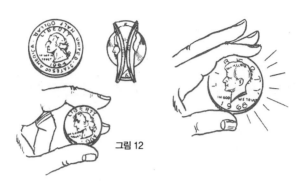

그림 12

유명한 동전 도구만 몇 가지 살펴봤다. 물론 그 밖에도 수많은 도구가 존재한다. 오키토 타입 동전 상자(Okito-type coin box)를 위해서 제작된 특별한 동전, 스쿼트 동전(squirting coin), 후크 동전(hooked coin), (보통 앞면이나 뒷면만 있는) 스핀 동전(spinning coin), 투 해드(two-headed) 혹은 투 테일(two tailed) 동전, 플로트 동전(floating coin), 벤트 동전(bent coin), 떨어지는 소리에 따라 앞면인지 뒷면인지 알 수 있는 닉트 동전(nicked coin) 등이 있다.

테이블을 통과한 구리와 은
Copper and Silver Through Table

동전 도구를 이용하는 셸던 아터베리(Sheldon Atterbury)의 루틴이다. 그는 앞에서 설명한 레버(lever) 형태, 테두리의 한쪽 부분을 누르면 열리는 셸을 사용했다. 레버 형태의 셸을 이용하여 했던 그의 방법을 설명하고자 한다. 하지만 '마그네틱 은과 구리(Magnetic Silver & Copper)'에 한두 번 체인지를 실시하면 비슷한 효과를 낼 수 있다. 안쪽에 철 쉼(shim)이 있는 50센트 셸과 한쪽은 50센트, 반대쪽은 1센트 인서트로 동전 하나를 만든다. 인서트는 자석으로 되어 있으며, 앞이 보이게 혹은 뒤가 보이게 셸에 넣을 수 있다. 그리고 자석 때문에 쉽게 떨어지지 않는다. 더불어 이와 똑같이 생긴 50센트 동전과 1센트 동전이 있으면 된다. 이에 대해 언급하는 이유는 레버 형태의 셸보다 '마그네틱 은과 구리(Magnetic Silver & Copper)'를 이용하는 것이 더 쉽기 때문이다.

★ 이펙트

마술사가 테이블 뒤에 앉는다. 그리고 구리 동전과 은 동전을 양손에 하나씩 잡고 보여준다. 관객이 하나를 선택하면 그 동전이 신기하게도 테이블을 통과한다. 나머지 동전 역시 테이블을 통과한다. 마지막에는 관객이 직접 동전을 확인해본다.

★ 준비물

1. 레버 형태의 셸과 인서트. 셸은 1센트 동전으로 준비한다. 그리고 더블 페이스 인서트의 한쪽은 은 동전(50센트), 반대쪽은 구리 동전(1센트)으로 되어 있다. (만약 50센트 셸이 있다면 거기에 맞춰 지시를 바꾸면 된다.)
2. 1센트 동전 하나
3. 50센트 동전 하나

준비

셸과 인서트를 열어서 분리시킨다. 진짜 50센트 동전과 1센트 동전은 오른쪽 무릎이나 허벅지 위에 둔다.

시연

1센트 동전(셸)은 왼손에, 50센트 동전(인서트)은 오른손에 놓고 관객에게 보여준다 (**그림 1**). 50센트 동전을 왼손에 놓은 뒤, 살짝 주먹을 쥐며 인서트를 셸 안에 넣는다 (**그림 2**). 오른손이 비었음을 보여준 뒤, 테이블 아래로 가져간다. 동시에 관객에게 어떤 동전이 테이블을 통과했으면 좋겠냐고 묻는다.

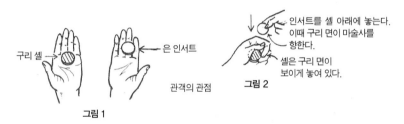

그림 1

그림 2

어떤 동전을 선택하든 간에 거기에 해당하는 동전을 무릎에서 집는다(**그림 3**). 여기에서는 관객이 1센트 동전을 선택했다고 하자. 왼손을 벌려서 50센트 동전을 보여준 뒤, 동전을 테이블에 던지거나 테이블을 내려쳐도 된다. 만약 인서트가 자석으로 되어 있다면 살짝 던져야 하고, 절대 테이블을 내려쳐서는 안 된다. 오른손을 들어서 1센트 동전을 테이블 위에 던진다. (만약 관객이 50센트 동전을 선택하면 둘을 바꿔서 생각하면 된다.)

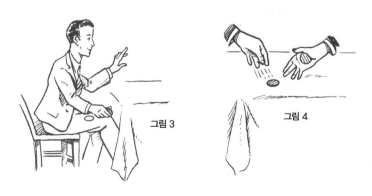

그림 3

그림 4

다시 반복해보자고 이야기한다. 50센트 동전이 보이게 셸과 인서트를 왼손에 놓고, 진짜 1센트 동전을 오른손에 놓는다. 곧바로 1센트 동전을 (섬 혹은 클래식) 팜으로 오른손에 숨긴다. 어느 동전이 어디에 있는지 보여주려는 듯, 왼손에 있는 동전을 테이블에 내려놓으면서 말한다.

　　"은 동전입니다."

　다음 동작을 제대로 하면 관객을 감쪽같이 속일 수 있다. 동전 두 개를 모두 오른손으로 잡아야 한다.

　왼손으로 은 동전을 집으면서 동전을 떨어뜨리려는 듯 오른손을 왼손 가까이 가져간다. 동시에 왼손으로 테이블에 있는 동전을 (마치 책을 넘기듯이) 오른쪽에서 왼쪽으로 돌린다. 그리고 오른쪽 모서리를 잡으면 된다. 왼손은 마치 동전을 잡은 것처럼 오므리고 왼쪽으로 가져간다. 그리고 동전이 뒤집히는 순간 동전을 떨어뜨리는 것처럼 오른손을 펴고 말한다.

　　"구리 동전입니다." (그림 4)

　제대로 하면 완벽한 장면이 연출된다.

　오른손으로 동전을 집는다. 그럼 관객은 마술사의 왼손에 은 동전이, 오른손에 구리 동전이 있다고 생각한다. 하지만 실제로 왼손은 비어 있고, 오른손에 두 개의 동전이 모두 있다.

　오른손을 테이블 아래로 가져가서 셸과 인서트를 무릎 위에 놓고, 진짜 50센트 동전을 집는다. 이번에는 은 동전을 통과시키겠다고 말한 뒤, 앞의 과정을 반복한다. 그리고 테이블 아래에서 동전 부딪히는 소리를 내고, 왼손에 아무것도 없음을 보여준다. 마지막으로 오른손을 펴서 동전 두 개를 보여주고, 동전을 테이블에 던진다.

　★ 참고
　개인적으로 핸드 슬레이트를 이용하는 방법을 더 좋아하지만, 이 방법도 상당히 놀랍다. 만약 앞에서 설명한 포개진 셸과 인서트를 오른손으로 잡는 방법이 마음에 들지 않는다면 오른손으로 동전을 잡지 않아도 된다. 그리고 자연스럽게 무릎에 동전을 떨어뜨려서 처리해도 된다.

양손에 각각 동전 하나씩 집되, 왼손에 포개진 셸과 인서트를 집는다. 그리고 손을 들어 올려서 동전을 보여주며 말한다.

"은 동전입니다."

그리고 오른손에 있는 구리 동전을 보여주며, 관객이 모두 거기에 집중해 있는 순간 왼손을 테이블 높이로 내린 뒤 동전을 무릎 위에 떨어뜨린다. 그리고 나서 양팔을 앞으로 뻗으며 어느 동전이 어느 손에 있는지 강조한다. 나머지는 앞과 동일하다.

분리 계좌
Disjoint Account

J. G. 톰슨 주니어(J. G. Thompson Jr.)가 알려준 빠른 루틴이며, 같은 동전보다 약간 큰 (50센트) 셸을 사용한다. 셸을 다루는 방법을 배우기에 좋은 마술이기에 여기에 소개하게 되었다. (자신이 은행원이 되는) 톰슨의 대사에는 X씨와 Y부인이 등장하며, 이들은 남편의 은행에 예금을 할지 아내의 은행에 예금을 할지 고민한다. 50센트는 이들 각자의 재산을 상징한다. 각각의 상황에 대사를 포함하여 설명하겠다. 여기에 소개되는 대사를 좋아하는 사람도 있을 테고, 자신만의 대사를 원하는 사람도 있을 것이다.

그는 또한 마지막에 서너 단계 더 나아갔고, 이미 그 내용은 여러 책에 소개되어 있다. 하지만 여기에서는 셸과 동전을 이용한 부분만 담고 나머지는 생략하겠다. 이 루틴을 완벽하게 소화할 때쯤이면 분명 셸과 동전을 자유자재로 다룰 수 있게 될 것이다.

★ 이펙트

마술사가 50센트 동전을 양손에 하나씩 잡고 보여준다. 그리고 동전이 신기하게 반대쪽 손으로 옮겨 다닌다.

★ 준비물

1. 원래 동전보다 약간 큰 50센트 셸 하나
2. 셸과 일치하는 진짜 50센트 동전 두 개

시연

양손에 50센트 동전을 각각 하나씩 들고 보여준다. 이때 오른쪽에 있는 동전은 진짜 동전에 셸을 씌운 것이다. 동전을 뒤집으면서 미래를 위해 저축하는 약혼한 남녀에 대한 이야기를 시작한다. 문제는 (오른손에 있는 동전을 뒤집어서 양쪽을 보여주며) 예비 신부의 돈을 그녀의 은행에 둘 것인가, (왼손에 있는 동전을 뒤집어서 양쪽을 보여주며) 예비 신랑의 돈을 그의 은행에 둘 것인가, 혹은 남자의 은행에 공동계좌를 만들 것인가이다.

그림 1   그림 2

관객이 왼손에 있는 동전에 집중해 있는 동안 오른손에 있는 동전을 가운뎃손가락의 오른쪽 옆면에 놓고 엄지손가락과 집게손가락으로 잡는다(**그림 1**). (집게손가락으로 셸의 반대쪽을 지지한 상태에서) 엄지손가락 끝으로 셸을 밀어 올린다. 동시에 다른 손가락을 구부려서 진짜 동전을 핑거 팜으로 잡는다(**그림 2**).

공동계좌에 대해 이야기하며, 오른손 엄지손가락과 집게손가락으로 셸을 집어서 왼손에 있는 동전 위에 놓는다(**그림 3**). 그리고 양손을 쥐면 왼손에 있는 셸이 동전과 포개진다.

"그들은 결정을 내리지 못했어요."

양손을 편다. 동전은 각각 원래의 위치로 돌아갔다.

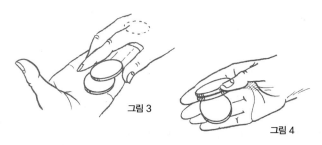

그림 3

그림 4

"결혼식을 올린 뒤, 아내는 남편의 은행에 돈을 예금하기로 했어요."

그러면서 오른손에 있는 동전을 왼손 포개진 동전과 셸 위에 놓고, 두 개를 함께 수직으로 세운다. 이때 동전의 한쪽 모서리는 집게손가락 위에 있으며, 엄지손가락으로 잡은 반대쪽 모서리는 천장을 향하고, 동전의 앞면은 관객을 향한다. (오른손을 바깥으로 돌리면 된다. 마치 어렸을 때 거울로 빛을 반사시키는 장난을 할 때와 비슷하다.) 손가락에 있는 살 때문에 셸 아래에 있는 동전이 쉽게 빠지지는 않는다. 그리고 (남편의 은행을 상징하는) 왼손을 앞뒤로 보여준다. 동시에 오른손을 살짝 기울여서 셸 안에 있는 동전을 빼서 핑거 팜으로 잡는다(그림 4).

왼손을 펴서 손바닥이 보이게 한 뒤, 오른손을 왼손 위로 가져가면서 동전이 수평이 되도록 기울인다. 그리고 위에 있는 (진짜) 동전을 먼저 왼손 위에 떨어뜨리고, 그 위에 두 번째 동전(셸)을 놓는다. 이 상태에서 주먹을 쥐면 자연스럽게 동전과 셸이 포개져서 하나가 된다.

"첫 번째 부부싸움 후, 아내는 마음을 바꿨습니다."

손을 펴서 양손에 동전이 각각 하나씩 있음을 보여준다.

"화해했을 때, 아내는 남편에게 용서해준 것을 고맙게 생각하라며, 남편 돈도 모두 자신의 은행으로 옮겼어요."

(엄지손가락과 집게손가락으로 동전의 모서리를 잡고 수평이 되게 한 상태에서) 오른손에 있는 동전을 왼손에 있는 포개진 셸과 동전 아래에 놓는다. 그러면서 오른손 엄지손가락과 집게손가락 끝으로 동전에서 셸을 살짝 분리시킨 뒤, 셸과 안에 있던 동전이 살짝 겹치도록 잡는다. 그럼 왼손에는 오른손에 있던 동전만 남는다. 왼손을 약간 돌려서 관객

이 동전을 보지 못하게 한다. 이 모든 것은 마치 오른손 동전과 왼손 동전을 모은 뒤, 모두 오른손으로 가져가는 것처럼 보인다.

(손가락 끝이 위를 향하게 하고) 오른손 손가락 끝으로 셸과 동전을 보여준다. 이때 엄지손 가락으로 셸과 동전의 뒷면을 잡고, 나머지 손가락으로 앞면을 잡는다(**그림 5**). 그리고 천천히 동전과 셸을 아래로 내려서 손가락 뒤에 숨긴다. (시야에서 사라지면 곧바로 셸을 동전에 씌운다.) 양손을 쥔다.

"그녀는 통장정리를 한 뒤, 남편이 자신의 돈을 모두 인출해갔다는 것을 알았어요."

손을 펴서 양손에 동전이 각각 하나씩 있음을 보여준다.

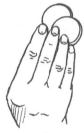

그림 5

이쯤이면 원하는 대로 루틴을 변경할 수 있다. 하지만 셸을 제거하고 핸드 슬레이트를 이용하거나 다른 방법을 이용하지 않는다면 (두 개의 동전을 이동시키는) 같은 동작을 반복하는 것은 좋은 생각이 아니다.

여기에서 마무리해도 된다. 오른손에 있는 포개진 셸과 동전을 왼손 동전 위에 놓는다.

"그녀는 현금을 집에 두기로 결정했습니다. 그리고 남편의 돈은 남편 은행에 두도록 허락했죠."

오른손 손가락으로 왼손에 있는 셸을 집는다. (이때 왼손은 살짝 주먹을 쥐어 동전을 숨긴다.) 그리고 현금을 집에 둔다는 내용을 말하며 오른쪽 주머니에 넣는다.

"그러나 다음날 그녀는 남편이 그의 돈과 자신의 돈을 모두 가지고 사라졌음을 알았어요!"

왼손에 있는 진짜 동전 두 개를 테이블에 던진다.

★ 참고

셀을 처리하고 진짜 동전 두 개만 남길 수 있다면 어떤 방법으로 마무리해도 된다. 셀을 처리하는 방법은 다양하며, 꼭 주머니에 넣을 필요는 없다. 한 예로, (셀이 위에 위치하도록) 나란히 동전을 쌓아 놓은 상태에서 동전을 왼손에 던지면서 셀을 오른손에 팜으로 숨겨도 된다. 그렇게 셀을 오른손에 숨긴 상태에서 진짜 동전을 테이블에 던진다. 팜 동작에 대해서는 다음에 소개될 '얼티메이트 은과 구리(Ultimate Silver and Copper)'에서 살펴보기로 하자.

얼티메이트 은과 구리
Ultimate Silver and Copper

셸던 아터베리(Sheldon Atterbury)의 은 동전과 구리 동전 루틴으로, 동전 도구의 사용법에 대해 배울 수 있는 마술이다.

★ 이펙트

1센트 구리 동전이 50센트 은 동전으로 바뀌는 혹은 반대로 바뀌는 전통적인 은 동전과 구리 동전 마술이다. 동전은 한번 더 바뀌고, 마지막에 관객이 직접 동전 두 개를 확인해 본다.

★ 준비물

1. 일반 1센트 동전보다 약간 작은 1센트 동전 하나. 일반 동전과 같은 크기의 셀에 넣을 수 있는 크기여야 하며, 그 밖에 특이사항은 없다.
2. 50센트 셀 하나

3. 더블 사이드 인서트 하나. 한쪽은 1센트, 반대쪽은 50센트로 되어 있다. 그리고 셸에 꼭 맞는 크기여야 한다. 50센트 면이 보이게 셸 안에 넣으면 관객이 직접 확인해 볼 수도 있다. 셸에서 인서트를 빼내는 방법은 유리잔에 넣고 흔드는 수밖에 없다. 마술용품점에서 셸과 세트로 구할 수 있다.

준비
셸에서 인서트를 빼낸다. 그리고 일반 동전을 셸에 넣는다(아마 약간 헐렁할 것이다).

시연
(진짜 동전에 셸을 씌운) 50센트 동전을 오른손 손가락 위에 놓고 보여준다(**그림 1**). 그리고 1센트 면이 보이도록 인서트 동전을 왼손 손가락 위에 놓고 보여준다(**그림 2**). 관객에게 어느 손에 어떤 동전이 있는지 확실하게 각인시킨다. 내 생각에 '은 동전과 구리 동전'의 단점은 관객이 동전의 위치를 헷갈린다는 것이다. 그래서 때로는 실패하기도 한다. 그래서 나는 '기억력 테스트'에 관해 이야기한다. 그럼 동전의 위치를 강조할 수 있는 이유가 생기고, 관객도 위치를 기억하려고 노력한다.

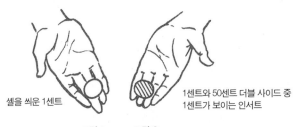

셸을 씌운 1센트

1센트와 50센트 더블 사이드 중
1센트가 보이는 인서트

그림 1　　**그림 2**

양손을 쥐면 동전이 뒤집힌다. 그리고 오른손에 있는 (셸) 동전을 클래식 팜으로 잡는다. 셸만 팜으로 잡고, 동전은 손가락에 떨어뜨린다(**그림 3**). 그 상태에 손을 펴서 관객에게 동전을 보여준다. 실제 공연에서는 살짝 주먹을 쥔다.

관객에게 어떤 동전이 어느 손에 있는지 물은 뒤 관객이 답하면 말한다.

　"기억력이 안 좋으시군요. 보십시오!"

손가락이 위로 가도록 왼손을 돌린 뒤 손을 편다. 그럼 더블 사이드 인서트 중에서 50센트 면이 보인다. 오른손 역시 손가락이 위를 향하도록 돌린 뒤, 손가락 끝으로 구리 동전을 잡아서 보여준다. (셸은 여전히 팜으로 숨어 있으며, 이때 손등이 관객을 향한다.) 마치 동전이 자리를 바꾼 것처럼 보인다.

이 과정을 반복한다. 오른손에 있는 진짜 1센트 동전을 왼손에 있는 인서트 위에 놓는다. 오른손에 있는 셸은 그대로 둔다(**그림 4**).

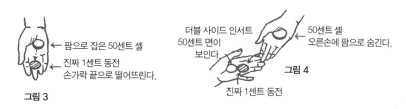

그림 3

더블 사이드 인서트 50센트 면이 보인다.
50센트 셸 오른손에 팜으로 숨긴다.
진짜 1센트 동전
그림 4

팜으로 잡은 50센트 셸
진짜 1센트 동전 손가락 끝으로 떨어뜨린다.

동전 두 개를 보여준다.

"한 번의 기회를 더 드리겠습니다."

왼손을 살짝 쥐고, 손을 뒤집는다. 오른손 손가락을 왼손 안에 넣어서 1센트 면이 보이도록 인서트를 빼낸다(두 개의 동전 중 위에 있을 것이다).(**그림 5**)

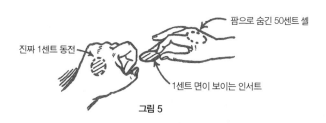

진짜 1센트 동전
팜으로 숨긴 50센트 셸
1센트 면이 보이는 인서트
그림 5

(1센트 면이 보이도록) 인서트를 손가락 끝으로 잡고 관객에게 보여준다. (이때 손가락 끝이 위를 향한다.)

"제 오른손에 1센트 동전이 있습니다. (주먹 쥔 왼손을 가리키면서) 그리고 왼손에는 50센트 동전이 있습니다. 이제 잘 기억하셨죠?"

오른손 손가락 끝으로 잡은 동전을 엄지손가락을 이용하여 아래로 당긴다. 조금만 연습하면 (관객의 시야에서 동전이 사라진 순간) 동전을 뒤집으면서 주먹을 쥐고, 50센트 면이 보이도록 셸을 씌울 수 있다.

관객에게 동전의 위치를 묻는다. 이번에도 손을 펴서 동전을 보여주며, 관객에게 틀렸다고 말한다.

"정말로 기억력이 안 좋으시군요!"

동전을 뒤집어서 앞뒤를 모두 보여준다. 그리고 한 관객에게 동전 하나를 건네고, 또 다른 관객에게 나머지 동전을 건넨다. 만약 관객이 한 사람이라면 한 번에 동전을 하나씩 확인하게 한다. 동전 두 개가 부딪혔을 때 나는 소리로 인해 관객이 의심할 수 있기 때문이다.

★ 참고

부드럽게 진행하면 관객을 감쪽같이 속일 수 있다. 개인적으로 동전을 굳이 관객에게 건네 확인해보게 할 필요가 있나 싶다. 관객이 이미 동전의 앞뒤를 봤기 때문에 동전을 던졌다 잡기만 해도 진짜 동전이라는 사실이 증명된다. 그런데 관객에게 직접 동전을 건네며 진짜 동전임을 확인해보라는 것은 오히려 관객에게 진짜 동전이 아니라고 말하는 것과 마찬가지라는 생각이 든다.

솔 스톤의 칩 체인지
Sol Stone' s Changing Chips

관객과 가까운 곳에서 하는 루틴이며, 쉽게 배울 수 있는 것이 아니다. 상당한 연습이 필요하다. 그래서 처음에는 이 내용을 소개할지에 대해 고민을 했다. 그러나 7권이니만큼, 상당한 연습이 필요한 난이도가 있는 마술도 소개할 필요가 있다는 생각이 들었다. 남들이 쉽게 하지 못하는 마술이기에 주변에서 이 마술을 하는 유일한 사람이 당신이 될 수 있다!

솔(Sol)은 자그마치 36년간 이 루틴을 해왔다! 나는 제2차 세계대전 당시 1944년인가 1945년에 이 마술을 봤다. 솔은 '애국 포커 칩(Patriotic Poker Chips)'이라는 이름을 붙였고, 여전히 같은 내용으로 공연을 한다. 여기에서는 그의 방법을 그대로 소개하고자 한다.

★ 이펙트

마술사가 손가락 끝으로 빨간색 포커 칩을 잡고 보여준다. 손을 약간 흔들자 흰색으로 바뀐다. 또다시 흔들자 이번에는 파란색으로 바뀐다. 마지막으로 흔들자 흰색, 빨간색, 파란색 줄무늬로 바뀐다.

★ 준비물과 준비

더블 사이드 포커 칩 두 개가 필요하다. 앞뒤가 각각 빨간색과 파란색인 칩 하나와 앞면은 흰색, 뒷면은 (빨간색, 파란색, 흰색) 줄무늬인 칩 하나가 필요하다.

이를 만드는 방법은 다양하다. 흰색 칩에 페인트를 칠해도 되고, 빨간색(혹은 파란색) 칩에 파란색(혹은 빨간색) 콘택을 붙여도 된다. 줄무늬라면 흰색 칩에 페인트를 칠해도 되고, 혹은 역시 콘택을 이용해 줄무늬 칩을 만들어도 된다.

이 루틴에는 같은 핸드 슬레이트가 세 번 나온다. 글로 설명하기가 무척 어렵지만, 최선을 다해보겠다. 하지만 내가 어떻게 설명하더라도 집중하지 않으면 이해하기 어려울 것이다. 50센트나 1달러 크기의 동전 두 개로 연습해도 된다.

자, 우선 동전이나 칩 하나를 이용하여 백 클립(Back clip, pinch) 포지션을 연습한다. 오른손 엄지손가락과 집게손가락 사이, 첫 번째 관절 가까운 곳에 칩을 백 클립하는 것이다.

그림 1과 같이 자연스럽게 손가락 끝으로 칩을 잡는다. 이를 '오프닝 포지션'이라고 부르겠다. 이때 칩은 엄지손가락과 집게손가락 사이에 있다. **그림 2**와 같이 가운 뎃손가락을 칩 앞으로 가져간 뒤, 뒤로 움직인다. 그럼 자연스럽게 엄지손가락은 자유로워지고, 집게손가락과 가운뎃손가락 사이에 칩이 위치한다(**그림 3**).

그림 1   그림 2   그림 3

이와 연결하여 손가락을 구부려서 살짝 주먹을 쥔다. 엄지손가락 끝을 칩의 모서리에 대고, 칩을 움직일 준비를 한다. 곧바로 칩을 아래로 움직여 칩이 집게손가락과 가운뎃손가락 첫 번째 마디 아래에 위치하게 한다(**그림 4**). 그럼 칩을 잡은 상태에서도 편하게 움직일 수 있다. 이때 칩의 끝부분을 잡을지, 가운데 부분을 깊이 잡을지는 마술사의 선택에 달려 있다. 이렇게 칩을 클립(clip)한 상태로 손을 편다(**그림 5**).

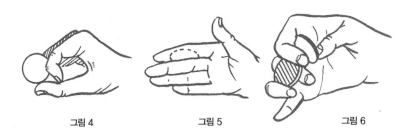

그림 4   그림 5   그림 6

이게 바로 클립 포지션(clip position)이다. **그림 1**에서부터 **그림 5**까지의 동작을 완벽하게 연습하여 손을 움직이면서도 할 수 있게 만들어야 한다. 많이 연습하지 않아도 익숙해질 것이다.

진짜 어려운 부분은 이제부터이다. 위에서 설명한 것과 같이 칩 하나를 백 클립 포지션으로 잡은 상태에서 두 번째 칩을 **그림 1**과 같이 손가락 끝으로(오프닝 포지션으로) 잡는다. 이제 칩 두 개를 바꾸는 것이 목표이다.

가운뎃손가락을 뒤에서 앞으로 가져와서 칩을 클립한다(**그림 6**). 이 동작이 쉽다고 하는 사람도 있고, 어렵다는 사람도 있다. 처음에는 가운뎃손가락이 충분히 뒤로 젖혀지지 않아서 힘들어하는 사람도 있다. 그러나 계속 연습하면 손가락이 동작에 익숙해지고, 원하는 대로 움직일 수 있게 될 것이다. 그리고 연습하다 보면 칩이 저절로 가운뎃손가락 쪽으로 떨어지는 걸 알게 될 것이다.

가운뎃손가락과 넷째 손가락을 구부려서 칩을 잡는다(**그림 7**). 이때 엄지손가락과 집게손가락에 있는 칩이 보이고, 만약 가운뎃손가락을 뒤로 움직이면 다시 클립 포지션이 된다(**그림 8**).

연속 동작으로, 칩을 백 클립 포지션으로 잡는다. 그럼 가운뎃손가락과 넷째 손가락 사이에 있는 칩은 전혀 방해가 되지 않는다. 이제 손을 펴면서 엄지손가락 끝으로 가운뎃손가락과 넷째 손가락 사이에 있는 칩을 위로 가져와서 오프닝 포지션으로 잡는다(**그림 9**). 그럼 칩을 바꾸는 과정이 마무리된다. 또한 오프닝 포지션으로 잡은 칩 때문에 아래에 있는 칩은 보이지 않는다.

| 그림 7 | 그림 8 | 그림 9 |

설명의 편의를 위해 동작을 여러 단계로 잘랐다. 그러나 공연에서는 하나의 연결된 동작으로 해야 한다. 충분히 연습한 후에는 가운뎃손가락으로 칩 하나를 클립 포지션으로 잡으면서 동시에 또 보이는 칩을 클립 포지션으로 잡을 수 있게 될 것이다. 제대로 하면 아름답고 멋진 칩(동전) 체인지가 가능하다.

하나, 둘, 셋을 세면서 손을 위아래로 움직여 칩 체인지를 연습하라. 넷을 세어야 편한 사람도 있다. 동작은 매우 짧으며, 손을 너무 심하게 움직여서는 안 된다.

나는 주말 내내 연습한 후, 오른쪽 팔부터 어깨까지 아파서 고생한 적이 있다. 하지만 그렇게 연습한 덕분에 부드럽게 진행할 수 있었다. (나는 동전으로 연습했다.) 동전을 원하는 위치로 바꿀 수 있었다. 연습이 필요하지만, 충분히 그에 대한 보상을 받게 될 것이다.

시연

솔 스톤(Sol Stone)은 팬터마임으로 이 루틴을 선보였다. 모든 것은 30초 정도 밖에 걸리지 않았다. 그는 준비한 칩 두 개를 오른쪽 외투 주머니에 넣어뒀다. 그러다 이 마술을 보여주고 싶을 때 두 개를 모두 꺼냈다. 이는 관객이 마술사에게 집중하기 전에 이루어지기 때문에 관객은 칩이 두 개라는 사실을 알지 못한다.

빨간색-파란색 칩을 왼손으로 잡고, 빨간색을 보여준다. 관객이 빨간색 칩을 보고 있는 동안 (흰색 면이 위로 가도록) 흰색-줄무늬 칩을 클립 포지션으로 잡는다. (이때 오른손은 자연스럽게 내린다.)

왼손으로 (빨간색 면이 보이는) 칩을 오른손에 오프닝 포지션으로 놓는다. 이때 오른손 손바닥을 관객에게 보여주며 말한다.

　　　"빨간색입니다!"

손을 위아래로 움직이며 칩을 바꿔서 흰색 면이 보이게 한다.

　　　"흰색입니다."

다시 반복하여 파란색을 보여준다.

　　　"파란색입니다."

한번 더 반복하여 줄무늬를 보여준다.

　　　"빨간색, 흰색, 파란색입니다."

관객이 상황을 이해할 수 있도록 잠시 멈췄다가 칩을 주머니에 넣고 마무리한다.

★ 참고

(제대로 하면) 칩의 다른 면이 번갈아 가면서 보이는 것이다. 순서는 다음과 같다. 빨간색-파란색 칩의 빨간색 면, 흰색-줄무늬 칩의 흰색 면, 다시 빨간색-파란색 칩의 파란색 면, 흰색-줄무늬 칩의 줄무늬 면.

원한다면 양면이 모두 줄무늬인 칩을 준비해두었다가 마지막에 그 칩으로 바꿔서 관객에게 보여줘도 된다. 하지만 꼭 그렇게 할 필요는 없으며, 솔도 이런 과정을 포함시키지 않았다. 앞에서 설명한 대로 칩을 주머니에 넣어 마무리 했다.

개인에 따라 두꺼운 칩이나 얇은 칩이 편할 수도 있으니 두 가지 모두 이용하여 연습해 보는 것이 좋다.

나는 오른손잡이이기 때문에 오른손을 기준으로 설명했으며, 왼손잡이라면 반대로 이해하면 될 것이다. 솔은 아마 양손으로 모두 할 수 있을 것이다.

솔 스톤의 비주얼 구리와 은
Sol Stone's Visual Copper & Silver

개인에 따라 두꺼운 칩이나 얇은 칩이 편할 수도 있으니 두 가지 모두 이용하여 연습해보는 것이 좋다.

★ 이펙트

마술사가 한 손에는 구리 동전, 다른 손에는 은 동전을 들고 보여준다. 은 동전이 구리 동전으로 바뀌고, 반대쪽 손에 있는 구리 동전이 은 동전으로 바뀐다. 관객이 직접 동전을 확인해본다.

준비물
1. 구리 동전 하나. 1센트면 충분하다.
2. 은 동전 두 개. 나는 케네디 50센트 동전을 이용한다.

시연
50센트 동전 하나를 오른손에 핑거 팜으로 잡고, 다른 50센트 동전을 왼손 (첫째와 집게)손가락 끝에 놓는다. 오른손 손가락 끝에는 1센트 동전을 놓는다(**그림 1**).

손가락으로 동전을 돌려서 관객에게 양쪽에 있는 동전을 보여준다. (만약 가운뎃손가락이 동전 앞(마술사 쪽)에 있으면 동전을 몇 바퀴 돌려서 양쪽을 모두 보여줄 수도 있다.)

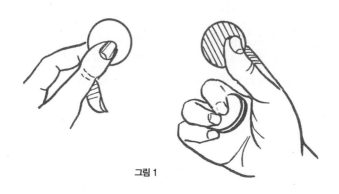

그림 1

"구리 동전과 은 동전입니다."

다음으로, 마치 오른손에 있는 구리 동전을 왼손에 놓는 것처럼 보여야 한다. 우선 오른손 가운뎃손가락을 1센트 앞에 놓는다(**그림 2**). 그러면서 말한다.

"여기에 구리 동전이 있습니다."

오른손을 아래로 뒤집어서 왼손 위로 가져가며, 마치 거기에 동전을 놓는 것처럼 연기한다.

하지만 실제로는 (엄지손가락을 동전에서 떼어) 구리 동전을 오른손 집게손가락과 가운뎃손가락 사이에 클립한 뒤, 동시에 팜으로 숨기고 있던 50센트 동전을 왼손에 놓는다

(**그림 3**). 왼손 가운뎃손가락과 넷째 손가락, 새끼손가락을 접어서 50센트 동전을 가린다.

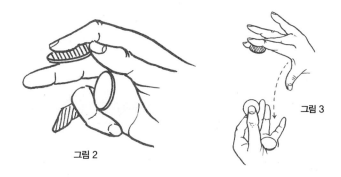

그림 2

그림 3

동시에, 오른손에 클립하고 있는 동전을 칩 체인지(Changing Chips)에서 설명한 방법을 이용하여 백 클립 포지션으로 옮긴다. 이때 관객의 시선은 왼손에 쏠려 있으므로 오른손은 살짝 치운다. 현재 구리 동전의 위치에서는 쉽게 백 클립 포지션으로 바꿀 수 있다. 오른손 엄지손가락을 모서리에 놓고, 그리고 손을 살짝 주먹 쥐면서 동전을 백 클립 포지션으로 옮기면 된다.

"여기에는 은 동전이 있습니다."

(왼손 엄지손가락과 집게손가락 끝으로 잡고 있던) 50센트 동전을 오른손 손가락 위(구리 동전을 클립한 곳 가까이)에 놓는다(**그림 4**). 그럼 칩 체인지에서 설명한 오프닝 포지션이 된다.

주먹 쥔 왼손에는 (구리) 동전이, 오른손 손바닥 위에는 은 동전이 있음을 강조한다.

"보십시오. 여기 은 동전이 있습니다."

그리고 칩 체인지에서 설명한 방법으로 동전을 바꾼다. (오른손 손바닥이 위를 향하고, 손등이 바닥을 향한 상태에서 동전을 바꾼다. 손을 살짝 앞뒤로 움직이면 동전 바꾸는 동작을 숨길 수 있다.)

은 동전이 구리 동전으로 바뀌었다! 잠시 쉬었다가 오른손으로 구리 동전을 오프닝 포지션으로 잡는다. 그리고 천천히 왼손을 펴서 구리 동전이 은 동전으로 바뀌었음을 보여준다.

이를 강조하면서 오른손에 있는 1센트 위에 50센트 동전을 놓는다. 이렇게 하면 된다. 우선 왼손 엄지손가락과 집게손가락 끝으로 50센트 동전을 잡고, 손바닥이 보이게 한다. 동전을 오른손에 놓으면서 왼손 가운뎃손가락과 넷째 손가락을 오른손 아래로 가져가서 숨어 있는 은 동전을 클립으로 잡는다. **그림 5**는 관객이 보는 모습, **그림 6**은 아래에서 본 모습이다.

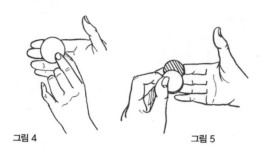

그림 4   그림 5

오른손 엄지손가락을 보이는 두 개의 동전 위에 놓고, 오른손을 뒤집어서 아래로, 마술사의 왼쪽으로 내린다. 그리고 동전 두 개를 테이블 위에 놓는다. 그러면 왼손 손가락을 구부려서 클립으로 잡고 있는 동전을 숨기는 동작을 가릴 수 있다. 클립 포지션에서 곧바로 팜 포지션으로 바꿀 수 있다. (솔 스톤은 수직 팜 포지션으로 동전을 숨겼다.)

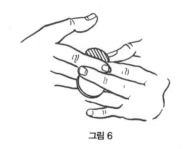

그림 6

★ 참고

만약 구리 동전과 은 동전 이펙트를 좋아한다면 이 루틴도 분명 좋아할 것이다. 솔의 손에서 정말로 아름다운 장면이 연출되었다. 마지막에 '클립 스틸(clip steal)'은 정말 감쪽같다. (다음 루틴에서도 같은 동작이 사용된다.)

이 '구리와 은' 루틴을 할 때는 동전이 어디에 있는지 관객이 확인할 수 있도록 의

도적으로 잠시 쉬는 순간을 제외하고는 절대 쉬어서는 안 된다. 즉, 물이 흐르듯 자연스럽게 연결하여 진행해야 한다.

계속되는 동전 프로덕션과 배니시
Continuous Coin Production & Vanish

솔 스톤(Sol Stone)과 함께 앞에서 설명한 루틴에 대해서 이야기할 때, 솔이 보여준 루틴이다. 나는 이것을 루 탄넨에게 보여주었고, 그는 동전 클립을 이용한 약간 다른 방법으로 같은 이펙트를 보여줬다. 탄넨은 하워드 서스톤(Howard Thurston)이 25년 전 그에게 보여준 마술이라고 했다. 어쨌든 여기에서는 솔의 방법을 살펴보고, 루의 방법은 참고에서 살펴보기로 하자.

★ 이펙트

오른손 손가락 끝에 동전을 놓고 보여준다. 동전이 사라진다. 왼손 손가락 끝에서 또 다른 동전이 나타난다. 이 동전을 오른손에 놓는다. 사라진다. 왼손 손가락 끝에서 또 다른 동전이 나타난다. 역시 오른손 위에 놓자 사라진다.

★ 준비물

1. 똑같은 동전 두 개

시연

오른손 손가락 끝에 동전을 오프닝 포지션으로 놓고 보여주면서 왼손에 동전 하나를 팜으로 잡는다.

오른손을 위아래로 움직이며 동전을 사라지게 한다. 칩 체인지에서 그랬던 것처럼 그냥 동전을 클립 포지션으로 잡으면 된다.

왼손을 허공(왼쪽 위)에 뻗어 관객이 오른손에서 왼손으로 시선을 옮기게 한다. 그리고 팜으로 숨기고 있는 동전을 만들어낸다.

왼손 엄지손가락과 집게손가락으로 동전을 잡고, 오른손에 오프닝 포지션으로 놓는다. 그러면서 오른손에 '클립 스틸'로 숨기고 있는 동전을 왼손 가운뎃손가락과 넷째 손가락으로 잡는다. 이는 바로 앞의 루틴에서 설명한 과정과 동일하다.

왼손을 치우고, 오른손에 있는 동전에 집중한다.

전과 같이 동전을 사라지게 한다. 그리고 오른손에서 가져온 동전을 왼손으로 만들어낸다. 다시 동전을 오른손에 놓으면서 오른손에 클립으로 숨기고 있는 동전을 잡는다. 원하는 만큼 이 과정을 반복하면 된다.

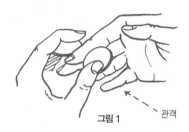

그림 1   관객

★ 참고

연습을 통해 타이밍을 맞추고 '스윙(swing)'을 이용해야 한다. 그리고 동작과 함께 눈과 머리를 움직여야 한다. 오른손으로 동전을 사라지게 할 때는 오른손을 쳐다본다. 그리고 왼손으로 동전을 만들어낼 때는 왼손을 쳐다본다.

솔은 사라진 동전을 왼손 가운뎃손가락과 넷째 손가락을 이용하여 클립했다. 루탄넨은 집게손가락과 가운뎃손가락을 이용했다.

그리고 그는 만들어낸 동전을 오른손 위에 놓은 뒤, 왼손 엄지손가락으로만 동전을 잡고, 왼손 집게손가락과 가운뎃손가락을 뒤로 움직여서 동전을 오른손으로 옮겨 잡았다. 그리고 잠시 멈춰서 동전을 보여줬다(그림 1). 그리고 나서 오른손을 위로 올려서 치운 뒤, 동전을 사라지게 했다.

어떤 방법을 이용하건 멋진 마술을 보여줄 수 있다.

솔 스톤의 미저스 드림 무브
Sol Stone's Miser's Dream Move

솔 스톤과 동전 프로덕션에 대해 이야기할 때, 그는 백 클립을 이용한 미저스 드림(Miser's Dream)을 책에 담을 수 있도록 허락해줬다. 그의 손에서 이루어진 미저스 드림은 실로 완벽했다.

★ 이펙트

보통 미저스 드림과 같다. 마술사가 계속해서 오른손 손끝으로 한 번에 하나씩 동전을 만들어낸다. 만들어낸 동전은 왼손에 들고 있는 장난감 양동이에 넣는다. 동전이 양동이에 떨어지는 게 보이며 소리도 들린다.

★ 준비물

1. 장난감 양동이 하나
2. 동전(양과 크기는 마술사의 선택에 달려 있다.)

시연

미저스 드림 루틴 전체를 설명하지는 않겠다. (제2권 113페이지에 자세히 나와 있다.) 여기에서는 하나의 동작, 슬레이트만 설명하고자 한다. 그럼 이를 이용하여 새로운 루틴을 구성할 수도 있고, 기존 루틴에 활용할 수도 있다.

다음과 같은 상황이다. 왼손에 양동이를 든다. 이때 양동이의 손잡이가 손바닥 위에 대각선으로 놓여 있고, 손등이 관객을 향한다. 또한 왼손에는 동전 여러 개가 나란히 놓여 있다(그림 1). 그럼 오른손을 양동이 안에 넣으면서 왼손에 있는 동전을 몰래 떨어뜨릴 수 있다. 더욱이 왼손 엄지손가락으로 동전을 하나씩 밀 수 있게 되어 있으므로 더욱 편리하다. 오른손에는 동전 하나를 백 클립 포지션으로 둔다.

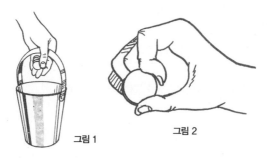

그림 1 　　　　　　　 그림 2

　　오른손을 허공에 뻗어 클립으로 잡고 있던 동전을 만들어낸다. 손가락을 접어서 주먹만 쥐면 동전이 저절로 엄지손가락 위로 온다(**그림 2**). 엄지손가락으로 동전을 가운뎃손가락 옆면으로 밀고 집게손가락으로 동전을 뒤로 가져간다. 그리고 손가락을 펴면 오프닝 포지션이 된다.

　　오른손으로 동전을 양동이로 가져와서 떨어뜨리는 척한다. 이때 타이밍이 중요하다. 내가 설명할 수 있는 것은 방법뿐, 타이밍은 직접 해봐야 알 수 있을 것이다.

　　오른손을 양동이 입구로 가져가 동전을 백 클립 포지션으로 잡는다. 그리고 손바닥이 관객을 향하게 한다. 적당한 때에 왼손 엄지손가락으로 동전을 하나 떨어뜨린다. 그럼 (살짝 기울인) 오른손 손바닥으로 떨어졌다가 미끄러지며 양동이 안으로 들어간다(**그림 3**).

　　타이밍만 잘 맞추면 정말로 오른손에 있는 동전을 양동이에 넣는 것처럼 보인다. 백 클립으로 동전을 숨긴 상태에서 오른손을 펴서 동전이 양동이 안으로 떨어졌음을 보여준다. 그리고 왼손 엄지손가락으로 동전을 손바닥으로 밀어 넣는다.

그림 3

물론 다음에 오른손으로 만들어내는 동전은 방금과 같은 동전이다. 과정은 앞과 같으며, 왼손에 동전이 떨어질 때까지 반복한다.

★ 참고

앞의 방법을 이용한 미저스 드림에 익숙해지면 분명 자주 이용할 것이다.

또한 미리 숨겨 놓은 동전을 왼손에 놓을 수 있으면 더 많은 동전을 만들어낼 수 있다. 가장 쉬운 방법은 양동이 안에 왼손을 넣어 동전을 젓는 것이다. 그러면서 동전을 한 줌 꺼내면 된다. 그리고 나서 다시 오른손으로 동전을 만들어낸다.

민감한 종이
The Sensitized Paper

지금은 널리 알려진 마술이다. 그러나 이제까지 《타벨의 마술교실》에 실린 적이 없기에, 루 탄넨은 이 내용을 책에 소개해줄 것을 부탁했다. 하지만 나는 (모든 사람들이 알고 있다고 생각했기에) 반대했다. 그때 그는 내게 다이 버논이 그에게 보여준 방법을 보여줬고, 충분히 소개할 만한 가치가 있다는 생각을 심어줬다.

개인적으로, 나는 정말 말 그대로 이 마술을 수천 번 했으며, 내가 가장 잘 아는 마술이기도 하다. 카드 포스도 포함되어 있다. 나는 이 마술을 할 때는 항상 한 가지 포스(언더 행커치프 포스)만 사용하고, 다른 마술에서는 그 포스를 사용하지 않는다.

나는 하나의 마술을 위해 특정 동작을 반복적으로 사용해야 한다고 생각하고, 다른 책에서 그런 내용의 글을 쓰기도 했다. 잠시 생각해보기로 하자. 팜, 더블 리프트와 같은 기본적인 핸드 슬레이트를 제외하고, 하나의 마술에 특정 동작을 이용하면 훨씬 정교하고 멋지게 성공할 수 있다고 생각한다. 그러나 요즘 어떤 동작은 너무 많은 마술에 사용되어 오염된 경우도 있다. 좋은 슬레이트는 하나의 좋은 이펙트나 루틴에서만 이용될 때 가장 잘 보존될 수 있다.

어쨌든, 나는 언더 행커치프 포스를 루에게 보여줬고 그는 오래전 네이트 라이프치히

(Nate Leipzig)도 같은 포스를 보여준 적이 있다고 말했다. 하지만 이 내용이 소개된 출판물은 찾지 못했다. 그래서 편의상 '라이프치히 카드 포스(Leipzig Card Force)'라고 부르겠고, 뒤에서 적절한 때에 설명하겠다. 우선 먼저 기본적인 내용을 설명하고, 다음에 버논의 방법을 살펴보기로 하자.

★ 이펙트

마술사가 작은 종이(미니어처 카드)를 관객에게 보여주고, 직접 살펴보게 한다. 양면이 모두 비어 있다. 마술사는 그 종이가 상당히 예민하며, 때로는 생각을 사진 찍기도 한다고 설명한다. 관객이 직접 종이를 살펴보면 종이를 두 개의 50센트 동전 사이에 놓는다. 동전 하나를 들어 관객에게 종이 위에 이니셜을 적으라고 한다. 그리고 다시 동전을 내려놓는다.

카드를 섞은 뒤, 관객이 자유롭게 커트를 하여 카드 한 장을 선택한다. 관객은 그 카드를 생각한다. 잠시 후, 위에 있는 동전을 들고, 종이를 뒤집으니 뒷면에 그가 생각하고 있는 카드 사진(미니어처 카드)이 있다! 관객이 직접 종이를 확인해보고, 사진을 가져간다. (기본 이펙트이다. 버논은 50센트 동전 하나만 사용했다.)

★ 준비물

1. 카드 한 벌
2. 손수건 한 장(라이프치히 포스를 이용할 때 필요하다). 관객에게 빌려도 된다.
3. 50센트 동전 두 개
4. 일반 동전을 넣을 수 있는 약간 큰 50센트 셸이나 갈아서 작게 만든 동전을 넣을 수 있는 셸 하나
5. 미니어처 카드 한 장. 여기에서는 스페이드 8이라고 하자.
6. 5와 비슷한 미니어처 카드 한 장. 양면이 모두 비어 있다.
   셸과 미니어처 카드는 마술용품점에서 구할 수 있다.

준비

스페이드 8 미니어처 카드를 앞면이 아래로 가게 50센트 위에 놓는다. 그 위에 셸을 씌운다. 진짜 50센트 동전을 셸 위에 놓는다(**그림 1**). 이렇게 준비한 동전을 체인지 주머니에 넣어, 헝클어지지 않게 한다. 다음으로 빈 미니어처 카드와 카드 한 벌, 연필, 손수건을 가까운 곳에 둔다.

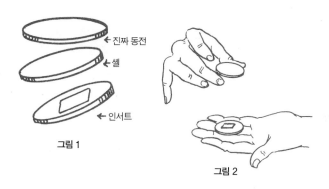

← 진짜 동전
← 셸
← 인서트

그림 1

그림 2

시연

관객에게 빈 미니어처 카드를 확인하게 한다. 그리고 종이가 민감해서 생각을 사진으로 찍을 것이라고 말한다. 관객이 카드를 확인하는 동안 동전 두 개를 꺼내서 테이블에 놓는다. 원한다면 거기가 '암실'이라고 말해도 된다. 위에 있는 50센트를 한 손으로 든다. (나는 보통 셸과 부딪히지 않도록 동전을 테이블에 떨어뜨려서 진짜 동전임을 보여준다.) 그리고 반대쪽 손으로 빈 카드를 받는다.

천천히 그리고 확실하게 빈 카드를 (셸이 씌어진) 아래 동전 위에 놓는다. 그리고 그 위에 손에 있는 동전을 놓는다. 그럼 빈 카드는 동전 두 개 사이에 위치한다.

카드를 잡기 위해 손을 뻗다가 갑자기 생각났다는 듯이 말한다.

"오, 종이에 이니셜을 적어야 하는데요. 적어주십시오!"

왼손으로 관객에게 펜을 건넨다. (나는 보통 왼쪽 외투 주머니에 연필이나 펜을 넣어 둔다.) 동시에 오른손으로 위에 있는 동전과 셸을 든다. 그럼 (스페이드 8의 뒷면) 카드의 흰 면이 보인다. 관객은 전혀 눈치 채지 못한다.

관객이 이니셜을 쓰기 위해 카드로 손을 뻗으면 오른손을 왼쪽으로 움직여서 셸을 없앤다. 셸과 빈 카드를 왼손에 놓으면 된다(**그림 2**). 그리고 오른손으로 50센트 동전을 잡고, 테이블에 놓인 동전 위로 뻗는다. 그런 다음 집게손가락으로 카드를 잡는다(**그림 3**). 관객은 자신이 글씨를 쓰는 동안 종이가 움직이지 않게 도와준다고 생각하지만, 실제로는 관객이 종이를 뒤집어 보지 못하게 하려는 의도이다.

그림 3   그림 4

관객이 이니셜을 적으면 그 위에 동전을 놓는다. 다음으로 이펙트에 대해서 설명하면서 관객에게 빈 종이임을 다시 확인시킨다. 오른손으로 연필을 건네받은 뒤, 왼손으로 옮겨 잡아서 주머니에 넣는다. 이때 셸과 빈 카드도 함께 넣는다. 관객 몰래 감쪽같이 미니어처 카드를 바꾸는 데 성공했다!

이제 남은 것은 스페이드 8을 포스하는 것뿐이다. 여기에서는 라이프치히 포스를 이용하겠다. 우선 스페이드 8을 맨 위에 놓는다. 스페이드 8의 위치가 바뀌지 않도록 조그 서플(Jog Shuffle)을 한두 번 한다. 앞면이 아래로 가게 카드를 왼손으로 잡는다. 오른손으로 손수건을 꺼내 (왼손과) 카드를 덮는다. **그림 4**와 같이 카드를 나란히 하는 동안 왼손 엄지손가락으로 맨 위 카드를 옆면으로 당긴다. 그럼 **그림 5**와 같이 된다.

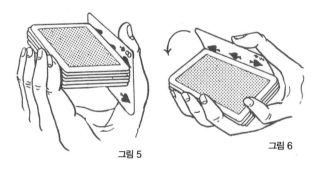

그림 5   그림 6

관객에게 커트를 부탁한다. 말하면서 (오른손으로) 끝부분을 잡고 커트하게 시킨다.

관객은 원하는 곳 어디든 커트할 수 있다. 관객이 카드의 옆면을 잡으려고 하면 끝부분을 잡을 수 있도록 손을 돌린다. 또한 왼손 손가락으로 카드의 옆면을 잡고 있으므로, 어쨌든 관객은 카드의 옆면을 잡고 커트할 수 없다.

관객이 커트를 하면 커트한 윗부분과 손수건을 가져가게 한다. 그리고 왼손을 손수건 밖으로 꺼낸다. 이때 왼손 엄지손가락으로 스페이드 8을 다시 위로 밀어 올린다(**그림 6**). 이는 물론 관객이 보지 못하는 곳, 손수건 아래에서 이루어진다.

이제 카드 묶음을 관객에게 내밀면서 말한다.

"좋습니다. 이제 당신이 어떤 카드를 커트했는지 직접 보십시오. 저에게는 보여주지 마십시오."

이렇게 포스가 이루어진다. 완벽하게 깔끔하고 확실하다. 다른 언더 행커치프 포스처럼 뒤집힌 카드도 없다. 아마 이 포스를 몰랐다면 여기까지 알게 된 것만으로도 행복할 것이다! 이제까지 이 방법으로 수많은 마술사들을 속였다.

자, 이제 남은 카드는 테이블에 내려놓는다. 관객에게도 카드를 내려놓으라고 한다. 카드를 셔플할 필요도 없으며, 그저 이제 카드가 필요 없다는 듯이 테이블에 내려놓는다. 나는 보통 이렇게 말한다.

"이제 카드는 필요 없습니다. 당신이 무언가 한 가지만 생각하면 됩니다. 어떤 것이든 상관없습니다. 지금은 커트한 카드를 생각해 봅시다. 준비되셨나요? 좋습니다!"

나머지는 간단하다. 관객에게 위에 있는 동전을 들라고 한다. 그럼 이니셜이 적힌 미니어처 카드가 보인다.

"당신의 이니셜이 맞나요? 물론 그럴 겁니다. 어떤 카드를 생각하고 계셨죠? 스페이드 8이요? 한 번 종이를 뒤집어 봅시다."

관객이 직접 종이를 뒤집게 한다. 그럼 거기에 생각한 카드가 나타난다.

테이블에 남아 있는 모든 것은 아무런 조작도 없는 것이기에 관객이 직접 확인해 볼 수 있다.

버논의 방법

이펙트는 동일하다. 단, 그는 동전을 하나만 사용했다. 엄밀히 말하면 50센트 동전 하나와 셀 하나를 이용했다. 연필을 왼쪽 외투 가슴 주머니에 넣는다. 그리고 관객에게 빈 카드를 확인하게 하면서 (사이에 미니어처 카드가 있는) 50센트 동전과 셀을 왼손 가운뎃손가락 첫 마디 위에 놓는다(**그림 7**). 그림을 통해서 알 수 있듯이 손바닥이 위를 향하게 한다.

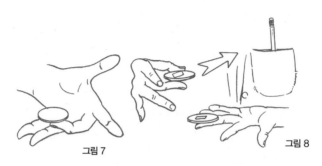

그림 7   그림 8

빈 오른손으로 빈 카드를 돌려받아서 50센트 위에 놓는다. 이제부터가 중요한 동작이다.

빈 카드를 동전(셀) 위에 놓으면서 말한다.

"오, 여기에 이니셜을 적어주세요."

이에 글씨를 쓰는 듯한 제스처를 취하며 오른손 손가락으로 셀(과 미니어처)을 잡고, 오른손을 주머니에 넣은 다음 연필을 꺼낸다(**그림 8**). 관객은 전혀 눈치 채지 못한다. 관객이 놓은 것처럼 그대로 (빈 면이 보이는) 미니어처가 동전 위에 놓여 있다. 연필을 꺼내면서 자연스럽게 셀과 빈 카드를 처리할 수 있다. 관객이 카드를 동전 위에 놓은 후, 셀과 카드를 처리하기 전에 잠시 멈춰야 한다. 그리고 왼손과 연필을 넣은 주머니의 거리를 가깝게 해 오른손의 이동거리를 짧게 만든다. (관객은 마술사 맞은편에 앉는다.)

충분히 연습한 후 멋진 마술을 선보이게 될 것이다.

★ 참고

클래식 이펙트 중 하나이다. (미니어처 카드를 바꾸는) 방법은 두 가지 모두 훌륭하다.

일부 마술사들은 (동전 두 개를 이용하는 방법에서) 구긴 작은 플래시 페이퍼(Flash Paper)를 이용하여 불을 붙이기도 한다. 동전 위에 플래시 페이퍼를 놓은 뒤, 불붙인 담배로 살짝 스치기만 하면 된다. 그리고 사진을 찍기 위해서는 라이트가 필요하다고 설명한다.

동전 하나를 이용하는 방법에서 오른손으로 셀을 잡을 때, 오른손과 관객의 눈높이가 비슷해야 한다. 그렇게 해야 다른 손가락이 관객의 시선을 효과적으로 막는다.

존 부스(John Booth)

3과 3
Three and Three

쥘 레니어(Jules Lenier)는 이 구리 동전과 은 동전 변환 마술을 오랫동안 해왔다. 쉬우면서도 관객을 감쪽같이 속일 수 있다.

★ 이펙트
마술사가 동전 여섯 개를 테이블에 놓는다. 왼쪽에 은 동전 두 개와 구리 동전 하나를 놓고, 오른쪽에 구리 동전 두 개와 은 동전 하나를 놓는다. 오른쪽에 있는 구리 동전 두 개와 은 동전 하나를 왼손에 놓고, 왼쪽에 있는 은 동전 두 개와 구리 동전 하나를 오른손에 놓는다.

오른손으로 잡은 구리 동전을 왼손으로 옮긴다. 그러나 보이지 않게 은 동전 하나가 왼손에서 오른손으로 움직였다!

★ 준비물
1. 구리 동전 세 개(1센트)
2. 은 동전 세 개(케네디 50센트)

시연
은 동전 두 개와 구리 동전 하나를 테이블 왼쪽에 종대로 놓는다. 그리고 오른쪽에는 구리 동전 두 개와 은 동전 하나를 놓는다(**그림 1**).

오른손으로 오른쪽에 있는 동전을 집는다. 그리고 손바닥을 펴서 동전을 보여준다. 이때 은 동전이 손바닥 가까이 (클래식) 팜 포지션으로 바꾸기 쉬운 위치에 있어야 한다.

동전을 왼손으로 옮겨 잡으면서 은 동전을 클래식 팜으로 오른손에 숨긴다. 왼손을 쥐면서 말한다.

　　"구리 동전 두 개와 은 동전 하나입니다."

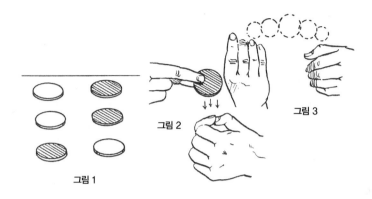

그림 2

그림 3

그림 1

이제 오른손으로 왼쪽에 있는 동전을 집으며 말한다.

　　"은 동전 두 개와 구리 동전 하나입니다."

마지막으로 구리 동전을 집은 다음, (오른손 엄지손가락과 집게손가락으로) 구리 동전을 주먹 쥔 왼손에 넣을 수 있게 한다.

　　"구리 동전은 눈에 보이게 이동합니다." (그림 2)

왼손에 있는 동전을 꺼내는 척하면서 말한다.

　　"그리고 은 동전은 보이지 않게 이동하도록 만들겠습니다! 보십시오!" (그림 3)

마치 보이지 않는 은 동전을 오른손 주먹 위로 떨어뜨리는 척한다. 손에 있는 동전을 부딪쳐서 소리를 내면 더 큰 효과를 얻을 수 있다.
　　관객이 모르는 사이 중요한 과정이 모두 끝난다. 양손을 펴서 왼손에 있는 구리 동전 세 개, 오른손에 있는 은 동전 세 개를 보여준다.

★ 참고
하나의 핸드 슬레이트가 포함되어 있다. 다른 동전을 왼손으로 옮기면서 팜으로 숨긴 동전을 옮겨 잡아야 한다. 물론 부드럽게 진행되어야 한다.

간단하고 빠르게 진행되는 루틴이다. 그러나 다른 마술사들조차 속일 수 있는 루틴이다. 배워서 연습한 후 직접 해보라.

쥘은 이 마술 다음에 더블 사이드 동전을 이용한 마술을 선보였지만, 이미 동전 도구를 이용한 마술을 소개한 바 있기에, 여기에서는 생략하기로 하겠다.

샬라탄 칩
Charlatan Chips

난쟁이 마술사(the Midger Magician)라는 별명을 지닌 조셉 M. 화이트(Joseph M. White)는 오랫동안 양면테이프를 도구로 이용했다. 그 덕분에 이 마술을 소개할 수 있게 되었다. 비록 테이프 없이 일반 팜을 이용하여 할 수도 있지만, 테이프를 이용하면 손바닥에 동전을 숨긴 상태에서도 손가락을 펼 수 있다는 것이 특징이다. 그 상태로 손을 자유롭게 움직일 수 있기 때문에 지극히 자연스러워 보인다.

★ 이펙트

관객 한 명이 빨간색 손수건 아래에 있는 빨간색 포커 칩을 잡는다. 또 다른 관객이 흰색 손수건 아래에 있는 흰색 포커 칩을 잡는다. 마술사가 두 개의 칩의 위치를 바꾼다.

★ 준비물

1. 흰색 포커 칩 두 개
2. 빨간색 포커 칩 하나
3. 양면테이프 한 조각
4. (30cm 크기의) 작은 손수건 두 장. 하나는 빨간색, 다른 하나는 흰색이어야 한다.

준비

양면테이프를 오른손 손바닥 손가락 바로 아래 부분에 붙인다. 그리고 흰색 칩 하나를 테이프에 붙인다(**그림 1**).

그림 1

시연

빨간색 칩과 흰색 칩을 각각 하나씩 보여주고, 손수건 두 장을 보여준다. 관객 한 사람에게 빨간색 칩을 건네고, 다른 사람에게는 흰색 칩을 건넨다. (손수건이 아래로 늘어지도록) 왼손으로 빨간색 손수건 가운데를 잡는다. 오른손을 펴서 손수건을 한두 번 친다. 이때 손바닥이 보이지 않도록 주의한다.

오른손으로 관객에게 빨간색 칩을 건네받아서 손수건 아래로 가져간다. 손수건으로 가린 상태에서 오른손 손바닥에 붙여둔 흰색 칩을 떼어서 손수건을 통해 왼손으로 잡는다. 동시에 빨간색 칩을 테이프에 붙인다. 이렇게 손수건과 흰색 칩을 관객에게 건넨다.

이제 두 번째 관객에게 흰색 칩을 건네받아서 흰색 손수건 아래로 가져간다. 그리고 같은 방법으로 칩을 바꾼 뒤, 손수건과 빨간색 칩을 관객에게 건넨다.

이제까지 내용을 정리하며, 빨간색 손수건 아래에는 빨간색 칩, 흰색 손수건 아래에는 흰색 칩이 있음을 강조한다. 원한다면 지팡이를 꺼내기 위해 주머니에 손을 넣어서 숨기고 있는 칩을 처리해도 된다.

주문을 외운 뒤, 관객에게 손수건을 걷어보라고 한다. 그럼 빨간색 손수건 아래에서 흰색 칩, 흰색 손수건 아래에서 빨간색 칩이 나온다.

앞에서 언급했다시피, 양면테이프 대신에 팜을 이용해도 된다. 하지만 양면테이프를 이용하면 손을 더욱 자유롭게 움직일 수 있기 때문에 자연스럽게 행동할 수 있다.

균형 잡는 동전
The Balancing Coins

알란 알란(Alan Alan)이 소개해 준 테이블이나 바에서 할 수 있는 재미있는 마술로, '알란 알란의 라이징 카드(Alan Alan's Rising Card)' 에서 소개된 '듀얼 컨트롤(Dual Control)' 이라는 도구를 이용한다. (또한 메즈머라이즈 카드(The Mesmerized Cards)를 이용한다.)

★ 이펙트

유리잔의 테두리에 놓인 동전 아홉 개가 균형을 잡는 불가능해 보이는 상황이 일어난다. 동전을 모두 유리잔 안에 넣는다. 그리고 다시 밖으로 쏟아낸다. 그런 다음 마술사는 손을 평평하게 펴서 테이블 위에 놓고 손가락 끝 아래에 동전 다섯 개를 놓는다. 그 상태에서 손을 들어 올리니, 동전이 손가락에 붙어서 따라 올라온다. 반대쪽 손을 펴서 손바닥을 마주한다. 그럼 동전은 신기하게도 손가락 사이에서 펼쳐진다. 마지막으로 동전이 모두 테이블로 떨어진다. 마술사의 손을 포함하여 모든 것을 관객이 직접 살펴본다.

★ 준비물

1. '듀얼 컨트롤(Dual Control)' 풀(pull). 모든 세트를 오른손 소매 안에 착용한다.
2. 50센트 동전이나 1센트 동전 아홉 개
3. 유리잔 하나

시연

균형을 맞춰서 동전 아홉 개를 유리잔 위에 놓는다. (이 자체만으로도 하나의 마술이 되며, 바에서 하기에 좋다.) 방법은 다음과 같다.

동전 네 개를 **그림** 1과 같이 쌓는다. 그럼 쉽게 동전의 균형을 잡을 수 있다.

그림 1

또 다른 동전 네 개도 같은 방법으로 쌓아 반대쪽 테두리에 놓는다(**그림** 1). **그림 1**의 점선과 같이 마지막 동전을 안쪽에 위치한 아래 중간 동전 사이에 놓는다. 이 부분은 약간의 연습이 필요하다. 손가락 한두 개를 유리잔 안에 넣어 동전 아래를 받쳐서 균형을 잘 잡아야 한다. 그리고 나서 마지막 동전을 사뿐히 놓는다. 유리잔의 입구 크기에 따라서 손가락 하나로 맨 위에 있는 동전을 잡아 균형을 잡은 뒤, 마지막 동전을 놓아도 된다.

이 상태를 잠시 유지한 뒤, 바깥에 위치한 중간 동전을 위로 올려서 동전을 모두 유리잔 안에 넣는다. 그리고 관객에게 유리잔에 있는 동전을 테이블에 쏟아 달라고 부탁한다. 관객이 동전을 쏟는 동안 '라이징 카드(Rising Card)'에서와 같이 가운뎃손가락 끝에 장선 고리를 잡는다.

오른손을 평평하게 펴서 테이블 위에 놓는다. 그리고 가운뎃손가락 아래에 동전 하나를 놓는다. 그럼 동전은 장선 고리의 두 가닥 사이에 위치한다(**그림 2**). 동전을 아래에 놓자마자 손가락을 펴야 한다.

이제 동전 두 개를 처음에 놓은 동전 위 양쪽에 놓는다. 이때 동전의 끝이 집게손가락과 넷째 손가락 아래에 위치해야 한다. 다음으로 또 다른 동전 두 개를 양옆에 놓는다(**그림 3**). 집게손가락과 넷째 손가락 끝으로 제일 밖에 있는 동전을 누른다.

부드럽게 오른손을 위로 올린다. 그럼 동전이 모두 손가락 끝에 붙은 것처럼 보인다! 손바닥을 뒤집어서 동전 외에는 아무것도 없음(?)을 보여줄 수도 있다. 이제 왼손을 펴서 오른손 손바닥과 마주하고, 왼손 손가락을 동전 아래로 넣는다. 그리고 손가락을 천천히 펴면 동전이 펼쳐진다.

마지막으로 동전을 모두 테이블에 떨어뜨리고, 장선을 놓아서 소매 안으로 넣는다.

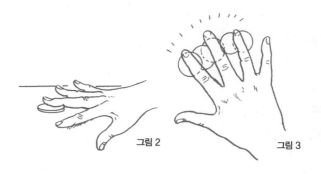

그림 2   그림 3

★ 참고

유리잔 테두리에 동전의 균형을 잡는다는 사실이 어려워보일지도 모른다. 하지만 전혀 그렇지 않다. 나는 첫 번째 시도에 성공했다.

미리 소매 안에 풀(pull)을 넣어두면 나머지는 간단하다. 유리잔 하나와 똑같이 생긴 동전 아홉 개를 빌려서 즉석에서 할 수 있다.

놀라운 동전 배니시
An Amazing Coin Vanish

뉴욕의 젊은 마술사 데이비드 로스(David Roth)는 멋진 동전 마술 몇 가지를 알고 있다. 그 중 두 가지 놀라운 동전 배니시 마술을 책에 소개하도록 허락했다. 그의 손에서 동전은 감쪽같이 사라졌다. 모두 기존의 슬레이트를 토대로 했으며, 거기에 데이비드가 자신만의 손길을 가미했다.

★ 이펙트

동전을 왼손 위에 놓고 가볍게 주먹을 쥔다. 마술사가 왼손 아랫부분을 오른손 엄지손가락으로 문지른다. 그리고 나서 왼손을 펴자 동전은 보이지 않는다.

★ 준비물

1. 동전 하나. 가능하면 50센트 동전이 좋다.

시연

오른팔이 관객을 향하도록 살짝 돌아선 상태에서 동전을 왼손 손바닥 위에 놓는다(그림 1). 천천히 가볍게 주먹을 쥔다. 손을 15cm 정도 위로 올린 다음, 왼손 손가락의 첫 번째 관절이 관객을 향하게 한다(그림 2).

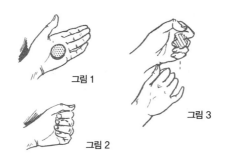

그림 1

그림 3

그림 2

이때 가운뎃손가락 끝으로 동전 바깥 테두리를 누른다. 이 상태에서 넷째 손가락과 새끼손가락을 편 뒤 가운뎃손가락의 힘을 풀면 동전이 쉽게 떨어진다.

"이렇게 손을 문지르기만 하면 됩니다"라고 말하면서 오른손을 위로 올려서 왼손 가까이로 가져간다. 엄지손가락을 살짝 위로 뺀고, 나머지 손가락은 자연스럽게 구부린다.

순간적으로 오른손 엄지손가락으로 왼손 가운뎃손가락을 건드린다(그림 3). 바로 전에 가운뎃손가락의 힘을 풀어서 동전을 떨어뜨린다. 그리고 곧바로 오른손 새끼손가락을 펴서 떨어지는 동전을 잡는다(그림 4).

그런 다음 오른손을 아래로 내려 엄지손가락으로 손바닥 아랫부분을 수평으로 문지른다(그림 5).

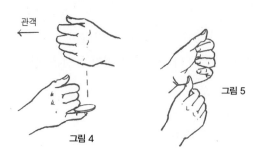

관객 ←

그림 5

그림 4

이 부분에서 잠시라도 멈추면 모든 것을 망치게 된다. 천천히 왼손을 펴서 동전이 사라졌음을 보여준다(**그림 6**).

그림 6

사라졌다!

오른손에 있는 동전을 핑거 팜 포지션으로 숨기면 어디에서든 동전을 만들어낼 수 있다.

★ 참고

오른손 엄지손가락으로 왼손 주먹 가운데를 건드릴 때, 직접 건드리기보다는 가까이 가져가기만 하면 된다. 마치 손을 너무 높이 올린 듯 연기하며 곧바로 손을 아래로 내려서 수정하는 척한다. 그 사이에 왼손으로 동전을 잡아야 한다. 그럼 관객은 이미 상황이 종료되었음을 알지 못한 채, 마술사가 무언가 일어날 것을 기다리고 있다고 생각한다.

엄지손가락 끝이 왼쪽을 향하도록 왼손 주먹을 살짝 기울여야 한다. 만약 손에 습기가 많다면 손을 수직으로 세워서 동전이 확실하게 아래로 떨어지게 만들어야 한다. 가장 좋은 것은 공연 전에 손을 확실하게 건조시키는 것이다.

정확한 타이밍을 맞추기 위해서는 연습이 필요하다. 데이비드의 공연을 직접 보면 타이밍에 대해 더욱 쉽게 이해할 수 있을 것이다.

또 다른 놀라운 동전 배니시
Another Amazing Coin Vanish

데이비드 로스(David Roth)가 네다섯 명의 마술사 앞에서 이 마술을 하는 것을 보았다. 당시 네다섯 명의 마술사 모두 감쪽같이 속았다. 역시 이 마술도 연습이 필요하다. 앞에서 설명한 마술과 같이 동전을 사라지게 하는 마술이다.

시연

동전을 왼손 손바닥 위에 놓고, 주먹을 쥔다. 손가락이 아래로 가도록 손을 뒤집으면서 동전을 **그림 1**과 같이 잡는다. 물론 왼손 손등이 보이도록 손을 완전히 뒤집은 뒤 잡아야 한다.

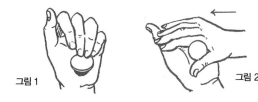

그림 1   그림 2

오른손 손가락을 펴서 왼손 손등을 친다(혹은 문지른다). 왼손 주먹을 (손가락이 보이도록) 뒤집고, 거의 동시에 오른손으로 동전을 섬 포지션으로 가로챈다. **그림 2**는 가로채는 장면을 순간포착 한 것이다. 오른손을 잠시도 멈춰서는 안 된다. 대신 천천히 오른쪽으로 움직여 손가락 끝으로 왼손 손가락 뒷면을 문지른다.

이제 왼손을 뒤집어 주먹이 관객을 향하게 한다. 계속해서 오른손 손가락으로 주먹 윗부분을 문지른다. 이번에는 손가락 끝이 아닌 손바닥 쪽으로 문지른다. 문지르는 동안 오른손 엄지손가락의 힘을 풀어 동전을 놓는다. 그럼 동전은 왼손 손등을 타고 손목 위로 떨어진다(**그림 3**).

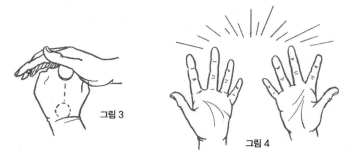

그림 3

그림 4

　왼손은 전혀 움직이지 않고, 오른손 손가락 끝을 앞으로 가져와서 손바닥 아랫부분을 문지른다. 그리고 나서 오른손을 옆으로 움직인 뒤, 집게손가락을 펴서 왼손을 가리킨다. 일종의 '서커(sucker)' 동작이며, 이 과정으로 인해 관객은 동전이 오른손에 숨어 있다고 확신한다.

　천천히 오른손 손가락을 벌린다. 그리고 손바닥이 관객을 향하도록 손을 돌린다. 다음으로 왼손을 펴서 동전이 사라졌음을 보여준다(**그림 4**).

　기본적인 사항은 다음과 같다. 타이밍과 연기가 가장 중요하다. 모든 과정은 30초 정도밖에 걸리지 않는다. 문지르는 동작은 한 번에 두 번 정도가 적당하며, 사이에 절대 쉬어서는 안 된다.

　대사는 설명조로 하면 된다.

　　"주먹 여기, 여기, 여기를 문지르겠습니다. 동전이 사라졌습니다!"

★ 참고

　이 마술에 대해서 보충할 내용은 그리 많지 않다. 타이밍만 잘 맞추면 어느 누구도 감쪽같이 속아 넘어간다.

　동전을 다시 만들어내는 데에는 약간의 문제가 있다. 만약 왼손 손목에 시계를 차고 있다면 동전은 시곗줄 아래에 있을 것이다.

　다시 왼손으로 주먹을 쥐고, 오른손으로 손을 문지르면서 오른손 엄지손가락으로 시곗줄 아래에 있는 동전을 꺼내서 섬 팜 포지션, 혹은 클립 포지션으로 잡는다(**그림 5**). (앞에서 동전을 없앨 때도 마찬가지로 **그림 5**와 같이 엄지손가락으로 동전을 아래로 움직여서 시곗줄 아래에 넣어도 된다.) 이 모든 과정은 손 뒤에서 이루어지기 때문에 관객은 보지 못한다. 오른손을 옆으로 움직이면서 핑거 팜으로 동전을 숨긴다. 다음 과정은 당신이 원하는 대로 진행할 수 있다.

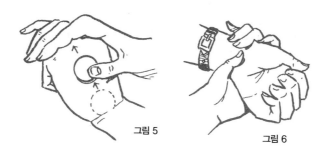

그림 5   그림 6

방금 읽은 내용을 다시 확인하고 연습하라! 루 탄넨이 이 마술을 내게 보여줬을 때, 나는 한동안 혼란스러웠다. 그래서 그가 했던 방법을 소개하고자 한다.

그가 마지막에 보여준 약간의 변형은 나를 더욱 혼란스럽게 했다. 그는 앞에서 설명한 것과 같이 왼손 주먹 윗부분을 문지를 때, 동전을 손목에 떨어뜨렸다. 그러고 나서 손을 펴서 동전이 사라졌음을 보여주는 대신, 왼손 손목을 오른손으로 잡고, 양손을 내게 가져왔다. 그리고 손가락이 위로 가도록 주먹을 보여주며 말했다.

"잠시 내 손목을 잡아 주겠어?" (그림 6)

나는 그의 손목을 잡았다. 그는 오른손을 떼고, 왼손을 천천히 펴서 동전이 사라졌음을 보여줬다. 그는 단지 동전을 시곗줄 아래에 숨겨 두었다. 그가 그의 손목을 잡았을 때, 엄지손가락이 자연스럽게 동전 위로 갔다. 그리고 손을 뒤집으면서 엄지손가락으로 동전을 시곗줄 아래로 밀어 넣었다.

마지막으로 '즉석'에서 할 수 있다는 이 마술의 장점을 망치고 싶지는 않지만, '고무 시멘트 디스크(rubber-cement disc)'를 이용하는 방법도 있다. (커버를 벗긴 후) 동전에 고무 시멘트 디스크를 문지른다. 이펙트는 위의 내용과 동일하나, 엄지손가락으로 동전을 누르면 손목 뒤에 동전을 붙일 수 있다. 그러고 나서 손바닥을 보여준 뒤 손바닥이 위를 향하도록 손을 뒤집어도 동전은 떨어지지 않는다. 양면테이프를 사용해도 된다. 단, 동전을 다룰 때 동전이 손가락에 붙지 않도록 주의해야 한다.

빈센트 사바티노의 빌-튜브 프레젠테이션
Vicent Sabatino's Bill-Tube Presentation

빈센트 사바티노(Vincent Sabatino)는 빌-인-빌-튜브(bill-in-bill-tube) 이펙트를 자신만의 방법으로 해왔다. 이펙트는 동일하지만, 빌린 지폐를 다루는 그의 솜씨는 더욱 강한 효과를 만들어낸다. 양쪽 모두 보여주되 미리 준비해둔 지폐를 숨길 수 있도록 손수건 다루는 법에 초점을 맞춰서 설명하겠다. 지폐를 이용한 어느 마술에서건 이 방법으로 지폐를 사라지게 할 수 있다.

★ 이펙트

지폐를 한 장 빌린다. 그리고 지폐 주인이 지폐에 사인을 하고, 접어서 만다. 고무밴드로 묶어서 손수건 아래에 놓는다. 이 지폐를 관객이 직접 마지막 순간까지 잡고 있으며, 또한 마지막 순간까지 지폐를 볼 수 있다. 그러다 지폐가 사라지고, 사라진 지폐는 잠긴 튜브 안에서 발견된다.

★ 준비물

1. 불투명한 손수건 하나. 실크 손수건은 피해야 한다. 빈센트는 한 변의 길이가 31.2cm인 손수건을 사용했다. 더 큰 손수건은 피해야 한다. 손수건이 흰색이더라도 비치지만 않는다면 상관없다.
2. 꽤 빳빳한 지폐 한 장
3. 빌-튜브(bill-tube) 하나. 마술용품점에서 구할 수 있다. 평범한 것도 상관없고, 열쇠와 자물쇠로 잠글 수 있는 것도 좋다(**그림 1**).

4. 긴 나일론 실. 길이는 손수건의 크기에 따라 달라진다. 빈센트는 숙녀용 나일론 스타킹의 실을 빼서 사용했다(이 실을 사용하는 이유는 관객이 보았을 때 잘 보이지 않기도 하지만 탄력이 다른 실보다 강하다 - 감수자).

5. 작은 고무밴드 두 개. 폴딩 50센트(folding half dollar)에서 사용하는 고무밴드면 완벽하다.

준비

손수건을 1/4 크기로 접는다(먼저 반으로 접고, 다시 반으로 접는다). 접은 부분을 꼭 눌러서 선을 만든다. 이렇게 만든 선을 통해 손수건의 앞면과 뒷면을 구분할 수 있다. 보통 새 손수건을 사면 이런 방법으로 접혀 있다. 펼친 손수건 한쪽 모서리(윗면) 중간에 나일론 실의 한쪽 끝을 꿰맨다.

지폐를 가로로 반 접는다. (이때 지폐의 앞면, 사람의 얼굴이 있는 면이 안쪽으로 가게 한다.) 그리고 다시 반으로 접는다. 이렇게 접은 지폐는 단단하게 말되, 이때 나일론 실의 반대쪽 끝을 지폐 안쪽에 넣어서 함께 만다. 지폐를 말 때, 벌어진 부분에서 시작해서 접힌 부분으로 말아야 한다. 그리고 작은 고무밴드로 지폐를 감는다. (고무밴드 대신 약간의 고무 시멘트, 왁스 혹은 스카치테이프를 이용해도 된다.) 지폐의 아랫면이 손수건 중앙에 위치해야 한다(그림 2).

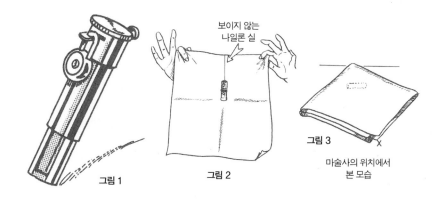

보이지 않는
나일론 실

그림 1

그림 2

그림 3

마술사의 위치에서
본 모습

손수건을 다시 접어 지폐를 안에 숨긴다. 먼저 실의 꿰맨 윗면을 아래로 접은 뒤, 오른쪽 옆면을 왼쪽으로 접는다. 즉, 처음 선을 따라 접는다. 빈센트는 이렇게 준비한 손수건의 양옆을 살짝 접어서 외투 가슴 주머니에 넣어두었다.

빌 튜브는 열어서 오른쪽 바지주머니에 넣는다. 만약 자물쇠와 열쇠가 딸린 튜브를 이용한다면 열쇠는 왼쪽 바지주머니에 넣는다. 자물쇠가 없는 일반 튜브를 이용한다면 튜브와 함께 지팡이나 연필을 넣어둔다.

시연

1/4 크기로 접힌 손수건을 테이블 위에 놓는다. 벌어진 부분이 마술사를 향하게 하고, 접힌 부분이 관객을 향하게 한다. 여기에 익숙해지면 처음에 손수건을 주머니에 넣을 때 제대로 넣어서 손수건을 테이블에 내려놓기만 하면 저절로 이 위치가 되게 할 수 있다(**그림 3**).

왼손 손가락으로 손수건의 맨 위층 모서리를 들어 올린다. 즉, **그림 3**의 X를 들어 올린다. 그리고 오른손 손가락으로 손수건을 잡고, 손수건의 모서리를 따라서 오른쪽으로 쓸어내리면서 손수건을 펼친다. 그럼 미리 준비해둔 지폐는 아래로 늘어져서 테이블 뒤에 위치한다(**그림 4**). 조금만 연습하면 집중하지 않고도 거의 자동으로 이렇게 만들 수 있다. 손수건의 위 양쪽 모서리를 양손 엄지손가락과 집게손가락으로 잡고, 손바닥이 관객을 향하게 한다. 관객은 마술사의 양손이 비어 있음을 확인하고, 손수건 전체를 보게 된다.

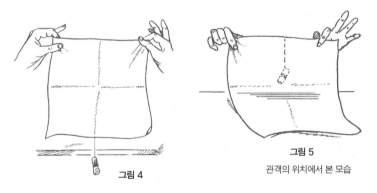

그림 4

그림 5

관객의 위치에서 본 모습

오른손을 넣고, 왼손으로 잡고 있는 꼭짓점을 오른손으로 옮겨 잡는다. 그리고 오른손으로 잡고 있다가 놓은 모서리를 왼손으로 잡는다. 그럼 손수건이 뒤집혀서 관객이 보고 있던 면이 마술사 쪽으로 온다. (꼭 이렇게 해야 하는 것은 아니지만, 여기에서는 빈센트의 방법 그대로 설명하고자 한다. 물론 단순히 팔을 엇갈려서 손수건의 뒷면을 보여줘도 된다.) 손수건의 앞뒤를 보여주면서 말한다.

"비밀 공간이나 문, 거울 같은 것은 전혀 없습니다."

펼친 손수건을 테이블에 내려놓는다. 이때 양손으로 잡고 있는 위 꼭짓점이 모두 관객 쪽으로 가게 한다. 손수건의 아래 꼭짓점은 테이블 모서리에서 6.2~7.5cm 정도 떨어져 있다. 지폐는 여전히 테이블 뒤에 숨어 있다.

양손 엄지손가락과 집게손가락으로 손수건의 아래 꼭짓점을 잡고 위로 올려서 지폐가 손수건 뒤로 오게 한다(**그림 5**). 지폐가 갑자기 올라와서 손수건을 치는 일이 없도록 천천히 진행해야 한다. (이때 손수건을 살짝 앞으로 당기면 더욱 쉽게 할 수 있다.)

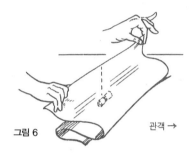

그림 6   관객 →

쉬지 않고 계속해서 손수건을 위로 올리면서 팔을 밖으로 살짝 뻗는다. 손수건을 완전히 들어 올리지 않고, 손수건 끝부분이 테이블 위에 남아 있는 상태에서 잡고 있는 모서리를 마술사 쪽으로 내려놓는다. **그림 6**은 손수건을 완전히 놓기 전의 모습이다. 이와 같은 동작을 벨리 폴드(Belly fold)라고 한다. 미리 준비해둔 지폐는 손수건의 아래에 숨어서 보이지 않는다.

위의 모든 과정은 연속 동작으로 이루어져야만 한다. 단지 설명을 위해 과정을 나눴을 뿐이며, 실전에서는 물이 흐르듯 자연스럽게 진행되어야 한다.

꽤 빳빳한 지폐를 빌린다. 1달러 지폐가 가장 좋다. 그러나 다른 지폐를 빌려도 큰 문제는 되지 않는다. 관객에게 지폐의 앞면에 사인을 하라고 한 뒤, 지시에 따라 지폐를 접고 말게 한다. 이때 미리 준비해둔 지폐와 똑같이 접어서 만다. (어차피 지폐를 접고 말면 액수가 보이지 않기 때문에 어떤 지폐를 사용해도 상관없다.) 고무밴드로 지폐를 감아서 준비해둔 지폐와 똑같이 만든다.

왼손을 펴서 관객에게 지폐를 손바닥 위에 놓으라고 한다. 그리고 손수건으로 지폐를 덮겠다고 말하면서 당신 가까이에 있는 모서리 가운데(실이 꿰매진 부분)를 오른손으로 잡는다. 이때 엄지손가락을 손수건 맨 위층 아래에 넣는다. 손수건으로 왼손 손바닥과 위에 놓인 지폐를 덮는다. 그럼 준비해둔 지폐는 거의 자동적으로 왼손 손바닥 위에 올라온다. 그리고 실이 꿰매진 부분은 왼손 손목 위에 위치한다(**그림 7**).

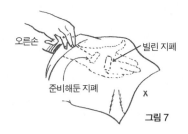

그림 7

이제 지폐를 바꿔야 한다. 손수건으로 왼손을 덮었을 때 관객은 거기에 빌린 지폐만 있다고 생각한다. 손수건의 바깥 모서리(**그림 7**의 X)를 오른손으로 잡는다. 이때 엄지손가락 위, 나머지 손가락 아래에 위치한다. 오른손 손가락을 손수건 아래에 넣으면서 왼손을 아래로 기울여서 빌린 지폐를 오른손으로 떨어뜨린다. (쭉 뻗은 오른손 손가락이 쭉 편 왼손 손가락 아래에 위치해야 한다. 그리고 반드시 빌린 지폐를 오른손에 떨어뜨려야 한다.) 미리 준비해둔 지폐는 실로 연결되어 있기 때문에 여전히 그 자리에 있다.

계속해서 X를 가까이 가져와서 준비해둔 지폐를 보여준다. 그리고 모서리를 잡은 오른손을 왼손 손목 위에 놓고, 손수건을 접어서 빌린 지폐를 접은 부분 안쪽에 둔다(**그림 8**). 그럼 아주 자연스럽게 감쪽같이 지폐 두 개를 바꿀 수 있다. 관객은 마술사가 손수건을 걷어서 지폐를 보여줬다고 생각한다. 손목에 둔 지폐가 떨어질까 걱정된다면 오른손 집게손가락과 가운뎃손가락으로 준비해둔 지폐를 집으면서 엄지손가락으로 빌린 지폐를 잡으면 된다(**그림 9**).

물론 손수건 모서리를 들춰서 준비해둔 지폐를 보여줄 때, 빌린 지폐를 핑거 팜으로 잡아도 된다. 그리고 손수건을 내려놓아도 된다. 하지만 위의 과정을 생략해야 하는 안타까움이 남는다.

자, (왼손 손목 위에 있는) X와 빌린 지폐를 다시 잡고 모서리를 앞으로 가져간다. (즉, 미리 준비해둔 지폐와 왼손 손바닥을 다시 덮는다.)

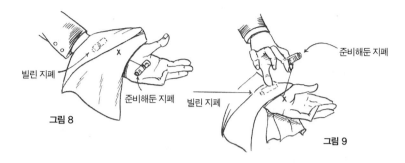

빌린 지폐

준비해둔 지폐

빌린 지폐

준비해둔 지폐

그림 8

그림 9

오른손 손가락으로 (빌린 지폐를 핑거 팜으로 잡은 상태에서) 준비해둔 지폐를 손수건 가운데를 통해 잡아 관객에게 건넨다. 관객 역시 마술사처럼 손수건을 통해 지폐를 잡는다.

이제 양손을 바지주머니에 넣어서 빌린 지폐를 튜브 안에 넣는다. 아직 튜브를 잠그지 말고, 튜브 안에 지폐를 넣기만 한다. 양손을 꺼낸다. 이때 왼손으로 빌 튜브의 열쇠를 꺼내 관객에게 건넨다. (일반 튜브를 사용하는 경우에는 지팡이나 연필 등 주머니에 있는 물건을 꺼낸다.)

'금고' 에 대해서 이야기하면서 곧 금고를 주겠다고 말한다. 확실히 빈 것처럼 보이는 오른손을 주머니에 넣어 튜브를 잠근 뒤, 튜브를 꺼낸다. 그리고 튜브를 '금고' 라고 부르면서 관객에게 건넨다.

오른손으로 관객이 들고 있는 손수건과 지폐를 건네받는다. 이번에도 손수건을 통해서 지폐를 잡아야 한다. 왼손으로 손수건 모서리 X를 들어올려서 (준비된) 지폐를 보여준다. 원한다면 (왼손으로) 지폐를 들어서 관객에게 보여줘도 된다. 이때 실이 끊어지지 않도록 주의해야 한다. 다시 손수건으로 지폐와 손을 덮은 뒤, 손수건과 지폐를 왼손으로 옮겨 잡는다.

"잘 기억하십시오. 당신이 금고를 가지고 있고, 제가 지폐를 가지고 있습니다."

관객이 빌 튜브를 들고 있으면서 마술사가 지폐를 들고 있는 것을 볼 수 있기 때문에 더 큰 반응을 얻을 수 있다.

지폐를 사라지게 한다. 방법은 다음과 같다.

실을 꿰맨 모서리가 가까이 오게 한다. (역시 약간 연습을 하면 머뭇거리지 않고 자연스럽게 원하는 대로 손수건을 놓을 수 있다. 물론 원한다면 실을 꿰맨 부분에 연필 등으로 표시를 남길 수도 있다.)

꿰맨 (가까이에 있는) 모서리의 가운데를 오른손으로 잡는다. 이때 엄지손가락으로 아랫면을, 나머지 손가락으로는 윗면을 잡는다. 왼손으로 손수건과 지폐를 놓고, 왼쪽 위 모서리를 잡는다. 그리고 오른손으로 옆으로 움직여서 오른쪽 위 모서리를 잡는다. (그럼 손수건은 **그림 2**처럼 된다.)

빈센트는 팔을 엇갈려서 손수건의 뒷면을 보여줬다.

왼손을 위로 움직이기 시작하여 오른쪽으로, 오른손 위(앞)로 가져온다. 왼손은 안쪽으로, 왼쪽으로 움직인다. 그럼 왼손 손바닥이 처음에는 마술사를 향하지만, 왼손이 오른쪽 어깨 앞으로 가면 손을 뒤집어서 손바닥이 관객을 향하게 한다(**그림 10**).

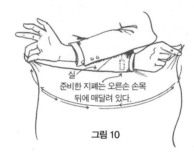

실
준비한 지폐는 오른손 손목
뒤에 매달려 있다.

그림 10

이렇게 팔을 엇갈리는 동작을 하는 동안 준비한 지폐는 아래로 늘어져 있다. 그리고 오른손을 지폐 앞으로(손수건과 실 사이로) 움직이면 지폐는 오른손 손목 뒤에 위치한다.

물론 복잡하게 들릴 것이라는 사실은 알고 있다. 그러나 설명하기 어려운 것이 현실이다. 몇 번 나의 지시를 따르면 무슨 말인지 이해할 수 있을 것이다.

이 과정을 그대로 거꾸로 해서 지폐를 손수건 뒤로 가져온다. 관객은 지폐가 사라졌다고 생각한다. 손수건 아래 모서리부터 테이블에 내려놓으며 손수건을 접는다. 물론 손수건은 접은 부분 안쪽에 숨긴다.

이제 남은 것은 연기뿐이다. 관객에게 (열쇠로) 빌 튜브를 열어보라고 한다. 열쇠가 없다면 지팡이나 연필로 튜브를 건드리라고 한다. 튜브 안에서 지폐가 나타난다. 기적과도 같다!

★ 참고

이런 종류의 동작을 설명하기란 상당히 어렵다. 앞에서 설명한 것처럼 손수건에 지폐를 연결하고, 여러 번 연습해야 한다.

만약 팔을 엇갈려서 지폐를 사라지게 하는 동작을 배우기 싫다면 오프닝과 같은 방법으로 손수건의 양면을 보여줘도 된다. 지폐가 테이블 뒤로 가게 한 뒤, 손수건을 뒤집어서 보여주고 벨리 폴드를 하면 된다(**그림 5, 그림 6**). 물론 이 방법도 좋지만, 가능하면 팔을 엇갈려서 손수건 양면을 보여주는 방법을 배우는 것이 좋을 것이다.

물론 다른 방법도 있다. 예를 들어서 손수건을 사라지게 할 때, 앞에서 설명한 방법 대로 양손으로 손수건의 양쪽 위 모서리를 잡고 앞면을 보여준다. 그리고 손수건을 기울이면, 즉 왼손을 위로 올리고 오른손을 아래로 내리면 지폐가 오른쪽으로 움직이기 때문에 오른손으로 지폐를 잡을 수 있다(**그림 11**). 그런 다음 오른손을 놓고 왼손으로 잡은 부분을 오른손으로 잡고 오른손으로 잡고 있던 부분을 왼손으로 잡는다. 즉, 양손의 위치를 바꾼다. 이때 지폐는 여전히 오른손에 숨어 있다. 단, 이렇게 손을 움직일 수 있을 정도로 실이 길어야 한다.

그림 11

이 과정을 반복한다(왼손을 놓고, 양손의 위치를 바꾼다). 그리고 지폐를 놓아서 손수건 뒤에 숨긴 뒤, 손수건을 테이블에 내려놓는다.

지폐를 사라지게 한 뒤 손수건을 테이블에 내려놓고, 관객에게 튜브를 열어보라고 한다. 관객이 튜브를 여는 동안 아무 말 없이 손수건을 반으로 (왼쪽에서 오른쪽으로, 혹은 오른쪽에서 왼쪽으로) 접어서 주머니에 넣는다.

마지막으로 필요하다고 생각된다면 손수건을 관객에게 건넬 수도 있다. 그 전에 실을 끊어서 지폐를 제거하면 된다. 우선 지폐를 테이블 뒤에 숨기고 손수건을 보여준다(**그림 4**). 그리고 상체를 기울여서 몸으로 실을 누른다. 그 상태에서 손수건을 관객에게 건네면(혹은 테이블에 내려놓으면) 실이 자동적으로 끊어진다. 그리고 준비한 지폐는 허벅지 위로 떨어진다. 제대로 하면 관객은 전혀 의심하지 않으며, 아주 멋진 공연이 된다.

상자 안의 동전
The Boxed Coins

비슷한 루틴이 있었다. 지금 소개하는 내용은 브루스 커본(Bruce Cervon)이 자주 사용하던 멋진 루틴이다.

★ 이펙트
동전 네 개를 보여주고, 오키토 타입 동전 상자(Okito-type coin box)를 보여준다. 손에 있던 동전이 하나씩 사라져서 상자 안에서 나타난다.

★ 준비물과 준비
1. 50센트 동전 다섯 개
2. 오키토 동전 상자 하나. 혹은 비슷한 상자
동전 다섯 개를 상자 안에 넣고, 뚜껑을 닫는다.

시연
주머니에서 상자를 꺼내 보여준다. 그리고 동전을 손바닥에 쏟는다. 이때 관객은 동전이 몇 개인지 알 수 없다. 오른손에 동전을 놓은 뒤, 상자 뚜껑을 닫는다. 그리고 테이블 모서리에서 3.7cm 떨어진 지점에 내려놓는다.

오른손 엄지손가락으로 동전 하나를 밀어서 손가락 끝으로 잡는다. 그 동전을 왼손으로 잡으면서 오른손 엄지손가락으로 또 다른 동전을 밀어낸다(**그림 1**). 이렇게 동전을 보여준 뒤 동전을 테이블 위, 약간 왼쪽에 내려놓는다.

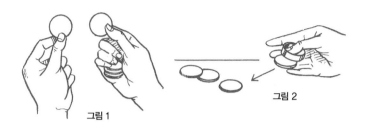

그림 1   **그림 2**

오른손 엄지손가락으로 동전 두 개를 한꺼번에 밀어 올린다. (이때 세 번째와 네 번째 동전을 따로 올릴 경우 마지막 동전과 부딪혀서 소리가 날 수 있기 때문에 두 개를 한 번에 올리는 것이다.) 왼손으로 동전 하나를 건네받아 양손으로 각각 동전 하나씩 잡는다. 그리고 테이블 위의 동전 옆에 나란히 내려놓는다.

그럼 이런 상황이 된다. 동전 네 개가 테이블 위, 마술사 왼쪽에 일렬로 놓여 있다. 상자를 연 뒤, 뚜껑을 마술사 바로 앞 테이블 모서리 가까운 곳에 놓는다. 그리고 다섯 번째 동전은 오른손에 핑거 팜으로 잡는다.

오른손으로 상자를 집거나 왼손으로 상자를 집어서 오른손에 놓는다. 그럼 팜으로 잡고 있는 동전 바로 위에 상자가 위치하며, 손을 펴서 빈 상자를 보여줄 수 있다. 왼손으로 동전 하나를 집어서 상자 안에 넣는다. 그러면서 다음과 같이 말한다.

"저는 여기에 있는 동전 네 개를 상자 안으로 날려 보내고 싶습니다. 마술로 한 번에 하나씩 말입니다."

상자 안에 있는 동전을 밖으로 꺼내 나머지 동전 세 개와 나란히 놓는 척한다. 하지만 실제로는 오른손 엄지손가락 끝으로 상자 안에 있는 동전을 누르고, 상자 아래에 숨겨둔 동전을 떨어뜨린다. 이 부분이 루틴에서 가장 중요한 동작이며, 제대로 하면 감쪽같다. 엄지손가락으로 상자 안에 있는 동전을 누르면 (자동적으로) 상자는 집게손가락과 맞닿게 된다. 이 상태에서 나머지 손가락의 힘을 풀고, 손을 안쪽으로 살짝 틀면 상자 아래에 있는 동전이 떨어진다(**그림 2**).

동전이 테이블에 떨어지면 왼손으로 뚜껑을 집고 동시에 오른손에 있는 상자를 원래대로 뒤집어서 뚜껑을 닫는다. 이제 상자를 테이블에 내려놓고, 동전 네 개와 상자를 보여준다. 관객은 상자 안에 동전 하나가 들어 있다는 사실을 전혀 알지 못한다.

(브루스는 종종 다른 방법으로 오프닝을 하여 같은 효과를 냈다. 그는 동전 네 개를 상자 안에 넣어두고, 다섯 번째 동전은 오른손에 핑거 팜으로 숨겨뒀다. 그리고 동전 네 개를 테이블에 쏟았다. 다음으로 동전 하나를 집어서 상자에 넣으면서 설명을 하고 나서 왼손을 나머지 동전 쪽으로 움직이며 상자에 있는 동전(?)을 테이블에 쏟았다.)

오른손으로 테이블에 놓인 동전 하나를 집는다. 그리고 동전을 왼손에 놓는 척하면서 오른손에 팜으로 숨긴다. 마치 마술로 손에 있는 동전을 상자로 이동시키는 척하면서 동전이 사라졌음을 보여준다. (왼손을 상자 위로 가져가도 된다.) 왼손이 비어 있음을 보여준 뒤, 곧바로 왼손으로 상자를 연다.

상자 안에 있는 동전을 보여준다. 그리고 왼손으로 상자 뚜껑을 내려놓으며, 오른손으로 상자를 잡는다. 상자 안에 있는 동전을 왼손에 쏟는 척하면서 앞에서 설명한 과정을 반복한다. 즉, 상자 안에 있는 동전은 그대로 두고, 상자 아래 숨겨둔 동전을 쏟는다.

왼손을 폈다가 쥐면서 동전의 앞뒤를 보여준다. 이제 동전을 잡은 왼손을 아래로 움직여 오른손으로 동전을 건네받는다. 그럼 상자 안에 동전이 있다는 사실을 숨길 수 있다. 비록 상자 안에 두 개의 동전이 있지만 관객은 상자 안에 있는 동전이 하나뿐이라고 생각한다. 실제로 그렇게 보이기도 한다. 왼손으로 상자의 뚜껑을 덮고, 상자를 테이블에 내려놓는다.

테이블에 남은 동전 세 개 중 하나를 집어서 첫 번째 동전과 같은 방법으로 사라지게 한다. 왼손이 비어 있음을 보여주기 위해 테이블에 놓인 상자의 뚜껑을 왼손으로 열어서 테이블에 내려놓아도 좋다. 그런 다음 왼손으로 상자 안에 있는 동전 두 개를 쏟고, 곧바로 상자를 오른손에 팜으로 숨긴 동전 위에 놓는다.

왼손으로 방금 쏟은 동전 하나를 상자 안에 넣는다. 그리고 오른손으로 상자 안에 있는 동전을 잠시 보여준 뒤, 다시 왼손에 쏟는다. 전과 같은 방법으로 상자 아래 숨겨둔 동전을 쏟고, 왼손에 있는 동전을 상자 안에 넣는다. 첫 번째 동전을 넣으며 '하나', 두 번째 동전을 넣으며 '둘'을 센다. 다시 상자 안을 보여준 뒤, 뚜껑을 닫아서 테이블에 내려놓는다.

남은 동전 두 개 중 하나를 집어서 사라지게 한다. 그리고 클래식 팜 포지션을 이용하여 동전을 오른손에 숨긴다. 왼손으로 상자 뚜껑을 열어서 치워두고, 상자 안에 있는 동전 세 개를 테이블에 쏟는다. 오른손으로 동전을 하나씩 집어서 상자 안에 넣는다. 그리고 뚜껑을 닫는다. 다음으로 상자에서 오른쪽으로 20~25cm 떨어진 지점에 오른손을 놓는다.

왼손으로 마지막 동전을 집는 척한다. 그러나 실제로는 동전을 집는 척하면서 동전을 테이블 모서리로 끌어온 뒤 허벅지로 떨어뜨린다. 왼손을 상자 위로 가져가서 동전을 사라지게 한다. 그리고 살짝 앞으로 기울여서 상자 안을 들여다본다. 오른손 손가락 끝으로 몸을 지탱한다. 즉, 손가락을 벌린 상태에서 손가락 끝으로 테이블을 눌러서 몸을 기댄다.

왼손으로 상자를 집고, 동전을 오른손에 쏟는다. 그리고 동시에 오른손에 팜으로 숨기고 있던 동전을 테이블에 떨어뜨린다. 이는 기본적으로 한 핀 치엔(Han Pin Chien) 동작이다. 오른손을 살짝 오른쪽으로 움직이고, 동시에 (팜으로 숨기고 있던 동전을 떨어뜨리면서) 테이블에 놓인 동전 네 개를 보여준다(**그림 3**).

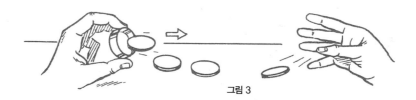

그림 3

★ **참고**

제대로 하면 아주 훌륭한 루틴이 된다. 연습 시간이 필요하지만 충분히 그만한 가치가 있다.

브루스는 종종 마무리를 할 때 다른 연기를 펼쳤다. 그는 오른쪽에 있는 관객(보통 여성)에게 손가락을 상자 위에 올려놓으라고 말한다. 그리고 (동전을 사라지게 한 뒤) 손가락을 치우라고 말한다. 다음으로 뚜껑을 열고, 팜으로 숨긴 동전과 함께 상자 안에 있는 동전을 쏟는다. 관객이 상자를 잡는 부분은 미스디렉션일 뿐이다. 또한 관객의 시야를 살짝 가리기 때문에 팜으로 숨긴 동전을 들키지 않을 수 있다.

한 핀 치엔 동작 역시 제대로 하면 감쪽같다. 나는 이 동작을 하면서 오른손으로 동전을 펼친다. 즉, 왼손으로 상자 안에 있는 동전을 오른손 쪽으로 쏟는다. (오른손 위가 아니라 오른손이 있는 방향이다.) 그리고 쏟은 동전을 펼치면서 손에 숨긴 동전을 내려놓는다. 동전을 펼친다는 명목이 있기에, 오른손을 동전 가까이 가져가도 아무런 의심을 사지 않는다. 제대로 하면 거의 완벽하게 관객을 속일 수 있다.

토니 스피나의 테이블을 통과한 동전
Tony Spina's Coin Through Table

테이블을 통과한 동전 루틴에서 마지막 동전을 테이블에 통과시키는 또 다른 방법이다. 관객을 놀라게 할 뿐만 아니라 재미를 선사할 수 있다.

★ 이펙트

마술사가 동전 하나를 오른손 손바닥에 놓고 보여준다. 그리고 테이블 모서리에서 20cm 떨어진 지점을 손가락으로 가리킨다. 그러면서 동전을 그 부분에 통과시키겠다고 말한다. 오른손으로 테이블을 내려친 후, 손을 올리자 동전이 보이지 않는다. 왼손으로 테이블 아래에서 동전을 잡는다. 오른손은 테이블 모서리 근처도 가지 않는다.

시연

관객이 테이블 반대편에 앉아 있을 때만 할 수 있다. 우선 동전 하나를 오른손 손가락(끝)에 놓고 보여준다. 이때 손바닥이 위를 향하게 한다. 손을 쥔 뒤, 아래로 뒤집으면서 집게손가락을 펴서 테이블을 건드린다.

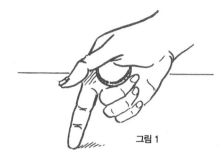

그림 1

이때 동전을 섬 팜 포지션으로 잡는다(**그림 1**). 위치만 정확하게 잡으면 쉽게 동전을 섬 팜으로 잡을 수 있다. 한두 번 해보면 동전의 정확한 위치를 알 수 있으며, 손가락을 구부리면 자동적으로 섬 팜 포지션이 된다.

"저는 이 동전이 테이블을 통과하도록 만들겠습니다. 보십시오!"

손을 쥐어서 주먹을 만든 뒤, 테이블을 한두 번 친다. 관객은 그저 마술사가 주먹을 쥐어서 테이블을 친다고 생각한다. 그러나 손가락을 구부릴 때, 손가락 끝으로 동전 모서리를 건드린다.

그리고 테이블을 치기 위해 주먹을 안쪽으로 구부리면서 집게손가락 끝으로 동전 모서리를 밀어낸다. 그럼 동전이 주먹 밖으로 떨어져 테이블 모서리로 와서 허벅지 위로 떨어진다(**그림 2**).

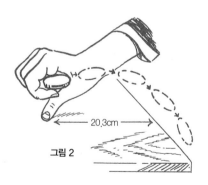

20.3cm

그림 2

몇 번 연습하면 감이 올 것이며, 감만 잡으면 아름답게 할 수 있다. 집게손가락 끝으로 동전 모서리를 누를 때, 손을 안쪽으로 구부려야 한다. 이 두 가지 동작을 동시에 하면 동전이 회전을 한다.

마무리는 명확하다. 오른손을 펴 테이블을 쳐서 동전을 통과시키는 척한다. 그리고 손을 들어 동전이 사라졌음을 보여준다. 왼손으로 테이블 아래에서 동전을 가져오는 척한다.

★ 참고

나는 첫 번째 시도에 완벽하게 해냈다. 항상 각도를 잘 생각해야 한다. 동전의 궤도 또한 잘 생각해야 한다. 만약 동전이 너무 높이 날아오르면 관객이 동전을 보게 된다.

관객이 서 있다면 동전이 움직이는 것을 볼 수 있으므로 이 동작은 할 수 없다. 또한 동전이 테이블 모서리를 치지 않도록 주의해야 한다. 적당한 높이를 찾아야 한다. 테이블 모서리에서의 거리를 달리하면서 여러 차례 연습하는 것이 좋다. 연습만 하면 누구나 할 수 있다.

멋진 마술이 된다!

빌리 슈나이더의 펜스 인플레이션
Willie Schneider's Penny Inflation

내 오랜 친구인 빌리 슈나이더(Willie Schneider)가 내게 보여준 동전의 위치를 바꾸는 마술이다.

★ 이펙트

마술사가 은 동전(50센트)을 관객의 손 위에 놓는다. 그리고 반대쪽 손에 1센트 동전을 놓는다. 은 동전만 남겨놓고, 1센트를 집는다. 그리고 나서 마술사는 은 동전을 보여준다. 관객의 손에는 1센트 크기의 은 동전이 있다.

★ 준비물

1. 은 동전 하나
2. 평범한 1센트 동전 하나
3. 큰 1센트 동전 하나. 마술용품점에서 구할 수 있다.

준비

오른손에 큰 1센트 동전을 핑거 팜으로 숨긴다.

시연

보통 1센트 동전을 오른손 손가락 끝에 놓고, 은 동전은 왼손 손가락 끝에 놓고 관객에게 보여준다. 그리고 (맞은편에 앉아 있는) 관객에게 손을 펴서 손바닥이 보이도록 내밀라고 말한다. 그런 다음 오른손잡이인지 왼손잡이인지 묻는다. 어떤 답을 하건, 오른손 손바닥 위에 은 동전, 왼손 손바닥 위에 1센트 동전을 놓는다.

"기억하십시오! 오른손에 은 동전이 있습니다. 이제 양손을 쥐십시오. 그리고 뒤집어 주세요. 좋습니다. 잘 기억하고 계신가요? (오른손을 가리키며) 맞습니다. 은 동전입니다."

오른손 손가락을 이용해서 관객의 오른손을 편다. 그리고 손가락 끝으로 은 동전을 집으며 말한다.

"여기에 은 동전이 있습니다."

동전을 왼손에 놓으면서 큰 1센트 동전으로 바꾼다. 일명 '스로(throw)' 스위치(switch)이다. 오른손을 펴서 팜으로 숨기고 있던 큰 1센트 동전을 왼손에 놓으면 된다 (그림 1). 동전이 손에 닿으면 곧바로 왼손을 주먹 쥔다.

"잘 잡고 계세요."

그러면서 왼손으로 큰 1센트 동전을 관객의 오른손 손바닥 위에 놓는다. 이때 손가락으로 가려서 관객이 바뀐 동전을 보지 못하게 한다. 곧바로 손가락을 접고 손을 뒤집는다. 관객이 미리 손을 펴보지 못하도록 왼손 손가락으로 관객의 오른손을 살짝 잡는다.

왼손으로 관객의 오른손을 뒤집으면서 오른손으로 관객의 왼손을 가리킨다.

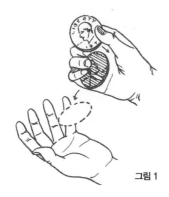

그림 1

"이 손을 펴 보세요. 여기에 1센트 동전이 있습니다."

왼손에 있는 1센트 동전을 오른손으로 집어서 관객의 오른손 손등 위에 놓는다. 이제 관객의 오른손을 잡고 있던 왼손을 놓을 수 있다. 잠시 멈춘다. (여기에서 미스디렉션을 자연스럽게 만들어야 한다. 반드시 오른손으로 관객의 왼손을 가리키면서 왼손으로 오른손을 뒤집어야 한다. 그럼 관객은 왼손에 집중하게 된다.)

관객의 오른손 손등에 있는 1센트 동전을 오른손 손가락으로 집고, 왼손으로 던진다. 이번에는 팜으로 숨기고 있던 은 동전을 왼손에 놓는다.

"만약 제가 1센트를 잡고 있다면, 당신이 가지고 있는 동전은 어떤 동전이죠?"

오른손을 가리키며 말한다. 관객은 동전이 크다고 느끼고, 또한 마술사가 동전을 바꾸는 것을 못 봤기 때문에 당연히 "은 동전이요"라고 말한다. "아닙니다. 은 동전은 제게 있는 걸요"라고 말하며 왼손을 펴서 동전을 보여준다.

"당신은 1센트 동전을 가지고 있습니다."

직접 동전을 확인하게 한다.

은 동전을 관객 손에 있는 큰 1센트 동전 위에 놓는다. 관객이 동전을 직접 살펴보는 동안 평범한 1센트 동전을 주머니에 넣을 수 있는 시간을 벌 수 있다. 혹은 관객의 손에 있는 동전을 오른손으로 집어 동전 세 개를 모두 주머니에 넣는다.

★ 참고
큰 1센트 동전이 은 동전과 비슷한 크기이기 때문에 멋지게 성공할 수 있다. 빠르게 진행되며, 관객이 마술에 문외한이라면 보통 큰 1센트 동전을 신기해한다.

소카(Sorcar)

프랭크 그라시아의 플립-오버 펜스
Frank Gracia's Flip-Over Penny

프랭크 그라시아(Frank Gracia) 역시 나의 친구이다. 내가 그에게 책에 소개할 마술을 하나 알려달라고 했을 때, 그는 이 마술을 보여줬다.

★ 이펙트

관객에게 1센트 동전을 하나 빌린다. 그리고 동전을 왼손 주먹 손등 위에 놓는다. 오른손을 위로 움직이자 동전은 천천히 (마술사와 멀어지도록) 움직여 손끝에 가서 균형을 잡는다. 잠시 그대로 균형을 잡고 있다가 튀겨서 주먹 안쪽에 잡는다. 마술사는 테이블에 동전을 떨어뜨리며, 관객에게 또다시 보길 원하는지 묻는다. 그리고 같은 이펙트를 반복한다. 그런 다음 관객에게 동전을 돌려준다.

★ 준비물

1. 1센트/10센트 인서트를 넣을 수 있는 1센트 셸 하나. 인서트의 한 면은 10센트, 반대쪽 면은 1센트여야 한다. 그리고 셸에 넣으면 고정되어 인서트가 쉽게 빠지지 않으며, 평범한 1센트 동전처럼 보인다. 마술용품점에서 구할 수 있다(**그림 1**).

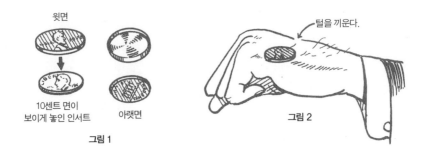

윗면

10센트 면이
보이게 놓인 인서트   아랫면

그림 1

털을 끼운다.

그림 2

준비

이 마술을 하기 위해서는 왼손 손등에 털이 좀 있어야 한다. 우선 10센트 면이 보이도록 인서트를 왼손 손등에 놓는다. 그리고 살짝 주먹을 쥔다. 이때 털 한 가닥이 당신 가까이에 위치한 모서리에 닿아야 한다. 즉, **그림 2**에서와 같이 동전이 밖을 향하고 있다.

이제 인서트 위에 셸을 씌운다. 이때 반드시 인서트와 셸 사이에 털이 끼어야 한다. 그리고 인서트를 셸에 고정시킨다(**그림 1**). 이 상태에서 손을 펴서 뒤집어도 동전은 떨어지지 않고 손등에 매달려 있다.

공연 전에 반드시 실험을 해봐야 한다. 손을 밖으로 휙 돌려 동전이 매달린 쪽이 밖을 향하게 한다. 이때 '시연'에서와 같이 주먹을 꽉 쥔 상태로 손을 돌렸을 때, 동전이 위로 올라와야 한다.

시연

관객에게 1센트 동전을 빌려서 오른손으로 건네받는다. 건네받은 동전을 살짝 주먹을 쥔 왼손 손등에 놓으면서 한걸음 뒤로 물러선다. 이때 오른손에 있는 동전을 놓지 않고, 왼손 뒤에 매달아 놓은 동전을 위로 올려서 관객에게 보여준다. (왼팔을 올리면서 동전이 손등 위로 오게 해야 한다.) 이 모든 과정을 오른손 손가락으로 가린다.

타이밍을 잘 맞추면 마치 빌린 동전을 왼손 손등에 놓는 것처럼 보인다. 그리고 한걸음 뒤로 물러서는 데에는 두 가지 이유가 있다. 첫째, 가까이 있으면 털이 끼어 있다는 사실을 관객이 볼 수도 있다. 둘째, 관객이 자신이 빌려준 동전이 아니라는 사실을 알아볼 수도 있다. 아무리 비슷한 동전을 빌리더라도, 알아챌 수 있기에 조심하는 것이 좋다.

이제 빌린 동전은 클래식 팜으로 숨긴다. 그리고 왼손 주먹을 꽉 쥐면서 오른손을 왼손 위로 가져가서 움직인다. 왼손 주먹을 (특히 새끼손가락 부분을) 꽉 쥔다. (어리석게 들릴지 모르지만, 직접 해보면 왜 이렇게 해야 하는지 알게 될 것이다.) 그럼 동전이 천천히 손날 가까이로 움직인다. 즉, 마술사로부터 점점 멀어진다(**그림 3**).

그림 3

　한두 차례 해봐야 감이 올 것이다. 그리고 조금만 연습하면 동전의 균형을 잡을 수 있게 된다. 다음으로 밖을 향해 동전을 납작하게 눕힌다. 이때 손을 살짝 밖으로 기울이면 더욱 쉽게 할 수 있다.

　이제 처음에 했던 동작을 거꾸로 반복한다. 즉, 동전을 오른손으로 잡는 척한다. 하지만 실제로는 팜으로 잡고 있는 동전을 손가락 끝으로 잡아서 테이블에 떨어뜨린다. 그리고 왼손은 펴서 손바닥이 보이도록 뒤집는다. 이때 손등 뒤에 있는 동전은 보이지 않을 뿐 여전히 손등에 매달려 있다.

　동전을 테이블에 떨어뜨리면서 관객에게 다시 보고 싶은지 물어본다. 동전이 바깥쪽으로 움직이기 때문에 실로 연결되었을 수도 있다는 의심을 없앨 수 있다. 다시 동전을 집은 다음 한걸음 뒤로 물러나서 반복한다. 마지막에 동전을 잡아서 테이블에 떨어뜨리며 마무리한다.

★ 참고

　손을 앞뒤로 움직이며 빌린 동전을 바꾸는 과정을 설명하기는 어렵다. 하지만 한두 번 해보면 충분히 이해할 수 있을 것이며, 아주 자연스럽게 할 수 있을 것이다. 정말로 빌린 동전을 손등에 놓은 것처럼 연기하며, 오른손에 있는 동전을 가리고, 왼손에 있는 동전을 보이게 만든다. '플립' 오버를 마친 후에는 위의 과정을 따르면 된다.

　단, 항상 각도에 유의해야 한다. 절대 손등에 대롱대롱 매달려 있는 동전을 관객에게 보여줘서는 안 된다. 원한다면 천천히 혹은 빨리 동전을 움직일 수 있다. 하지만 천천히 움직여야 더욱 마술처럼 보인다. 또한 원한다면 빌린 동전에 관객이 표시를 하게 해도 된다.

   마지막에 손등에 있는 동전을 없애기 위해서는 손을 주머니에 넣고 동전을 문지르면 된다. 혹은 관객에게 동전을 돌려주면서 왼손 손등에 있는 동전을 빼도 된다. 혹은 관객이 보지 못하는 곳으로 손을 내려서 동전을 당겨도 된다. 그래봐야 털 한두 개가 빠질 뿐이다.

10센트로 변한 5센트 동전 루틴
(톰 피츠제럴드)

A Nickel to Dime Routine(Tom Fitzgerald)

이 유명한 동전 마술에 대해서 수많은 사람들이 궁금해 했다. 지금 여기에서 그 비법을 공개하고자 한다.

★ 이펙트

   니켈 동전 네 개를 관객에게 빌린다. 그리고 체인지 지갑에는 10센트 동전 네 개가 들어 있는 것처럼 보인다. 관객이 체인지 지갑을 손에 잡는다. 그리고 마술사는 빌린 니켈 동전 세 개를 포커 칩 위에 놓고, 포커 칩과 동전을 관객의 손등에 놓는다.

   그 다음 캡으로 니켈 동전 네 개를 덮는다. 마술사의 명령에 니켈 동전이 모두 10센트 동전으로 바뀐다! 그리고 체인지 지갑 안에서 니켈 동전이 발견된다. 마지막에 관객이 모든 것을 살펴본다.

준비물

1. 니켈 투 다임 아웃핏(nickel to dime outfit) 하나. 마술용품점에서 살 수 있다(**그림 1**).
2. 10센트 동전 여덟 개
3. 작은 체인지 지갑 하나

4. 포커 칩 하나(포커 칩 대신에 50센트 동전을 사용해도 된다.)

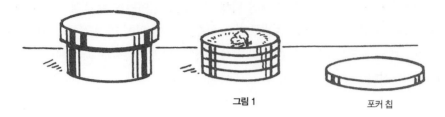

그림 1   포커 칩

준비

니켈 동전을 쌓아놓은 것처럼 보이는 틀(니켈 스택)에 10센트 동전 네 개를 넣는다. 그리고 이렇게 준비한 동전을 헝클어지지 않도록 외투 주머니 안에 만들어둔 체인지 주머니에 넣는다. 나머지 10센트 동전 네 개는 체인지 지갑 안에 넣어둔다. 체인지 지갑은 아무 주머니에나 넣어둔다. 그리고 니켈 투 다임 아웃핏의 캡을 가짜 니켈 스택이 들어 있는 주머니에 넣어둔다.

시연

이해를 돕기 위해서 단계별로 설명하겠다. 여기에 자신에게 어울리는 대사와 연기를 첨가하길 바란다.

1. 니켈 동전 네 개를 빌린다. 그리고 나란히 쌓아서 스택을 만든다. 그러면서 가짜 니켈 스택과 바꿔야 한다. (이 마술을 위한 준비가 끝났을 때, 몰래 10센트 동전이 들어 있는 가짜 니켈 스택을 주머니에서 꺼내 오른손에 숨긴다.)

2. 테이블 위에 있는 포커 칩이나 50센트 동전 위에 가짜 니켈 스택을 놓는다. 빌린 동전은 오른손에 숨긴다.

3. 체인지 지갑을 보여주며, 안이 비어 있다고 말한다. 그리고 지갑을 열고, 빌린 니켈 동전을 숨기고 있는 오른손으로 지갑을 잡는다. 그 상태로 지갑을 뒤집어서 안에 있는 10센트 동전 네 개를 테이블에 쏟는다.

4. 지갑에서 10센트 동전이 나와서 놀란 척 연기한다. 지갑을 왼손으로 옮겨 잡은 뒤, 오른손으로 동전을 줍는다. 다시 지갑의 입구가 위로 가도록 돌려 잡고, 10센트 동전을 넣는 척한다. 하지만 실제로 10센트 동전은 그래도 오른손에 두

고, 숨겨둔 니켈 동전만 지갑에 넣는다. 모습과 소리 모두 감쪽같다.

5. 지갑을 닫고, 관객에게 지갑 똑딱이 부분을 엄지손가락과 집게손가락으로 잡으라고 한다. 이때 관객의 손바닥은 아래를 향해야 한다.

6. 가짜 니켈 스택이 놓인 포커 칩 혹은 50센트 동전을 집어서 관객의 손등에 놓는다(그림 2).

그림 2

7. 오른쪽 주머니에서 캡을 꺼내면서 10센트 동전을 주머니에 넣는다.

8. 캡을 관객 손 위에 놓여 있는 니켈 스택 위에 씌운다. 그리고 거기에서 니켈 동전이 10센트 동전으로 바뀔 것이라고 설명한다.

9. 캡을 치우며 10센트 동전을 보여준다.

10. 관객에게 지갑을 열어서 뒤집어 보라고 한다. 그럼 니켈 동전이 떨어진다.

11. 관객이 모든 것을 직접 확인해볼 수 있다.

★ 참고

포커 칩이나 50센트 동전을 사용하는 이유는 분명하다. 테이블에 손으로 이동할 때 편리하게 하기 위함이다. 그리고 동전에 캡을 씌울 때 받침대 역할을 하며, 캡을 수평으로 잘 씌울 수 있다.

이지 머니('퍼기' A. 훅스)
EE-ZEE Money('FUGI' A. Fuchs)

새롭고 재미있는 '머니 프린트(money printing)' 이펙트이다. 제대로 하면 관객에게 재미
와 놀라움을 동시에 선사할 수 있다.

★ 이펙트

마술사가 (수표책 같이 생긴) 메모장을 보여준다. 그는 그것을 돈 인쇄기라고 부른다.
모든 페이지는 비어 있다. 마술사가 거기에 지폐 한 장을 인쇄하기 위해서는 표본이
필요하다고 말한다. 1달러, 5달러, 10달러, 20달러 상관없이 지폐 한 장을 빌린다. 여
기에서는 1달러를 빌렸다고 하자.

마술사가 주머니에 손을 넣어서 그 지폐에 해당하는 '인쇄판'을 꺼낸다. 지금은 1
달러 인쇄판을 꺼낸다.

　　　"지폐를 인쇄하기 위해서는 인쇄판이 필요합니다."

인쇄판을 뒤집어서 메모장의 맨 위 바로 아래에 놓는다. 그리고 메모장을 덮고, 관
객에게 윗면을 손으로 문지르라고 한다. 이때 롤러를 사용해도 된다.

　　　"조심해서 잘 해주십시오."

인쇄판을 뒤집어서 첫 장 앞면에 놓는다. 그런 다음 덮고 다시 문지른다. 이제 인쇄
판을 빼고 메모장을 열어보니 거기에 진짜 1달러 지폐가 놓여 있다. 메모장에서 지
폐를 뜯어서 관객에게 보여준다. 관객이 직접 지폐를 살펴볼 수도 있다.

★ 준비물
1. 메모장 하나

2. '인쇄판' 하나

3. 인쇄판을 만들기 위한 충분히 빳빳한 새 지폐 한 장

4. 투명 스카치테이프와 양면테이프 조금

준비

메모장 : 우선 지폐보다 약간 폭이 좁아야 한다. 그리고 메모장 자체는 지폐보다 약간 길고, 속지는 지폐와 거의 비슷한 길이여야 한다. (닫았을 때) 가로 16.8cm, 세로 6.3cm가 적당하다. 두께는 1.2cm 정도 되어야 다루기에 용이하다. 0.6cm 폭의 양면테이프(1.2cm 양면테이프를 반으로 자른다)를 맨 위 페이지 오른쪽에 붙인다. 그 전에 위 몇 장을 찢어내야만, 양면테이프가 겉표지에 붙지 않는다(**그림 1**).

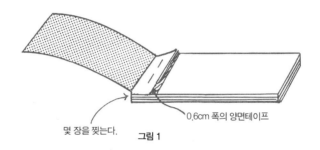

몇 장을 찢는다.   0.6cm 폭의 양면테이프

그림 1

인쇄판 : 새 1달러 지폐 두 장으로 만든 봉투이다. 우선 지폐 한 장을 앞면(워싱턴)이 보이게 놓고, 왼쪽 흰색 테두리를 잘라낸다. 그리고 이 지폐를 앞면이 보이도록 자르지 않은 다른 지폐 위에 나란히 놓는다. 그런 다음 오른쪽 모서리가 일렬이 되게 한 후 평범한 스카치테이프를 지폐 두 장이 맞닿은 부분에 붙인다. 그리고 위에 놓인 지폐를 아래로 접어서 지폐 두 장을 포갠 뒤, 접은 부분을 눌러 테이프 가운데 선을 만든다.

지폐를 다시 편 뒤, 아래 지폐의 아래 모서리에 테이프를 붙인다(**그림 2**의 점선 부분). 다시 지폐를 접은 뒤, 방금 붙인 테이프를 위로 접어서 붙인다. 이렇게 만들면 풀칠을 했을 때와는 달리, 봉투 안의 공간을 낭비하지 않을 수 있다.

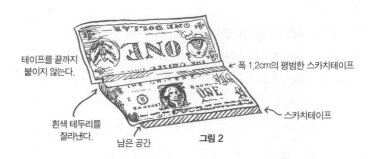

테이프를 끝까지
붙이지 않는다.

폭 1.2cm의 평범한 스카치테이프

흰색 테두리를
잘라낸다.

남은 공간

스카치테이프

그림 2

스카치테이프로 봉투의 오른쪽 모서리를 봉인한다. 그럼 이제 봉투의 왼쪽 모서리
만 열려 있고, 나머지는 모두 막혀 있다. 가로로 테이프를 붙일 때는 **그림 2**와 같이
왼쪽 모서리 끝까지 붙이지 말고, 약 0.3cm 정도 남겨둬야 한다.

또 다른 1달러 새 지폐를 꺼내, 위와 아래 모서리를 조금씩 잘라낸다. 조금만 잘라
내더라도, 봉투 안에 넣기가 훨씬 용이하다. (원한다면 한쪽 모서리만 잘라도 된다.) 가장 깔끔
한 방법은 쇠자와 면도날을 이용하는 것이다. 이렇게 자른 지폐를 봉투에 넣을 때는
봉투 지폐와 같은 방향을 향하게 한다. 앞면이 보이도록 봉투를 놓는다. 그럼 봉투를
만들 때 지폐 한 장의 한쪽 모서리를 살짝 잘랐기 때문에 안에 넣을 지폐의 왼쪽 모
서리가 살짝 보인다. 그럼 이제 봉투 양면을 모두 보여줄 수 있으며, 인쇄판 준비는
여기까지이다. 한 번 만든 인쇄판은 여러 번 사용할 수 있다.

★ 제안

봉투를 빳빳하게 만들면 더욱 오래 사용할 수 있을 뿐만 아니라 다루기가 훨씬 편
리하다. 먼저 자르지 않은 지폐를 두꺼운 종이나 플라스틱 판 등에 붙인 뒤, 한쪽 모
서리를 자른 지폐와 스카치테이프로 붙이면 된다. 원한다면 가짜 지폐나 복사본으로
인쇄판을 만들어도 된다. 인쇄판이기 때문에 꼭 진짜 지폐처럼 보일 필요는 없다.

또 '이펙트'에서 설명한 대로 연기하기를 원한다면 각 지폐에 해당하는 인쇄판을
만들어야 한다. 그렇게까지 하고 싶지 않다면 하나의 지폐를 선택하여 인쇄판을 만
들어두고, 관객에게 선택의 기회를 주지 않으면 된다.

시연

인쇄판을 보여주면서 돈을 찍어내는 기계에 대해 설명한다. 그리고 관객에게 어떤 액수의 지폐를 인쇄하길 원하느냐고 묻는다. 어떤 액수를 선택하건, 주머니에서 해당 인쇄판을 꺼낸다. (만약 인쇄판을 하나만 준비했다면 관객에게 선택의 기회를 주지 않고 그대로 진행한다.)

봉투를 꺼내면서 말한다.

"인쇄판 없이 돈을 인쇄할 수 있나요?"

자연스럽게 봉투의 앞뒤를 보여준다. 테이블 위에 놓인 메모장을 열고, 뒷면이 보이도록 인쇄판을 첫 장 아래에 놓는다. 조심스럽게 나란히 맞춘 뒤, 메모장을 닫고 뒷면부터 인쇄를 하겠다고 말한다. 그리고 오른손으로 메모장 윗면을 문지른다.

문지를 때, 왼손으로 메모장의 왼쪽 모서리를 잡아서 메모장이 움직이지 않게 한다. 이때 왼손 엄지손가락으로 모서리를 잡으면 된다(**그림 3**). 왼손 엄지손가락에 힘을 주지 않아도 된다. 원한다면 롤러로 메모장을 문질러도 된다.

관객이 보는 모습

그림 3

메모장을 열어서 '인쇄판' 을 **빼**낸다. 그리고 앞면이 보이도록 첫 장 위에 놓는다. 다시 메모장을 덮고 문지른다.

"이제 앞면을 인쇄하겠습니다."

전과 같이 왼손 엄지손가락으로 왼쪽 모서리를 잡는다. 이번에는 엄지손가락으로 지그시 눌러 봉투 밖으로 살짝 보이는 지폐의 모서리가 양면테이프에 붙게 한다.

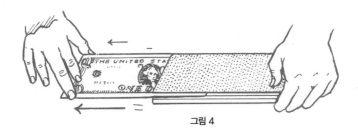

그림 4

메모장을 덮은 상태에서 오른손 손가락으로 인쇄판을 오른쪽으로 당겨 빼낸다(그림 4). 안에 있는 지폐가 봉투보다 살짝 작기 때문에 쉽게 빠져나온다. 물론 양면테이프에 붙어 있기는 하지만, 확실하게 하기 위해서 왼손 엄지손가락으로 계속해서 왼쪽 모서리를 누르는 것이 좋다.

자연스럽게 인쇄판의 앞뒤를 보여준 뒤, 주머니에 넣으며 말한다.

"상당히 소중한 물건입니다. 그래서 잘 보호하겠습니다. 이제 우리가 인쇄한 돈이 어떻게 생겼는지 볼까요?"

메모장의 겉표지를 열어 맨 위에 놓인 지폐를 보여준다. 관객은 상당히 놀랄 것이다. 그림 5와 같이 지폐를 뗀다. 메모장에서 종이 한 장을 떼어내듯이 자연스럽게 떼면 된다. 이때 종이가 테이프에서 떨어지면서 마치 정말로 종이가 찢어지는 듯한 소리가 난다.

메모장을 주머니에 넣고, 지폐는 테이블 위에 놓는다. 그럼 관객이 지폐를 살펴본다.

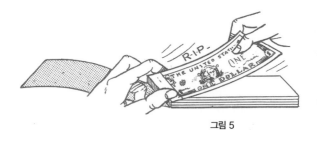

그림 5

★ 참고

원한다면 봉투 밖으로 살짝 보이는 지폐 모서리에 얇은 테이프를 붙여도 된다. 풀이나 양면테이프를 이용해도 된다. 이렇게 하는 데는 두 가지 이유가 있다. 첫째, 테이프가 양면테이프에 더욱 잘 붙는다. 둘째, 떼어낼 때 소리가 훨씬 실감난다. 물론 테이프를 붙이면 관객이 지폐를 직접 살펴볼 수 없다.

여러 번 사용하는 경우, 메모장의 양면테이프를 자주 갈아주는 것이 좋다. 너무 오랫동안 사용하면 양면테이프에 지폐가 붙지 않을 수도 있다. 또한 원한다면 봉투의 오른쪽 모서리에 손잡이를 만들어 메모장에서 인쇄판을 빼낼 때 손잡이를 당겨도 된다. 이 경우에는 메모장과 인쇄판의 폭이 일치해도 된다.

때때로 나는 지폐와 함께 메모장 첫 장을 잡고 찢으면서 말한다.

"웁스! 한 장을 버렸군요. 이건 그냥 구겨서 버려야겠네요."

그럼 양면테이프가 붙은 종이를 제거할 수 있으며, 지폐와 메모장을 모두 관객에게 보여줄 수 있다. 또한 정말로 메모장 한 장을 찢는 것이기 때문에 소리 역시 실감난다. 물론 매번 양면테이프를 다시 붙이는 수고를 감수해야 한다.

양면테이프 없이 한 적도 있다. 한쪽 모서리에 스테이플을 박아서 만든 메모장을 사용하는 경우, 우선 맨 위 여섯 장을 찢는다. 그리고 남은 부분을 살짝 위로 구부린다.

그럼 봉투 밖으로 삐져나온 지폐가 그 사이에 끼어서 고정된다. 단, 이때 지폐가 봉투 밖으로 최소한 0.3cm는 보여야 한다.

인쇄판을 넣을 때, 안에 있는 지폐의 끝이 찢고 남은 부분에 끼도록 연습해야 한다.

메모장을 덮고 문지른다. 이때 왼손 엄지손가락으로 왼쪽 모서리를 잡아야 한다. 찢는 소리를 연출하기 위해서는 위에서 말한 대로 맨 위장을 함께 잡고 찢는다. 그리고 관객이 직접 메모장과 지폐를 살펴보게 한다.

본문에서 설명한 방법을 따라 해도 되고, 여기에서 설명한 내용을 따라 해도 상관없다. 또한 얇은 금속으로 '인쇄판'을 만들면 영구적으로 사용할 수도 있다.

여기저기에 놓인 실(모티 루드닉)
Hair, There and Everywhere(Morty Rudnick)

모티(Morty)가 이 루틴을 할 때 사람들은 웃었고, 뿐만 아니라 감쪽같이 속았다. 동작과 타이밍이 가장 중요하다.

★ 이펙트

마술사가 넥타이 끝에서 (상상의) 실을 뽑아낸다. 그리고 실을 손가락에 감고, (아무도 볼 수 없는) 실의 한쪽 끝을 설탕 봉지 한쪽에 붙인다. 마술사는 상상의 실로 설탕 봉지를 움직인다.

그리고 실을 떼어 다른 빈 설탕 봉지에 붙인 뒤, 실을 위아래로 몇 차례 당겨 설탕 봉지를 움직인다. 테이블에 니켈 동전 두 개가 놓여 있다. 마술사는 팬터마임으로 실의 한쪽 끝을 첫 번째 동전에, 반대쪽 끝을 두 번째 동전에 붙이는 척한다. 그리고 동전 하나를 당기자, 다른 동전이 끌려온다.

마지막으로, 동전에 있는 실을 제거하여 긴 종이에 감는다. 종이는 정말로 실을 감을 때처럼 휜다. 실을 감은 뒤, 종이를 테이블에 떨어뜨린다. 마술사는 포크를 이용하여 (실이 감겨 있는 것처럼) 종이를 집는다. 마치 종이가 포크 가까이 허공에 떠있는 것처럼 보인다. 그리고 종이를 주머니에 넣어 마무리한다.

★ 준비물

1. 숙녀용 스타킹에서 빼낸 나일론 실 조금
2. 니켈 동전 두 개
3. 식당 테이블에 놓여 있는 설탕 봉지 두 개
4. 길게 자른 두꺼운 종이 혹은 카드보드지 한 장. 10cm×3.1cm가 적당하다.

준비

약 6.2cm의 나일론 실 양끝을 각각 두 개의 니켈 동전에 붙인다. 이때 스카치테이프를 이용한다. 방법은 간단하다. 동전을 뒤집어 놓고, 그 위에 실의 끝을 놓고, 테이프로 붙이면 된다. 이때 동전 뒷면 모양이 배겨날 정도로 테이프를 꼭 눌러서 테이프가 없는 것처럼 감쪽같이 만든다. 하지만 어차피 동전 윗면이 보이게 놓을 것이므로 생략해도 된다(**그림 1**).

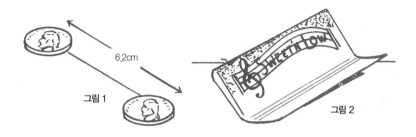

그림 1

6.2cm

그림 2

설탕 봉지 : 모티는 관객 바로 앞에서 공연을 했다. 그는 '스위트 앤 로우(Sweet 'N Low, 브랜드명)' 설탕을 사용했으며, 항상 주머니에 이 설탕을 가지고 다녔다.

설탕 한 봉지를 꺼내서 수평으로 잡는다. 이때 아랫면이 테이블을 향하게 하고 설탕 봉지로 테이블을 살짝 친다. 그럼 설탕이 한쪽으로 쏠린다. 그러고 나서 설탕 봉지를 테이블에 납작하게 눕혀놓고 빈 부분을 가로로 살짝 위로 접어 올린다. 이때 접은 부분이 당신을 향하게 한다(**그림 2**). 가끔 봉지 안에 설탕이 너무 많아서 접을 수 없을 때도 있다. 이때는 봉지를 아주 조금 찢어서 설탕을 일부 버린다. 직접 해보면 무슨 말인지 알게 될 것이다.

두 번째 설탕 봉지는 완전히 비우고, 세 모서리를 모두 벌린다. 즉 한 모서리만 붙어 있다. 완전히 벌어진 부분이 당신을 향하게 한다. 니켈 동전 하나를 설탕 봉지 안에 넣어둔다(**그림 3**).

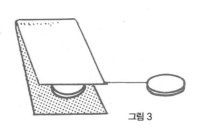

그림 3

긴 종이 : 먼저 긴 종이를 반으로 접은 뒤, 접힌 부분을 누른다. 그리고 펴서 한쪽 옆면을 뒤로 접는다. 이때 종이가 위로 날아오르지 않게 한다. **그림 4, 그림 5**와 같이 가로로 종이를 접은 상태에서 세로로 접으면 거의 자동적으로 종이가 날아오를 염려가 있다. 세로로 접을 때 몇 번 앞뒤로 접는다. 그리고 접은 부분 위쪽에 V자로 홈을 낸다(**그림 4**). 다음 과정을 할 때 V자 홈이 반드시 위에 위치해야 한다.

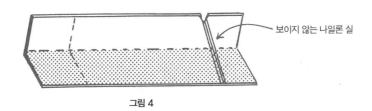

보이지 않는 나일론 실

그림 4

왼손 엄지손가락과 집게손가락으로 긴 종이의 윗부분을 잡고, 아랫면은 넷째 손가락 옆면에 살짝 기대어 놓는다(**그림 6**). 이 상태에서 엄지손가락을 지렛대로 이용하고 가운뎃손가락을 앞뒤로 움직이면, 두꺼운 종이도 앞뒤로 움직인다. 몇 번 해보면 신기한 장면을 연출할 수 있다.

모티는 항상 V자 홈 부분에 나일론 실을 감고 다녔으며, 그 실의 양끝에는 니켈 동전이 연결되어 있었다. 마무리를 위한 도구가 되기도 한다.

전체 루틴은 신문지(혹은 흰색 면 테이블보) 위에서 이루어진다. 신문지 위에 놓인 나일론 실을 보는 사람은 거의 없다.

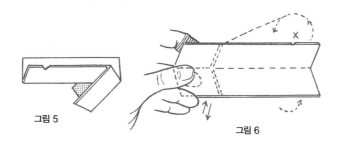

그림 5   그림 6

시연

오른손으로 넥타이 끝에서 실을 뽑는 척한다. 이때 **그림 7**과 같이 왼손으로 넥타이 끝을 잡는다. 왼손 집게손가락을 빠르게 위아래로 움직이며, 동시에 오른손으로 실을 뽑는 척 연기한다. 그럼 넥타이의 끝이 정말로 실이 풀리는 것처럼 움직인다. 물론 심각하게 연기하면 관객은 진짜라고 믿는다.

손가락으로 상상(가상)의 실을 옆으로 쓸어내려 실을 일자로 만든다. 모티는 이때 치아로 들릴 듯 말 듯 작은 소리를 냈다. 이 과정을 한두 차례 반복하며, 모든 과정을 팬터마임으로 진행한다.

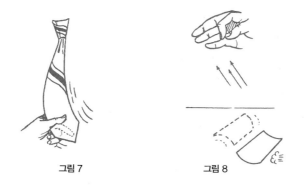

그림 7   그림 8

이제 실의 끝을 첫 번째 설탕 봉지에 붙이는 척한다. 그리고 설탕 봉지를 당기는 척하면서 설탕 봉지에 바람을 불어 당신을 향하고 있는 윗부분의 접은 부분으로 바람이 가게 한다. 설탕 봉지가 너무 가깝지 않게, 부드럽고 적당히 날카로운 바람을 한번 내뿜으면 설탕 봉지가 움직인다. 타이밍을 잘 맞추면 실을 당겨서 설탕 봉지가 움직이는 것처럼 보인다(**그림 8**).

실을 떼어서 실의 끝에 침을 바르는 척한다. 그리고 나서 두 번째 (빈) 설탕 봉지의 윗부분에 실을 연결한다. 이번에는 실을 두세 차례 앞뒤로 당긴다. 그리고 설탕 봉지에 바람을 분다. 하지만 이번에는 설탕 봉지 아래 부분 위에 니켈 동전이 놓여 있기 때문에 설탕 봉지가 날아오르지는 않는다(**그림 9**). 만약 동전이 없었다면 설탕 봉지는 멀리 날아갔을 것이다. 바람을 불 때 입술을 움직이지 않도록 주의한다.

설탕 봉지에서 실을 떼어내는 척한다. 그리고 상상의 실의 양끝을 각각 양손 집게 손가락과 엄지손가락으로 잡고 수직이 되게 한다. 실을 공처럼 둥글게 뭉치려는 듯 엄지손가락과 집게손가락으로 굴리는 동작을 한다. 동시에 양손의 거리를 좁힌다. 그럼 점점 실이 짧아지는 것처럼 보이게 만들 수 있다. 실의 길이가 6.2cm 정도가 될 때까지 양손의 간격을 좁힌다.

그림 9

두 번째 설탕 봉지를 뒤로 젖힌 후, 동전에 실을 붙이는 척한다. 손가락 하나를 첫 번째 동전 위에 놓은 뒤 눌러서 당기거나 살짝 들어서 당기면 두 번째 동전이 따라 움직인다. 두 번째 동전을 움직이면 첫 번째 동전 역시 따라 움직인다.

동전에서 (상상(가상)의) 실을 제거하는 척한 뒤, 다시 실을 늘어뜨리는 척 연기한다. 그리고 아래 끝에 매듭을 만드는 척 연결한다. 왼손으로 준비해둔 긴 종이를 집어 매듭을 V자 홈에 넣은 뒤, 오른손으로 실을 종이에 감는 척한다.

앞에서 설명한 대로 실을 감으면서 종이를 앞뒤로 움직인다. 오른손을 밖으로 움직일 때는 종이를 밖으로, 오른손을 안으로 움직일 때는 종이를 안으로 움직인다. 실을 다 감을 때까지 이 과정을 서너 번 반복한다. 완벽한 장면을 연출하기 위해서는 오른손으로 실을 감으면서 오른손과 종이의 거리를 좁혀야 한다.

이렇게 실을 감은 종이를 테이블에 놓되, **그림 10**과 같이 실이 위로 보이게 한다. 그리고 곧바로 포크를 집어서 포크로 종이를 들어 올린다(**그림 10**). (진짜) 실을 감은 부분에 포크를 끼우면 간단하다. 그리고 종이를 반대쪽 손 위에 놓고, 주머니에 넣어 마무리한다.

★ **참고**

넥타이를 매고 있지 않다면 아무 곳에서나 실을 당기는 척 연기한다. 상상의 실의 길이는 20cm가 적당하다.

재미있으면서도 신기한 루틴이다. 자연스럽게 할 수 있을 때까지 연습해야 한다. 또한 정말로 실을 다루는 것처럼 생생하게 동작을 해야 한다. 동전을 움직이는 부분이 결정적인 역할을 한다.

이렇게 연결한 동전은 다른 마술에서도 활용할 수 있다. 그중 짧은 이펙트 하나를 소개하고자 한다. 물론 정말로 실에 동전이 연결되어 있다는 사실을 관객이 의심하지 않도록 조심해서 다루어야 한다.

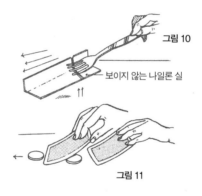

니켈 동전 두 개를 테이블 위에 놓는다. 그리고 양손에 카드 한 장씩 잡는다. 카드로 동전을 덮는 척하면서 다음 동작을 해야 한다. 카드 하나의 모서리로 동전 모서리를 멀리 밀어낸다.

거의 동시에 다른 카드를 또 다른 동전이 있던 자리에 놓는다. 그럼 관객은 두 번째 동전이 첫 번째 동전을 따라 움직여서 첫 번째 카드 아래에 있다는 사실을 알지 못한다(**그림 11**). 주문을 외우며 카드 두 장을 올려서 두 번째 카드가 아닌 첫 번째 카드 아래에 동전이 있음을 보여준다!

빠른 파세-파세As a Quick Passe-Passe

니켈 동전 두 개를 보여준 뒤 가까이 둔다. 그리고 왼손 손가락 끝으로 동전을 잡고 천천히 간격을 벌린다. 오른손으로 동전 하나를 잡는다. 그러자 두 번째 동전이 사라지고, 오른손에서 발견된다.

마치 양손에 동전을 각각 하나씩 잡은 것처럼 연기한다. 주문을 외운 뒤, 왼손을 천천히 펴서 동전이 사라졌음을 보여준다. 오른손을 펴서 동전 두 개를 보여준다.

랩 없이 테이블을 통과한 동전
No Lapping Coins Through Table

피트 비로(Pete Biro)는 테이블을 통과한 동전 루틴을 서서 보여줬다. 그렇기 때문에 그는 동전을 무릎에 떨어뜨려 숨겼을 리가 없다. 그는 후-코인(hoo-coin)이라는 후크가 달린 동전을 이용했다. 그 덕분에 이 루틴을 책에 소개할 수 있게 되었다.

★ 이펙트

평범한 테이블을 통과한 동전 루틴과 동일하다. 동전 네 개가 한 번에 하나씩 테이블을 통과한다. 차이점이 있다면 마술사가 앉지 않고 서서 공연을 한다는 것이다.

★ 준비물

1. 후-코인 하나. 마술용품점에서 구할 수 있으며, 혹은 직접 동전의 한쪽 모서리에 구부린 핀을 땜질하여 제작할 수도 있다. 핀은 최대한 납작해야 하며, 동전을 테이블에 던졌을 때 동전의 한쪽 면에 핀이 있다는 사실을 어느 누구도 눈치 채서는 안 된다(그림 1).
2. 후-코인과 비슷하게 생긴 동전 세 개

시연

동전 네 개를 오른손 손바닥 위에 놓고 보여준다. 그리고 동전을 왼손으로 던지면서 후-코인만 오른손에 남긴다. '트래블러(The Travelers)' 등에서 설명된 것처럼 핑거 팜이나 섬 팜으로 후-코인을 숨긴다.

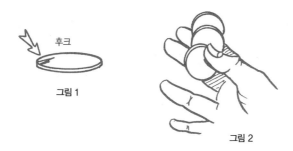

그림 1

그림 2

왼손은 주먹을 쥐고, 테이블 위로 가져간다. 그럼 테이블 모서리에 기댈 핑계가 생긴다. 왼쪽 다리를 테이블 아래로 넣고, 오른손을 테이블 아래로 넣는다. 그리고 후크를 이용하여 왼쪽 다리 뒤에 후-코인을 건다. 이때 무릎 위 12.5~15cm 지점이 적당하다. (피트는 이렇게 했다. 원한다면 왼쪽 다리에 코인을 걸어도 된다.)

이는 1초밖에 걸리지 않는다. 이때 왼손에 집중해 거기에 동전 네(?) 개가 있다고 말한다. 빈 오른손을 곧바로 테이블 위로 가져온다. 그리고 오른손이 비어 있다고 말하지 않고, 그저 빈손임을 보여준다. 자연스럽게 오른손을 펴 관객을 가리키면서 테이블의 어느 지점에 동전을 통과시키고 싶은지 물으면 된다.

왼손으로 테이블을 내려치면서 몸을 살짝 앞으로 구부린다. 그리고 오른손을 테이블 아래로 가져가 바지에 걸어둔 동전을 잡는다. 왼손으로 테이블을 내려친 뒤, 왼손을 올려서 남은 동전이 세 개뿐임을 보여준다. 천천히 오른손을 들어서 (후크가 달린 면이 아래로 가게) 동전을 보여준다. 그리고 테이블에 던져 나머지 동전 오른쪽에 놓는다.

동전 세 개를 왼손 위에 놓는다. 이때 원하는 방법을 이용하여 동전 하나를 오른손에 숨긴다. 피트는 넷째 손가락과 새끼손가락을 이용하여 클립으로 잡았다. '트래블러(The Travelers)'에서와 같은 동작이지만 손을 뒤집어야 한다.

내가 오랫동안 사용한 방법은 다음과 같다. 왼손으로 동전을 집어 오른손 손가락 끝에 놓는다. 이때 동전을 살짝 포개서 놓는다(**그림 2**). 왼손에 하나씩 내려놓으면서 숫자를 센다.

"하나, 둘, 셋, 세 개가······."

그러고 나서 동전을 왼손에 던지면서 말한다.

"왼손에 있습니다."

오른손 엄지손가락으로 맨 아래 동전만 다시 끌어당긴다(**그림 3**). 그리고 오른손으로 후-코인을 집으며 말한다.

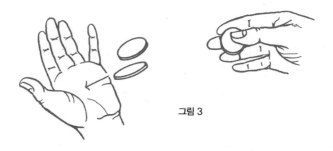

그림 3

왼손으로 테이블을 내려치면서 오른손을 테이블 아래로 가져간다. 그리고 왼손을 들어서 남은 동전이 두 개뿐임을 보여준다. 오른손을 테이블 위로 가져와서 손에 있는 동전을 테이블 오른쪽에 놓는다.

오른손으로 왼쪽에 있는 동전 두 개를 집어서 왼손으로 던지면서 다시 하나를 오른손에 숨긴다. 그리고 같은 과정을 반복한다. 원한다면 '클릭 패스(click pass)'를 이용해도 된다. 혹은 오른손 손가락 끝으로 동전을 잡고, 왼손에 옮겨 잡으면서 엄지손가락으로 동전 하나를 숨기는 방법을 다시 사용해도 된다.

오른손으로 오른쪽에 있는 동전을 집는다. 그리고 테이블 아래로 가져가서 후-코인을 바지에 건다. 다음 과정은 타이밍이 중요하다.

왼손으로 테이블을 내려친다. 그리고 손을 들어서 남은 동전이 하나뿐임을 보여준다. 다시 (왼손으로) 동전을 집어 **그림 4**와 같이 클립 포지션으로 잡는다. 그럼 손가락을 움직이지 않고도 동전을 떨어뜨릴 수 있다. 동시에 오른손을 보여준다.

그림 4

오른손에 있는 동전 두 개를 왼손을 향해서 테이블에 내려놓는다. 그리고 적절한 타이밍에 왼손을 살짝 왼쪽으로 움직이면서 왼손에 있는 동전을 놓는다. 그럼 왼손에 있던 동전이 떨어지면서 오른손에서 떨어지는 동전과 섞인다. 타이밍을 잘 맞추면 완벽한 장면을 연출할 수 있다(**그림 5**). 관객은 세 번째 동전이 테이블을 통과했다고 생각한다.

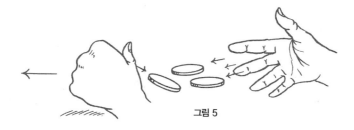

그림 5

오른손으로 동전을 집으면서 말한다.

"여기에 동전 세 개, 그리고 여기에 동전 하나가 있습니다."

그러면서 왼손에 동전 하나가 있는 것처럼 행동한다. 오른손을 테이블 아래로 가져가고, 왼손으로 테이블을 내려치면서 바지에 걸어둔 후-코인을 잡는다.

왼손을 들어서 동전이 하나도 없음을 보여준 뒤, 오른손을 들어서 천천히 동전을 테이블에 떨어뜨린다.

★ 참고
이 루틴을 부드럽게 하면 마술사도 감쪽같이 숨길 수 있다. 즉, 동전에 후크가 달려 있다는 사실만 잘 숨기면 모든 의심을 피할 수 있다.

약간 변형된 방법을 이용해도 된다. 후크가 달린 동전 대신 자석이 달린 동전을 이용해도 된다. 그리고 오른쪽 바지 뒷주머니에 강한 자석을 넣어두면 된다. 바지가 너무 두껍지만 않다면 동전이 (주머니 밖에서) 자석에 붙을 것이다. 약간만 연습하면 순식간에 동전을 처리할 수 있다. 관객이 눈치 채지 않도록 감쪽같이 연기하는 것이 중요하다. 왼쪽 바지 뒷주머니에 자석을 넣어서 오른손을 대각선으로 뻗어 동전을 처리하는 게 나을 수도 있다. 어떤 방법을 이용하건 연습이 필요하다. 혹은 무릎 윗부분 바지 안쪽에 자석을 꿰맬 수도 있다.

트래블러
The Travelers

나는 루 탄넨(Lou Tannen)이 이 루틴을 카운터 뒤에서 하는 것을 봤다. 단순히 이 루틴의 이펙트 때문만이 아니라 관객의 반응 때문에 좋아한다.

★ 이펙트

동전 네 개를 보여준다. 그리고 동전을 왼손에 잡고 주먹을 쥔다. 동전 하나가 신기하게도 왼손에서 오른손으로 옮겨간다. 이제 왼손에는 동전 세 개, 오른손에는 동전 한 개가 있다. 다시 동전 하나가 이동한다. 마지막으로 동전 두 개가 한 번에 이동하는데, 이번에는 왼손에서 오른손이 아닌, 오른손에서 왼손으로 옮겨 간다.

★ 준비물

1. 비슷한 동전 네 개. 25센트나 50센트 동전이 적당하다.

시연

동전 네 개를 보여준다. 그리고 왼손에서 오른손으로 하나씩 옮기면서 숫자를 센다. 동전을 다시 왼손에 던지면서 하나를 오른손에 핑거 팜으로 잡는다.

가장 쉬운 방법은 첫 번째 동전을 내려놓을 때, 적절한 위치에 놓는 것이다. 나머지 동전 세 개를 그 위에 놓되 살짝 빗겨 놓는다(**그림 1**). 그럼 이제 동전을 왼손에 던지면서 오른손에 동전 하나를 쉽게 숨길 수 있다. 오른손 손가락을 살짝 구부리면 동전은 자동적으로 핑거 팜 포지션에 놓인다.

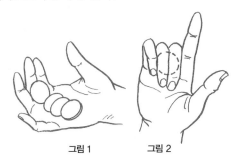

그림 1   그림 2

(세 개의) 동전을 놓자마자, 왼손은 살짝 주먹을 쥔다.

"저는 동전 한 개를……."

말하면서 오른손을 **그림 2**와 같이 만든다. 동전은 손가락 아래에 숨어 있기 때문에 빈손처럼 보인다. 손을 움직이지 않는 것이 좋다. 대사를 강조하기 위한 제스처일 뿐이다.

"이 손에서 이 손으로 옮기고 싶습니다."

마지막 부분을 말하면서 왼손을 펴서 동전을 잠깐 보여준다. 동전이 쌓여 있기 때문에 관객은 정확한 동전 개수를 셀 수 없으며, 그렇기에 어느 누구도 동전이 세 개뿐이라고 말할 수 없다.

양손 모두 주먹을 쥐고, 손등이 보이도록 손을 뒤집는다. 그리고 양손의 간격이 15~20cm가 되도록 벌린다. 이 상태에서 왼손에 있는 동전을 오른손에 마술로 던지는 척 동작을 취한다. 그리고 양손을 다시 뒤집은 다음 손을 펴서 왼손에는 동전 세 개가 오른손에는 동전 하나가 있음을 보여준다. 동전 하나가 이동한 것처럼 보인다.

오른손에 있는 동전을 테이블에 내려놓는다. 그리고 왼손에 있는 동전을 오른손에 옮겨 잡으면서 숫자를 센다. 이때 방법은 다음과 같다. 오른손 손바닥이 보이게 놓은 뒤, 손가락 끝이 왼쪽을 향하게 한다. 왼손을 오른손 가까이 가져가서 동전 하나를 오른손 손가락 끝에 놓는다.

"하나!"

그리고 두 번째 동전을 첫 번째 동전 위에 놓으며 말한다.

"둘!"

세 번째 동전을 놓을 때 약간의 속임수가 필요하다. 왼손을 오른손 가까이 가져가면서 엄지손가락으로 두 개의 동전 중 위에 있는 동전을 뒤로 당긴다. 그리고 왼손 엄지손가락과 집게손가락으로 동전을 놓으면서 "셋!"을 센다. 그리고 원래 놓여 있던 두 개의 동전 중 아래 동전을 왼손 넷째 손가락과 새끼손가락을 구부려서 클립으로 잡는다. 이때 동전은 왼손 손가락 관절 가까이에 위치한다(**그림 3**).

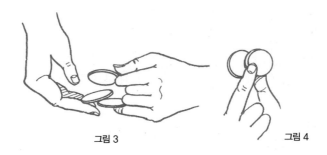

그림 3   그림 4

(손가락을 구부리고 손등이 보이게 뒤집은 뒤) 왼손으로 테이블에 놓인 동전을 집으면서 곧바로 오른손은 주먹을 쥔다.

"하나, 둘, 셋, 여기에 동전 세 개가 있고, 여기에 하나가 있습니다."

이는 로스 버트램(Ross Bertram) 무브이다. 제대로 하면 아름다우며, 머뭇거리지 않고 부드럽게 하기 위해서는 연습이 필요하다.

약간만 연습하면 오른손에 놓인 아래 동전을 집으면서 세 번째 동전을 오른손에 가볍게 던질 수 있게 된다. 동전을 오른손 손가락에 놓으면서 직접 실험해 보면 알 것이다. 대체로 동전이 손가락 끝과 가까운 것이 좋지만, 손가락의 모양과 크기에 따라 달라질 수 있다.

자, 양손을 주먹 쥐고, 손등이 보이게 뒤집는다. 그리고 (오른쪽에서 왼쪽으로) 같은 제스처를 반복한 뒤, 손을 펴서 또 다른 동전이 이동했음을 보여준다. 그럼 이제 양손에 각각 두 개의 동전이 있다.

오른손에 있는 동전을 엄지손가락과 집게손가락 끝으로 잡고 펼치며 말한다.

"여기 두 개의 동전이 있습니다." (그림 4)

계속해서 "그리고 여기에 두 개의 동전이 있습니다"라고 말하면서 왼손을 펴 동전 두 개를 보여준다. 관객이 동전을 보는 동안 함께 동전을 쳐다본다. 동시에 오른손은 주먹을 쥐고, 동전 두 개는 집게손가락과 가운뎃손가락 끝을 이용하여 클립으로 잡는다. 거의 자동적으로 할 수 있다.

그림 4와 같은 위치에서 가운뎃손가락을 위로 뻗어 동전을 클립하며 나머지 손가락을 접는다(그림 5, 체인지 클립). **그림 5**는 물론 마술사의 시각에서 본 모습이다. 실제로 공연에서는 손등이 위를 향하도록 손을 뒤집고, 손목을 안으로 살짝 구부린다. 그럼 동전은 보이지 않고, 왼손으로 옮겨 잡을 준비가 끝난다.

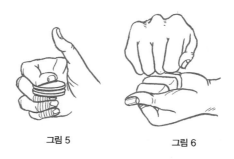

그림 5   그림 6

주먹을 돌려서 '트래블(travel)' 포지션으로 만든다.

"이번에는 한 번에 동전 두 개를, 여기에서 여기로 옮기겠습니다. 보십시오!"

대사를 하다가 '여기에서 여기로' 부분에서 동전의 움직임을 설명하는 척 손을 움직이며 오른손에 클립으로 잡은 동전을 왼손으로 잡는다.

'여기에서' 를 말하면서 손가락이 보이도록 왼손 주먹을 뒤집는다. 그리고 오른손 주먹 아래로 가져간다(**그림 6**). 오른손 동전을 왼손 손가락과 손바닥 사이로 잡는다 (**그림 7**).

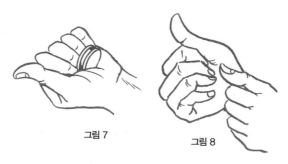

그림 7   그림 8

'여기로' 를 말하면서 동시에 양손의 위치를 바꿔서 왼손이 오른손 위로 가게 한다. 그러면서 왼손 엄지손가락으로 오른손을 가리킨다(**그림 8**). 이때 양손이 완전히 붙어서는 안 되고, 약간 떨어져 있어야 한다. 그리고 왼손 엄지손가락으로 오른손 손바닥 아랫부분, 손목과 가까운 부분을 가리킨다. 이는 동전을 옮겨 잡은 후에는 절대 양손이 서로 마주봐서는 안 되기 때문이다.

아주 멋진 동작이며, 반드시 연습이 필요하다. 또한 감을 잡아야 하고, 정말로 단지 주먹을 가리키는 것처럼 행동해야 한다. 연습을 통해 소리 없이 조용히, 그러면서도 즉각적으로 동전을 옮겨 잡을 수 있게 해야 한다. '여기에서 여기로' 라고 말하는 동안 순식간에 이루어져야 한다. 모두 이어진 동작이므로 절대 도중에 멈춰서는 안 된다.

오른손 손등이 보이게 뒤집고, 양팔을 벌린다. 그리고 왼손에서 오른손으로 마술 동작을 취한다. 그런 다음 오른손을 관객에게 내밀며 말한다.

"잠시 손 좀 주시겠어요?"

관객이 손을 펴면 마치 동전을 놓으려는 듯, 오른손 주먹을 관객의 손바닥 위에 놓는다. 하지만 물론 아무것도 나오지 않는다. 오른손은 비어 있다. 동전이 오른손으로

Tarbell course in Magic

이동할 것이라고 예상했기 때문에 놀라지 않을 수 없다.

왼손을 펴서 동전 네 개를 보여주며 마무리한다.

★ 참고

핸드 슬레이트를 제대로 자연스럽게 하면 마지막에 전혀 기대치 못한 상황에 모두 놀라움을 금치 못한다.

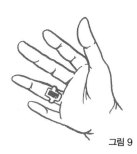

그림 9

오른손에 있는 동전 두 개를 왼손으로 잡았을 때, 곧바로 왼손 안에 넣으려고 하지는 마라. 오히려 관객의 의심을 살 수도 있다. 우선은 그대로 잡고 있다가 나중에 손을 펴서 동전 두 개를 손바닥 위에 떨어뜨린다.

루틴을 잘 연구해 미스디렉션을 만들고, 그 순간을 이용하여 동전을 제대로 잡으면 좋다. 비록 설명은 길지만, 전체 루틴은 1분밖에 걸리지 않는다.

만약 첫 번째 동전을 핑거 팜 할 수 없다면 할 수 있을 때까지 연습해야 한다. 기본 슬레이트이기 때문에 동전 마술을 하기 위해서는 반드시 할 수 있어야 한다.

마술 초보자가 지금 이 내용을 읽고 있을 수도 있다. 자석을 이용한 동전 도구를 이용하면 거의 자동적으로 동전을 팜 할 수 있다. **그림 9**와 같이 자석이 붙은 반지를 착용한다. 혹은 작은 못에 자석을 붙인 뒤, 평범한 반지에 연결시킨다. 그럼 자석을 넣은 동전을 쉽게 숨길 수 있다. 단, 자석을 넣은 동전이 나머지 동전 세 개와 비슷해 보여야 한다.

루틴의 첫 번째 부분을 할 때, 자석 동전을 먼저 오른손에 던진다. 그리고 손을 뒤집어서 잡으면서 자석이 보이지 않게 한다. 그리고 첫 번째 동전 위에 나머지 동전도 놓는다. 동전을 다시 왼손에 던질 때, 자석 동전은 그대로 오른손에 남아 있다.

레니 그린페더의 돌아다니는 동전
Lenny Greenfader's Traveling Coins Addition

레니(Lenny)는 내 오랜 친구이다. 그는 돌아다니는 동전 기본 루틴을 살짝 수정했으며, 이를 본 마술사들 대부분이 감쪽같이 속았다. 약간의 연습이 필요하지만, 전혀 어렵지는 않다.

★ 이펙트

우선 대부분의 마술사들이 아는 기본 루틴은 다음과 같다. 마술사가 동전 네 개를 보여준다. 그리고 양손에 동전 하나씩 잡고, 살짝 주먹을 쥔다. 그런 다음 관객에게 부탁해서 양손 주먹 위에 또 다른 동전을 하나씩 놓는다(**그림 1**).

그러면서 밖에 보이는 동전 두 개를 잡기 위해 노력하겠다고 말한다. 하지만 동전 두 개는 테이블 위로 떨어진다. 마술사는 다시 관객에게 부탁해 그것을 손가락 위에 놓아달라고 말한다. 마술 제스처를 취한 뒤, 마술사는 한손을 펴서 동전 세 개를 보여주고, 반대쪽 손을 펴서 동전 하나를 보여준다.

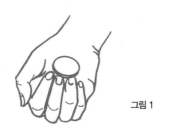

그림 1

이것이 기본 이펙트이며, 레니의 버전에서는 한손에는 동전 네 개가 반대쪽 손에는 하나도 나타나지 않는다.

★ 준비물

1. 비슷한 동전 네 개. 25센트나 50센트 동전이 적당하며, 관객에게 빌려도 된다.

시연

동전 네 개를 테이블 위에 놓고 보여준다. 그리고 양손에 각각 동전 하나씩 잡아서 손바닥에 놓고 보여준 뒤, 살짝 주먹을 쥔다. 이때 손가락이 위, 손등이 아래로 가게 한다. 그리고 관객에게 부탁해서 양손 주먹 위에 동전 하나씩 올려 **그림 1**과 같이 되게 한다.

손을 뒤집으면서 위에 놓인 동전을 잡는 고난도의 기술을 선보이겠다고 설명한다. 이는 '속임수' 일 뿐이다. 오른손 위에 있는 동전을 잡고, 왼손에 있는 동전 두 개를 오른쪽으로 보내는 것이 좋다. (이때 왼손으로 동전 하나를 살짝 오른쪽으로 보내는 것이 좋다. 그럼 양손에서 동전이 하나씩 떨어지는 것처럼 보인다.)

(더욱 실감나게 하기 위해서) 동전 잡는 것을 실패해서 아쉬운 척한다. 오른손으로 위에 놓인 동전을 잡을 때 손을 살짝만 펴야 한다. 관객이 알아채지 못할 만큼만 펴야 한다. 제대로 하면 완벽한 장면이 나온다.

다시 해보겠다고 이야기하며, 관객에게 떨어진 동전을 다시 양손 손가락 위에 놓아달라고 부탁한다. 마술 제스처를 취한 뒤, 주먹을 아래로 돌리면서 위에 놓인 동전을 잡는다. 그리고 손을 펴서 오른손에 놓인 동전 세 개와 왼손에 놓인 동전 하나를 보여준다. 동전 하나가 신기하게 이동한 것처럼 보인다. 여기까지는 기본 이펙트에 대한 설명이다. 하지만 처음 접하는 사람은 감쪽같이 속는다.

레니 버전도 단순하지만 훨씬 강력하다. 그는 마지막에 동전 두 개가 이동했음을 보여준다. 우선 동전 두 개를 떨어뜨리는 부분까지는 동일하다.

관객에게 떨어진 동전을 양손 손가락 위에 놓아달라고 부탁한다(**그림 1**). 이때 관객은 양손에 동전이 두 개씩 있다고 생각한다. 하지만 실제로 오른손 손가락 아래에 두 개, 손가락 위에 하나가 있고, 왼손에는 손가락 위에만 하나 있다.

다시 시도해보겠다고 말한다.

"양손 주먹 안에 동전이 하나씩 들어 있습니다. 그리고 손가락 위에도 동전이 하나씩 있습니다. 잘 보십시오!"

양손을 빠르게 뒤집는다. 이때 동작이 중요한데, 몇 가지가 동시에 이루어진다. 오른손으로 오른손 손가락 위에 놓인 동전을 잡고, 왼손으로 손가락 위에 놓인 동전을 오른손으로 보낸다(**그림 2**).

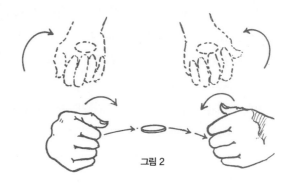

그림 2

약간의 연습이 필요할 것이다. 제대로 하면 순식간에 이루어지기 때문에 관객이 볼 수 없다. 그리고 연습을 하다 보면 손을 가까이 하지 않고도 할 수 있게 된다.

주먹을 뒤집은 상태로 동전을 던지고 받는다. 이 순간 양손이 서로 가장 가까이 위치한다. 동전을 던지고 받으면 곧바로 손을 벌린다. 절대 양손이 닿아서는 안 된다. 그리고 실제로 동전을 던지기 위해 양손이 가까워졌을 때 양손의 거리는 5cm 정도가 적당하며, 동전을 잡은 후에는 곧바로 15cm로 벌려야 한다. (익숙해지면 먼 거리에서도 동전을 던지고 받을 수 있게 된다.)

주먹을 뒤집은 상태로 잠시 쉬면서 말한다.

"제 왼손에는 동전 두 개가 있습니다. 맞습니까? 그리고 오른손에도 동전 두 개가 있습니다. 그렇죠? 보십시오!"

손가락이 위를 향하도록 왼손 주먹을 천천히 뒤집는다. 그리고 왼손을 쳐다보면서 손가락을 천천히 펴서 아무것도 없음을 보여준다. 그런 다음 오른손을 천천히 펴서 동전 네 개를 보여준다.

★ 참고

서서 하는 것이 훨씬 쉽다. 서 있으면 공간이 더 넓기 때문에 양손을 자유롭게 움직일 수 있다. 직접 해보면 가벼운 동전보다는 무거운 동전을 이용하는 것이 더욱 편하다는 것을 알게 된다. 무거운 동전이 더욱 빨리 날아가기 때문이다. 레니는 50센트 동전을 이용했다.

연습한 후에, 멋진 마술을 선보일 수 있다. 마술사도 속일 수 있다. 대부분의 마술사들이 기본 이펙트만 알고 있기 때문에 한손에는 동전 세 개, 반대쪽 손에는 동전 하나가 있을 것이라고 기대한다. 하지만 예상을 뒤엎고, 한손에는 동전 네 개, 반대쪽 손에는 동전이 하나도 없기에 관객은 깜짝 놀란다.

마술을 모르는 사람에게는 (동전 하나가 이동하는) 기본 이펙트를 보여준 뒤, 레니의 버전을 보여줘도 좋다. 그럼 관객을 두 번 놀라게 할 수 있다.

(처음 연습할 때는 양 주먹 위의 동전을 동시에 잡는 연습을 하는 것이 좋다. 그래야 주먹 위의 동전과 주먹 안쪽에 있는 동전을 바꿔치기 할 때, 언제 떨어뜨릴지, 언제 낚아채야 하는지 등의 타이밍을 정확히 인지할 수 있을 것이다. 정말 실수한 것처럼 자연스럽게 연기해야만 관객을 속일 수 있다. - 감수자)

알란 알란의 십진법 동전 트릭
Alan Alan's Decimated Coin Trick

알란 알란(Alan Alan)의 이 신기한 동전 마술을 본 사람 중에서 놀라지 않은 사람은 없다. 플라스틱 폴더와 영국 십진법 동전 세트를 이용한다. 동전 세트는 대부분의 동전(화폐) 상점에서 구할 수 있다. 우선은 영국 동전 세트를 기준으로 설명하고, 참고에서 미국 동전을 이용하는 방법을 설명하겠다.

★ 이펙트

반으로 접을 수 있는 플라스틱 폴더를 보여준다. 그리고 열어서 새 영국 동전을 보여준다. 동전 상점에서 사는 것과 동일하다. 은 동전 두 개, 5펜스와 10펜스를 꺼낸다. 그리고 동전을 사라지게 한다. 그런데 사라진 동전이 폴더에서 다시 나타난다.

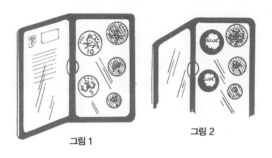

그림 1   그림 2

★ 준비물

1. 10펜스, 5펜스, 2펜스, 1펜스, 0.5펜스가 들어 있는 폴더 하나(**그림 1**). 접었을 때 폴더의 크기는 8.7cm×12.5cm이다.

2. 여분의 5펜스와 10펜스 동전 하나씩. 동전 하나(10펜스)만 이용하길 원한다면 그 동전만 여분으로 하나 준비하면 된다.

3. 좋은 질의 풀이나 시멘트

준비

폴더에서 동전을 끼운 보드를 꺼낸다. 그리고 5펜스와 10펜스를 꺼낸다. 다시 보드를 폴더 안에 넣고, 최대한 끝까지 밀어 넣는다.

그럼 두 자리가 비어 있다. 빈자리 가운데에 풀을 바른다. 이때 반드시 안쪽, 플라스틱 뒷면에 풀을 발라야 한다(**그림 2**).

자리를 맞춰서 5펜스와 10펜스를 풀 위에 놓는다. 그리고 풀을 말린다. 방금 놓은 동전을 아래로 눌러서 보드 아래로 밀어낸다. 풀로 붙어 있기 때문에 움직이지 않고 그대로 있다. 이 상태에서 (보드를 꺼내거나 혹은 폴더 안쪽에 손을 넣어서) 여분의 5센트와 10센트를 빈자리에 놓는다. 그럼 **그림 1**과 같은 모습이지만, 기적을 위한 준비를 마친 상태이다.

준비하다보면 폴더에 풀을 바르는 것보다 동전 뒷면에 풀을 바르는 게 편할 수도 있다. 먼저 동전에 풀을 바르고 안에 넣어서 제자리에 붙이는 것도 하나의 방법이다. 그리고 그 상태로 풀이 마를 때까지 기다린다.

시연

폴더를 보여주고, 열어서 보드를 꺼낸다. 이때 아래에 붙인 동전이 보이지 않을 정도로만 보드를 꺼내야 한다. 그리고 10펜스 동전과 5펜스 동전을 아래에서 위로 밀어서 꺼낸다. 모든 것이 자연스러워 보인다.

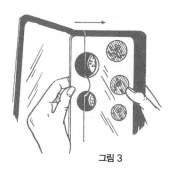

그림 3

꺼낸 동전을 테이블 위에 놓거나 관객에게 건넨다. 그리고 (관객이 폴더 안쪽을 보지 못하도록) 당신을 향해 폴더를 살짝 기울인 뒤, 보드를 제자리에 넣는다(**그림 3**). 곧바로 폴더를 접어서 테이블에 놓는다. 그 전에 손가락으로 폴더를 눌러 풀로 붙여둔 동전을 보드의 빈자리에 넣어야 한다. 부드럽고 자연스럽게 하기까지 몇 분만 연습하면 된다.

그리고 동전 두 개를 사라지게 해야 하는데, 이때 원하는 배니시를 사용하면 된다. 알란은 폴더의 반대쪽에 접은 종이를 넣어 두었다가 그 종이를 이용하여 동전을 사라지게 했다(제1권 120페이지에서 '종이에 싼 동전 사라지게 하기' 참조).

그리고 주머니에 작은 가위를 넣어 두었다. 관객에게 직접 동전을 주머니 안에 넣으라고 한 뒤, 종이 안에 있는 동전을 느끼게 한다. 몰래 동전을 잡은 다음 가위를 꺼내기 위해 주머니에 손을 넣어 동전을 처리한다. 가위로 접은 종이를 대각선이나 지그재그로 자른다. 그리고 종이를 펴서 동전이 사라졌음을 보여준다.

약간의 조언을 하자면 여분의 동전 뒷면에 약간의 왁스를 바른다. 그리고 보드에서 동전을 꺼낼 때, 동전 두 개의 뒷면을 서로 붙인다. 이때 완전히 포개지 말고 살짝 엇갈리는 것이 좋다. 그리고 접은 종이를 이용하여 동전을 사라지게 한다. 혹은 소매나 허벅지에 동전을 떨어뜨려서 없애도 된다.

그럼 이제 마술 제스처를 취한 뒤, 폴더를 펴서 동전이 돌아왔음을 보여주면 된다.

★ 참고
이쯤이면 어떤 도구인지 이해했을 것이다. 그럼 미국 동전을 이용해서 폴더를 만드는 것도 간단하다. 동전 상점에 앞의 도구와 비슷하게 생긴 미국 동전 세트가 있을 수도 있다. 혹은 대부분의 문구점이나 동전 상점에서 **그림 4**와 같이 생긴 동전 보드를 구할 수 있다. 보드에는 '미국 소액 동전(United States Minor Choinage)' 이라고 적혀 있다.

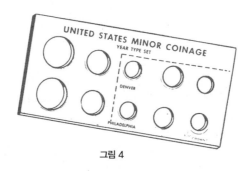

그림 4

그리고 문구점에서 카드 크기의 폴더 혹은 지갑을 구한다. 플라스틱 폴더는 쉽게 구할 수 있을 것이다. 영국 동전 세트에서 사용했던 폴더보다는 약간 작다. 내가 가지고 있는 폴더의 크기는 6.2cm×11cm이다.

동전 카드 보드를 작게 자른다(**그림 4**의 점선 참고). 여기에는 10센트 두 개, 5센트 두 개, 1센트 두 개가 들어간다. 폴더의 끝부분을 다듬는다. 그리고 뒤집어서 아무런 글씨도 적혀 있지 않은 면에 동전을 끼운다. 동전을 거꾸로 끼워야 하기 때문에 어려울지도 모른다. 이 경우 사포를 이용하여 테두리를 살짝 다듬는다. (이렇게 해야만 나중에 풀로 붙여둔 동전을 쉽게 구멍에 넣을 수 있다.)

보드를 폴더에 넣는다. 그리고 앞의 준비 과정을 따르면 된다(**그림 5**). 나는 보통 1센트와 10센트를 이용한다. 방법은 동일하다. 필요한 동전을 꺼낼 수 있을 만큼 보드를 당겨서 꺼낸다. 그럼 풀로 붙여둔 동전은 나머지 동전과 보드 뒤에 숨어서 보이지 않는다.

물론 더 큰 동전을 이용해도 된다. **그림 4**에서처럼 카드 보드의 왼쪽을 잘라서 50센트 두 개, 25센트 두 개, 10센트 두 개를 이용한다. 그리고 50센트와 10센트를 사라지게 한다.

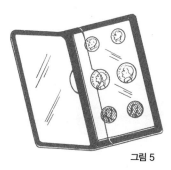

그림 5

마지막으로 원한다면 주머니에 준비하지 않은 똑같은 폴더를 넣어두었다가 이펙트를 마친 후 바꾼다. 그런 다음 관객에게 보여줘도 된다. 하지만 꼭 필요한 과정은 아니다.

Tarbell
Course in MAGIC

Tarbell course in MAGIC

포아의 커트와 다시 붙은 손수건
Phoa's Cut and Restored Silk

오랫동안 마술에 몸담아 왔지만, 나는 여전히 단순한 아이디어가 만들어내는 놀라운 마술에 경이로움을 느낀다. 포아 얀 티옹(Phoa Yan Tiong)이 오래전 뉴욕에서 열린 강연에서 보여준 마술이다. 그는 테이블 뒤에서 여러 사람들에게 둘러싸인 상태에서 이 마술을 선보였다. 당시 똑똑한 마술사들이 그 마술에 대해서 여덟 가지에서 10가지 방법을 생각해 냈다. 하지만 그중 정답은 없었다. 마술사가 그렇게 완벽하게 공연을 했을 경우에는 문외한뿐만 아니라 마술사도 정답을 찾기 불가능하다고 생각했다. 하지만 너무 단순했다! 포아의 아이디어를 이용하여 토니 스피나(Tony Spina)와 내가 약간 다르게 연기를 해봤다. 우리는 이를 '업그레이드' 버전이라고 부른다.

★ 이펙트

45~60cm 크기의 손수건을 펴서 보여준다. 그리고 관객이 손수건을 잘라서 두 조각으로 만든다. 두 조각을 꼬아서 작게 만든다. 그리고 다른 것을 더하거나 빼내지도 않고, 갑자기 손수건을 펴자 손수건은 하나로 연결되어 있다!

★ 준비물

1. 45~60cm 크기의 손수건 한 장
2. 끝이 뾰족하고 일자로 생긴 가위 하나

시연

손수건을 펴서 보여준다. 관객이 직접 살펴볼 수도 있다. 하지만 너무 분명한 사실이기 때문에 굳이 강조할 필요는 없다고 생각한다. 완전히 펴서 전체를 다 보여주면 된다. 그리고 대각선 모서리를 잡고, 자연스럽게 돌린다. 그럼 아래 모서리가 위로 올라와 안쪽으로 돌면서 손수건이 감긴다(**그림 1**). 로프처럼 말릴 때까지 손수건을 돌린다. 손수건을 돌리면서 양손을 한두 차례 밖으로 당긴다. 그럼 손수건에 대한 관객의 의심을 없앨 수 있을 뿐만 아니라 더욱 튼튼한 로프를 만들 수 있다.

그림 1

멈춘 뒤, 양쪽 모서리를 가운데로 모은다. 그리고 관객에게 집게손가락을 빌려달라고 부탁한 뒤, 집게손가락을 빳빳하게 펴고 있으라고 한다. 그 위에 손수건의 가운데 꼭짓점이 위로 향하게, 손수건을 가운데에 올려놓고, 손수건의 양끝은 아래로 늘어뜨린다(**그림 2**).

나는 다음과 같은 멘트를 사용한다. 먼저 손수건을 감기 전에 손수건의 가운데를 (코로) 가리키며 말한다.

"손수건의 중심입니다. 계속해서 여기에 시선을 향할 수 있는지 봅시다. 절대 놓쳐서는 안 됩니다."

손수건을 감은 후에 다시 손수건의 가운데를 가리키며 말한다.

"계속 손수건 가운데를 쳐다보셨죠? 놓치지 않고 잘 보고 계셨죠? 좋습니다. 그럼 이번에는 조금 쉽게 해드리겠습니다. 집게손가락을 빌려주세요. 괜찮으시죠?"

그리고 앞에서 설명한 대로 손가락에 손수건을 걸치면서 설명한다.

"여기에 손수건의 가운데가 있고, 당신의 손가락 바로 위에 놓여 있습니다. 이제 확실히 손수건 가운데에 집중할 수 있으시죠?"

나중에 손수건을 다시 붙이기 위한 준비 작업이다. 손수건 한쪽 꼭짓점은 당신을 향해 로프에서 멀어지게 움직이고, 반대쪽은 관객을 향해 로프에서 멀어진다(**그림**

3). 가운데에 있는 꼭짓점을 열거나 혹은 편다고 생각하면 된다.

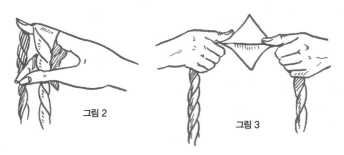

그림 2   그림 3

"이렇게 하면 손수건의 가운데를 아주 확실하게 표시할 수 있습니다. 그리고 바로 이부분을 자르겠습니다."

말하면서 손가락 위에 놓인 손수건을 잡는다. 이때 펼친 손수건의 가운데 꼭짓점을 잡는다(**그림 4**). 그리고 가위를 집어서 손수건 가운데를 자르게 한다. 관객이 손수건 가운데를 완전히 자른다(**그림 5**). 양손에는 **그림 5**와 같이 손수건 조각이 들려 있다. 양손을 펴서 관객에게 잘린 손수건을 보여준다.

"여기에 손수건의 가운데가 양끝 사이에 있습니다!"

손수건을 두 조각냈음을 강조하는 대사이다.

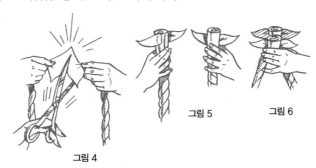

그림 5   그림 6

그림 4

(로프처럼 돌돌 만 상태에서) 반쪽을 나머지 반쪽 위에 포갠다. 마치 나비의 날개를 포개듯이 나란히 놓는다(**그림 6**). 그리고 왼손 엄지손가락과 집게손가락으로 윗부분(꼭짓점을 벌린 부분)을 잡고, 오른손으로 나머지 부분을 왼손 집게손가락에 감는다(**그림 7**). 물론 왼손과 오른손을 바꿔서 해도 상관없으므로 편한 손을 이용하라.

그림 8과 같이 손수건을 잡는다. 꼭짓점은 여전히 삐져나와 있으며, 하나는 왼손으로, 나머지 하나는 오른손으로, 즉 한손으로 위 꼭짓점을, 반대쪽 손으로는 아래 꼭짓점을 잡는다. 그리고 왼손 집게손가락을 뺀다. 그러고 나서 오른손을 놓고 왼손으로만 손수건을 잡는다.

오른손 손가락으로 오른쪽 모서리 두 개를 잡으며 말한다.

"이 꼭짓점을 안으로 쑤셔 넣겠습니다."

꼭짓점을 안으로 넣는 척한다. 실제로는 손수건 묶음 안에 꼭짓점을 넣지 않고, 그대로 두되 오른손 손가락으로 계속 잡고 있다. 왼쪽 꼭짓점도 같은 방법으로 잡는다.

그림 7   그림 8   그림 9

그럼 이제 두 꼭짓점을 각각 양손 집게손가락과 엄지손가락으로 잡는다. 그리고 손수건 묶음에 부드럽게 바람을 불거나 혹은 좋아하는 주문을 외운다. 그리고 양손을 밖으로 뺀다. 확실하게 하기 위해 (담배를 말듯이) 엄지손가락을 집게손가락 밖으로 굴려서 꼭짓점을 꼬아도 된다. 그럼 손수건을 펼쳐도 두 개의 꼭짓점이 보이지 않는다. 직접 해보면 무슨 말인지 알 것이다.

손수건을 완전히 펴면 손수건은 정말로 하나가 된 것처럼 보인다. 이때 손수건을 팽팽하게 당겨야 한다. 그럼 관객은 반으로 접혀 삼각형이 된 손수건을 본다. 잘린 부분은 위 모서리에 숨어 있으며, 실제로는 반으로 잘린 삼각형 조각 두 개를 포개어 잡고 있는 것이다.

손수건을 팽팽하게 당기면 손수건이 뒤로 접힌다. 그럼 어느 누구도 손수건 두 장의 경계를 보지 못한다(**그림 9**).

이 정도로 충분하지만, 굳히기가 필요하다. 처음처럼 손수건을 꼰 뒤, 양끝을 한손으로 잡아 고리를 만든다. 반대쪽 손을 고리 안에 넣고, 손수건을 당긴다(**그림 10**). 그럼 관객은 손수건이 하나로 연결되었다는 사실을 믿어 의심치 않는다. 손수건을 주머니에 넣거나 혹은 테이블에 놓고 인사를 한다.

★ 참고

앞에서 꼼꼼하게 설명했지만, 직접 공연에서는 더 길게 혹은 짧게 만들 수도 있다. 짧게 만들자면 정말 순식간에 끝낼 수도 있다. 여기에는 무의식적인 미스디렉션이 있는데, 아마 포아도 몰랐을 것이다. 처음에 (네모난) 손수건 전체를 보여줘야 한다고 강조한 것도 바로 이 때문이다. 무의식적으로 관객은 나중에도 완전히 편 손수건을 봤다고 믿게 된다.

빌린 손수건을 이용해도 된다. 단, 주의해야 할 점이 있다. 첫째, 관객의 손수건을 구겨서(?) 미안하다고 하며 대신 건넬 좋은 손수건을 한 장 준비해야 한다. 혹은 멋진 마술을 함께한 손수건이기 때문에 간직하고 싶다고 말하면서 그 대신 새 손수건을 건넨다. 두 가지 모두 의심을 살 수도 있다. 또한 남성의 손수건은 아주 비싸기 때문에 주의해야 한다.

어쨌든 빌린 손수건을 마술사가 갖는다는 사실 자체가 관객의 의심을 유발한다. 그러므로 미리 준비해둔 손수건을 사용하는 것이 훨씬 낫다. 마지막에 손수건을 주머니에 넣고, 곧바로 다음 마술을 진행하는 것이 좋다. 자세한 내용은 당신의 재량에 맡기겠다. 단, 면으로 된 손수건은 마지막에 삼각형으로 펼 때 쉽게 뒤로 접히지 않을 수도 있다. 그러므로 손수건의 양끝을 당길 때 손수건을 살짝 뒤로 접어야 한다. 역시 직접 해보면 쉽게 이해할 수 있을 것이다.

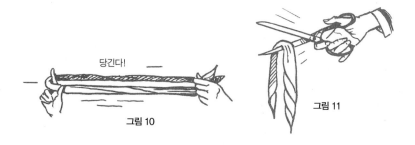

당긴다!

그림 10

그림 11

만약 관객의 도움받기를 원치 않는다면 직접 손수건을 잘라도 된다. 가위 날 위에 직접 손수건을 놓으면 깔끔하게 할 수 있다(**그림 11**). 이 상태로 잠시 멈춰서 관객에게 손수건을 보여준 뒤 자른다. 가위를 테이블에 내려놓고, 앞에서 설명한 내용을 따른다.

마지막으로 나는 이 마술을 처음 배웠을 때, 소그룹 앞에서 일심동체 커트와 다시 연결된 손수건 루틴도 함께 선보였다. 당시 큰 성공을 거뒀다. (원한다면 일심동체 커트와 다시 연결된 순수건 혹은 돌아다니는 커트라고 불러도 된다.)

나머지 세세한 내용은 당신의 몫으로 남기겠다. 기본적인 내용은 다음과 같다. 손수건을 자르고, 앞에서 설명한 방법으로 펼쳐서 보여준다. 손수건을 주머니 안 (혹은 손수건 위)에 놓아 나중에 쉽고 빠르게 꺼내 보여줄 수 있게 한다. 나는 이렇게 '온전한' 손수건을 관객에게 보여준 뒤, 관객의 주머니에 넣었다. (원한다면 유리잔 혹은 다른 그릇에 넣어도 된다.) 그리고 손수건의 한쪽 꼭짓점을 잡아서 반쪽씩 차례대로 꺼낸다.

그리고 또 다른 손수건으로 커트와 다시 연결된 손수건 루틴을 보여준다. 나는 커트가 손수건에서 손수건으로 이동한다는 내용의 멘트를 사용했다. 그리고 마술 제스처를 한 뒤, 방금 자른 손수건이 다시 하나가 되었음을 보여줬다. 그런 다음 방금 전에 온전한 것처럼 보였던 손수건을 유리잔에 꺼내 반으로 잘렸음을 보여준다. 자른 손수건을 처리하면서 다시 연결된 손수건을 주머니에 넣는다.

비록 설명은 짧았지만, 절대 무시해서는 안 된다. 직접 해보고, 거기에 자신만의 멘트를 더하라. 그럼 놀라운 마술이 될 것이다.

파벨의 쏟아지는 꽃가루 속에서 나타난 손수건
Pavel's Silk From Confetti Shower

액트 중간 언제든지 할 수 있는 예쁜 프로덕션 마술이다. 플랫폼이나 무대에 모두 어울리며, 아주 약간의 준비만 있으면 된다.

★ 이펙트

빨간색 꽃가루 한 줌을 허공에 던진다. 그리고 그 속에서 빨간색 손수건이 나타난다. (물론 다른 색을 사용해도 된다.)

★ 준비물

1. 빨간색 손수건 한 장. 한쪽 꼭짓점에 80cm 길이의 실을 연결한다. 그리고 실의 반대쪽 끝에는 손가락에 넉넉하게 낄 수 있는 플라스틱으로 된 링을 연결한다 (그림 1).

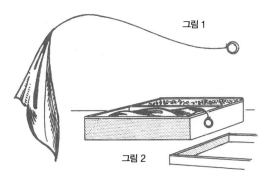

2. 시가 상자보다 약간 큰 상자 하나. 두 칸으로 나뉘어 있어야 하며, 시가 상자를 이용해도 된다(그림 2).

3. 빨간색 꽃가루

준비

상자의 앞 칸(관객과 가까운 칸)에 꽃가루를 넣는다. 그리고 손수건은 뒤 칸에 넣는다. 실 끝에 연결된 링은 상자의 오른쪽에 둔다(**그림 2**). 이렇게 준비한 상자를 테이블 위에 놓는다. 이때 테이블과 관객의 눈높이가 비슷해야 한다.

시연

한 손(혹은 양손)으로 꽃가루를 한 줌 집었다가 다시 상자 안에 떨어뜨린다. 그럼 마치 상자가 꽃가루로 가득 차 있는 것처럼 보인다. 이렇게 보여주는 동안 오른손 집게손가락에 고리를 낀다. 그리고 왼손 엄지손가락을 실 아래에 넣고, 손을 뒤집어서 손바닥이 위로 보이게 한다(**그림 3**). 그럼 오른손 집게손가락에서 늘어진 실이 왼손 엄지손가락을 지나고 나머지 손가락 뒷면을 지나 손수건으로 연결된다.

오른손으로 상자에서 꽃가루 한 줌을 집어서 왼손 손바닥 위에 놓는다. 이번에는 실이 팽팽해지도록 당긴다. 단, 아직 손수건을 움직여서는 안 된다.

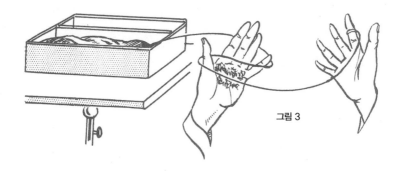

그림 3

허공에 꽃가루를 던지면서 재치 있게 양손을 벌린다. 그럼 손수건이 왼손으로 들어온다. 손수건의 움직임이 빠르기 때문에 잘 보이지 않는다. 쏟아지는 꽃가루 사이에서 왼손에 빨간색 손수건이 놓여 있다(**그림 4**).

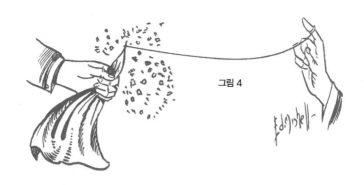

그림 4

★ 참고

아주 간단하면서도 순식간에 이루어지는 손수건 프로덕션 마술이다. 거의 자동적으로 이루어진다. 왼손으로 꽃가루를 던지면서 오른손을 아래나 오른쪽으로 움직이면 된다.

만약 다른 이펙트를 위해서 손수건을 사용할 때는 손수건에 연결된 실을 쉽게 끊어서 사용하면 된다.

파벨의 점프하는 손수건
Pavel's The Jumping Silk

오프닝 때 관객의 관심을 사로잡기 좋은 마술이며, '스로 어웨이(throw-away)'의 일종이다. 액트 중간이나 손수건을 이용한 이펙트 중간에 해도 좋다.

★ 이펙트

오른손에 있던 손수건을 허공으로 띄워 왼손 손가락 끝으로 이동한다. 그리고 다시 오른손으로 돌아온다.

★ 준비물

1. 35cm(혹은 이상) 크기의 손수건 한 장. 손수건의 한쪽 꼭짓점이 1.2m 길이의 실을 연결한다. 그리고 실의 반대쪽 끝에는 오른손 엄지손가락에 끼울 수 있는 크기의 링을 연결한다(**그림 1**).

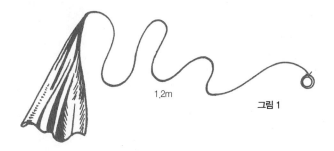

그림 1

준비

오른손 엄지손가락에 링을 끼운 뒤, 실을 양손에 엇갈려서 감는다(**그림 2**). 링에서 시작된 실을 왼손 엄지손가락에 건 뒤, 오른손 가운뎃손가락에 걸고, 그 다음에 왼손 새끼손가락에 건 다음 오른손 새끼손가락에 건다. 그리고 손수건을 오른손 새끼손가락으로 잡는다. (**그림 2**를 보면 하나의 고리가 더 있다.)

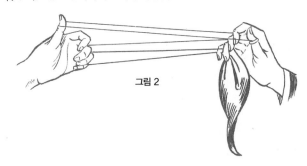

그림 2

먼저 오른손 엄지손가락을 오른손 엄지손가락에 끼운다. 그리고 손수건과 실을 아래로 늘어뜨린다. 다음으로 (손등이 마술사를 향한 상태에서) 왼손 엄지손가락을 실 오른쪽으로 가져와 앞쪽에서 엄지손가락을 고리 안에 넣고 왼쪽으로 움직인다. 그리고 오른손 가운뎃손가락을 실의 왼쪽(왼손 엄지손가락 아래)으로 움직였다가 다시 오른쪽으로 가져온다. 이번에는 왼손 새끼손가락을 실 오른쪽으로 움직였다가 다시 왼쪽으로 이동한다. 마지막으로 오른손 새끼손가락을 실의 왼쪽으로 가져왔다가 다시 오른쪽으로 움직인다. 직접 해보면 생각보다 어렵지 않을 것이다.

시연

손수건을 오른손 새끼손가락 옆에 늘어뜨리면서 양손을 벌린다. 그럼 자동적으로 손수건이 왼쪽으로 날아간다. 잠시 멈춰서 관객이 상황을 이해할 수 있도록 시간을 준다. 다시 손을 더 벌리면 이번에는 손수건이 오른손으로 날아간다. 잠시 멈춘다. 그리고 손수건을 놓고 손을 더 벌리면 손수건은 다시 왼손으로 간다(**그림 3**).

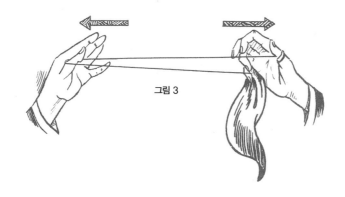

그림 3

★ 참고

왼손 가운뎃손가락을 이용하면 손수건을 한번 더 이동시킬 수 있다. **그림 2**에 보이는 여분의 고리가 바로 그것이다.

재미있으면서도 신기한 오프닝이며, 양손으로 손수건을 잡고 등장하면 된다. 약간만 생각하고 연습하면 테이블에 놓인 손수건과 실을 집으면서 **그림 2**와 같이 만들 수 있다. 그리고 액트 중간에도 할 수 있다는 장점이 있다.

황당한 손수건 컬러 체인지
Sucker Silk Color Change

'독' 보스턴('Doc' Boston)은 항상 이 마술을 이용하여 관객을 웃게 했고 관객을 감쪽같이 속였다. 자연스러운 분위기에서 보여줄 수 있는 마술이며, 그는 30초 만에 이 마술을 마쳤다.

★ 이펙트

마술사가 작은 손수건 두 장(빨간색 한 장과 흰색 한 장)을 보여준다. 빨간색 손수건에는 '빨간색'이라고 검은 글씨로 적혀 있고, 흰색 손수건에는 '흰색'이라고 적혀 있다.

마술사가 각각의 손수건을 굴려서 공처럼 만든 뒤 펼친다. 손수건은 각기 반대쪽 손에 들려 있다. (원래 빨간색 손수건이 왼손에 있었다면 지금은 오른손에 있다.) 그리고 손수건 색깔이 바뀌었다고 말한다. 빨간색 손수건이 흰색, 흰색 손수건이 빨간색이라는 것이다.

관객이 실망한 듯한 숨을 쉬면, 마술사는 손수건을 펼쳐서 보여준다. 빨간색 손수건에 '흰색', 흰색 손수건에 '빨간색'이라고 적혀 있는 것이 아닌가! 손수건의 색깔이 변했다.

★ 준비물

1. 30cm 크기의 손수건 네 장. 빨간색 두 장과 흰색 두 장을 준비한다.
2. 손수건에 글씨를 쓸 때 어떤 도구를 이용해도 상관없다. 검은 테이프나 리본을 손수건에 꿰매어 글씨를 써도 된다.

준비

빨간색 손수건 한 장과 흰색 손수건 한 장에 '빨간색'이라고 적는다. 그리고 나머지 빨간색 손수건 한 장과 흰색 손수건 한 장에는 '흰색'이라고 적는다(**그림 1**). 원래 손수건과 다른 색깔이 적혀 있는 손수건을 뭉쳐서 공처럼 만든다. 그리고 나중에 쉽게 꺼낼 수 있는 곳에 둔다.

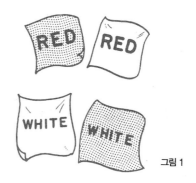

그림 1

시연

'옳은' 손수건, '빨간색'이 적혀 있는 빨간색 손수건과 '흰색'이 적혀 있는 흰색 손수건을 펼쳐서 보여준다. 이때 빨간색 손수건은 왼손에, 흰색 손수건은 오른손에 잡는다.

> "흰색과 빨간색을 확실하게 구분할 수 있으시겠죠? 친절하게 이렇게 글씨까지 써 뒀습니다." (이는 보스턴이 사용했던 대사가 아닌, 내가 만들어낸 대사이다.)

손수건을 바꾸는 과정은 당신의 선택에 맡기겠다. '옳은' 손수건을 집는 척하면서 '그른' 손수건을 집어도 된다. (이때 준비해둔 손수건을 실로 묶어두면 쉽다.)

'옳은' 손수건을 양손으로 굴려서 공처럼 만들면서 '그른' 손수건으로 바꾼다. 그리고 주머니에 손을 넣어 마술 가루를 꺼내는 척하면서 '옳은' 손수건을 처리한다. 그런 다음 왼손에는 흰색 손수건을, 오른손에는 빨간색 손수건을 잡고, 그른 손수건을 펼친다. 한 번에 펼치지 말고, 아래로 늘어뜨리면서 천천히 펼친다.

> "보십시오! 색깔이 바뀌지 않았습니까? 흰색 손수건이 빨간색이 되었고, 빨간색 손수건이 흰색이 되었습니다."

말하면서 손수건을 가리킨다. 그리고 관객이 한숨을 쉬거나 신음하기를 기다린다.

"아닙니다. 제가 설마 여러분에게 장난을 치겠습니까? 정말로 바뀌었습니다!"

그리고 손수건을 완전히 펴서 글씨를 보여준다.

★ 참고

분명 입이 쩍 벌어지는 그런 마술은 아니다. 하지만 정말로 손수건의 색깔을 바꾸기 전에 오프닝으로 하기에 적합한 재치 있는 마술이다.

보스턴은 '롤링 비트윈 팜(rolling between the palms)' 스위치를 이용했다. 물론 다른 스위치를 이용해도 되며, 다이 튜브(dye tube)와 같은 도구를 이용해도 된다.

하워드 서스톤(Howard Thuston, 1869~1936)

Tarbell
Course in MAGIC

LESSON

90

일루전

Tarbell course in MAGIC

일루전
Illusions

《타벨의 마술교실》을 위한 일루전은 몇 가지 기준에 의해 선택된다. 이펙트, 제작의 편의성, 이동성, 쇼맨십, 재미 등이 고려된다.

마술사가 직접 만들 수 있거나 혹은 목수에게 맡긴다 하더라도 비용이 저렴해야 한다. 아마추어 마술사는 이동이 많지 않기 때문에 굳이 조립식으로 만들 필요는 없다.

전문 마술사의 경우 다음과 같은 사항을 고려해야 한다.

1. 노력할 만한 가치가 있는 이펙트인가. 관객에게 신비함과 감동을 줄 수 있어야 한다.
2. 쉽게 운반하며, 배송 비용을 절감하기 위해서는 도구가 최대한 가벼워야 한다.
3. 도구는 쉽게 분리하여 부피를 줄일 수 있게끔 제작해야 한다.
4. 도구는 실용적이면서도 빨리 조립할 수 있어야 한다.
5. 공연 중에 도구가 쓰러질까 걱정할 필요가 없도록 견고해야 한다. 또한 잦은 이동에도 부서지지 않아야 한다.
6. 당신과 당신의 조수에게 가장 적합한 사이즈로 제작해야 한다.
7. 관객에게 좋은 인상을 남길 수 있도록 겉모양 또한 중요하다.

이 점만 명심하면 분명 당신도 훌륭한 도구를 만들 수 있다. 가장 좋은 도구는 저렴하면서도 오래 사용할 수 있어야 한다. 처음에 이런 좋은 도구를 얻으면 돈을 아낄 수 있고, 화를 낼 필요도 없고, 또한 좋은 평판을 얻을 수 있다.

일루전을 준비할 때는 반드시 도구를 안전하게 가지고 다닐 가방이나 트렁크가 필요하다. 돈을 아끼겠다고 이런 장비를 준비하지 않으면 오히려 도구가 망가져서 더 큰 지출이 생길 수도 있다.

연습의 중요성에 대해 굳이 길게 설명하지 않더라도 다 잘 알리라 믿는다. 그러나 때때로 세밀한 이펙트에 대해서는 열심히 연습하면서도, 일루전에 대해서는 소홀한 마술사를 보게 된다.

어쩌면 이들은 일루전 자체가 훌륭하기 때문에 그저 자신들은 '버튼'을 누르기만 하면 된다고 생각하는지도 모르겠다. 그러나 물론 이는 사실이 아니다. 타이밍을 맞춰서 동작을 해야 하고, 신중히 생각하며 진행해야 한다.

처음 공연할 때 나는 이를 절실히 깨달았다. 공연 중, 다섯 명의 관객이 무대에 나와 함께 있었고, 나와 내 아내가 나타났다. 이 마술을 깔끔하게 하기까지는 생각과 시간이 필요했다. 무대 위로 부른 관객들이 서로 부딪히거나 나와 부딪히는 것을 피하고 또한 이들이 좌석에 안전하게 돌아가야만 내가 선보인 마술의 효과를 지킬 수 있었다. 또한 이들이 무대에 있는 동안 어떻게 해야 잘 다룰 수 있는지도 생각해야 했다.

왜 이런 말을 하는지 잘 알 것이다. 관객들이 마술사의 일루전에 대해서 혼란스럽다는 기억만 간직하는 경우가 있다. (남아메리카의) 리차르디 주니어(Richardi Jr.)의 여자를 반으로 톱질하는 마술을 봤다면 쇼맨십, 생각, 연기가 얼마나 중요한지 알게 될 것이다. 그는 세밀한 것까지 신경을 쓴 결과 걸작을 만들어냈다. 이 마술을 본 관객은 모두 한결같이 결코 잊지 못할 것이라고 말했다.

모든 도구는 제자리에 있어야 하고 조수와도 리허설(수많은 연습)을 통해 호흡을 맞춰봐야 한다. 그리고 일루전의 세밀한 부분도 모두 계획하고, 또한 관객의 자리에서 누군가 서서 혹은 앉아서 리허설을 확인해줘야 한다. 이중 어느 한 가지라도 소홀히 하면 전체 일루전을 망칠 수도 있으므로 주의해야 한다.

경험만이 당신에게 그 중요성을 제대로 알려줄 것이다. 말하는 방법과 의상, 멘트, 연기, 쇼맨십과 같은 것도 마술사와 어울려야 한다. 여자 조수를 반으로 자를 때 튄 피가 리차르디의 흰색 작업복에 묻는 장면은 끔찍하면서도 결코 잊히지 않는다. (그가 피를 어디에서 구했는지는 중요하지 않다. 피가 튄다는 자체가 으스스하다.)

마지막으로, 당신이 잘 할 수 있다고 생각되는 일루전을 선택하라. 당신의 성격과 스타일에 잘 맞아야 한다. 타벨은 이런 말을 했다. "일루전은 웅장하고, 격렬하면서도 볼 만한 효과를 제공하여 마술쇼의 클라이맥스를 장식한다. 일루전을 구성하고

무대에 올릴 때는 여러 가지 사항을 모두 고려해야 한다. 쇼맨십으로 보여줄 수 있는 부분은 어디까지인가? 사람들을 극장으로 끌어들일 수 있는가? 언론에 보도될 수 있나? 관객이 쉽게 열광하게 만들 것인가? 미스터리뿐만 아니라 재미있는 요소도 포함하고 있는가? 루틴을 잘 구성하고, 타이밍을 잘 맞추고, 쇼맨십을 적절히 가미해야 한다. 일루전에서는 의상도 매우 중요하다."

팬텀 블랙 아트 플랫폼
The Phantom Black Art Platform

대부분의 마술사들에게 '블랙 아트(black art)'는 조명이 꺼진 무대에서 물건을 만들어내거나 사라지게 하는 마술을 의미한다. 같은 원리를 이용하여 조명이 켜진 무대에서 기적과 같은 일루전을 만들어내는 또 다른 '블랙 아트'도 있다. 사람을 나타나게 또는 사라지게 하거나, 다른 사람 혹은 다른 물건으로 바꾸는 데 이용하는 원리가 바로 검은색이다.

'팬텀 블랙 아트 플랫폼(The Phantom Black Art Platform)'에서는 준비물이 중요하다. 즉, 도구가 상당히 중요하다. 도구는 마술사나 조수의 옆에 있는 테이블 역할을 한다. 그리고 틀과 윗면의 두 부분으로 구성된다.

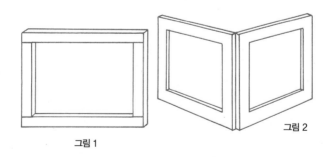

그림 1   그림 2

네모난 틀 두 개를 경첩으로 연결하여 틀을 만든다. 이때 각각의 틀의 크기는 높이

65cm, 길이 90cm이며, 폭 7.5cm, 두께 3.7cm의 막대기로 되어 있다. 틀의 앞면은 흰색, 뒷면은 검은색으로 되어 있다. (피아노 경첩으로) 연결해두면 반으로 접을 수 있어서 운반이 용이하다(**그림 1, 그림 2, 그림 3**).

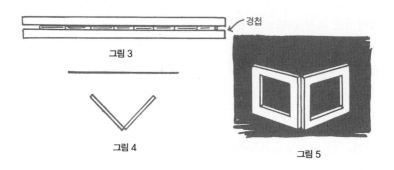

그림 3

그림 4

그림 5

아주 단순한 틀이지만, 다음과 같은 방법으로 준비를 한다. 각각의 틀 위 막대기에 커튼이 설치되어 있다. 두 개의 틀을 벌려서 배경막(이에 대해서는 뒤에서 설명할 것이다) 앞에 내려놓으면 검은색 커튼을 숨기고 있는 문을 언제든지 열어서 커튼을 내려 틀 뒷면을 가릴 수 있다. **그림 4**는 틀을 배경막 앞에 놓은 모습이고, **그림 5**는 관객이 보는 모습이다.

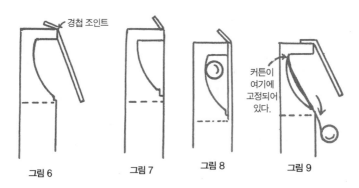

그림 6   그림 7   그림 8   그림 9

그림 6~그림 9는 틀과 커튼에 대한 모습이다. 틀의 위 막대기 안쪽을 자르고, 그 안에 커튼을 넣는다. 그리고 경첩 조인트(hinge joint)를 부착한다. 커튼의 한쪽 끝을 막대기에 고정시킨다.

책을 덮듯이 두 개의 틀을 닫으면 경첩 조인트가 위로 올라온다. 그럼 커튼은 밖으로 나오지 못한다. 그러다 틀을 적당한 각도로 열고 위에 윗면을 놓으면 경첩 조인트가 눌리면서 문이 열리고 커튼이 내려온다. 그럼 자동적으로 틀의 뒷면이 가려진다. 혹은 원할 때 손가락으로 눌러서 커튼을 내릴 수 있다. 가장 좋은 방법은 윗면을 올리면서 자동적으로 커튼을 내리는 것이다.

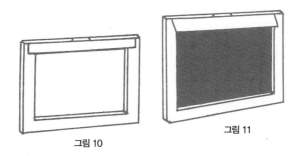

그림 10   그림 11

그림 10은 커튼이 올라가 있는 모습이며, **그림** 11은 검은색 커튼이 내려온 모습이다. 뒤 배경이 검은색이면 검은색 커튼이 올라가 있는지 내려와 있는지 구분하기 어렵다.

이렇게 틀을 만들고, 이제는 윗면이 필요하다. 틀을 적당한 각도로 벌렸을 때 위에 놓으면 딱 맞는 크기의 삼각형이어야 한다. 두 면, 즉 윗면과 아랫면에 턱이 달려 있어 틀 위에 놓았을 때 안정감이 있다(**그림** 12). **그림** 13은 틀 위에 윗면을 놓은 모습이다.

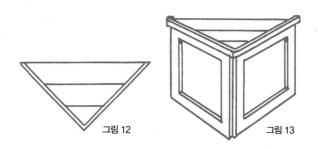

그림 12   그림 13

윗면에는 비밀 문이 있다. 비밀 문은 뒷모서리에서 시작되며 깊이 30cm, 폭 45cm이다. 그리고 윗면 가운데에 경첩으로 연결되어 있고, 위로 열게 되어 있다. 문 아래에는 1.2cm 두께의 턱이 달려 있기 때문에 문을 닫았을 때 고정된다(**그림** 14, **그림** 15).

윗면 전체에 검은색 선을 그려서 문을 숨긴다(**그림** 16). 원한다면 문 양쪽에 걸쇠를 달아서 문을 잠가도 된다. 문에 걸쇠를 고정시키는 것이 좋다. 그리고 틀 위에 윗면을 놓은 뒤, 걸쇠를 연다.

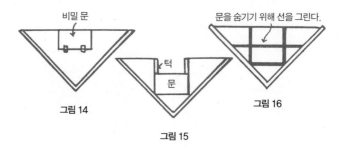

비밀 문

그림 14

턱

문

그림 15

문을 숨기기 위해 선을 그린다.

그림 16

그럼 이제 블랙 아트 플랫폼이 완성된다. 함께 이용한 다른 소품 몇 가지만 있으면 멋진 기적을 만들어낼 수 있다. 커튼은 검은색 벨벳과 같이 무대 배경막과 어울리는 소재로 만들어야 한다.

직접 커튼과 같은 소재로 배경막을 만들어도 된다. 하지만 스크린을 준비하는 것이 더 낫다. 스크린은 접어서 운반하기 쉽기 때문이다.

스크린의 크기는 폭 3.6m, 높이 2.1m가 적당하다. 틀과 커튼 모두 검은색이어야만 한다. 이렇게 준비한 스크린은 배경막을 설치하기 어려운 무대에서 진가를 발휘한다.

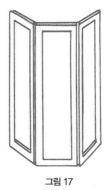

그림 17

필요하다고 생각되면 무대 바닥에 커튼과 같은 헝겊을 깔아도 된다. 그럼 블랙 아트 효과를 극대화 시킬 수 있다.

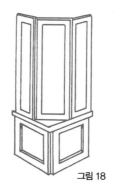

그림 18

간편한 스크린

블랙 아트 플랫폼에 맞춰서 설계해야 한다. 두 섹션으로 만들 수도 있지만, 세 섹션으로 하는 것이 좋다. (세 섹션의 경우) 각 섹션의 크기는 너비 50cm, 높이 1.75m이다. 그리고 각각의 섹션 사이에는 틈을 막기 위해 검은색 헝겊을 붙인다(**그림 17**, **그림 18**, **그림 19**). **그림 19**는 **그림 18**을 위에서 내려다본 모습이다. 윗면의 턱이 스크린이 쓰러지는 것을 막는다.

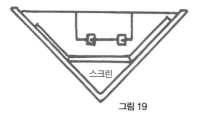

스크린

그림 19

스크린을 플랫폼 위에 설치하면 뒤에 사람이 설 수 있는 공간이 생기며, 이 공간을 이용하여 사람이 사라질 수 있다. 비밀 문을 열고 플랫 안으로 기어 들어가기만 하면 된다. 그리고 빈 플랫폼에 스크린을 설치하여 사람을 만들어낼 수도 있다. 이 경우에는 처음부터 플랫폼 안에 숨어 있다가 스크린 뒤로 올라오면 된다.

마지막으로 발판은 유용한 도구이다. 사람들이 플랫폼 위로 올라가거나 플랫폼에서 아래로 내려올 때 유용하다. 길이 45cm, 폭 30cm, 높이 30cm가 적당하다(**그림 20**).

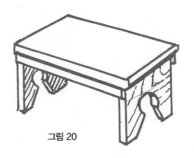

그림 20

트렁크 속의 소녀 미스터리
The Girl-In-The-Trunk Mystery

앞에서 설명한 팬텀 블랙 아트 플랫폼과 평범한 큰 트렁크를 이용한 기발한 일루전이다.

★ 이펙트

마술사가 가운데가 뚫린 틀을 보여준다. 그리고 바닥에 세워놓고, 그 위에 윗면을 놓는다. 다음으로 빈 트렁크를 보여준 뒤, 소녀 조수를 그 안에 넣고 뚜껑을 닫는다. 트렁크를 무대 한쪽에 치워둔다.

마술사가 삼각형 플랫폼 위에 올라간 뒤, 헝겊을 펼친다. 갑자기 헝겊 아래에서 무언가의 형체가 나타난다. 그 상태에서 마술사는 헝겊을 놓는다. 그럼 헝겊으로 덮인 상태로 형체는 마술사와 함께 플랫폼에서 내려온다.

마술사는 트렁크를 열어서 소녀 조수가 아닌 소년이 나온다. 다음으로 헝겊을 치운다. 그러자 거기에 트렁크에 들어갔던 소녀 조수가 모습을 드러낸다.

★ 준비물

1. 팬텀 블랙 아트 플랫폼(틀과 윗면으로 되어 있다).

2. 검은색 배경과 바닥에 깔 천

3. 사람이 들어가서 편하게 웅크리고 있을 만한 크기의 트렁크 하나

4. 한 변의 길이가 2.4m 되는 큰 헝겊. 급한 경우에는 침대 시트를 이용해도 된다.

준비

트렁크를 무대 뒤쪽, 배경막에서 0.9m 떨어진 지점에 놓는다. 그리고 팬텀 프레임과 윗면을 무대 옆쪽에 둔다. 소년 조수를 트렁크 뒤에 숨긴다.

소녀 조수는 치마처럼 거추장스러운 복장이 아닌 편한 복장으로 무대 뒤에서 대기한다.

시연

틀과 윗면을 들어 윗면을 트렁크에 기대어 놓는다. 그리고 틀을 보여준 뒤 벌려서 트렁크 오른쪽으로 가져온다. 틀 뒤에 서서 틀 가운데가 뚫려 있음을 보여준다. 그리고 나서 틀을 바닥에 내려놓는다. 이때 틀의 왼쪽 모서리와 트렁크의 오른쪽 모서리가 5cm 정도 겹쳐야 한다. **그림 1**은 마술사, 소년, 트렁크, 틀의 위치를 보여준다. (**그림 2**는 틀을 펼쳤을 때의 모습이다.)

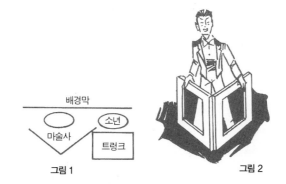

그림 1

그림 2

틀의 앞을 돌아서 오른쪽으로 걸어간다. 그리고 윗면을 들어서 틀 위에 놓는다. 그럼 커튼이 내려온다. 곧바로 트렁크 뒤에 숨어 있던 소년이 틀 뒤로 와서 숨는다(**그림 3**).

배경막

소년

트렁크

그림 3

그림 4

　　왼쪽 손잡이를 잡고, 트렁크를 무대 앞으로 가져온다. 그리고 뚜껑을 연 뒤, 한쪽에 서서 관객이 트렁크 안이 비어 있음을 확인할 수 있도록 트렁크를 기울인다. 또한 모든 면을 두드려서 견고함을 보여준다. 이제 전과 같이 트렁크를 틀 옆으로 가져간다. 단, 이번에는 트렁크의 앞면이 배경막을 향하게 한다.

　　뚜껑을 열고 소녀 조수에게 트렁크 안으로 들어가라고 말한다. 마술사가 뚜껑을 여는 순간 소년이 곧바로 트렁크 안(오른쪽)으로 들어가서 웅크린다. 앞에 마술사가 서 있기 때문에 관객은 소년의 움직임을 보지 못한다.

　　소녀는 트렁크 안(왼쪽)으로 걸어 들어간다. 그리고 관객을 쳐다보며 양손으로 뚜껑 위에 놓는다(**그림 4**). 그 상태에서 조용히 트렁크 밖으로 나온다. 이때 다리 하나씩 밖으로 나오면 정면에 있는 관객들은 전혀 눈치 채지 못한다. **그림 5**는 옆에서 본 모습이다.

그림 5

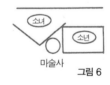

소녀

소년

마술사
　　그림 6

곧바로 소녀 조수는 마치 트렁크 안에 숨듯이 트렁크 뒤에서 몸을 웅크린다. 그러고 나서 기어서 팬텀 플랫폼 뒤로 이동한다. 마술사가 뚜껑을 닫으면 관객은 소녀가 트렁크 안에 있다고 믿는다. 하지만 실제로 트렁크 안에 있는 사람은 소녀가 아닌 소년이다. **그림 6**은 현재 각자의 위치를 보여준다.

트렁크의 왼쪽 손잡이를 잡고 당겨 틀에서 멀리 떨어진 무대 한쪽으로 치워둔다. 이때 트렁크를 돌려서 앞면이 객석을 향하게 한다. 안에 소녀 조수가 있다고 다시 확신시키길 원한다면 트렁크에 노크를 한다. 소년이 안에서 노크를 통해 대답을 보내면 관객은 안에 소녀 조수가 있다는 사실을 전혀 의심하지 않는다. 혹은 소년에게 뚜껑을 살짝 들어 올리라고 한다. 아니면 마술사가 직접 뚜껑을 열고, 손수건을 내밀면 소년이 손수건을 받아도 된다.

그림 7

그림 8

헝겊을 집어서 팬텀 플랫폼 위로 올라간다. 이때 플랫폼 옆에서 올라가야 한다. (만약 마술사가 플랫폼 뒤로 걸어가서 올라간다면 다리가 보이지 않기 때문에 문제가 생긴다!) 헝겊을 앞으로 늘어뜨려서 펼친다. 이때 반드시 헝겊의 끝이 플랫폼 바닥에 닿아야 한다(**그림 7**).

소녀가 플랫폼 위, 마술사 옆으로 기어 올라가서 마술사 앞에 선다. 마술사는 헝겊으로 소녀 조수를 덮는다. **그림 8**은 옆에서 본 모습이다. 관객은 이 장면을 보고 신기하다고 생각한다.

플랫폼에서 내려와서 무대 중앙으로 나온다. 그리고 손가락으로 헝겊 아래에 있는 물체를 가리키고, 다음으로 트렁크를 가리킨 뒤, 트렁크를 향해 걸어간다. 뚜껑을 열면 소년이 나온다. 그리고 트렁크를 기울여서 안에 아무도 없음을 보여준다.

플랫폼을 향해 걸어가서 헝겊을 치운다. 그러자 소녀가 나타난다. 소녀가 플랫폼에서 내려오는 것을 도와주며 마무리한다.

★ 참고
소녀나 소년 대신 다른 조수와 함께해도 된다. 그리고 이 마술을 하기 전에 다른 마술을 한다면 그 동안 소년이 트렁크 뒤에 숨어 있을 수 있는 방법은 다양하다. 그러므로 굳이 이 일루전을 처음에 할 필요는 없다. 트렁크 안에 소년을 숨긴 상태로 무대에 가지고 나온다. 그리고 **그림 4**와 같이 뚜껑을 열고, 옆에 팬텀 블랙 아트 플랫폼을 설치한다.

그리고 나서 마술사가 트렁크 뚜껑을 열면 곧바로 소년이 밖으로 나와서 플랫폼 뒤에 숨는다. 나머지는 앞의 내용과 동일하다. 트렁크를 앞으로 당겨서 안을 보여준다. 그리고 마지막에 뚜껑을 열면 소년이 트렁크 안에서 기어 나오고, 소녀는 플랫폼 위에서 나타난다.

관객 사이에 있는 소녀
Girl in the Audience

무대 배경막이나 스크린에 비밀 문이 있고, 비슷한 체구의 조수 두 명만 있으면, 이 전설의 일루전을 할 수 있다.

★ 이펙트
소녀가 작은 플랫폼 위에 무릎을 꿇으면 그 위에 헝겊을 덮는다. 관객은 플랫폼 아래를 볼 수 있으며, 헝겊으로 덮은 후에도 소녀가 움직이는 것을 볼 수 있다. 그러나 헝겊을 치우자 소녀는 보이지 않는다. 사라진 소녀는 갑자기 관객 사이에서 나타나서 무대로 달려 나온다.

★ 준비물

1. 팬텀 블랙 아트 플랫폼
2. 한 변의 길이가 2.4m 크기의 큰 헝겊
3. 특별하게 준비된 배경막이나 중간에 비밀 문이 있는 스크린 하나
4. 발판 하나

스크린의 가운데에 한쪽으로 열 수 있는 문을 만들면 그게 바로 비밀 문이 된다. 얇은 나무로 만들어야 하며, 한 사람이 지나갈 때 부러지지 않을 정도로 견고해야 한다. 스크린의 위쪽에는 커튼이나 블라인드를 쳐서 가리고, 아랫부분은 무대 뒤 바닥에 고정시킨다. 이 두 부분은 반드시 경첩으로 연결해 이동 시에는 나사를 풀어서 납작하게 접을 수 있어야 한다.

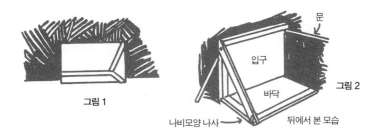

그림 1

문

입구

바닥

그림 2

나비모양 나사

뒤에서 본 모습

문의 입구는 폭 60cm, 높이 45cm 정도가 되어야 한다. 그리고 문은 경첩으로 연결되어 있어서 열 수 있으며, 놓으면 제자리에 닫힌다. 또한 커튼과 같은 소재로 덮여 있기 때문에 닫으면 표시가 나지 않는다. **그림 1**은 문을 열었을 때 앞에서 본 모습이다. **그림 2**는 무대 뒤에서 본 모습이다.

문의 틀을 바닥에 연결해야만 조수가 기어서 나올 때도 커튼이 요동치지 않는다. 이를 위해서는 비슷한 체구의 조수 두 명과 또 다른 조수가 필요하다.

준비

비밀 문을 배경막이나 스크린에 설치하고, 스크린은 적당한 자리에 놓는다. 블랙 아트 틀과 윗면은 테이블 중앙이나 한쪽에 놓는다.

여기에서는 소녀 조수 두 명과 함께 한다고 하자. 완전 똑같은 옷을 입히거나 소매 부분만 일치하는 의상을 입힌다. 그 이유는 나중에 알게 될 것이다. 한 사람은 커튼 뒤에 서서 신호가 떨어지면 곧바로 구멍을 통해 무대로 나올 수 있도록 대기한다.

시연
조수가 틀을 들고, 비밀 문 앞으로 가져온다. 그리고 틀 뒤에 선 뒤, 틀을 펼쳐서 가운데가 비어 있음을 보여준다. 그러고 나서 비밀 문에서 0.6m 떨어진 지점에 내려놓는다. 각도와 편의성을 생각하여 틀을 적당한 위치에 놓아야 한다(**그림 3**).

그림 3

그림 4

조수가 틀 위에 윗면을 올려놓는다. 그럼 커튼이 내려온다. 물론 이때 틀 앞으로 나와야 한다. 다음으로 틀 오른쪽에 발판을 놓는다.

틀의 커튼이 내려오는 순간, 특정 대사로 뒤에 있는 조수에게 신호를 보낸다. 그럼 소녀 조수 한 명이 비밀 문을 통해 무대로 나와서 플랫폼 아래에 숨는다(**그림 4, 그림 5**).

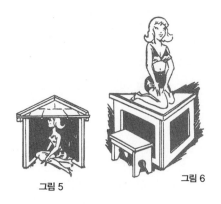

그림 5

그림 6

이때 마술사는 이펙트에 대해서 설명하면서 관객에게 증인이 되어달라고 말한다. 또 다른 소녀 조수가 무대 오른쪽에서 등장한다. 그럼 그녀를 플랫폼이 있는 곳으로 데려와 위로 올라가는 것을 도와준다. 그럼 소녀 조수는 관객을 마주보고 무릎을 꿇는다(**그림 6**).

마술사와 조수가 각각 헝겊의 양쪽을 잡고, 소녀 조수 앞에 펼친다. 아직 소녀 조수를 덮지는 않는다(**그림 7**).

잠시 후, 헝겊을 완전히 펼쳐서 소녀 조수를 덮는다. 이때 헝겊의 아래 모서리가 플랫폼 윗면보다 아래로 내려와야 한다. 그렇다고 너무 아래로 내려와서는 안 된다. 관객이 플랫폼 일부를 볼 수 있어야 하기 때문이다(**그림 8**). 헝겊이 제자리에 위치하면 소녀 조수는 곧바로 플랫폼 뒤로 내려가 비밀 문을 통해 무대 밖으로 간다. 그리고 곧바로 객석 뒤로 뛰어가서 등장할 준비를 한다.

그림 7   그림 8

플랫폼 아래 숨어 있던 소녀 조수가 위로 올라와서 같은 자세로 무릎을 꿇는다. 그럼 그 위에 헝겊을 씌운다. 이 모든 과정을 주저함 없이 진행해야만 관객이 눈치 채지 못한다(**그림 9**).

헝겊을 잘 정리하여 소녀 조수를 완전히 가린다. 그러면서 소매 부분을 살짝 보여준다. 만약 전체 의상이 일치한다면 얼굴을 제외한 나머지를 보여줄 수 있다. 관객이 확신할 수 있도록 최소한 일부분은 보여줘야 한다.

플랫폼 오른쪽으로 걸어간다. 그리고 조수는 왼쪽으로 걸어간다. 헝겊의 뒤 꼭짓점을 잡아서 들어 올린다. **그림 8**과 비슷한 동작이다. 그럼 소녀는 곧바로 플랫폼 아래로 들어가 숨는다.

그림 9   그림 10

소녀 조수가 내려가면 곧바로 헝겊을 걷는다. 그럼 소녀가 사라진 것처럼 보인다 (**그림** 10). 이는 객석 뒤에 있는 소녀 조수에게 달려오라는 신호이기도 하다. "나 여기 있어요"라고 외치며 복도를 뛰어온다. 너무 일찍 혹은 너무 늦게 등장하지 않도록 타이밍을 잘 맞춰야 한다.

소녀 조수가 무대로 올라 올 수 있도록 손을 잡아준다. 그리고 함께 인사를 하며 마무리한다.

★ 참고

방금 설명한 두 가지 일루전을 위해서 헝겊 대신 세 칸짜리 스크린을 이용해도 된다. 그럼 무대 뒤에서 대기하고 있는 조수는 보이지 않기 때문에 남자건 여자건 상관없다. 그저 실루엣이 비슷하게 보이도록 비슷한 체구면 된다.

또한 관객에게 시계나 스카프를 빌려서 첫 번째 소녀 관객에게 채운다. 그럼 나중에 객석 뒤에서 나타난 사람이 쌍둥이가 아닌 동일인임을 증명할 수 있다.

여자를 반으로 톱질하기
Sawing a Woman in Half

'여자를 반으로 톱질하기' 일루전은 마술을 전혀 모르는 사람도 모두 알고 있는 가장 유명한 마술일 것이다. 같은 이펙트더라도 1843년(이보다 더 오래된 자료는 아직 보지 못했다)에 시작하여 리치드니 주니어(Richiardni Jr.)에 이르기까지 그동안 사용된 방법은 수백 가지에 이른다. 지금 소개하고자 하는 버전에서는 저렴한 비용으로 할 수 있으며, 또한 여자 조수의 손목과 발목을 묶어서 상자에 고정시킬 수 있다.

★ 이펙트

상자를 보여준다. 그리고 소녀가 상자 안으로 들어가면 손목과 발목을 로프로 묶는다. 그리고 상자에 난 구멍을 통해 로프를 밖으로 꺼내어 관객 네 명의 손에 쥐어준다. 이렇게 해서 소녀는 상자 안에 완전히 갇힌다. 손은 상자의 윗부분 가까이 있으며, 발목은 아래 부분 가까이에 있다.

상자의 문(혹은 뚜껑)을 닫은 뒤, 자물쇠로 잠근다. 그리고 상자를 들어서 (X자형의) 톱질 모탕이나 프레임에 상자를 고정시킨다. 톱질 모탕이나 프레임 아래에 다리가 있어서 쉽게 움직일 수 있어야 한다.

마술사는 벌목할 때 두 사람이 함께 사용하는 그런 큰 톱을 들고 나와서 직접 나무를 자른다. 톱 양쪽에 손잡이가 달려 있다. 마술사가 한쪽을 잡고, 자원한 관객이 반대쪽을 잡는다. 그리고 톱이 바닥에 닿을 때까지 천천히 상자를 반으로 자른다.

그럼 안에 있는 조수도 반으로 잘리는 것처럼 보인다. 이를 증명하기 위해서 마술사는 두 개의 슬라이드를 양쪽에서 (미리 상자에 만들어둔 구멍에) 밀어 넣는다. 반으로 갈린 상자를 분리해 마술사가 그 사이를 지나다닌다.

그리고 다시 합친 뒤, 슬라이드를 빼낸다. 여자 조수가 다시 하나로 붙으라고 주문을 외운다. 다시 두 조각이 된 상자를 살짝 벌리니, 안에 조수의 몸이 보인다.

마술사는 상자 밖에서 로프를 잘라 조수의 손과 발목을 자유롭게 한다. 그리고 나서 자물쇠를 열고, 뚜껑을 열면 조수가 일어난다. 두 조각이 된 상자를 벌리면 조수가 아래로 내려온다. 물론 전혀 다친 데는 없다. 로프는 여전히 손목과 발목에 묶여 있다.

★ 준비물
1. 상자와 슬라이드 두 개
2. 상자를 놓을 수 있는 테이블처럼 생긴 프레임이나 톱질 모탕 두 개
3. 손목과 발목을 묶을 수 있는 로프
4. 큰 벌목 톱 하나
5. 한쪽만 날카로운 면도날 여러 개
6. 여자나 남자 조수 한 명

준비
상자 : 그림을 보면 훨씬 이해가 쉬울 것이다. 상자는 조수의 키보다 7.5~15cm 길어야 한다. 그리고 너비와 폭은 각각 52.5cm가 적당하다. **그림 1**은 조수가 안에 들어갔을 때의 모습이다.

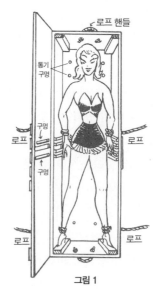

그림 1

로프를 상자 양쪽에 고정해서 손잡이를 만든다. 쐐기를 이용하여 더욱 단단하게 고정시켜도 된다. 뚜껑의 한쪽 모서리는 경첩으로 상자 본체와 연결되어 있다. 반대쪽에는 자물쇠로 잠글 수 있도록 고리가 달려 있다. 세로로 세울 수 있는 상자여야만 한다.

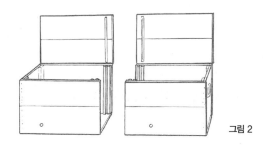

그림 2

상자를 반으로 자른다(**그림 2**). 이렇게 반으로 자른 상자를 두께 0.6cm의 부드러운 소나무 판자나 보드로 붙인다. 그럼 나중에 톱으로 쉽게 자를 수 있다. 보드를 붙일 때 못을 박는다. 그리고 두 조각의 상자 사이에는 (톱이 들어갈 수 있도록) 2.5~5cm의 틈이 있다. 위에 보드를 붙이기 때문에 틈은 보이지 않는다.

가운데 양쪽에 슬라이드를 넣을 수 있는 구멍과 턱을 만든다(**그림 3**). **그림 2**를 보면 가운데 부분에 턱이 있는 것을 알 수 있을 것이다. 슬라이드를 넣었을 때 슬라이드가 턱에 고정되어야만 한다. 그리고 (톱질한 후에) 슬라이드를 넣은 상태에서 두 조각을 분리했을 때, 관객이 상자 안을 볼 수 없어야 한다. 원한다면 구멍을 가리기 위해서 경첩으로 나무문을 만들어도 된다.

상자 아래쪽에 통기 구멍을 뚫는다. 그리고 모서리 가까이에 로프 넣을 구멍을 만든다. 조수의 손목, 발목 높이에 맞춰서 정확히 뚫어야 한다. **그림 1**과 **그림 2**를 보면 대강의 위치를 알 수 있을 것이다.

테이블 프레임 : 상자를 자른 뒤 두 조각을 받치기 위해 두 개가 필요하다. 그럼 각각의 프레임 위에 상자 반쪽을 놓을 수 있다. 다리 끝에는 바퀴가 달려 있다(**그림 4**). 급한 경우에는 프레임 두 개 대신 톱질 모탕 네 개를 이용해도 된다.

조수는 날카로운 면도날을 소지한다. 필요할 때 쉽고 빠르게, 그러면서도 안전하게 꺼낼 수 있어야 한다. 여자 조수 역시 면도날을 하나 숨긴다. 옷에 면도날을 숨기기 위한 작은 가죽 주머니를 만들어도 된다.

또한 원한다면 여자 조수에게 손전등을 줘도 좋다. 하지만 통기 구멍을 통해 적절한 빛이 들어가기도 하고, 또한 감으로 할 수도 있다. 하지만 그렇지 않다면 손전등을 사용해도 된다. 단, 구멍 밖으로 빛이 새나오지 않도록 주의해야 하며, 로프에서 자유로워질 때만 사용하는 것이 좋다.

테이블 프레임은 무대 한쪽에 둔다. 조수에게 36m 길이의 로프를 맡기거나 가까운 곳에 둔다.

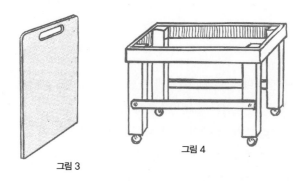

그림 3 그림 4

시연

상자를 무대 중앙으로 가져와서 세로로 세운다. 그리고 뚜껑을 열어서 안을 보여준다. 원하는 내용의 멘트를 한 뒤, 관객 다섯 명의 자원을 받아서 무대로 부른다. 관객 중에 의사나 변호사가 있다면 그들을 불러도 좋다. 반드시 이들을 위한 의자를 준비해둬야 한다.

여자 조수가 무대로 나와서 옆에 서면 관객에게 소개한다.

"먼저, 숙녀의 손목과 발목을 로프로 묶을 겁니다. 두 분은 저를 도와주시겠어요?"

두 명과 함께 먼저 양손 목에 각각 로프 한 가닥을 묶고, 그리고 발목에도 각각 로프 한 가닥을 묶는다. 먼저 마술사가 한쪽 손목을 묶고, 관객에게 반대쪽 손목과 발목을 묶으라고 시켜도 된다. 그리고 로프의 반대쪽 끝은 그대로 늘어뜨려 둔다.

묶는 작업이 끝나면 매듭을 확인하고, 더욱 확실하게 하자고 말한다. 그러면서 로프의 끝을 들어 기존에 있는 매듭에서 1.2cm 떨어진 지점에 싱글 매듭을 만든다. 그리고 그 위에 또 다른 매듭을 하나 더 만든다. 이때 만드는 매듭은 상자의 구멍을 통과하지 못할 만큼 커야 한다(**그림 5**). 그럼 나중에 매듭과 매듭 사이를 자를 수 있다. 반대쪽 손목과 발목에도 같은 방법으로 매듭을 묶는다. 그리고 나서 이제는 여자 조수가 탈출할 수 없을 것이라고 관객을 확신시킨다.

> "이제 완전히 꽁꽁 묶여 있습니다. 그렇게 생각하시죠? 그리고 원하시면 상자를 확인해보셔도 됩니다."

관객에게 상자를 살펴볼 수 있는 시간을 준다.

여자 조수가 상자 안으로 들어간다(**그림 1**). 아직 로프의 끝을 구멍에 넣어 상자 밖으로 꺼내지는 않는다. 그리고 나서 상자에 있는 구멍의 용도는 로프를 넣기 위한 것이라고 설명하면 다른 조수가 상자 안에 들어가서 로프를 구멍에 넣어 밖으로 꺼낸다. 그리고 여자 조수의 손목과 발목이 팽팽하게 당겨질 때까지 밖에서 로프를 당긴다.

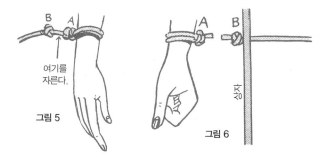

그림 5

그림 6

마지막에 오른손 손목을 당기면서 몸으로 여자 조수의 오른손 손목을 가리고 나중에 만든 두 개의 싱글 매듭 가운데를 자른다(**그림 5**, **그림 6**). 그런 다음 면도날을 숨긴다. 물론 충분히 연습했기 때문에 몇 초 걸리지 않는다. 다른 방법을 이용하여 로프를 잘라도 된다. 예를 들어, 조수가 로프를 자른 뒤, 굳이 면도날을 주머니에 넣지 않고 여자 조수의 손에 쥐어줘도 된다. 혹은 조수와 자리를 바꾼 뒤, 마술사가 직접 잘라도 된다.

여자 조수가 손목을 상자 옆면에 붙이면 마치 아직도 로프에 묶여 있는 것처럼 보인다. **그림 1**과 같은 상황이다. 원한다면 관객에게 밖에서 로프를 당겨서 모든 것이

제대로 되어 있음을 확인하게 해도 된다.

네 명의 관객에게 각각 로프 하나씩 맡긴다. 이때 조수는 테이블 프레임을 상자 뒤에 놓는다. 다음으로 상자 뚜껑을 닫고 자물쇠로 잠근다. 조수는 상자 위의 손잡이를 잡고, 상자를 기울여서 마술사가 아래 손잡이를 잡을 수 있게 한다. 함께 상자를 들어서 테이블 프레임 위에 놓는다. 필요하다면 관객의 도움을 받아도 된다(**그림** 7). 이때 자물쇠가 관객을 향하게 한다.

관객이 로프를 잡고, 다른 관객의 시야를 가리지 않도록 편하게 의자에 앉는다. 로프를 잡고 있는 사람들에게 팽팽하게 당기라고, 절대 놓치지 말라고 당부한다. 그리고 만약 안에서 여자 조수가 움직이면 분명 느낄 수 있을 것이라고 설명한다.

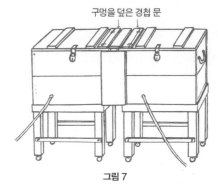

구멍을 덮은 경첩 문

그림 7

여기에서 비법은 진짜 매듭 위에 싱글 매듭을 만들어놓은 뒤, 그 아래를 잘랐기 때문에 조수가 움직여도 로프는 움직이지 않는다. 여기에서 중요한 점은 상자 안의 조수가 로프로 묶여 있어 움직일 수 없다는 사실을 관객에게 확실히 믿게 만드는 것이다.

이제 상자를 프레임 위에 놓는다. 그리고 대사를 하는 동안 안에 있는 여자 조수는 자유로운 오른손으로 면도날을 꺼내 왼손 로프를 자른다.

그리고 몸을 숙여서 발목 로프도 자른다. 그럼 이제 자유롭게 움직일 수 있다. 면도날은 원래의 자리에 숨긴다. 그리고 이제 상자 윗부분으로 가서 몸을 웅크린다(**그림** 8).

조수가 이렇게 웅크리고 있으면 톱으로 상자를 반으로 자르더라도, 조수는 다치지 않는다. 이때 톱이 지나는 자리에 치마 등이 걸리지 않도록 주의해야 한다.

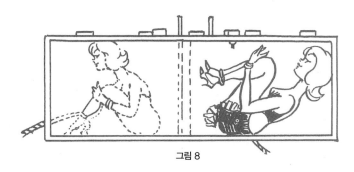

그림 8

상자 밖에 있는 조수가 톱과 망치를 가져온다. 그럼 마술사가 톱의 한쪽을 잡고, 반대쪽 끝은 바닥에 놓는다. 그리고 나서 망치로 톱을 쳐서 큰 소리를 낸다. 이때 톱을 바닥에 떨어뜨려도 된다. 어떤 방법으로건 진짜 톱이라는 사실을 보여준다.

다섯 번째 관객을 부른다. (만약 의사라면 위급 상황이 발생할 경우 도와달라고 부탁한다.) 그리고 톱을 들고 상자 뒤로 가서 준비해둔 지점에 톱을 놓고 관객에게 손잡이를 잡으라고 말한다. 함께 힘을 합쳐 톱질을 시작한다. 톱질하는 동안 쇼맨십을 보여주며, 대사를 한다(**그림 9**).

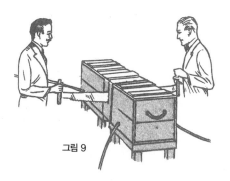

그림 9

제대로 발휘하면 톱이 깊이 들어갈수록 관객의 긴장은 고조될 것이다. (물론 이때 미리 잘라둔 상자 위에 붙인 보드를 톱질로 자른다.) 톱이 조수가 서 있는 깊이쯤 들어가면 손수건으로 이마의 식은땀을 닦는다.

"혹시 로프의 움직임이 느껴지시나요? 아니라고요? 좋습니다. 꼭 잡고 계십시오! 절대 놓쳐서는 안 됩니다. 그리고 선생님, 우리는 계속해서 톱질을 합시다! 준비되셨죠?"

힘을 주어 톱질을 한다. 이쯤 여자 조수가 비명을 지른다. 그럼 잠시 멈추고 상자에 귀를 댄다.

  "아직 심장 박동 소리는 들리네요. 괜찮은 것 같습니다."

마저 톱질을 하여 상자를 완전히 자른다. 그리고 톱은 상자 뒤에 내려놓는다. 조수에게 슬라이드를 하나씩 건네받는다. 그리고 우선 상자 위 칸의 구멍에 슬라이드를 넣는다. 역시 여자 조수가 있는 깊이쯤 슬라이드가 들어가면 잘 들어가지 않아서 힘든 척 연기한다.

로프를 잡고 있는 관객들에게 로프를 당기라고 요청한다. 관객들이 로프를 당기면 슬라이드를 마저 밀어 넣는다. 제대로 하면 객석에서 웃음이 터진다. 나머지 슬라이드도 비슷한 방법으로 넣는다.

상자를 분리한다(**그림 10**). 그리고 그 사이를 지나간다. 함께 톱질한 관객에게 자리에 앉으라고 한다. 그리고 마술사는 상자 가운데 앞에 서고, 조수는 상자 뒤에 선다.

두 조각의 상자 사이를 지나 상자 뒤로 가서 조수와 함께 상자를 합친다. 그리고 슬라이드를 빼서 조수에게 건넨 뒤, 양손으로 각각 한 조각씩 잡는다.

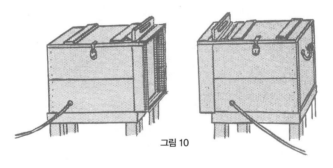

그림 10

여자 조수가 다시 온전해지라고 주문을 외운다. (그 동안 상자 안의 조수는 원래 자리를 찾는다.) 그리고 상자를 살짝 벌려서 조수의 몸을 보여준다. 다시 상자를 합친다.

큰 가위나 칼로 로프를 자른다. 이때 상자 가까이 자르고, 자른 로프는 바닥에 떨어뜨린다. 관객은 마술사가 여자 조수를 자유롭게 했다고 생각한다. 로프를 자르는 순간, 조수는 안에서 매듭을 숨긴다.

자물쇠를 열고 뚜껑을 연다. 그럼 곧바로 여자 조수가 일어난다. 이때 밖에 있는 조수와 마술사는 테이블 프레임이 움직이지 않도록 몸으로 받친다. 여자 조수의 손목과 발목에는 여전히 로프로 묶인 흔적이 남아 있다.

여자 조수가 내려오는 것을 돕는다. 그리고 상자를 벌려서 관객에게 안을 보여준다. 무대 위에 있는 관객을 모두 제자리로 돌려보내고, 여자 조수와 함께 인사한다.

★ 참고

그림 8의 점선은 여자 조수가 숨을 수 있는 또 다른 방법이다. 이 경우에는 발목 로프를 자를 필요가 없다. 하지만 조수가 톱의 움직임을 볼 수 없기 때문에 등이나 허리를 다칠 위험이 있다.

그림 11은 손목을 묶는 또 다른 방법을 보여준다. 조금 더 확실해 보이며, 이 방법을 사용하는 경우에는 이에 맞게 구멍을 뚫어야 한다.

그림 11

관객이 로프를 잡고 있는 상태에서 여자 조수에게 손목이나 발목을 당겨보라고 해도 된다. 그러면 조수가 여전히 단단히 묶여 있다는 것을(?) 증명할 수 있다. 물론 이때 조수는 매듭을 당기기만 하면 된다.

보드를 교체하면 상자는 다시 사용할 수 있다.

칼 상자
The Sword Box

지금 소개하는 일루전과 다음에 나오는 일루전의 비밀은 칼이나 막대기를 넣을 때 안에 있는 조수가 걸리지 않는다는 것이다. 인간의 몸은 넓은 부분과 좁은 부분으로 이루어져 있다. 넓은 부분이라 하더라도 옆으로 돌리면 좁아진다. 이런 원리를 이용하면 놀라운 이펙트를 만들어낼 수 있다.

조수가 상자 안으로 들어가면 조수는 정면을 바라보고 앉는다. 그럼 상자 안에 빈 공간이 없는 것처럼 보인다. 관객은 이 모습을 그대로 기억한다.

★ 이펙트

상자를 프레임 위에 놓고 보여준다. 뚜껑을 올려서 앞문을 연다. 그럼 여자 조수가 안으로 들어가서 앉는다.

뚜껑을 닫으면 마치 상자 안이 꽉 찬 것처럼 보인다. 앞문도 닫은 뒤, 상자 앞면과 뒷면에 있는 구멍 개수를 세어 관객의 주의를 끈다.

그리고 나서 여러 개의 칼을 보여준 뒤, 상자에 꽂는다. 그럼 칼이 조수의 몸을 뚫고 나와 상자 뒷면에 보이는 듯하다. 어떤 각도로든 칼을 꽂을 수 있다. 마지막으로 상자 윗면에서 아래로 창을 꽂는다.

이제 창과 칼을 하나씩 제거한다. 그리고 문과 뚜껑을 연다. 그럼 하나도 다치지 않은 조수가 상자 밖으로 걸어 나온다.

★ 준비물

1. 칼 상자(sword box)
2. 칼 약 서른여섯 개. 가짜 칼이나 목검도 가능하다(**그림 1**).
3. 긴 창 하나. 금속이나 나무로 된 막대기를 이용해도 된다.

4. 상자를 놓을 수 있는 플랫폼이나 프레임 하나

그림 1

준비

칼 상자 : 여기에 나오는 수치는 평균적인 수치이며, 필요하다면 바꿔도 된다. 상자의 외부 크기는 49cm×56.5cm×90cm가 적당하다. (내부 크기는 45cm×45cm×87.5cm가 적당하다.) **그림 2**와 **그림 3**은 각각 정면과 옆면에서 본 모습이다.

옆면과 윗면은 세 겹 보드로 만들면 된다. 그리고 각각의 구멍의 길이는 5cm가 적당하며, 칼을 완전히 통과시킬 수 있도록 모든 면에 구멍을 만든다. 그림을 통해 구멍의 위치를 알 수 있다. 하지만 조수와의 시험을 통해 가장 적당한 구멍의 위치를 찾아야 한다. 잠깐 사용하는 경우에는 인조 벽판을 이용하여 상자의 옆면을 만들어도 된다.

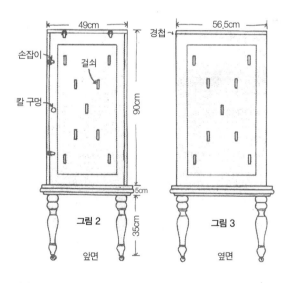

상자의 바닥은 세 겹 보드로 되어 있다. 그리고 옆면에 못을 박고, 마무리로 테두리

를 두른다. 그리고 헐렁한 핀 경첩으로 상자를 고정시킨다. 옆면과 바닥을 연결할 때는 경첩을 이용해도 된다. 뚜껑을 연결할 때는 뒷면과 연결해서 앞에서 열 수 있게 만든다. 그리고 밖으로 열 수 있도록 경첩을 달아야 한다.

문이 꼭 닫히도록 걸쇠도 달아둔다. **그림 4**는 문을 살짝 열었을 때 위에서 본 모습이다. 뚜껑과 바닥 가운데에도 구멍을 뚫어둔다(**그림 5**). 나중에 창이나 막대기를 꽂을 때 사용할 것이다.

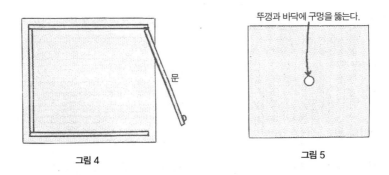

뚜껑과 바닥에 구멍을 뚫는다.

문

그림 4

그림 5

테이블 프레임 : 앞의 일루전에서 설명한 것과 동일하다. 프레임 위에 윗면을 만들어서 견고함을 강화해도 된다. 이 경우 윗면 가운데에도 구멍을 뚫어야 한다. 다리에는 바퀴가 달려 있어서 쉽게 움직일 수 있다.

상자와 프레임을 모두 예쁘게 꾸민다.

시연

상자를 무대 중앙으로 가지고 나와 프레임 위에 놓는다. 그리고 뚜껑과 앞문을 연다. 조수는 몸에 딱 붙는 옷을 입어야 한다. 그렇지 않으면 칼에 옷이 걸릴 수 있다. 조수는 상자 안에 들어가서 관객을 향해 선다.

그리고 조수가 앉으면 뚜껑을 닫는다. 마치 상자 안이 꽉 찬 것처럼 보인다. 다음으로 앞문을 닫고, 걸쇠로 문을 잠근다. 프레임을 돌려서 상자의 모든 면을 보여준 뒤, 옆면이 관객을 향하게 한다(**그림 6**).

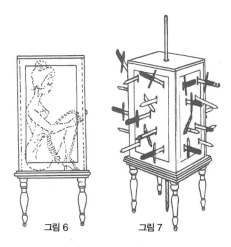

그림 6   그림 7

　칼을 하나 집어서 바닥에 떨어뜨리거나 바닥을 내려쳐서 칼의 단단함을 보여준다. 그리고 상자 가운데에 있는 구멍에 꽂는다. 조수는 칼이 반대쪽 면에 뚫린 구멍에 들어가도록 돕는다. 필요하다면 작은 손전등을 소지해도 된다.

　나머지 칼도 빠르게 상자 여기저기에 꽂는다. 반드시 공연 전에 리허설을 통해서 칼을 넣은 순서를 조수와 맞춰봐야 한다. 그래야 상자 안에서 조수가 어디에서 칼이 들어올지 예상할 수 있다.

　몇 개는 똑바로 꽂지 않고 앞면에서 옆면으로 혹은 뒷면에서 옆면으로 비스듬하게 꽂는다. 리허설을 통해 정확한 구멍을 확인해야만 조수에게 상처를 주지 않을 수 있다. 또한 리허설을 하면 실전에서 속도를 낼 수 있다. 원하는 목표에 따라서 칼과 구멍의 개수는 조절할 수 있다.

　마지막으로 위에서 아래로 창을 꽂는다. 그럼 조수 앞과 다리 사이를 지나서 아래 구멍으로 나온다. 그리고 나서 상자를 돌려서 모든 면을 보여준다(**그림 7**).

　마무리를 위해서 칼과 창을 빠르게 빼낸다. 상자는 바닥에 던져도 되고, 조수에게 건네 정리해도 된다. 이제 앞면이 관객을 향하도록 상자를 돌린다. 그리고 앞문을 열고, 뚜껑을 열어서 여자 조수를 일으켜 세운다. 여자 조수가 내려오는 것을 도와준 뒤 인사를 하며 마무리한다.

연기와 멘트, 쇼맨십은 전혀 설명하지 않았다. 모두 당신에게 달려 있다. 빠른 음악을 틀어놓고 팬터마임으로 진행해도 된다. 그리고 적절한 순간에 조수의 비명소리가 큰 효과를 발휘한다.

칼 상자는 전혀 새로운 일루전이 아니다. 그러나 제대로 하여 관객에게 즐거움을 줄 수 있다면 절대 오래되어서 못할 마술은 없다.

뚫고 나오는 강철 막대기
The Penetrating Steel Bars

이 이펙트는 칼 상자와 비슷하다.

★ 이펙트

조수가 앞면과 뒷면에 구멍이 뚫린 캐비닛과 같은 구조물 안에 들어가서 선다. 그럼 상자 안에 남는 공간이 없는 것처럼 보인다. 앞문을 닫고, 27개의 강철 막대기를 앞에서 뒤로, 혹은 뒤에서 앞으로 꽂는다. 그럼 안에 있는 조수의 몸에 여러 개의 구멍이 뚫렸을 것으로 여겨진다. 상자를 돌려서 모든 면을 보여준 뒤, 막대기를 빼낸다. 그리고 문을 열면 상처 하나 나지 않은 채 조수가 밖으로 걸어 나온다.

★ 준비물

1. 캐비닛
2. 강철 막대기 27개. 지름 1.2cm, 길이 0.9m이 적당하며, 나무 막대기를 사용해도 된다.

캐비닛 : 그림을 통해서 상당 부분은 이해할 수 있을 것이다. 반드시 세 겹 재목으로

튼튼하게 만들어야 하며, 잠깐 사용하는 경우에는 인조 벽판을 이용해도 된다. 경첩이나 볼트와 너트를 이용하여 옆면과 연결한다. 그리고 바닥과도 연결한다. 그럼 쉽게 캐비닛을 분리했다가 조립할 수 있다.

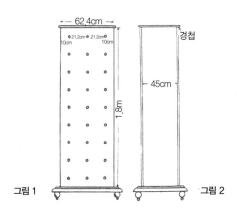

그림 1   그림 2

윗면과 뒷면을 경첩으로 연결해 앞에서 열 수 있게 만든다. 그리고 앞면은 문처럼 열리며, 앞면과 뒷면에 27개의 구멍이 같은 위치에 뚫려 있다. 막대기를 넣을 수 있는 크기의 구멍이다(**그림 1, 그림 2, 그림 3**). **그림 1**은 앞면 단면이다. 구멍과 구멍 사이(구멍 중심에서 구멍 중심까지)의 거리가 약 21.2cm가 되어야 한다.

그림 2는 옆에서 본 모습이며, **그림 3**은 위에서 본 모습이다. 앞면과 뒷면의 폭은 62.4cm이다. 상자 내부의 길이는 51.2~52.5cm가 된다. 문을 더 크게 만드는 이유는 구멍이 캐비닛 가운데에 더욱 가까이 위치한다는 것을 보여주기 위함이다.

그림 4는 구멍을 약간 다르게 만든 모습이며, 여기에서는 26개의 막대기가 사용된다. 어떤 방법을 이용하건 효과적이다. 마지막으로 캐비닛을 예쁘게 꾸민다.

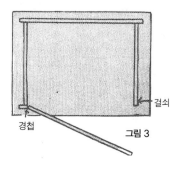

경첩   그림 3

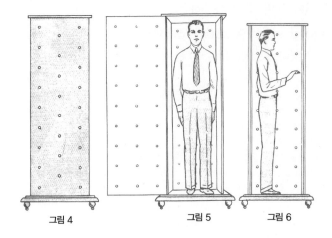

그림 4 그림 5 그림 6

시연

조수가 상자 안으로 들어가서 관객을 향해 선다(**그림 5**). 그럼 상자가 꽉 찬 것처럼 보인다. 문을 닫으면 조수는 옆으로 돌아선다(**그림 6**). 공연 중에 절대 옆으로 돌아 서서는 안 된다. 그럼 관객이 캐비닛의 폭과 사람 옆면의 폭을 비교하게 된다.

사람의 몸은 정면보다 옆면이 가늘기 때문에 조수는 옆으로 서서 막대기를 피할 수 있다. 만약 조수가 한 명 더 있으면 빠른 속도로 막대기를 꽂을 수 있다. 막대기를 몇 개 꽂은 뒤에는 캐비닛을 돌려서 관객이 막대기의 움직임을 잘 볼 수 있게 한다(**그림 7, 그림 8**).

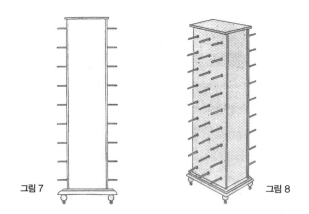

그림 7 그림 8

안에 있는 조수는 막대기가 제대로 통과할 수 있도록 돕는다.

Tarbell course in Magic

막대기를 모두 꽂은 뒤에는 캐비닛을 돌려서 모든 면을 보여준다. 그리고 최대한 빨리 막대기를 제거하고, 안에 있는 조수도 공간이 확보되는 대로 정면을 보고 선다. 문을 열고 조수를 밖으로 나오게 한다.

★ 참고

막대기를 꽂을 때 속도를 내야 지루하지 않다. 만약 여자 조수와 함께 한다면 캐비닛을 더욱 작게 만들어도 된다.

불멸의 소녀
The Indestructible Girl

★ 이펙트

방금 설명한 일루전과 비슷하다. 소녀가 캐비닛 안에 선다. 그리고 문을 닫고 막대기를 꽂는다. 캐비닛의 앞면 위쪽에 달린 창문을 통해 안에 있는 소녀가 보인다. 막대기를 제거한 뒤 문을 연다. 하나도 다치지 않은 소녀가 밖으로 나온다. 마치 소녀가 막대기보다 강한 것처럼 보인다.

★ 준비물

1. 캐비닛 하나
2. 나무나 금속으로 된 막대기 여러 개. 캐비닛 밖으로 15cm 정도 삐져나오는 길이여야 한다.
3. 그네 혹은 밧줄

준비

앞의 일루전과 비슷한 캐비닛을 준비한다. 차이가 있다면 앞면과 뒷면이 꼭 일치할 필요는 없으며, 구멍의 간격이 더 좁고, 구멍의 개수는 더 많다. 상자의 깊이는 소녀가 몸을 살짝 숙일 수 있는 정도가 되어야 한다.

내부 크기는 60cm×60cm, 높이 1.7m이다. 조수의 키가 작다면 더욱 낮게 만들어도 된다. 구멍의 간격은 위아래로 20cm가 적당하다. 그리고 앞면 위쪽, 조수의 얼굴 높이에는 (12.5cm×12.5cm 크기의) 작은 창문이 뚫려 있다. 필요할 때 열어서 조수의 얼굴을 보여줄 수 있다.

또한 이 문에는 또 다른 용도가 있다. 문이 있는 곳에는 막대기를 꽂을 수 없다. 그렇기 때문에 소녀가 막대기를 모두 피할 수 있다. 또한 상자의 외관도 더 예뻐진다.

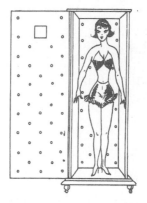

그림 1

그네 : 만약 마지막에 소녀를 위로 끌어올리길 원한다면 그네가 필요하다. 도르래나 지렛대에 그네를 연결해 나중에 소녀를 상자 위로 끌어 올린다.

시연

소녀가 뒷걸음으로 캐비닛 안으로 들어간다(**그림 1**). 문을 닫은 뒤 잠근다. 그리고 얼굴 높이의 작은 문을 열고, 조수는 얼굴을 문 가까이 댄다. 다시 문을 닫는다.

조수와 미리 맞춘 순서대로 막대기를 꽂는다. 보기에는 무작위로 꽂는 것처럼 보이지만, 조수가 올라설 수 있는 사다리를 만들며 꽂는다(**그림 2**). 캐비닛 안에서 조수는 막대기 위에 앉아 있다. 그리고 필요하다면 안에서 막대기가 제대로 지나가도록 돕는다.

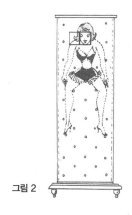

그림 2

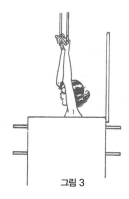

그림 3

　막대기를 모두 꽂으면 다시 문을 열어서 얼굴을 보여준다(**그림 2**). 문을 열기 전에 미리 신호를 보내 조수에게 얼굴을 문 가까이 대라고 하는 것이 좋다. 관객은 조수가 처음부터 지금까지 같은 자세로 있다고 생각한다.

　문을 닫고 캐비닛을 돌린 뒤, 막대기를 제거하여 소녀를 밖으로 나오게 하며 마무리를 해도 된다.

　혹은 더욱 강한 마무리를 원한다면 위 뚜껑을 열고 그 위로 그네를 내린다. 그리고 조수가 그네를 잡으면 그네를 위로 올려서 조수를 캐비닛 밖으로 꺼낸다(**그림 3**). 조수가 무대 위에 착지하면 상자를 열어서 안에 있는 막대기를 보여준다.

★ 참고

　더 많은 막대기를 사용해도 된다. 원한다면 옆에서 막대기를 비스듬하게 꽂아도 된다. 조수를 건드리지 않고 꽂을 수 있는 막대기의 수는 가히 상상을 초월한다.

Tarbell Course in MAGIC

Tarbell course in MAGIC

모티 루드닉의 동전 인플레이션
Morty Rudnick' s Coin-Flation

앞에서 이미 봤다시피, 모티 루드닉(Morty Rudnick)의 마술에는 코미디가 숨어 있다. 비록 준비과정은 심각할지라도, 코미디적인 요소를 배제하기는 어렵다. 재미있으면서도, 관객을 감쪽같이 속이는 것이 모티 루드닉 마술의 특징이다.

★ 이펙트

마술사가 (인디언 얼굴이 그려진) 버펄로 5센트 동전을 보여준다. 볼록 렌즈를 동전 앞에 가져가서 동전을 확대시킨다. 관객이 확대된 동전을 보고 있는 중에, 마술사는 렌즈를 치운다. 하지만 동전은 작아지지 않고 큰 상태를 유지한다. 관객에게 동전을 건네 확인하게 한다.

★ 준비물

1. 둥근 오목 렌즈 하나. 볼록 렌즈가 아니다. 물체 위 12.5~17.5cm 지점에 가져가면 물체가 작게 보인다. 이런 렌즈는 문구점이나 마술용품점에서 구할 수 있다.
2. 큰 동전 하나. 장난감 가게나 마술용품점에서 구할 수 있다. (큰 링컨 동전이 가장 인기 있으며, 보통 크기의 링컨 동전을 이용해도 된다.)
3. 큰 동전과 어울리는 보통 동전 하나. 모티는 버펄로 5센트 동전을 이용했다. 큰 동전과 보통 동전을 왼쪽 외투 주머니에 넣는다. 그리고 렌즈는 오른쪽 주머니에 넣는다.

시연

왼쪽 주머니에 손을 넣어 큰 동전을 클래식 팜으로 잡고, 보통 동전을 손가락 끝으로 잡아서 꺼낸 뒤, 관객에게 보통 동전을 보여준다. 이때 엄지손가락과 집게손가락 끝으로 보통 동전을 잡는다(**그림 1, 그림 2**). 물론 이때 큰 동전을 손바닥에 보이지 않게 숨겨야 한다.

그림 1   그림 2

　　왼손으로 동전을 꺼내면서 거의 동시에 오른손을 주머니에 넣어서 렌즈를 꺼내 **그림 3**과 같이 잡는다. 그리고 렌즈를 잡은 오른손 집게손가락으로 보통 동전을 가리키면서 말한다(**그림 4**).

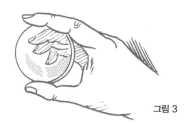

그림 3

　　"버펄로 동전을 기억하실 겁니다. 더 이상은 제작되지 않습니다."

　　대사를 하는 동안 중요한 동작을 해야 한다. 설명으로는 다소 과감해 보이지만, 상당히 효과적이다. 오른손을 왼손으로 가져간다. 그리고 오른손 넷째 손가락과 새끼손가락으로 보통 동전을 클립으로 잡는다(**그림 5**). 멈추지 않고 계속해서 오른손 손가락을 안으로 구부리면서 오른손을 왼손 멀리 가져온다. 그리고 나서 왼손 집게손가락으로 렌즈를 가리키며 말한다.

　　"물론 이것은 볼록 렌즈입니다."

　　그림 6은 숨긴 동전의 모습이다. 물론 실전에서는 손가락을 구부리기 때문에 동전은 보이지 않는다. 이 모든 과정은 적절한 타이밍에 따라 순식간에 이루어져야 한다. 그럼 관객은 전혀 눈치 채지 못한다. 관객은 마술사가 5센트 동전과 볼록 렌즈를 꺼

내서 보여준 것이 전부라고 생각한다.

그림 4

그림 5

동시에 왼손을 펴서 렌즈를 큰 동전 위 2.5~17.5cm 지점으로 가져간다(**그림 7**). 관객과의 거리가 가깝더라도 전혀 문제가 되지 않는다. 단, 관객의 시선과 렌즈, 동전이 일직선에 위치해야 한다. 렌즈와 동전의 거리를 적당히 유지하면 오목 렌즈이기 때문에 큰 동전은 보통 크기의 동전으로 보인다(**그림 7**).

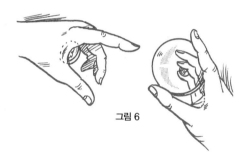

그림 6

이 마술의 비법은 여기에 숨어 있다. 이미 상황이 종료되었지만, 관객은 전혀 알지 못한다.

"정부가 이 동전 제작을 멈춘 이유는 이 동전에 결점이 많기 때문입니다."

이렇게 말하면서 렌즈를 천천히 아래로 내려 동전 바로 위에 가져간다.

관객은 마술사가 볼록 렌즈로 동전을 크게 보이게 만든다고 생각한다. 렌즈와 동전을 가까이 놓은 상태로 잠시 멈췄다가 렌즈를 옆으로 치우면서 말한다.

"여러 가지 결점 중 이것도 포함됩니다!"

동전을 뒤집어서 뒷면을 보여준다.

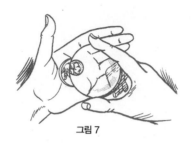

그림 7

관객이 원하면 동전을 살펴보게 한다.

★ 참고

부드럽게 진행하면 색다른 마술을 선보일 수 있다. 관객이 큰 동전을 확인하는 동안 보통 동전과 렌즈는 자연스럽게 주머니에 넣는다. 그리고 큰 동전과 렌즈가 가까울 때 렌즈를 통해 다른 물체가 보이지 않도록 주의해야 한다. 만약 다른 물체가 보이면 관객은 볼록 렌즈가 아니라는 사실을 알게 된다.

몇 번 해보면 렌즈와 동전의 적당한 거리를 알게 된다. 그리고 관객과 함께 렌즈를 통해 동전을 보면서 렌즈의 위치를 살짝 조절하는 행동은 볼록 렌즈로도 충분히 할 수 있는 행동이므로 전혀 문제가 되지 않는다.

허브 자로우의 스위치 체인지
Herb Zarrow's Switch-Change

친구 마술사 허브(Herb)에게 책에 소개할 마술을 부탁했을 때, 그는 이 동전을 이용한 동작을 보여줬다. 이를 이용하면 동전을 깔끔하게 바꿀 수 있다.

★ 이펙트

왼손 가운뎃손가락 끝에 동전을 놓고 보여준다. 오른손을 편 상태로 동전 위를 지나간다. 그러자 순식간에 왼손 손가락 위에 있던 동전이 다른 동전으로 바뀐다.

★ 준비물
동전 두 개. 나는 보통 50센트 동전과 영국 1펜스 동전을 이용한다.

시연
동전 하나를 오른손에 팜으로 잡는다. 그리고 또 다른 동전을 왼손 가운뎃손가락 끝에 올려놓는다(**그림 1**). 오른손을 왼손 위로 가져가면서 두 가지를 한 번에 해야 한다. 먼저 왼손 가운뎃손가락을 살짝 위로 올려서 동전을 오른손 손바닥으로 가져간다. 동시에 오른손을 아래로 내려서 팜으로 잡고 있는 동전을 왼손 가운뎃손가락 끝에 놓는다. **그림 2**는 아래에서 본 모습이다.

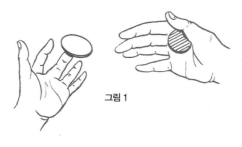

그림 1

오른손을 왼손에서 떼기 전에, 오른손 엄지손가락 바깥쪽으로 방금 왼손에 올려놓은 동전을 한두 번 문지른다(**그림 3**). 이렇게 동전을 바꾸면 진짜 마술처럼 보인다.

그림 2

단순히 체인지를 할 때는 오른손 엄지손가락과 집게손가락, 가운뎃손가락 끝으로 새로 놓은 동전을 잡는다. 이때 엄지손가락으로 동전의 아랫면, 나머지 손가락으로는 동전 윗면을 잡는다. 그리고 동전을 테이블에 내려놓는다. (다른 동전은 여전히 오른손 손바닥에 팜으로 숨어 있다.) 그리고 나서 관객에게 동전을 살펴볼 시간을 준다.

그림 3

처음에는 동작이 약간 소심해 보일 수도 있다. 하지만 몇 번 해보면 훨씬 자신감이 생기고 자연스러워진다. 왼손에 있는 동전을 오른손 손바닥에 숨길 때, 절대 주저하거나 멈칫거려서는 안 된다. 양손을 잠깐 붙였다가 멈추지 않고 자연스럽게 떼어야 한다.

그럼 구리 동전이 은 동전으로, 혹은 은 동전이 구리 동전으로 바뀐다! 이 방법을 이용하여 표시된 동전을 표시되지 않은 동전으로, 빌린 동전을 동전 도구로 바꿀 수도 있다.

빌린(혹은 표시된) 동전을 향해 왼손을 뻗는다. (이때 당신의 몸 왼쪽이 동전을 향해야 하며, 스위치를 하는 동안 몸을 살짝 오른쪽으로 틀어야 한다.) 그리고 동전을 가운뎃손가락과 넷째 손가락에 올려놓는다. (한 손가락 끝에 동전을 놓는 것보다 더욱 자연스럽게 보인다.)

오른쪽으로 돌면서 앞에서 설명한 동작을 한다. 단, 오른손 엄지손가락으로 동전을 문지르지 말고, 오른손 엄지손가락을 아래로 내려서 엄지손가락과 집게손가락, 가운뎃손가락 끝으로 동전을 잡아서 테이블에 내려놓는다. 혹은 루틴에 따라서 엄지손가락이 아닌 다른 손가락을 이용해도 된다.

★ 참고
직접 해보면 얼마나 효과적인지, 그리고 이 동작이 얼마나 유용한지 알게 될 것이다.

허브(Herb)는 루틴에서 이 과정을 거꾸로 하여 동전을 바꾸기도 했다. 즉, 설명한 대로 동전을 바꿔서 빌린 동전을 팜으로 숨기고, 조작된 동전을 보여준다. 그리고 나중에 조작된 동전을 숨기고, 빌린 동전을 보여준다.

이때 오른손을 안으로 움직여서 왼손 위에 있는 동전을 가린다. 그리고 오른손으로 동전을 섬 팜 포지션으로 잡고, 숨기고 있던 동전을 왼손 위에 놓으면 된다(**그림 4**).

그림 4

　이는 하나의 연결된 동작이다. 그럼 처음에 동전 바꾸기 전과 같은 상황이 된다. 연습을 한 뒤, 어떤 루틴에 사용할지 생각해봐라. 그리고 동전을 바꿀 때마다 동전의 앞뒤를 모두 보여줘라.

샘 슈왈츠의 전화번호 예언
Sam Schwartz's Telephone Number Prediction

샘 슈왈츠(Sam Schwartz)는 몇 가지 기존의 아이디어를 합한 뒤, 거기에 자신의 생각을 더해서 새로운 숫자 혹은 카드 포스를 만들어냈다. 직접 제작한 도구를 이용하며, 거의 모든 상황에서 놀라운 예언을 할 수 있다. 한 예로 전화번호를 예언할 수 있다.

★ 이펙트

　마술사가 예언을 한다. 그리고 내용을 봉투에 넣고 봉인한 뒤, 한 사람에게 건네면 그 사람이 마술사가 무대에 등장하기 전에 프로그램 총감독에게 보내 금고에 잠가둔다. 전화번호부를 빌려 관객에게 아무 페이지나 편 뒤, 한 단을 선택하라고 한다. 그럼 마술사는 가운데에 긴 구멍이 뚫린 흰색 카드를 보여준 뒤, 관객이 선택한 단 위에 카드를 놓고, 카드를 천천히 아래로 내린다. 그러다 관객이 원하는 위치에 카드가 놓이면 멈추라고 말하도록 시킨다. 그럼 구멍을 통해 보이는 전화번호를 기록한다. 이는 마술사의 예언과 일치한다. 같은 루틴을 즉석에서 반복할 수도 있다.

★ 준비물
1. 구멍이 뚫린 카드. 제작방법을 설명하기가 약간 까다롭지만 노력해보겠다. (설명하기) 가장 쉬운 방법은 아무것도 적히지 않은 브리지(bridge) 크기 카드 네 장을 이용하는 것이다.

준비
먼저 카드 한 장에 구멍을 뚫는다. 카드 중앙에서 약간(0.4cm 정도) 위에 가로로 긴 구멍을 만든다. 반드시 전화번호부의 전화번호 하나를 볼 수 있는 크기여야 한다. 위에나 아래의 번호가 조금 보이는 것은 상관없으며, 반드시 번호 하나가 완전히 보여야 한다. 나는 세로 0.4cm, 가로 2.5~2.8cm의 구멍을 만들었다(**그림 1**).

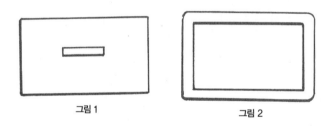

그림 1   그림 2

이제 다른 두 장의 카드를 이용하여 액자와 같은 틀을 만든다. 즉, 가운데 부분을 자르고, 테두리 0.6cm씩만 남긴다(**그림 1**). 이렇게 만든 테두리 하나를 구멍을 뚫은 카드 위에 놓는다. 이때 구멍을 뚫은 카드의 앞면이 위로 보여야 하며, 구멍이 가운데 위쪽에 위치하도록 카드의 방향을 잘 맞춰야 한다. 스카치테이프를 이용하여 틀을 구멍 뚫린 카드에 붙인다. 이때 오른쪽 모서리를 제외한 세 모서리에만 테이프를 붙인다. 그럼 봉투가 만들어진다(**그림 3**). 스카치테이프를 붙일 때는 안쪽이 아닌 바깥쪽에서 붙여야 한다. 그래야 안쪽에 공간을 확보할 수 있다.

남은 틀을 뒷면에 붙인다. 이번에는 테이프를 이용하여 네 모서리를 모두 붙인다. 원한다면 풀로 붙여도 된다. 앞면과 뒷면이 동일하게 보이기 위한 것이기에 어떤 방법을 이용하건 중요치 않다.

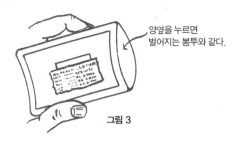

양옆을 누르면
벌어지는 봉투와 같다.

그림 3

전화번호부 한 페이지를 찢는다. 그리고 전화번호 8~10개를 자른 뒤, **그림 3**과 같이 구멍 바로 아래에 붙인다. 이제 인서트가 필요하다. 나머지 빈 카드에서 구멍의 폭만큼 잘라낸다. 즉, 구멍이 0.4cm라면 빈 카드의 위 모서리나 아래 모서리에서 0.4cm를 잘라낸다. 아니면 위 모서리와 아래 모서리 각각 0.2cm씩 잘라내도 된다.

이제 '봉투' 카드의 구멍과 정확히 일치하는 크기의 구멍을 만든다. 그러나 이번에는 정중앙에 구멍을 만든다. 이렇게 만든 카드는 봉투 안에 쉽게 넣을 수 있다. 봉투 안에 넣은 종이는 최대한 위로 밀어 위 모서리에 밀착시킨다. 지금까지 설명한 다소 복잡해 보이는 설명을 잘 따랐다면, 구멍 두 개가 일치하며, 봉투는 전과 같은 모습일 것이다. 그러나 인서트를 아래로 내리면 인서트가 원래 구멍을 가리면서 **그림 4**와 같이 전화번호가 나타난다. 그러다 다시 인서트를 위로 밀어 올리면 처음처럼 구멍이 일치하여 평범한 봉투 카드가 된다.

그림 4

그럼 0.4cm 아래로 움직일 수 있는 인서트가 있는 봉투가 완성된다. (인서트를 아래로 내렸을 때) 보이는 전화번호를 예언하면 된다. 물론 반드시 그 번호를 기억해둬야 한다.

(다른 전화번호로) 반복하는 경우에도 준비는 간단하다. 인서트를 꺼내 아래 모서리를 테이블에 놓고, 마술사를 향해 눕혀놓는다. 이제 아까보다 작게(약 전화번호 다섯 개 정도)

전화번호부를 잘라서 구멍 바로 아래에 붙인다.

인서트를 뒤집어서 아까와 같은 방향으로 봉투에 넣은 뒤, 인서트를 아래로 내린다. 그리고 카드를 뒤집으면 예언할 전화번호가 보인다. 이 상태에서 카드를 뒤집으면 구멍을 통해 (원래 카드에 있는) 또 다른 전화번호가 보인다. 이렇게 두 가지 전화번호를 예언할 수 있으므로 반복이 가능하다.

카드의 양면이 똑같이 보이기 때문에 자신만 알아볼 수 있는 표시를 해두는 것이 좋다. 또한 원한다면 봉투 카드 안에 인서트를 넣은 뒤, 오른쪽 모서리에도 테이프를 붙여도 된다.

시연

원하는 방법으로 첫 번째 전화번호를 예언한다. (관객과의 거리가 가까운 곳에서 할 수 있다. 하지만 예언이 담긴 봉인된 큰 상자를 다른 사람이 무대로 가지고 나온다면 큰 무대에서도 할 수 있다.)

전화번호부와 관객 한 명이 필요하다. 관객이 전화번호부 한 페이지를 편 뒤 한 단을 가리킨다. 그럼 준비된 카드를 (자연스럽게, 특별한 언급 없이) 보여주면서 구멍을 가리킨다. 물론 전화번호는 전적으로 관객의 선택에 달려 있지만, 구멍이 있으면 집중에 도움이 된다고 설명한다.

그림 5

(앞면이 보이게) 카드를 페이지의 선택된 단 윗부분에 놓는다. **그림 5**와 같이 양손 집게손가락으로 인서트를 잡는다. 그리고 카드를 천천히 아래로 내리면서 관객에게 원하는 때에 '멈춰'를 외치라고 한다. 혹은 카드를 내리기 전에 먼저 지시를 내린다. 관객이 멈추라고 하면 인서트를 완전히 아래로 내린 뒤 멈춘다. 모든 것이 감쪽같다. 관객은 구멍을 통해 예언된 전화번호를 보게 된다.

관객이 직접 전화번호를 적거나 혹은 관객이 읽으면 다른 사람이 전화번호를 받아 적는다. 양손 엄지손가락을 이용하여 카드를 들어 올리면서 집게손가락으로 인서트를 위로 올려서 처음처럼 만든다. 그리고 자연스럽게 마무리 멘트를 한다. 여기까지는 기본 아이디어이며, 원하는 방법으로 변형하거나 첨가해도 된다.

관객과의 거리가 가까운 곳에서 공연을 할 때, 한번 더 반복할 수도 있다. 새로운 관객을 불러서 전화번호부를 펴고 원하는 단을 선택하게 한다. 이번에는 아래 모서리가 책 표면에 닿도록 카드를 세우고, 양손 엄지손가락으로 인서트를 잡는다.

관객에게 원하는 곳에서 '멈춰' 를 외치라고 말하며, 카드를 아래로 움직인다(**그림** 6). 멈출 때 두 가지 동작을 해야 한다. 첫째, 카드를 마술사 쪽으로 뒤집는다. 그리고 엄지손가락으로 인서트를 아래로 내린다. 그럼 두 번째 예언 전화번호가 구멍을 통해 나타난다(**그림** 7).

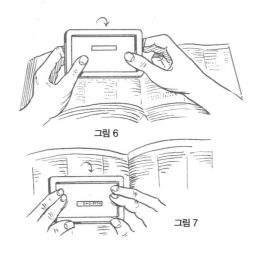

그림 6

그림 7

★ **참고**

카드를 직접 만들어보면 어떻게 다뤄야 하는지 알게 될 것이다. 또한 얼마나 쉽고 유용한지도 알게 될 것이다. 일반 브리지 크기 카드로 틀 두 개를 만들어도 되는데, 가운데만 잘라내면 보통 흰색 테두리가 남는다. 혹은 명함이나 명함 크기의 빈 종이로 카드를 만들 수도 있다.

관객과 거리가 가까운 곳에서 '즉석' 에서 하기 때문에 나는 보통 반복은 하지 않는다. 그리고 전화번호부도 미리 준비하기보다는 관객에게 빌린다. 이를 위해서는 흰색 페이지와 노란색 페이지를 카드에 준비해 놓았다가 관객이 가져온 전화번호부의 색깔에 따라서 카드의 방향을 달리한다. 가끔은 한 권에 노란색 페이지와 흰색 페이지가 모두 있는 경우도 있다. 이 역시 관객이 어떤 색 페이지를 펴건 카드의 방향을 달리하면 간단하다. 물론 광고가 아닌 전화번호 목록이 있는 페이지를 선택하라고 당부해야 한다.

천천히 카드를 아래로 내리면서 구멍 아래로 전화번호가 보이게 하다가 인서트를 아래로 내려서 예언된 전화번호가 보이게 한다.

마지막으로 전화번호 대신 단어를 이용할 수도 있다. 그럼 물론 이에 맞는 책을 선택해야 한다. 하지만 글씨체 등 다양한 조건을 생각하면 거의 같은 글씨체를 사용하는 전화번호부가 가장 유용하다.

인서트를 만들 때, 봉투 구멍과 완벽하게 일치시키는 방법은 먼저 인서트를 봉투 카드 안에 넣은 뒤, 최대한 위로 올린다. 그리고 뒤집어서 봉투 구멍의 흔적을 따라 그린 뒤 자른다. 그럼 봉투 구멍과 인서트의 구멍이 일치한다.

퍼스널라이즈 패들
The Personalized Paddle

빌리 슈나이더(Willie Schneider)가 내게 보여준 마술로, 관객과의 거리가 가까운 곳에서 하는 클로즈업 마술이다. 비록 패들 이펙트가 꽤 오래되었고, 또 비슷한 루틴도 몇 가지 있지만, 빌리는 '개인 패들' 과 비슷한 마술은 없다고 믿는다. 우선 빌리의 방법을 설명한 뒤, 참고에서는 내가 사용한 엔딩을 설명하겠다. 관객이 양면을 모두 보고 있다고 생각하지만 실제로는 한 면만 보여주는 '패들(paddle)' 동작은 이미 알고 있으리라 생각한다('색깔이 변하는 칼' 참조).

★ 이펙트

마술사가 빈 패들의 양면을 보여준다. 그리고 앞면 위쪽에 (아이브로우 펜슬로) 선을 하나 그린다. 그리고 손가락으로 선을 건드린 뒤, 뒷면 비슷한 위치도 손가락으로 건드린다. 그러자 앞뒤에 모두 선이 나타난다. 이번에는 가운데에 선을 그려 뒷면 가운데에도 선이 나타나게 한다. 다음으로 아래 부분에 선을 그려 같은 과정을 반복한다.

이번에는 (손가락 끝으로) 위에 있는 선을 지운 뒤, 뒷면의 맨 위 선도 지워졌음을 보여준다. 다음으로 가운데 선을 지우고, 아래 선을 지운다. 그럼 처음과 같이 패들의 양면에는 아무것도 없다. 마술사는 왼손에 패들을 놓았다가 곧바로 뺀다. 그러자 한쪽 면에 관객의 이름이 적혀 있다!

★ 준비물

1. 패들 하나. 빌리는 작은 플라스틱 제품을 사용했다. 7.5~10cm 길이의 패들이 다루기도 쉽고, 이동도 편하다. 반드시 플라스틱 혹은 코팅된 나무로 되어야만 손으로 쉽게 선을 지울 수 있다. 선을 뚜렷하게 보여주기 위해서는 밝은 색을 사용하는 것이 좋다. (빌리는 노란색을 사용했다.)

2. 아이브로 펜슬 하나. 플라스틱 위에 쉽게 쓸 수 있다. 뚜껑이 있어서 심 부분을 닫을 수 있고, 사용할 때는 뒷면에 뚜껑을 끼울 수 있는 제품이 편리하다. 아내의 화장대에서 하나 가져오거나 화장용품점에서 구할 수 있다. 실험을 해본 뒤 (지울 수 없는 마크 펜이 아닌) 펠트 팁 펜을 이용해도 된다.

준비

함께 공연하고자 하는 사람의 이름을 패들 한쪽 면(뒷면)에 적는다.

시연

패들의 양면이 모두 비어 있음을 보여준다. 물론 이때 패들 동작을 이용한다. 하지만 한두 번만 해야 하며, 절대 과장해서는 안 된다. 앞면 윗부분에 가로로 선을 하나 그린다(**그림 1**). 연필을 너무 세게 누르지 말고 살짝 그려야 나중에 지우기 쉽다. 나는 오른손잡이이기 때문에 왼손으로 패들을 잡고, 오른손으로 연필을 잡는다.

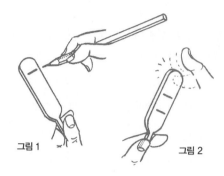

그림 1   그림 2

손가락 끝으로 선을 살짝 건드리는 척하고, 뒷면의 같은 지점도 건드리는 척한다. 그러면서 (패들 동작을 통해) 뒷면에 선을 옮기는 척 연기한다. 그리고 가운데에도 비슷한 선을 그리고, 뒷면에 선을 옮기는 척한다. 그럼 관객은 양면에 각각 두 개의 선이 있다고 믿는다. 아래에도 선을 그려서 위의 과정을 반복한다.

이번에는 손가락 끝으로 맨 위 선을 지운다(**그림 2**). 이때 선을 완전히 지워야 한다. 그리고 패들 동작을 하여 뒷면의 선도 지워졌음을 보여준다. 가운데 선, 아래 선도 같은 방법으로 지우고 보여준다. 패들 동작으로 양면이 모두 비어 있다고 믿게 만든다.

(물론 빈 면이 보이게) 패들을 손바닥 위에 놓은 뒤, 손가락을 구부려서 패들을 감싼다. 그리고 (손등이 보이게) 손을 뒤집는다. 반대쪽 손으로 패들을 잡아서 뺀다. 그럼 관객의 이름이 보인다(**그림 3**).

그림 3

★ 참고

루틴을 하는 동안 뒷면을 문지르지 않도록 주의한다. 뒷면을 문지르면 이름이 지워진다.

내가 사용한 엔딩은 이와 같다. 우선 세 번째 선을 지우는 과정까지는 위와 동일하다. 그리고 패들 동작으로 양면이 모두 비어 있다고 보여준다.

"패들의 한쪽 면에 어떤 일이 생기면, 반대쪽 면에도 같은 일이 생깁니다. 한번 더 증명해 보겠습니다. 선생님 성함이 어떻게 되시나요? Irving이요? 좋습니다."

그리고 빈 면에 이름을 적는다. 이때 뒷면과 최대한 비슷하게 적어야 한다. 잠시 멈췄다가 천천히 패들을 뒤집어서 뒷면에 적힌 이름을 보여준다! 나는 이 방법을 통해서 똑똑한 마술사들도 순간적으로 속일 수 있었다.

밥 엘리엇(Bob Elliot)은 한쪽 면에 이름을 적은 뒤, 패들 동작을 해서 양면에 모두 이름이 적혔음을 보여줬다. 그럼 보고 있던 마술사들은 곧바로 패들을 집어서 뒷면을 확인한다. 그럼 뒷면에도 역시 이름이 적혀 있음을 발견하게 된다!

물론 관객의 이름이 아닌 본인의 이름을 적어도 된다. 하지만 관객의 이름을 이용해야 효과가 더 확실하다.

존 스카안(John Scarne)

밥 맥알리스터의 뛰어다니는 스펀지 공
Bob McAllister's Cavorting Sponge Balls

밥이 이 멋진 루틴을 선보일 때면 박식한 마술사들조차 감쪽같이 속았다. 첫 번째 부분은 '칭크-어-칭크(chink-a-chink)' 루틴이다. 다른 점이 있다면 중간 중간에 양손이 비어 있음을 보여준다는 것이다. 또한 루틴을 하는 중간에 양손을 엇갈리는 어색한 동작이 없다는 것이다.

★ 이펙트
작은 스펀지 공 네 개를 네모 모양으로 놓는다. 마술사가 카드 두 장을 이용하여 스펀지를 덮자, 한 번에 하나씩 스펀지가 가운데로 모인다. 그리고 신기하게도 스펀지 공 네 개가 한 번에 하나씩 왼쪽에서 오른쪽으로 이동한다.

★ 준비물
1. 작은 스펀지 공 다섯 개. 지름 1.2cm가 적당하며, 꼭 공 모양일 필요는 없다. 밥은 정육면체를 이용했다.
2. 포커 카드 두 장

준비
밥이 계속해서 카드를 플립(flip)으로 뒤집기 때문에 관객은 그의 양손이 비어 있다고 믿는다. 또한 동시에 카드의 양면과 손의 앞뒤를 모두 보여주게 된다. 유일한 준비는 '플립'을 배우는 것이다. 가운뎃손가락과 넷째 손가락 끝으로 스펀지 공을 클립으로 잡은 상태에서 카드를 플립으로 뒤집는 연습이 필요하다(그림 1). 반드시 카드의 오른쪽 모서리를 잡아야 하며, 가능한 끝부분을 잡아야 한다. 이때 엄지손가락으로 카드의 뒷면, 나머지 손가락으로는 앞면을 잡아야 한다(그림 2).

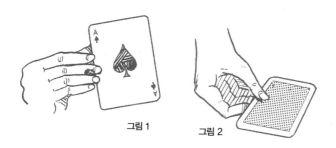

그림 1   그림 2

기억할 점은 반드시 가운뎃손가락과 집게손가락 끝으로 (뒤쪽으로) 공을 잡아야 한다는 것이다. 카드를 '플립' 하기 위해서는 집게손가락을 카드 뒷면으로 가져가서 엄지손가락 옆에 놓는다(**그림 3**). 이제 엄지손가락을 카드 앞면으로 가져간 뒤, 위로 밀어낸다(**그림 4**). 그럼 카드가 살짝 구부러지는데, 이때 가운뎃손가락이 카드가 완전히 뒤집히는 것을 막고 있다. 엄지손가락으로 카드를 계속 밀면 카드가 가운뎃손가락에서 빠져나와서 완전히 뒤집힌다.

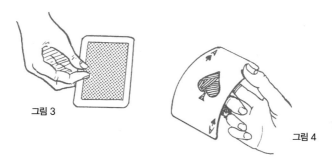

그림 3   그림 4

가운뎃손가락, 넷째 손가락, 새끼손가락을 한 번에 안쪽으로 살짝 구부려서 카드가 지나가게 한다. 카드가 지나가면 곧바로 손가락을 원래대로 편다. 하지만 너무 이에 신경 쓰지 말고, 가운뎃손가락에서 카드를 빼내야 한다는 사실에 집중하라. 이때 카드가 넘어가면서 소리가 나기 때문에 더 효과적이다. 약간의 '감' 이 필요하지만, 약간 연습하면 금방 알게 될 것이다. 처음에는 스펀지를 떨어뜨리거나 카드가 멀리 날아갈 수도 있다. 하지만 몇 시간 연습하면 카드는 스펀지 근처에도 가지 않을 것이며, 가운뎃손가락과 넷째 손가락은 스펀지 공을 사이에 두고 나란히 붙어 있는 것에 익숙해질 것이다. 그리고 카드는 자동적으로 뒤집힐 것이다. 이는 내가 장담할 수 있다. 카드를 뒤집은 뒤에는 다시 뒤집을 수 있도록 오프닝 포지션을 유지한다.

밥은 양손으로 플립을 했다. 오른손에만 공을 숨기고, 왼손에는 아무것도 없었지만, 동시에 양손으로 플립을 했다. 왼손으로도 플립을 익숙하게 할 수 있도록 하여 양손으로 동시에 할 수 있게 만들어야 한다. 물론 스펀지 공을 클립으로 잡고 있지 않은 상태에서 플립을 하는 것이기에 한결 수월할 것이다. 양손으로 플립을 통해 익숙해지면 루틴을 위한 준비가 마무리된다.

시연

오른손 가운뎃손가락과 넷째 손가락으로 스펀지 공 하나를 클립한다. 카드 두 장을 꺼내기 위해서 주머니에 오른손을 넣었다 빼면서 공을 클립으로 잡아야 한다. 왼손으로는 스펀지 공 네 개를 사각형으로 놓는다.

"네 개의 공, 두 개의 손, 두 장의 카드가 있습니다!"

말하면서 카드 두 장을 한 번에 한 장씩 플립한다. 여기서부터는 루틴을 여러 개의 단계로 나눠서 설명하겠다. 플립 외에도 두 가지 핸드 슬레이트가 이용된다. 하나는 한쪽 손에 클립으로 잡고 있는 공을 내려놓으면서 반대쪽 손으로 공 하나를 클립으로 숨기는 것이다. 또 다른 하나는 '트랜스퍼(transfer)'이다. 즉, 관객 몰래 왼손 클립 포지션에서 오른손 클립 포지션으로 바꾸는 것이다. 이때 왼손에 클립으로 잡고 있는 공을 놓으면서 동시에 오른손으로 그 공을 클립으로 잡아야 한다. 나중에 이 핸드 슬레이트가 나오는 두 번째 부분에서 자세히 살펴보기로 하자.

자, (카드 두 장을 모두 플립한 후에) 양손에 각각 카드 한 장씩 오프닝 포지션으로 잡는다. 공 네 개는 테이블 위에 사각형으로 놓여 있으며, 공 하나는 오른손에 숨어 있다.

1. 왼손 카드로 왼쪽 위의 공을 가린 뒤, 오른손 카드로 오른쪽 아래 공을 가린다. (이때 카드를 놓아서는 안 된다.) 그러면서 왼손으로 공을 클립하고, 오른손에 있는 공을 놓는다. 그리고 집게손가락으로 카드를 뒤긴다(그림 5). 그럼 '탁' 소리가 난다. 앞으로도 공이 이동할 때마다 이렇게 소리를 낸다.

그림 5

그림 6

양손과 카드를 위로 올려서 공을 보여준다. 그럼 관객은 왼쪽 위에 있던 공이 오른쪽 아래로 이동했다고 생각한다. 이렇게 마술이 한 번씩 일어날 때마다 카드를 플립한다.

2. 왼손으로 왼쪽 아래 공을 가리고, 오른손으로 오른쪽 아래에 있는 공 두 개를 가린다. (왼손과 오른손이라는 말은 물론 왼손과 오른손에 있는 카드를 의미한다. 그리고 이렇게 카드를 가릴 때는 **그림 5**와 같이 카드를 잡는다.) 오른손으로 두 개의 공 중 하나를 잡고, 왼손에 있는 공을 놓는다. 카드를 쳐서 소리를 낸 뒤 위로 올린다. 그리고 공이 오른쪽에서 왼쪽으로 이동했음을 보여준다.

3. 왼쪽 아래 공(두 개)과 오른쪽 위를 가린다. 왼손으로 공을 잡고, 오른손에 있는 공을 놓는다. 카드를 쳐서 소리를 낸 뒤 위로 올린다. 그럼 관객은 공이 왼쪽 아래에서 위로 이동했다고 생각한다.

4. 오른쪽 위 공(두 개)을 왼손으로, 오른쪽 아래 공을 오른손으로 가린다(**그림 6**). 그리고 오른손으로 공을 하나 잡고, 왼손에 있는 공을 놓는다. 양손을 들어 오른쪽 아래에 있던 공이 이동해 오른쪽 위에 있는 공이 세 개가 되었음을 보여준다.

5. 오른쪽 위 공(세 개)을 오른손으로, 그리고 왼쪽 아래 공을 왼손으로 가린다. 왼손으로 공을 잡고, 오른손에 있는 공을 놓는다. 그리고 양손을 들어 공 네 개가 모두 오른쪽 위에 있음을 보여준다.

이렇게 첫 번째 부분이 마무리가 된다. 밥은 왼손으로 공 하나를 클립으로 잡은 상태에서 카드를 플립했다. 당신도 이 시점에서 플립을 해도 되고, 혹은 '트랜스퍼'를 할 때까지(전이나 후) 기다려도 된다.

6. 카드 두 장으로 공 네 개를 퍼서 오른쪽에서 왼쪽으로 옮긴다(**그림 7**). 이때 트랜스퍼를 해야 한다. 오른손으로 공 하나를 클립으로 잡으면서 왼손에 있는 공을 놓아서 다른 공과 함께 섞어야 한다. 이 두 가지가 동시에 이루어져야 하며, 물론 관객이 보지 못하게 가려야 한다. 그래서 마술사가 공을 카드로 퍼서 옆으로 옮기는 것뿐이라고 관객이 믿게 만들어야 한다.

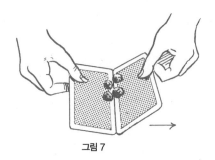

그림 7

또한 공을 옮기고, 트랜스퍼를 한 후에는 공이 너무 붙어 있지 않게 만들어야 한다. 대사를 하면서 카드 모서리를 이용하면 간단하다. 이렇게 공을 펼쳐놓는 이유는 나중에 공을 쉽게 클립으로 잡기 위함이다.

7. 카드를 한두 번 플립한다. 왼손과 왼손 카드로 공 네 개를 가리고, 오른손과 오른손 카드로 오른쪽 빈 공간을 가린다. 왼손으로 공 하나를 잡고, 오른손에 있는 공을 놓는다. 다음으로 카드를 쳐서 소리를 낸 뒤, 공 하나가 왼쪽에서 오른쪽으로 이동했음을 보여준다.
8. 다시 트랜스퍼를 한다. 자연스럽게 제스처를 하면서 카드로 왼쪽에 있는 공 세 개를 푼다.

"이쪽에 공 세 개가 있습니다. 그리고 이쪽에는 하나가 있습니다."

말을 맺으면서 오른쪽에 있는 공을 가리킨다. 이제 오른손에 공 하나가 숨어 있다.

원하면 지금 카드를 플립해도 된다.

9. 7번과 같이 가린 뒤, 왼손으로 공을 하나 잡고, 오른손에 있는 공을 놓는다. 카드를 친 뒤 손을 들어 공 하나가 왼쪽에서 오른쪽으로 이동했음을 보여준다. 이제 양쪽에는 각각 두 개의 공이 있으며, 왼손에 공 하나가 숨어 있다.
10. 다시 트랜스퍼를 한다. 이번에는 오른쪽 위에 있는 공 두 개를 이용한다. 카드 두 장으로 공을 가리키면서 말한다.

"이번에는 이쪽에도 두 개, 이쪽에도 두 개가 있습니다."

오른쪽 혹은 왼쪽에서 트랜스퍼를 할지에 대해서는 정해진 규칙이 없다. 밥은 오른쪽에서 트랜스퍼를 하여 약간의 변화를 주었다. 항상 트랜스퍼를 할 때는 순식간에 하여 관객이 보지 못하므로 어디에서 하는지는 중요하지 않다. 애드리브도 가능하다. 두 개의 공이 너무 붙어 있는 쪽에서 하는 것이 좋다. 공이 너무 붙어 있으면 하나만 집기 어려우므로, 트랜스퍼를 하면서 공을 펼쳐 놓는다. 원한다면 트랜스퍼를 마친 뒤 플립을 한다.

11. 전과 같이 카드를 가린다. 그리고 왼손으로 공을 잡고, 오른손에 있는 공을 놓는다. 그런 다음 카드를 친 뒤, 공 하나가 왼쪽에서 오른쪽으로 이동했음을 보여준다. 이제 왼쪽에 남은 공은 하나뿐이며, 나머지 세 개는 오른쪽에 있다. 카드 두 장을 플립한다.
12. 왼쪽에 있는 공 하나를 이용하여 트랜스퍼를 한다. 밥은 이때 속임수를 이용했다. 카드 두 장을 이용하여 공을 들어 올렸다. 카드로 공을 집기 위해 가져가면서 순간적으로 카드로 공을 가렸다. 그리고 오른손으로 공을 잡고, 왼손에 있는 공을 놓았다.

다시 보이는 공을 카드로 퍼서 오른쪽으로 옮긴다(**그림 8**).

"마지막 공은 이쪽으로 옮길 수도 있습니다. (다시 왼쪽으로 옮겨 내려놓으며) 하지만 이쪽에 둬야 훨씬 편하겠군요."

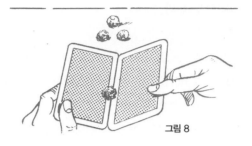

그림 8

속임수를 생략하고 곧바로 트랜스퍼를 진행해도 된다.

"이제 마지막 공입니다."

말하면서 공을 가리키다가 잠시 공을 가린다. 이때 트랜스퍼를 한다.

13. 모든 공을 가린 뒤, 왼손으로 공을 집고, 오른손에 있는 공을 놓는다. 그리고 카드를 쳐서 소리를 낸 뒤, 양손을 들어서 마지막 공도 다른 공을 따라 이동했음을 보여준다. 이제 왼쪽에는 공이 하나도 없고, 네 개 모두 오른쪽에 있다.

14. 카드를 플립한다. 왼손으로 공을 숨긴 상태에서 플립하기 어렵다면 선택의 여지 없이 생략해야 한다.

15. 플립을 하건 안 하건 간에 이렇게 마무리한다. 오른손을 펴서 안쪽으로 뒤집는다. 그럼 관객은 마술사의 오른손이 비어 있으며, 평범한 카드임을 확인하게 된다. 다시 오른손을 뒤집어서 카드 두 장으로 네 개의 공을 가리키면서 트랜스퍼를 한다. 이번에는 왼손에 있는 공을 놓고, 오른손으로 남는 공 하나를 잡는다.

16. 왼손 카드를 오른손 카드 위에 놓는다. 그리고 오른손으로 (공 하나를 숨긴 상태에서) 카드를 집어서 주머니에 넣는다. 완전히 빈 왼손으로 공 네 개를 집어서 주머니에 넣는다. 그리고 양손을 모두 보여주며 마무리한다.

마무리하면서 다음과 같이 말한다.

"네 개의 공, 두 개의 손, 두 장의 카드를 이용한 마술입니다!"

Tarbell course in Magic

공을 첫 번째로 언급하는 이유는 트랜스퍼를 위한 시간과 핑계를 얻기 위함이다.

★ 참고

몇 가지 동작을 제대로 배우면 루틴에 익숙해지고 매끄럽게 진행할 수 있을 것이다. 장황하게 설명했지만 실제로 진행 시간은 길지 않다.

익숙해지면 왼쪽에서 오른쪽으로 트랜스퍼를 할 수도 있다. 또한 언제 플립을 하면 좋을지도 알게 될 것이다. 플립은 이 루틴에 상당한 힘을 실어 주지만, 그렇다고 절대 지나치게 해서는 안 되며, 관객의 이목을 집중시켜서도 안 된다. 자연스럽게 대사를 하면서 하는 것이 가장 좋다. 전체적으로 밝은 분위기에서 경쾌하게 진행하는 것이 중요하다.

허브 자로우의 '트라페즈'
Herb Zarrow's 'Trapeze'

사람들은 픽-어-카드(pick-a-card) 트릭의 색다른 엔딩을 끊임없이 추구할 것이다. 지금 소개하고자 하는 내용은 허브 자로우(Herb Zarrow)가 발명하고 사용했던 방법이다. 제대로 하기 위해서는 연습이 필요하다.

★ 이펙트

픽-어-카드 트릭과 동일하지만 마무리가 독특하다.

★ 준비물

카드 한 벌

시연

카드 한 장을 선택하게 한 뒤, 나머지 카드와 합친다. 그럼 선택된 카드를 위에서 세 번째로 옮긴다. 그리고 왼손 손가락 끝으로 카드의 모서리를 잡는다(**그림 1**). 이때 손가락 끝이 카드 위로 살짝 올라온다. 집게손가락은 구부려서 카드 아래에 놓는다. 오른손으로 맨 위 카드의 양옆을 잡는다. (이때 왼손 엄지손가락 가까운 부분을 잡는다.) 그리고 마치 책표지를 열 듯, 오른쪽 위로 들어 올린다. 카드의 오른쪽 모서리는 나머지 카드와 붙어 있다. 즉, 카드는 왼손 손가락 끝과 카드 묶음 모서리 사이에 위치한다(**그림 1**).

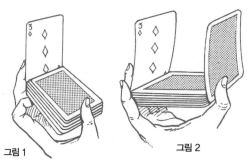

그림 1　　　　　　　　　　　　그림 2

오른손으로 현재 맨 위에 있는 카드를 같은 방법으로 들어 올린다. 단, 이번에는 방향을 반대로, 왼쪽으로 올려서 카드의 왼쪽 모서리가 나머지 카드 모서리와 왼손 엄지손가락 사이에 놓이게 한다(**그림 2**).

길게 세워진 카드 두 장 사이로 손을 뻗어 다음 (선택된) 카드를 잡는다. 그리고 1.2cm 정도 위로 들어 올린 그러면서 왼손 손가락을 부드럽게 오므린다. 그럼 세워진 카드가 안으로 기울면서 선택된 카드를 잡는다.

잡힌 (세 번째) 카드는 완벽하게 수평을 이루어서는 안 되므로 살짝 기울인다(**그림 3**). 관객에게 선택된 카드의 이름을 묻는다. 그리고 나서 카드 묶음의 오른쪽을 잡고 있는 손가락 끝에 힘을 주어 안쪽으로 움직인다. 그럼 세워진 카드가 계속해서 안쪽으로 기울고, 결국에는 사이에 있던 카드가 뒤집히면서 아래로 떨어진다. **그림 4**는 카드의 이동 경로를 보여준다.

손가락 끝보다는 엄지손가락에 힘을 주길 원하는지도 모른다. 그럼 엄지손가락과 나머지 손가락 끝에 동시에 힘을 줘도 된다. 몇 번 해보면 요령이 생길 것이다. 그리고 카드를 수평으로 놓지 않고 약간 기울여 놓은 이유는 지금 카드를 뒤집어서 앞면을 보여주기 위함이다. 직접 해보면 오른쪽보다 왼쪽으로 기울었을 때 훨씬 쉽게 뒤집을 수 있다는 사실을 알게 될 것이다. 물론 카드를 어느 방향으로 뒤집든지 상관없다.

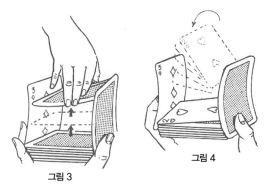

그림 3

그림 4

선택된 카드가 나타나면 관객은 마술사가 재미있는 마술을 했다고 생각한다. 여기에서 끝낼 수도 있지만, 허브는 계속해서 이어갔다. 우선 카드를 다시 뒷면이 보이게 뒤집는다. 카드를 뒤집을 때 손가락의 힘을 풀지 않으면 카드는 수평으로 떨어지지 않는다(**그림 4**).

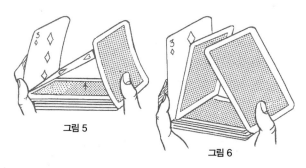

그림 5

그림 6

그림처럼 떨어진 카드가 집게손가락 쪽으로 기울었다고 하자. 엄지손가락 끝을 안쪽으로 구부린다. 그럼 카드의 모서리가 위로 올라간다(**그림 5**). 계속해서 엄지손가락에 힘을 주어 모서리가 왼쪽 카드 밖으로 올라가게 한다(**그림 6**).

동시에 나머지 손가락 끝에도 힘을 줘서 세워진 카드를 기울인다. 그럼 카드의 위모서리가 선택된 카드의 중간(약간 윗부분)을 친다(**그림 7**). 왼쪽에 세워진 카드의 끝이 선택된 카드가 설 수 있도록 돕는다. 계속해서 손가락에 힘을 주어 오른쪽에 세워진 카드로 선택된 카드를 뒤집는다(**그림 8**).

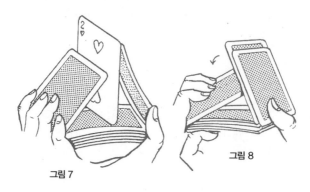

그림 7   그림 8

오른쪽에 세워진 카드가 나머지 카드 위로 쓰러질 때까지 계속해서 힘을 준다. 그리고 엄지손가락을 구부려서 카드 두 장을 그 위에 놓는다. 그럼 선택된 카드는 뒷면이 위로 향한 채, 위에서 두 번째에 위치한다. 만약 선택된 카드를 뒤집었을 때, 엄지손가락을 향해서 기울었다면 방향을 반대로 생각하면 된다. 그럼 다시 카드의 뒷면이 보이게 뒤집을 수 있다.

★ 참고

두 번째 부분에서 카드의 뒷면이 보이게 뒤집을 때, 감을 잡으면 쉽게 할 수 있다. 이때 엄지손가락과 나머지 손가락이 호흡을 맞춰야 한다. 연습하고 나면 전혀 어렵지 않을 것이다. 최소한 내가 이 내용을 설명하는 것보다는 어렵지 않을 것이다!

플립을 하기 전에 선택된 카드가 맨 위에 있는 세 장 중에는 없다는 사실을 보여주길 원한다면 왼손 새끼손가락을 위에서 네 번째 카드 아래에 넣는다. 그리고 왼손 엄지손가락으로 카드 한 장을 오른손으로 보낸다. 다음 카드를 보내고, 마지막으로 두 장을 한 번에 보낸 뒤, 부채모양으로 펼쳐서 보여준다. 그런 다음 다시 카드를 나란히 모아서 뒤집어 놓는다. 물론 관객은 선택된 카드를 보지 못한다.

파벨의 블로 매듭
Pavel's Blow-Knot

이 쉽고 멋진 마술을 책에 싣도록 허락해 달라고 오랫동안 파벨(Pavel)을 귀찮게 했다. 그리고 마침내 그의 허락을 받았다. 하나의 마술로 사용해도 되고, 손수건 루틴 도중에 해도 된다.

★ 이펙트

서로 색깔이 다른 손수건 세 장을 투명한 플라스틱 튜브 안에 넣는다. 손수건은 모두 분리되어 있으며 한 번에 하나씩 넣는다. 마술사가 튜브의 한쪽 끝에 바람을 불자 손수건이 공중으로 날아간다. 떨어지는 손수건의 한쪽 끝을 마술사가 잡는다. 손수건은 서로 묶여 연결되어 있다.

★ 준비물

1. 손수건 세 장. 길이 45cm 손수건을 사용해도 된다. 물론 손수건의 크기는 튜브의 크기에 의해 정해진다.
2. 투병한 플라스틱 튜브 하나. 길이는 30~35cm가 적당하며, 지름은 2.5~3.1cm가 적당하다.
3. 작은 고무밴드 두 개. 튜브에 살짝 헐렁하게 끼울 수 있는 크기여야 한다. 그렇다고 튜브에서 너무 쉽게 빠져서도 안 된다. 동그랗게 만 지폐를 묶을 때 사용하는 크기의 고무밴드가 적당하다.

준비

고무밴드 두 개를 튜브의 한쪽 끝에 놓는다. 이때 고무밴드 두 개를 살짝 벌려 놓아야 나중에 하나씩 사용할 수 있다(**그림 1**).

시연

튜브를 보여주면서 안이 비어 있음을 증명한다. 안에 연필이나 지팡이를 통과시켜도 된다. 물론 고무밴드는 가까운 거리에서도 쉽게 보이지 않는다.

왼손으로 고무밴드를 감은 튜브의 끝부분을 잡는다. 그리고 오른손으로 손수건을 집어서 보여준 뒤, 허공에 던졌다가 잡는다. 다음으로 손수건을 튜브 안에 넣는다. 이때 손수건 끝 2.5~5cm가 튜브 밖으로 삐져나오게 한다.

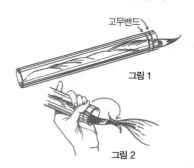

그림 1

그림 2

그림 1은 튜브 안에 납작하게 들어간 손수건의 모습이다. 하지만 실제로 손수건은 끝 부분에 뭉쳐 있다. 두 번째 손수건을 집어서 튜브에 넣기 시작한다. 이때 튜브 밖으로 삐져나온 첫 번째 손수건의 끝과 두 번째 손수건의 끝을 겹친다. 이렇게 손수건이 겹친 순간, 왼손 엄지손가락으로 고무밴드 하나를 밀어낸다. 이는 순식간에 이루어진다.

이때 주의할 점 몇 가지가 있다. 나는 오른손 집게손가락으로 손수건을 넣는데, 처음에 고무밴드를 밀었을 때 고무줄이 손수건뿐만 아니라 내 손수건을 조였다. 그러므로 고무밴드를 밀자마자 손가락을 곧바로 뒤로 빼야 한다.

그림 2는 숨겨진 원리를 보여준다. 이런 방법으로 손수건 세 개를 모두 밴드로 연결하면 마치 손수건 사이에 매듭이 있는 것처럼 보인다. 나는 그림처럼 튜브 아래쪽을 잡지 않고, 위쪽을 잡는다. 그럼 엄지손가락이 관객 쪽이 아닌 안쪽에 위치한다. 나는 이 자세가 훨씬 편하고, 고무밴드도 훨씬 쉽게 밀 수 있다. 또한 삐져나온 손수건 끝을 숨기기에도 편리하다.

자, 이제 두 번째 손수건을 튜브 안으로 밀어 넣는다. 이번에도 첫 번째 손수건처럼 완전히 넣지 않고, 끝부분을 밖에 남겨둔다. 세 번째 손수건을 놓고, 고무밴드를 민다.

그림 3

나머지는 원하는 방법으로 연기하면 된다. 튜브 한쪽 끝을 물고 바람을 불어서 손수건을 날려 보내도 된다(**그림 3**). 그리고 떨어지는 손수건의 끝을 잡아서 보여준다. 그럼 손수건이 묶여 있는 것처럼 보인다.

★ 참고

한두 번 연습해보면 손수건을 넣는 시간도 단축되고, 고무밴드로 손수건을 묶는 것도 순식간이다.

튜브 끝에 금색 테두리를 만들어도 된다. 그럼 튜브가 더 멋있어 보일 뿐만 아니라 고무밴드가 더욱 눈에 띄지 않는다. 즉석에서 두꺼운 종이로 튜브를 만들어서 해도 된다. 그리고 '매듭이 있는' 손수건을 만들어낸 뒤, 튜브를 찢는다.

미리 손수건에 살짝 조작을 해두면 고무밴드는 필요 없다. 손수건 두 장의 한쪽 끝에 '암' 벌크로 접착포를 붙인다. 그리고 나머지 손수건 한 장의 양끝에는 모두 '수' 접착포를 붙인다. 그럼 첫 번째 손수건을 넣은 뒤, 두 번째 손수건의 끝을 포개어 접착포를 붙인다. 그리고 두 번째 손수건을 밀어 넣는다.

'암' 접착포와 '수' 접착포를 맞대면 서로 붙으므로 보통 지퍼나 단추 대신 사용된다. 문구점에서 쉽게 구할 수 있다. 그리고 양끝에 모두 '수' 접착포를 붙인 손수건을 항상 두 번째에 넣어야 한다. 접착포가 알아서 붙기 때문에 위치만 잘 맞춰서 놓으면 된다. 그럼 마치 손수건이 서로 묶인 것처럼 보인다.

마지막으로, 스퀘어 매듭을 푸는 방법을 알고 있다면 다음과 같은 루틴이 가능하다. (배니시) 지팡이를 보여준다. 그리고 지팡이를 서로 매듭으로 연결된 손수건 세 장으로 바꾼다. (무대에 오르기 전에 미리 지팡이에 손수건을 넣어둬야 한다. 그리고 손수건을 연결할 때는 스퀘어 매듭을 이용한다.)

손수건을 보여주면서 매듭을 꽉 조이는 듯이 매듭을 푼다. 튜브를 집어 들고, 접은 지팡이를 없앤다. (혹은 매듭을 풀기 전에 먼저 튜브를 들고, 지팡이를 없애면서 튜브를 팔에 잠깐 끼운다. 그리고 매듭을 없앤다.)

'매듭'으로 연결된 손수건을 튜브 안에 넣는다. 그러면서 매듭을 하나씩 완전히 없앤다. 그리고 튜브의 한쪽 끝을 불어서 손수건을 날리면 손수건이 하나씩 떨어진다. 다시 손수건을 튜브 안에 넣으면서 고무밴드로 손수건을 묶는다. 그리고 튜브를 불어 다시 매듭으로 연결된 손수건을 보여준다.

여기까지도 충분히 훌륭한 루틴이다. 원한다면 뒤에 더 많은 것을 첨가할 수 있다. 매듭으로 연결된 손수건을 어피어(appear) 지팡이에 붙어 있는 다른 손수건 세 장으로 바꾼다. 그리고 다시 손수건을 지팡이로 바꾼다.

지팡이를 사용하지 않더라도 스퀘어 매듭 아이디어를 이용할 수 있다. 매듭으로 연결된 손수건 세 개를 보여주면서(혹은 관객 앞에서 직접 매듭을 만든다) 튜브 안에 넣는다. 그리고 튜브에서 분리된 손수건을 꺼낸다. 다시 분리된 손수건을 튜브에 넣고, 매듭으로 연결된 손수건을 꺼낸다. 세밀한 부분까지 신경 쓰면 당신의 손에서 아주 멋진 루틴이 탄생할 것이다.

제프 알트만의 세 가지 해프닝
Jeff Altman's Three Happenings

제프 알트만(Jeff Altman)은 아주 유능한 카드 마술사이다. 그는 오랫동안 이 마술을 해왔으며, 특히 마술을 모르는 사람들에게는 효과 만점이다.

★ 이펙트
관객이 카드 한 장을 선택하면 그 카드를 나머지 카드 사이에 넣고 섞는다. 마술사가 관객에게 1/3 지점을 커트하도록 시킨다. 그리고 카드를 세 묶음으로 나눈다. 마술사가 남은 카드 중 맨 위 카드를 뒤집어서 상관없는 카드임을 보여준다. 그리고 방금 나눈 세 묶음의 맨 위 카드를 뒤집는다. 첫 번째 뒤집은 카드와 같은 숫자의 카드이다. 그러나 관객이 선택한 카드가 아니기 때문에 마술사는 그 카드를 선택된 카드로 바꾼다. 그리고 각각의 묶음 맨 아래 카드가 선택된 카드와 같은 숫자임을 보여준다.

준비

모든 에이스와 10이 맨 위에 위치한다. 순서는 위에서부터 에이스, 10, 10, 10, 에이스, 에이스, 에이스이다.

시연

그림 1

맨 위 여덟 장 카드의 순서가 바뀌지 않도록 셔플한다. 그리고 맨 위 카드(에이스)를 포스한다. 제프는 기본 포스보다 훨씬 깔끔한 슬립 커트 포스(slip-cut force)를 이용했다. 왼손 엄지손가락으로 카드의 왼쪽 모서리를 리플하면서 관객에게 '멈춰'를 외치게 한다. 관객이 멈추라고 하면 그때 리플을 멈추고 엄지손가락을 그 사이에 넣는다. 이제 위의 묶음의 앞면이 보이도록 오른손으로 세우면서(이때 엄지손가락으로 카드의 앞면을 잡고, 나머지 손가락으로는 뒷면을 잡는다.) 왼손 손가락을 구부린다. 그럼 맨 위 카드가 안쪽으로 휘다가 어느 순간 위 묶음 아래로 들어가 아래 묶음의 맨 위 카드가 된다(**그림 1**). 오른손에 있는 카드로 왼손에 있는 카드 묶음의 맨 위에 있는 장을 가리키면서 말한다.

"이 카드 맞습니까? 좋습니다."

포스한 카드의 앞면이 보이게 테이블에 놓으면서 관객에게 보여준다. 그러면서 위 묶음을 아래 묶음 위에 놓는다. 어떤 방법의 포스를 사용해도 상관없지만, 맨 위 일곱 장의 카드 순서를 헝클어서는 안 된다. 클래식 팬 포스나 로레인 플립 포스를 이용해도 된다. 혹은 맨 위 카드를 약간 잘라서 짧게 만든 뒤, 커트를 하고 리플하여 포스를 해도 된다.

관객이 선택한 카드를 보는 동안 맨 위 카드 아래에 왼손 새끼손가락 끝을 넣는다. 선택된 카드를 집어서 맨 위에 놓는다. 그리고 손가락을 넣은 부분으로 더블 커트를 한다. 그럼 선택된 카드(에이스)가 맨 아래에서 두 번째에 위치하면 맨 아래 카드는 10이 된다. 더블 커트를 할 때, 선택된 카드가 나머지 카드 사이에 완전히 숨어서 찾기 힘들다는 이야기를 한다.

뒷면이 보이게 카드를 테이블에 내려놓는다. 그리고 관객에게 1/3 지점을 커트해 달라고 부탁한다. 관객이 커트한 윗부분을 건네받으면서 말한다.

> "이 카드를 테이블에 한 번에 한 장씩 나눠주시겠어요? 그래서 세 묶음을 만들어주세요. 이렇게 말입니다."

말하면서 맨 위 세 장의 카드를 내려놓는다. 내려놓은 카드를 모아서 나란히 만든 뒤, 다른 카드를 놓고 관객에게 건넨다. 그럼 맨 위에 있던 세 장의 카드가 맨 아래로 이동한다. 이는 이펙트를 성공시키기 위한 중요한 과정이다. 물론 위에서 아래로 더블 커트를 해도 된다. 그러나 카드를 내려놓았다가 다시 집는 방법이 더 쉽고, 정교해 보인다.

관객이 직접 카드를 세 묶음으로 나눈다. 이때 관객에게 빨리 하라고 재촉한다. 관객이 카드를 나누는 동안 남은 카드를 집어 더블 커트를 통해 맨 아래에 있는 두 장을 맨 위로 가져온다. 혹은 아래 두 장을 커트한 뒤 위에 올려놓아도 된다. 관객은 자신에게 맡겨진 일을 하느라 마술사의 행동에 신경 쓸 겨를이 없다.

관객이 카드를 모두 나누면, 손에 있는 카드 묶음 중에서 맨 위에 있는 카드 두 장을 마치 한 장인 것처럼 더블 리프트해 10 카드를 보여준다. 다시 카드 두 장을 내려놓은 뒤, 이번에는 맨 위 한 장만 집는다. 이때 앞면이 보이지 않게 해야 한다.

> "만약 선택하신 카드가 10이라면 여기에 놓인 카드 묶음의 맨 위 카드를 건드려서 모두 10으로 바꾸겠습니다."

대사와 어울리는 동작을 한다. 들고 있는 카드로 각각의 묶음을 건드린 뒤, 맨 위

Tarbell course in Magic

카드를 뒤집어서 앞면이 보이게 놓는다. 모두 10 카드이다!(첫 번째 해프닝)

"그러나 선생님의 표정을 보니, 이게 선택하신 카드가 아닌가 보군요. 그렇죠? 선택하신 카드가 어떤 카드인지 알려주시겠어요?"

그럼 관객은 "○○ 에이스요"라고 답할 것이다. (관객이 10이라고 생각하는) 당신의 손에 있는 카드를 치거나 바람을 분다. 그리고 선택된 카드로 바뀌었음을 보여준다. (두 번째 해프닝)

마지막으로 손에 있는 카드로 세 묶음을 건드린다. 그리고 전체를 뒤집어서 맨 아래에 있는 카드(에이스)를 보여준다!(세 번째 해프닝)

★ 참고

가장 기본적인 뼈대만 설명했다. 당신의 스타일에 맞게 세부 사항을 첨가하면 마술을 모르는 사람에게도 아주 효과적인 마술이 될 것이다. 쉽게 할 수 있으면서도 클라이맥스가 세 번이나 되어 아주 효과적이다.

잭 틸라의 '물집'
Jack Tillar's 'Blister'

내가 알기로는 새로운 원리를 이용한 마술이다. '마인드 오버 보디(mind over body)' 이펙트로 할 수도 있으며, 짧은 개그로도 할 수 있다.

★ 이펙트

마술사가 요즘 공부를 한다고 말한다. 요가를 배우고 있는데, 집중을 통해 고통을 극복하는 방법을 깨달았다고 설명한다. 그리고 불붙인 담배를 빌려 손가락 끝을 건드린다. 담배 끝을 건드린 곳에 눈에 보이게 물집이 생겼다. 하지만 마술사의 표정에는 변화가 없다.

평범한 (열쇠고리부분이 동그랗게 생긴) 자동차나 현관 열쇠(**그림 1**). 오른쪽 외투 주머니에 넣어둔다.

시연

누군가 담배에 불을 붙일 때까지 기다린다. 그러고 나서 마음의 힘, 요가 등에 대해 설명한다. 말하는 동안 오른손을 주머니에 넣고, 열쇠 구멍을 엄지손가락과 가운뎃손가락 끝으로 꽉 잡는다. **그림 2**는 집게손가락과 엄지손가락으로 열쇠를 잡은 모습이다. 하지만 나는 가운뎃손가락을 더 많이 이용한다. 어떤 손가락을 이용하건 최대한 꽉 잡는다.

그림 1

그림 2

불붙인 담배를 빌려서 왼손으로 건네받는다. 그러면서 오른손을 주머니에서 뺀다. 이때 가운뎃손가락 끝을 보면 물집이 생긴 것처럼 보인다. 그렇다고 이때 손가락을 쳐다봐서는 안 된다.

담배를 한 모금 머금어서 불을 살린다. 그리고 담배를 가운뎃손가락 끝으로 가져간다. 오른손을 얼굴 가까이 들어 올리고, 손등이 객석을 향하게 한다. 담배를 물집 모양이 생긴 곳 가까이 가져간다. 그리고 살짝 건드려서 재를 남긴다. (재를 남기는 과정은 생략해도 된다.) (**그림 3**)

얼굴 표정에 변화 없이 오른손을 뒤집어서 물집을 보여준다(**그림 4**).

그림 3   그림 4

★ 참고

열쇠로 직접 해보면 아마 물집이 얼마나 실감났는지를 보고 놀랄 것이다. 흔적은 곧 사라질 것이며, 마음의 힘에 대한 스토리의 일부로 하기에 좋다.

전적으로 관객을 웃기려는 의도라면 (손으로 열쇠를 누른 뒤) 담배를 빌린다. 그리고 마치 누군가 담배를 잘못 건네줬다는 듯이 연기한다.

"이런, 조심해서 주셨어야죠!"

그러면서 물집을 보여준다.

열쇠고리에서 열쇠를 빼기 귀찮다면 (너트의) 와셔를 이용해도 된다.

채닝 폴록(Channing Pollock)

마이크 탄넨의 매듭 슬라이드 & 배니시
Mike Tannen's Sliding & Vanishing Knot

마이크 탄넨(Mike Tannen)은 즉석 로프/매듭 이펙트의 두 가지 아이디어를 혼합하여 이 마술을 만들고 오랫동안 해왔으며, 수많은 사람들을 감쪽같이 속였다.

★ 이펙트

마술사가 긴 로프 중간에 (나비, bow) 매듭을 만든 뒤, 관객에게 보여주면서 단단하게 만든다. 그리고 나서 한 손으로 로프의 한쪽 끝을 잡은 상태에서 신기하게도 반대쪽 손으로 매듭을 아래로 내린다. 이 과정이 한두 번 반복된다. 마지막으로 매듭이 완전히 아래로 내려와서 사라진다.

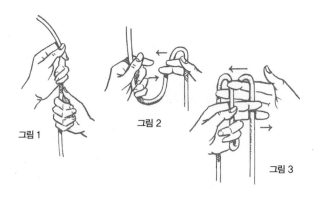

그림 1

그림 2

그림 3

★ 준비물

긴 로프. 약 1.2~1.35m가 적당하다.

시연

나비 매듭(때로는 신발 끈 매듭(shoe lace knot)이라고 불리기도 한다)은 마술사들에게 널리 알려져 있다(제1권 519페이지 참조). 여기에서도 잠시 살펴보고 넘어 가자.

양손으로 로프 가운데 부분을 잡는다. 이때 왼손이 오른손 위에 위치한다. **그림 1**은 마술사의 입장에서 본 모습이다. 양손 손가락을 손바닥 쪽으로 접는다. 이 상태에서 양손을 살짝 벌리고, 양손 집게손가락과 가운뎃손가락을 편다. 그럼 **그림 2**와 같이 된다.

양손의 간격을 좁히면서 오른쪽 가닥을 왼손 집게손가락과 가운뎃손가락으로 잡고, 왼쪽 가닥을 오른손 집게손가락과 가운뎃손가락으로 잡는다(**그림 3**).

다시 양손을 벌리면서 로프를 놓고, 집게손가락과 가운뎃손가락으로만 로프를 잡으면 나비 매듭이 만들어진다. 이때 어느 한쪽 고리도 비틀어져서는 안 된다. 한쪽이라도 비틀어지면 진짜 매듭이 만들어진다. 오른쪽 고리 아래에 있는 오른쪽 가닥을 잡아서 위로 올려 뒤에서 마술사 쪽으로 고리를 통과시킨다(**그림 4의 B**). 왼쪽 가닥(**그림 4의 A**)을 위로 올려서 같은 방법으로 고리를 통과시킨다. 이때 너무 세게 당겨서는 안 되며, 매듭이 사라지게 해서도 안 된다. 적당하게 당겨서 진짜 매듭처럼 만들어야 한다(**그림 5**).

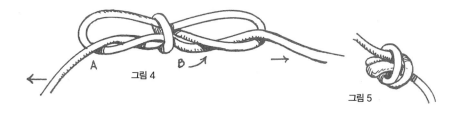

그림 4

그림 5

그림 6과 같이 로프를 잡고 매듭을 보여준다. 이때 양손 손바닥이 위를 향한다. 다음으로 매듭을 보여주면서 단단하게 만들기 위해 당기는 척하면서 해야 할 일이 있다. 오른손을 위로 올리고 왼손을 아래로 내려서 로프를 수직으로 만든다. 그리고 나서 양손으로 로프의 양끝을 잡은 상태에서 로프를 시계 반대 방향으로 돌린 뒤 시계 방향으로 돌린다(**그림 7**). 이때 오른쪽 끝을 쳐다본다.

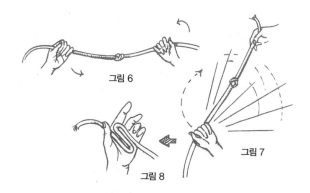

그림 6

그림 7

그림 8

그럼 왼손의 작은 움직임을 가릴 수 있다. 로프를 움직일 때마다 왼손으로 로프를 조금씩 접어서 잡는다(**그림 8**). 그래서 왼손 안에 로프가 두세 겹이 되게 한다. 글로 설명하기는 어렵지만, 로프를 돌리면서 왼손 손목을 앞뒤로 움직이면 로프를 접을 수 있다. 이때 오른손은 크게 움직이고, 왼손은 손목만 움직인다. 그러면서 손가락을 폈다 접으면서 로프를 잡는다. 상체를 양쪽으로 움직이면 도움이 된다. (이때 잘못해서 로프를 당기면 매듭이 풀어지므로 조심해야 한다.)

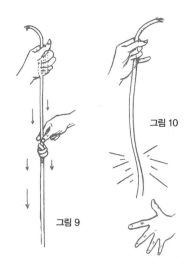

그림 10

그림 9

이제 오른손을 놓아 로프를 왼손 아래로 늘어뜨린다. 그러면서 이 매듭이 보통 매듭이 아닌 마술 매듭이라고 말한다. 오른손 엄지손가락과 집게손가락으로 매듭을 (혹은 바로 매듭 위를) 잡고 아래로 당긴다(**그림 9**). 부드럽게 당기면서 동시에 왼손에 힘을 푼다. 그럼 마치 매듭이 아래로 움직이는 것처럼 보인다. 이 과정을 한두 번 반복해서 왼손에 있는 여분의 로프를 모두 아래로 보낸다.

마지막에 오른손으로 매듭을 감싸고, 오른손을 로프 끝까지 쭉 내린다. 물론 로프가 당겨지면서 매듭이 풀린다. 하지만 관객은 로프가 아래로 움직여서 로프 밖으로 나왔다고 생각한다. 무언가 던지는 척 오른손을 펴서 매듭이 사라졌음을 보여준다 (그림 10). 관객에게 로프를 건네서 직접 살펴보게 해도 된다.

★ 참고

앞에서 말했다시피, 마이크는 이 마술을 통해 수많은 사람들을 감쪽같이 속였다. 물론 당신도 그렇게 할 수 있다. 나비 매듭을 만들 수 있어야 하며, 왼손으로 여분의 로프를 잡는 과정도 중요하다. 부드럽고 자연스럽게 진행하면 즉석에서 멋진 마술을 선보일 수 있다.

밥 맥알리스터의 풍선 링크
Bob McAllister's Linking Balloons

나는 (원더드라마의) 밥 맥알리스터가 자신의 분야에서 거의 최상의 자리를 유지할 수 있었던 힘은 그의 상상력이라고 생각한다. 그가 내게 풍선을 잇는 아이디어에 대해 이야기했을 때, 나는 그때까지 이런 마술에 대해 전혀 들어본 적이 없었다. 이펙트는 기본적이다. 풍선 세 개의 끝과 끝을 묶어서 고리 혹은 링을 만든다. 이런 고리 풍선이 서로 연결된다. 밥은 내게 준비 과정과 방법을 모두 알려줬다. 나는 어떤 방법인지 설명하기 위해서 이를 이용한 아주 짧은 (미완성) 루틴을 만들었다.

★ 준비물
1. 풍선 네 개. 풍선 아트 때 사용하는 긴 풍선이다. 서로 다른 색을 사용해도 되나

최소한 두 개의 색깔은 동일해야 한다.

준비

풍선을 반쯤 불어서 묶는다. 그리고 불지 않은 부분에 매듭을 만든 뒤, 남은 부분을 잘라낸다. 같은 색깔의 풍선도 같은 방법으로 준비한다. 이제 원래 매듭 부분을 이용하여 풍선 두 개를 연결한다. 그럼 **그림 1**과 같은 소시지 모양이 된다. **그림 1**과 같이 한 손으로 반대쪽 끝을 모아서 잡으면 마치 풍선의 반대쪽도 연결된 것처럼 보인다. 이렇게 키 링이 완성된다.

그림 1

나머지 풍선 두 개는 완전히 분다. 그리고 양끝을 묶어서 링을 만든다(**그림 2**).

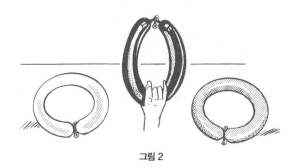

그림 2

시연

키 링을 한 손으로 잡고(나는 보통 오른손으로 잡는다), 반대쪽 손에 평범한 풍선 링을 하나 잡는다. 그럼 두 개는 비슷해 보인다. 키 링을 다른 링에 완전히 통과시킨다. 그리고 다른 (평범한) 링을 오른팔 위로 가져와서 어깨에 건다.

왼손으로 세 번째 링을 집어서 보여준 뒤, 오른손의 키 링 가운데 구멍 위, 오른손 엄지손가락 아래에 놓는다. 그리고 왼손으로 오른쪽 어깨에 있는 풍선을 잡는다. 풍선을 아래로 내려서 손에 있는 풍선 두 개 위로 오게 한다.

그럼 키 링과 두 번째 (평범한) 링을 연결할 시간이 충분하다. 오른손 엄지손가락과 집게손가락을 뻗쳐서 키 링의 한쪽 끝을 움직이면 간단하다. 이렇게 키 링을 벌린 뒤, 오른손 가운뎃손가락과 넷째 손가락으로 두 번째 풍선을 벌어진 부분 안으로 넣는다. **그림 3**은 다소 과장된 그림이다. (가운뎃손가락과 넷째 손가락은 순간적으로 원래 위치를 이탈한다.)

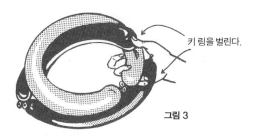

키 링을 벌린다.

그림 3

왼손으로 내리는 풍선이 나머지 풍선 두 개 위를 지날 때 키 링과 두 번째 풍선을 연결하면 감쪽같다. 또한 세 번째 풍선이 첫 번째와 두 번째 풍선을 누르면서 풍선 연결을 돕는다.

왼손으로 세 번째 링을 밖으로 꺼내면서 오른손에 있는 연결된 링을 쳐다본다. 관객이 이 사실을 인지하면 왼손에 있는 풍선을 오른손 키 링 위에 놓는다. 이번에는 왼손으로 연결된 풍선을 들어서 연결을 보여주겠다는 핑계를 댄다(**그림 4**).

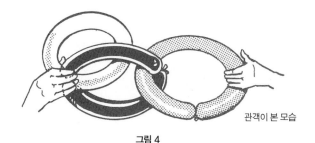

관객이 본 모습

그림 4

(왼쪽 풍선을 당겨서) 보여주면서 오른손으로 풍선을 연결한다. 이제 **그림 5**와 같이 풍

선 세 개가 연결되었음을 보여준다. 여기에서 마무리를 해도 되고, 혹은 연결된 풍선을 분리하는 루틴으로 이어가도 된다. 어떻게 진행하건 마무리로 풍선을 분리하거나 풍선아트로 동물을 만드는 것이 좋다. 어떤 경우에도 키 링의 존재를 밝혀서는 안 된다.

그림 5

★ 참고

자연스럽게 빨리 풍선을 연결하고 분리하기 위해서는 연습이 필요하다. 풍선을 다루는 방법이 모두 다르기 때문에 일반적인 아이디어만 설명했다. 내가 설명한 짧은 루틴은 키 링 위에 평범한 풍선을 놓고 연결시키는 동안 그 동작을 가리는 방법을 설명하기 위해 만들어졌다.

그 밖에도 풍선을 연결하는 방법은 다양하다.

브룩스 코너의 당황스러운 바이엘 상자
Brooks Conner's Baffling Bayer Box

이미 필요한 준비가 완료되어 있으며, 일상에서 쉽게 접할 수 있는 소품을 이용한 재미있는 마술이다. 브룩스(Brooks)는 이 도구를 이용한 몇 가지 루틴을 제안했다. 그러나 여기에서는 기본 아이디어와 핸들링만 살펴보겠다. 당신의 상상력을 발휘하여 자신만의 루틴을 만들길 바란다.

★ 이펙트

바이엘 12정 아스피린 철 상자 안에 동전을 넣고 보여준다. 동전을 쏟아서 상자를 비운다. 동전을 다시 넣고, 상자를 천천히 닫는다. 그리고 상자를 흔들면 모든 사람이 안에서 움직이는 동전 소리를 듣는다. 그리고 나서 상자를 다시 오른손 위에 놓는다. 그리고 마술사가 상자를 누른다. 그러자 동전이 상자를 뚫고 나와 손바닥 위에 있다. 상자를 열어서 안이 비었음을 보여준다.

★ 준비물

1. 바이엘(Bayer) 12정 아스피린 철 상자 하나
2. 동전 하나. 50센트 동전이나 25센트 동전이 적당하다.

시연

상자를 닫을 때 동전을 손에 숨긴다. 상자의 뚜껑과 본체가 경첩으로 연결되어 있기 때문에 관객 몰래 동전을 숨길 수 있다. 이때 상자를 앞뿐만 아니라 뒤에서도 열수 있어야 한다. 하지만 뒤에서 자연스럽게 행동하면서 열기란 쉽지 않다.

방법은 이렇다. 동전(혹은 아스피린)을 상자에 넣는다. 그리고 상자를 열어서 안에 있는 내용물을 보여준다. 동전을 쏟으면서 상자 뒷면을 부러뜨린다. 그리고 오른손 엄지손

가락과 가운뎃손가락으로 상자 양쪽 모서리를 잡는다(**그림 1**). 동전을 테이블 위에 쏟으면서 상자로 테이블을 내려치고, 이때 오른손 집게손가락으로 뚜껑 가운데에 힘을 주면 뚜껑과 본체가 분리된다(**그림 2**). 그럼 마치 테이블에 동전과 상자가 부딪히는 소리 때문에 상자가 부러지는 소리는 잘 들리지 않는다. 그럼 이제 두 조각으로 쪼개진 상자를 엄지손가락과 집게손가락으로 잡아 마치 온전한 상자처럼 보이게 한다.

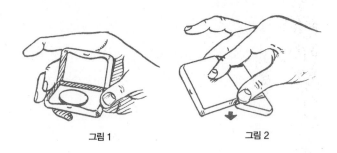

그림 1   그림 2

상자를 왼손에 놓는다. 이때 뚜껑과 본체의 각도가 어색하지 않아야 한다. 왼손 엄지손가락을 상자 안에 넣고, 집게손가락으로 뚜껑을 받친다(**그림 3**). 이렇게 상자를 왼손으로 옮기면 오른손으로 테이블에서 동전을 집어 관객에게 보여줄 수 있다. (원한다면 동전에 표시를 해도 된다.)

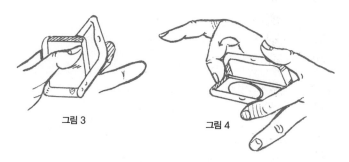

그림 3   그림 4

동전을 다시 테이블에 떨어뜨리고, 상자를 **그림 1**과 같이 오른손으로 잡는다. 단, 이번에는 엄지손가락과 집게손가락을 이용한다. 왼손으로 동전을 집어서 상자 안에 넣는다(혹은 관객에게 시킨다). 이제 상자를 닫기 위해서 왼손 엄지손가락을 상자 위로, 집게손가락을 상자 아래로 가져간다. 이때 상자 앞면이 관객을 정면으로 향해야 한다. **그림 4**는 상자를 닫기 시작할 때의 모습이다. 오른손 엄지손가락과 집게손가락 끝을 이용하여 뒤에서 상자를 계속 열고 있어야 한다. 이때 너무 많이 열지 않도록 연습이 필요하다. 뚜껑과 본체를 잘 맞추면 앞에서 뚜껑을 닫을 때도 동전을 감출 수 있다. 관객은 마술사가 상자 뚜껑을 확실히 닫았다고 생각한다.

앞에서 상자를 닫으면 곧바로 오른손 엄지손가락과 집게손가락을 앞으로 움직여 뚜껑 옆면을 확실히 닫는다(**그림 5**). 그러고 나서 양손이 모두 비어 있음을 보여주고, 동전이 상자 안에 있음을 증명한다.

오른손 가운뎃손가락, 넷째 손가락, 새끼손가락을 안으로 구부리면서 상자를 감싼 뒤, 상자를 흔들기 시작한다. 동전이 상자 밖으로 나와서 손가락으로 날아간다. 그럼 곧바로 상자 흔드는 것을 멈춘다. 상자를 양옆으로 흔들면서 살짝 위아래로 흔들면 동전이 쉽게 나올 것이다.

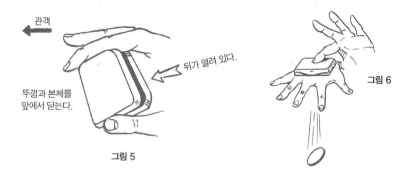

관객

뒤가 열려 있다.

뚜껑과 본체를
앞에서 닫는다.

그림 5

그림 6

왼손 엄지손가락과 집게손가락으로 상자를 집어서 오른손 손등 위에 놓는다. (이때 동전을 핑거 팜으로 잡고, 적절한 제스처를 취하면서 손이 비어 있음을 보여줘도 된다.) 그리고 상자를 뒤에서 닫으면서 뚜껑을 두른다. 이때 핑거 팜이나 클래식 팜으로 동전을 잡아야 한다. 왼손으로 상자 아랫부분을 누르면서 동시에 오른손에 있는 동전을 떨어뜨린다(**그림 6**). 왼손에 힘을 줘 상자 뒷부분을 잘 잡으면서 동시에 앞에서 상자를 연다. 보통 이렇게 상자를 열기 때문에 관객은 이상하게 생각하지 않는다.

마지막으로 상자 안이 비어 있음을 보여준다.

★ 참고

부드럽게 하기 위해서는 연습이 필요하다. 뚜껑이 뒤에서 잘 닫히지 않을 때도 있지만 중요하지 않다. 동전을 통과시킨 다음에 다시 **그림 1**과 같이 상자의 양쪽 모서리를 잡은 뒤 상자를 열면 된다. 상자를 왼손으로 옮겨 잡았다가 다시 오른손으로 옮겨 잡는 과정은 생략 가능하다.

이 아이디어를 사용할 수 있는 방법은 다양하다. 상자에 있는 동전을 곧바로 랩(lap)으로 숨겨도 된다. 그리고 핑거 팜으로 숨기고 있는 동전을 상자 안에 넣어도 된다. 연습한 후에는 구리 동전과 은 동전 루틴도 할 수 있다. 상상력을 이용하여 당신만의 루틴을 만들어라. 앞에서 설명한 내용은 가장 기본적인 아이디어와 핸들링이다. 분명 당신이 직접 무언가를 만들 수 있을 만큼 훌륭하고 참신한 아이디어이다.

구리냐 은이냐
Copper or Silver

브룩스 코너 주니어(Brooks Conner Jr.)는 50센트 동전과 영국 5펜스 동전으로 세 단계로 된 루틴을 선보였다. 나는 그중 (가장 쉬운) 한 단계만을 이용하여 테이블을 통과한 동전 마술을 했다. 지금 소개하고자 하는 내용도 바로 그 내용이다. 비밀은 영국 5펜스 동전이 50센트 동전보다 약간 크다는 데 있다. 기본 아이디어와 이펙트는 완전 새로운 것은 아니다. 하지만 이전의 방법보다 훨씬 깔끔하고 명료하다.

★ 이펙트

50센트 동전과 5펜스 동전 여러 개를 보여준다. (나는 보통 각각 네 개씩 이용한다.) 동전을 따로 쌓고, 원 핸드 파로(one-hand faro)를 하거나 엇갈리게 놓는다. (꼭 필요한 것은 아니지만, 예쁜 장면을 연출할 수 있다.) 동전 열 개 묶음을 테이블에 펼쳐 놓으면서 서로 엇갈린 상태를 보여준다. 테이블에 흩어진 동전을 모아서 하나의 묶음으로 만든 뒤 오른손 엄지손가락과 집게손가락으로 잡는다. 그리고 나서 동전을 왼손으로 옮겨 잡으면서 관객에게 묻는다.

"어떤 동전을 더 좋아하시나요? 구리 동전이요? 은 동전이요?"

그리고 왼손을 펴서 테이블을 내려친 뒤, 테이블 위에 놓인 동전이 은 동전 다섯 개 뿐임을 보여준다. 나머지 구리 동전 다섯 개는 테이블 아래에서 나타난다. 테이블을 통과한 것이다!

★ 준비물
1. 50센트 동전 다섯 개
2. 영국 5펜스 동전 다섯 개

시연

(보통 포커 칩으로 하는) 원 핸드 파로(one-hand faro)를 할 수 있으면 원 핸드 파로를 한다. 모르는 사람을 위해 잠시 살펴보고 넘어가자. 은 동전 묶음과 구리 동전 묶음을 테이블 위에 놓는다. 그리고 나란히 정리한 뒤, 가깝게 놓아서 서로 닿게 한다. 부드러운 표면에서 해야 더 멋진 장면을 연출할 수 있다. 오른손 가운뎃손가락과 넷째 손가락으로 쌓아놓은 동전의 바깥쪽(오른쪽)을 잡고, 엄지손가락으로 동전의 안쪽을 잡는다. 그리고 오른손 집게손가락을 구리 동전과 은 동전 사이에 놓고, 안쪽으로 힘을 가한다(그림 1). 동전을 파로 하기 위해서는 엄지손가락과 가운뎃손가락, 넷째 손가락 사이에 동전을 놓고 누르면서 동시에 집게손가락으로 맨 아래에 있는 동전의 모서리를 들어 올린다. 그럼 동전이 순간적으로 엇갈리게 된다. 그럼 다시 동전을 가지런히 정리하면 된다. 연습만 잘 하면 배우기 어렵지 않을 것이다.

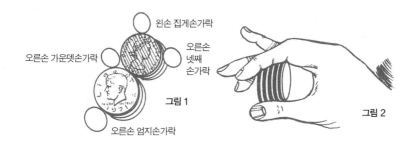

왼손 집게손가락

오른손 넷째 손가락

오른손 가운뎃손가락

그림 1

오른손 엄지손가락

그림 2

연습하기 싫다면 한손에는 은 동전을, 반대쪽 손에도 은 동전을 잡는다. 그리고 구리 동전을 테이블 위에 놓고, 그 위에 은 동전을 얹는다. 이렇게 쌓은 10개의 동전을 테이블에 펼쳐서 보여준 뒤, 다시 나란히 정리한다.

오른손 엄지손가락과 집게손가락으로 동전 모서리를 잡아서 쌓은 동전을 들어 올린다(**그림 2**). 그리고 다시 동전을 보여준다. 왼손으로 옮겨 잡기 위해 동전을 몸쪽으로 가져오면서 해야 할 일이 몇 가지 있다. 우선 오른손 엄지손가락과 집게손가락으로 쌓은 동전을 살짝 기울였다가 똑바로 세운다. 그럼 동전이 헐렁해진다.

오른손을 계속 몸쪽으로 움직여서 테이블 위 10~15cm 지점으로 가져온다. 그러면서 손바닥을 살짝 몸쪽으로 돌려 손을 기울인다. 그럼 잠시 동전은 관객의 시야에서 벗어난다. 이때 왼손으로 동전을 건네받기 위해 손가락을 구부려서 오른손 (왼쪽) 아래로 가져간다.

구리 동전이 은 동전보다 약간 크기 때문에 은 동전만 아래로 내려간다. 오른손을 안으로 기울여서 동전을 가린 순간, 오른손 넷째 손가락을 안으로 움직여서 동전 아래를 받친다. 그리고 구리 동전 사이에 있다가 살짝 아래로 내려온 은 동전이 떨어지지 않도록 받친다. 이때 구리 동전은 엄지손가락과 집게손가락의 힘에 의해 원래 자리에 그대로 있다. 실제로 이 모든 과정이 합쳐져 은 동전과 구리 동전이 살짝 어긋난다. 은 동전이 구리 동전보다 0.3cm 정도 아래로 내려오는 것이 좋다(**그림 3**). 그림과 같이 엄지손가락과 집게손가락으로 동전을 잡은 상태에서 넷째 손가락을 위로 옮기면 동전은 처음처럼 나란히 정리된다.

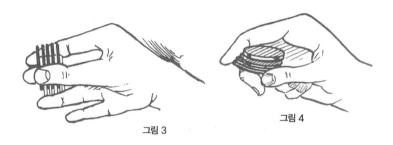

그림 3

그림 4

다음 동작의 타이밍은 전체 이펙트의 성패를 좌우한다. 세 가지를 몇 초 안에 해야 한다.

첫째, 오른손을 2.5cm 정도 위로 올렸다가 다시 아래로 내리며 던지는 동작을 취한다. 그럼 은 동전이 왼손으로 날아간다. 오른손 엄지손가락과 집게손가락의 힘을 조금만 풀면 동전은 거의 자동적으로 날아간다. 물론, 동전이 손에 들어오면 왼손을 곧바로 쥐어야 한다.

은 동전이 날아가는 순간, 오른손 가운뎃손가락을 안으로 구부려서 엄지손가락과 집게손가락이 수평이 되게 한다(**그림 4**). 그럼 동전 사이의 공간이 사라지고 구리 동전을 숨길 수 있다. 동전 사이의 빈 공간을 없애는 것이 중요하다. 동전이 촘촘히 붙어 있어야 동전 부딪히는 소리가 나지 않으며, 또한 나중에 허벅지에 떨어져 숨길 때도 동전이 흩어지지 않는다.

동전을 확실히 숨기기 위해서 오른손을 안으로 돌린다. 왼손을 앞으로 움직여서 테이블 모서리와 왼손의 간격을 벌리면서 조용히 오른손을 테이블 모서리에 내려놓으며, 엄지손가락과 집게손가락을 살짝 벌린다(**그림 5**).

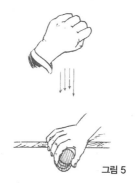

그림 5

둘째, 주먹 쥔 왼손을 테이블 위 허공에 둔 상태에서 관객에게 은 동전과 구리 동전 중 무엇을 더 좋아하냐고 묻는다. 어떤 대답을 하건 왼손으로 (손을 펼치면서) 테이블을 내려친다. 같은 순간 오른손에 있는 동전을 놓아서 허벅지 위에 떨어뜨린다. 그럼 은 동전이 테이블에 부딪히는 소리 때문에 구리 동전의 소리를 숨길 수 있다. 이것이 세 번째 해야 할 일이며, 필요한 일은 끝났다. 이제 남은 것은 연기뿐이다. 관객은 모든 동전이 왼손 아래에 있다고 생각한다. 오른손을 앞으로 가져와서 제스처를 취한다. 즉, 오른손에 있는 동전을 허벅지에 떨어뜨린 뒤, 곧바로 펴서 관객에게 빈손임을 보여준다.

왼손을 뒤로 끌어 당겨서 은 동전을 일렬로 펼친다. 그리고 왼손을 들어서 거기에 은 동전만 남아 있음을 보여준다. 곧바로 오른손을 테이블 아래로 가져가서 구리 동전을 가져온다. 아니면 구리 동전을 가져올 필요 없이 동전 배니시 이펙트로 마무리해도 된다. 어떤 내용으로 전개를 하건, 그에 적절한 대사를 해야 한다. 만약 관객이 구리 동전을 좋아한다고 하면 불가능한 일이지만, 은 동전 사이에서 구리 동전만 탈출시켰다고 설명한다. 반대로 관객이 은 동전을 좋아한다고 하면 구리 동전이 사라질 때도 은 동전은 잘 지켰다고 설명한다.

★ 참고

하나의 이펙트로 할 수도 있고, 루틴의 시작으로도 할 수 있다. 테이블을 통과한 동전으로 할지 동전 배니시로 할지는 당신이 결정해야 할 문제이다. 나는 보통 테이블을 통과한 동전 마술로 한다. 하지만 어떻게 진행을 하건, 관객을 감쪽같이 속일 수 있다. 이런 종류의 동작은 글로 설명하기가 참 어렵다. 그래서 단계별로 설명을 했지만, 실전에서는 연결된 동작이 되어야만 한다. 시간을 투자할 가치가 있는 마술이기에 연습 시간을 아까워하지 마라.

직접 하다보니 동전을 분리할 때, 쌓아 놓은 동전을 완전히 가릴 필요가 없다는 것을 알게 되었다. 그래서 나는 손을 움직이는 동안 동전을 분리한다. 그래도 관객은 보지 못한다. 사실 나는 구리 동전을 오른손에서 왼손으로 던지기 전, 동전을 살짝 분리했을 때 관객에게 동전을 보여준다.

맺음말

음, 나는 전에 이 말을 했던 적이 있다. 마치 다시 출산을 하는 기분이다. 이제 출산의 고통과 아픔은 사라졌다. 이제 느긋하게 앉아서 후배들을 객관적으로, 혹은 가능한 객관적으로 볼 수 있게 되었다. 하지만 쉽지는 않다. 그 동안 마술과 너무 가까웠기 때문이다.

그러나 마지막 교정본을 읽은 뒤, 나는 기뻤다. 이 책에는 좋은 마술 자료가 풍부하다. 만약 내가 쓰지 않았다면 이 책의 가치는 헤아릴 수 없을 정도로 컸을 것이다.

보통 집필을 끝냈을 때, 나는 내가 가장 좋아하는 내용을 목록으로 작성한다. 하지만 이번 책에서는 그것이 불가능하다. 물론 내가 이 책의 모든 마술을 하는 것은 아니지만, 관객 앞에서 이 책의 거의 모든 마술을 해봤다.

모두 훌륭하고 효과적이었다. 나는 훗날 이 중 일부는 클래식 마술이 되리라고 믿는다. 이 중에는 내가 가장 좋아하는 마술도 많이 포함되어 있다. 대부분 다른 마술사들이 직접 이펙트를 보여줬기 때문에 나는 좋았다. (내가 그들의 마술을 수정하고 변경한 것을 너그러이 봐주길 바란다.)

일부는 이미 (대부분 잡지에) 출판되었으며, 이펙트를 만든 사람의 허락 하에 이 책에 소개했다. 이런 마술들은 대부분 마술 교본에서 반드시 다뤄야 할 원리를 이용했기에 소개하게 되었다.

'색깔이 변하는 칼(Color Changing Knives)', '민감한 종이(Sensitized Paper)' 등과 같은 기본 마술을 소개한 이유도 위와 동일하다.

끝으로 감사의 인사를 전할 분이 몇 분 계시다.

가장 먼저, 이 책에 소개된 마술을 만들고, 또한 이곳에 소개하도록 허락해 준 모든 마술사들에게 감사의 인사를 전한다. 이들의 관대함이 없었다면 어떻게 이 책이 완성될 수 있었을까? 또한 처음 만든 사람은 알지 못하지만, 그들의 아이디어가 없었다면 그로부터 파생된 멋진 마술이 존재할 수 있었을까? 기존의 마술을 토대로 새로운 마술을 만드는 것도 꼭 필요한 과정이다. 그러므로 알지는 못하지만 여기에 소개된 마술의 기초가 된 마술을 만든 마술사들에게도 감사하다는 말을 하고 싶다.

또한 특이한 내 성격을 이해해준 루 탄넨(Lou Tannen)과 에드 미셸(Ed Mishell)은 금메달감이다. 루 탄넨이 이미 타이핑을 마친 후에도 계속해서 수정을 한 내용도 있다. 물론 루 탄넨이 없었다면《타벨의 마술교실》은 존재하지 않을 것이다.

에드 미셸은 내가 이펙트를 잘못 이해했거나 설명에 어려움을 겪을 때 몇 번이고 다시 마술을 보여줬다. 그럼에도 불평 한마디 하지 않고 나의 요청을 모두 들어줬다.

마지막으로 이 모든 것을 시작한 할란 타벨 박사(Dr. Harlan Tarbell)에게 고개 숙여 감사의 인사를 전한다.

해리 로레인Harry Lorayne

Tarbell course in Magic

해리 로레인(Harry Lorayne)

할란 타벨 박사

(Dr. Harlan Tarbell, 1890-1960)

어느 마술모임에서도 타벨 박사의 가르침을 받지 않은 사람은 하나도 없다. 수많은 마술사들이 자신의 업적을 ≪타벨의 마술교실≫의 공으로 돌렸다. 그는 ≪타벨의 마술교실≫에서 아주 자세한 그림과 명료한 문장을 통해 방대한 양의 마술을 설명했다. 때문에 학생들은 그의 책을 읽으며 곧바로 마술을 따라 할 수 있었다. 타벨 박사는 스스로의 노력으로 마술 능력을 쌓았고 이에 어울리는 두 가지 선천적인 능력을 지녔다. 그는 천사와 같이 그림을 잘 그렸고, 놀라울 정도로 명료한 글을 썼다.

전문가와 초보자를 동시에 쉽게 가르치는 것은 타벨만이 할 수 있는 일이다.

그는 전국 단위의 모임이든 지역 모임이든 거의 모든 모임에 참석했다. 그럼에도 불구하고 한 번도 그를 직접 보지 못했을 수도 있다. 그를 처음 본 사람은 그가 윌 로저스(Will Rogers)와 닮았다고 생각한다. 그는 키 176cm에 몸무게 59kg

의 호리호리한 체격과 날카로운 눈매, 유창한 말솜씨를 갖고 있으며, 약간은 긴장한 듯한 모습을 하고 있다. 그리고 모든 사람에게 친절하고, 누구한테나 쉽게 다가갈 수 있는 성격이다.

타벨 박사는 우리 세대만의 스승이 아니다. 그는 최고의 마술 스승으로 길이 남을 것이다. 마술의 규칙을 성립하고, 그 규칙에 따라 마술을 했던 사람, 그가 바로 타벨이다.

타벨 박사는 새로운 마술을 만들고 비법을 밝혀내고 증명하는 데 천부적인 재능을 가지고 있다. 사람들이 불가능하다고 생각하는 것을 타벨 박사는 해냈다. 그는 마술을 단순한 예술이 아닌 그 이상의 과학으로 승화시켰다. 마술을 전혀 알지 못하는 사람뿐만 아니라 마술사들까지 놀라게 했다. 일찍이 타벨은 마술이 한 사람을 사로잡고, 그 사람의 운명을 결정하는 능력이 있다는 것을 깨달았다. 그는 사실이 죽어 전설이 되는 것을 보았다. 그리고 그가 만들어낸 허상은 진짜보다 더 진짜 같았다. 그래서 그는 정글스(Jungles)의 마녀, 이집트의 굴리굴리 마술사, 동서양의 마술사, 파간사원의 성직자 마술을 비롯하여 전 세계의 마술과 미스터리를 공부하기 시작했다. 이와 더불어 이너 브라더후드 (Inner Brotherhood)의 현자였던 매기(Magi)가 집대성한 진실의 미스터리(Mysteries of Truth)도 공부했다. 그는 이런 방대한 지식을 토대로 자신이 개발한 마술로 미국 전역을 흥분시켰다.

새로운 마술을 만들어내는 능력, 쾌활한 성격, 유머감각, 언변이 그를 지금의 자리에 있게 했다. 관객은 누구나 타벨 박사의 마술을 좋아했고 그는 정말 위대한 엔터테이너였다.

arbell
T *Course in Magic*

옮긴이

한수영 한국외국어대학교 영어대학 통번역학을 전공하였다. 다양한 분야에서 번역활동을 하고 있으며, 특히 인문, 비즈니스 분야에 관심이 많아 이에 주력하여 활동하고 있다. 현재 번역에이전시 (주)엔터스코리아에서 출판기획 및 전문번역가로 활동하고 있다. 주요 역서로는《직장에서 살아남는 성공 노하우(가제)》,《리더십 제대로 파헤치기(가제)》,《타벨의 마술교실 2》,《타벨의 마술교실 4》,《타벨의 마술교실 5》,《타벨의 마술교실 6》,《애거서 크리스티》등 다수가 있다.

감수

김준오 대한민국 1세대 마술사 이흥선(알렉산더 리) 옹의 외손자이며 3대째 마술 가업을 잇고 있다. 2000년부터 우리나라 최초의 마술대회인 대한민국 매직페스티벌을 주최하고 있으며 대한민국 신예 마술사들의 해외진출을 지원하고 해외 유명 마술사들을 국내에 초청, 소개하는 가교 역할을 하고 있다. 오산대학 이벤트연출과 교수를 역임했으며, 현재 알렉산더 매직패밀리 마술 연출 감독, FISM(세계마술연맹) 대한민국 회장, AMA(아시아마술협회) 대한민국 회장을 맡고 있다.

Memo

Memo

Memo